交通政策

ドイツにおける新しい潮流

オリヴァー・シュヴェーデス［編著］
三上宏美［監訳］
ドイツ交通政策研究会［訳］

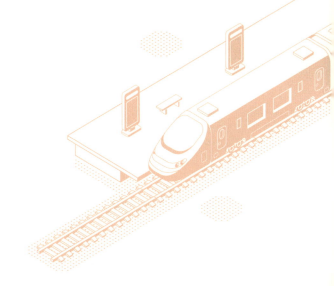

ミネルヴァ書房

Translation from German language edition:
Verkehrspolitik
by
Oliver Schwedes
Copyright © 2011 VS Verlag fur Sozialwissenschaften
VS Verlag fur Sozialwissenschaften is a part of Springer Science+Business Media
All Rights Reserved

Japanese translation rights arranged with
Springer-Verlag GmbH
through Japan UNI Agency, Inc.,Tokyo

まえがき

　本書は「社会の視点」シリーズにおいて、交通政策の分野への導入として企画され、教科書として考えられている。交通政策の特性は、他の多くの社会的なテーマの分野と関連しているのと同時に、他の多くの社会的なテーマの分野から影響を受けていることにある。それに対応して、本書では、種々の学問領域の専門家を集め、交通というテーマをさまざまな切り口で論じている。目標は、交通というものの複雑な構造を示し、交通政策の構築の可能性と限界の感覚を伝えることである。

　学問上の交通政策は、経済学の領域である。現在まで、学際的な手掛かりを追求し、近接の学問領域の門外漢や学習者が予備知識なしに利用できるような、政策分野への交通の導入は行われていない。本書は、交通政策に関して、専門分野全体について初めて一般的に理解できる導入を行うものであり、特に学習者向けとして編纂されたものである。

　学問上の要請ならびに教育上の要請に応えるために、学界および学生の協力者による9人の編集グループが講義をして、一緒に議論をした。論文の査読を支援してくれたこの方々の助力がなければ価値の高い指摘は言葉にならなかっただろう。Stephan Daubitz, Dr. Katrin Dziekan, Melanie Herget, Veronique Kraffel, Benjamin Tiedtke, Verena Tschirner, Anika Vogel, Steffen Wenzel 諸氏に感謝したい。

　もちろんさまざまな制約にもかかわらず、出版に活力あふれる支援をしてくれた著者にもお礼を言いたい。特に文章の査読過程において、学問的および出版上の要請を結び付けた大きな努力があった。

　さらに、総合交通計画分野の科長である Christine Ahrend 教授に、このプロジェクトの実現に必要な余地を用意してくれたことについて、とりわけ感謝したい。

　筆者はこの編書が、交通政策の分野への導入に大いに役立ち、多くの興味を

i

持っている人に利用され、この分野における深い関心を誘発することを願っている。

2010年10月

オリヴァー・シュヴェーデス

凡　例

一、訳本の底本には、Oliver Schwedes（Hrsg.）：Verkehrspolitik Eine interdisziplinäre Einführung（Wiesbaden VS Verlag fur Sozialwissenschaften, Springer Fachmedien Wiesbaden 2011）を使用した。

二、本文において、（　）内は原則として筆者（原著者）による補足であり、訳者による補足は訳注として［　］内に示している。ただし、邦訳書誌を含め書誌については訳者が適宜［　］内に補った。また、明らかな誤りについて、訳者が適宜訂正したところもある。

三、原文におけるイタリックによる強調は、訳文においてゴチックで示した。

四、第10章は、一部日本の読者にとってはやや冗長なところがあったので論旨に影響のない範囲でその部分は要約している。

五、邦訳にあたり読みやすさに配慮し、節、項の見出しに番号をふった箇所がある。

六、引用や参考文献での略語 f. は次のページまで、ff. は２ページ以上を指す。

交通政策
——ドイツにおける新しい潮流——

目　次

まえがき

序　章　交通の政策科学について ………オリヴァー・シュヴェーデス…1

　1　科学としての交通について　2

　2　交通の政策学　4

　3　持続的な交通発展の概念　9

　4　統合的な交通政策の理想像　12

　5　結　語　17

第Ⅰ部　交通の諸側面

第1章　交通と社会……………………シュテファン・ラムラー…20
　　　　──モビリティデザインとしての交通政策

　1　近代社会のモビリティ　20

　2　われわれの知るモビリティの終焉　23

　3　世界をデザインする意味でのモビリティ政策　25

　4　持続可能なモビリティ政策の先導的戦略　27

　5　持続可能なモビリティ政策をリードする部門　30

　6　結　語　36

第2章　人間と交通……………………セバスチアン・バンベルク…38
　　　　──行動科学的基礎にたった経験に基づく交通政策への提言

　1　交通政策の支配的行動理論としての合理的選択　39

　2　行動科学的な働きかけの研究と社会 - 環境的な端緒　40

　3　社会 - 環境的な働きかけ──交通安全研究の例　44

　4　多様な状況下における多様な働きかけ──若者の事故の危険性を低下さ
　　　せるための社会 - 環境的な手がかり　45

　5　効果のあった働きかけについて──実証的なエビデンスの役割　47

目　次

6　社会‐環境的な働きかけのプログラムの担当者は誰がなるべきか　52

7　ノルトライン‐ヴェストファレン州（NRW）の交通安全ネットワーク
　　──ドイツにおけるコミュニティを基盤とした働きかけの事例　53

8　結　語　54

第3章　交通と環境 …………………………………… ウド・J・ベッカー…55
　　　　──交通政策の上位目標と環境視点の役割について

1　何が交通政策の目標になりうるのか　56

2　われわれは多くの交通を欲しているのか、多くのモビリティを欲してい
　　るのか　60

3　モビリティの自由と自動車交通の自由は基本的権利の帰結なのか　61

4　環境的観点の交通政策的な重要性　63

5　結　語　67

第4章　交通と経済 ………………………………………… ハイケ・リンク…69
　　　　──交通の国民経済的意義

1　主要交通経済指標の概観　70

2　交通インフラと経済成長の関係　71

3　交通の負の波及効果と外部費用　85

4　結　語　87

第5章　交通と交通学からみた交通政策上の挑戦
　　　　………………………………… クリスティアン・ホルツ＝ラウ…90

1　交通計画の統合化　92

2　取り扱いと政策分野　95

3　統合的交通計画の原理　96

4　立地と交通の計画における統合　98

5　地域発展の主な傾向　99

v

6 統合的計画とその限界 101

7 インフラの形成——バリアフリーについても統合的計画を 101

8 地域的課題としてのバリアフリー 102

9 部門間の課題としてのバリアフリー 102

10 複数の交通機関を包括する課題としてのバリアフリー 103

11 社会参加としてのバリアフリー 104

12 交通サービスの財源 104

13 多くの問題は自ら解決するのではないか 105

14 結　語 110

第Ⅱ部　交通政策の中心的論点

第6章　歴史的視点からみた交通政策 ⋯⋯ミヒャエル・ハッシャー⋯116

1 歴史の中の交通政策の対象領域と主体 116

2 ドイツの交通政策の歴史的段階 119

3 長期的展望——交通政策史のテーマ 123

4 結　語 130

第7章　政策学からみた交通政策の意思決定

⋯⋯⋯⋯⋯⋯⋯⋯⋯⋯⋯⋯⋯⋯⋯⋯⋯ ニルス・C・バンデロウ
シュテファン・クンドルフ ⋯133

1 交通政策の諸特性 134

2 分析上の観点 136

3 主観的に認識された行動への圧力の発生 139

4 可能性ある解決策としての政策的プログラム開発 147

5 権力関係の進展 150

6 結　語 152

目　次

第8章　モビリティと貧困………………シュテファン・ダウビッツ…154
——交通における社会問題

1　交通における社会問題　157

2　持続可能なモビリティにより社会参加を可能に　160

3　結　語　164

第9章　モビリティの社会化………………クラウス・J・トゥリー ディルク・バイアー …166
——社会形態と利用交通手段の関係

1　社会化と青年期　166

2　21世紀初頭のモビリティの社会化　172

3　結　語　181

第10章　渋滞現象………………………………レギーネ・ゲーリケ…184

1　本章における渋滞の分析対象　185

2　渋滞費用　188

3　短期と長期の視点——（最適）インフラ容量と渋滞　191

4　混雑料金の実証的、実務的な経験　193

5　結　語　195

第11章　交通安全…………………………………ティナ・ゲーレルト…197

1　交通安全分野での活動団体　197

2　交通行動に影響を与える交通安全対策　199

3　結　語　206

第12章　公共交通における顧客の権利と顧客サービス
………………………………マーティン・シーフェルブッシュ…209

1　背景——力の不平等　209

2　乗客の権利と顧客サービス——何が問題なのか　211

3　「顧客の権利をめぐる議論」の発展　216

　4　乗客の権利の実現と裁判外紛争解決手段の可能性　223

　5　サービス保証を通じた乗客の権利の拡張　226

　6　結　語　228

第**13**章　都市交通……………………………ティルマン・ブラッハー…232

　1　交通行動と交通手段の選択　233

　2　将来の展望　235

　3　機関別から統合的な交通計画へ　239

　4　道路と道路交通の形成　241

　5　旅客交通における対応分野　242

　6　業務交通と貨物輸送における政策分野　245

　7　公的部門による財源調達　247

　8　結　語　250

第**14**章　余暇における交通行動と余暇交通
　　　　………………………………トーマス・W・ツェングラー…251

　1　余暇交通——交通統計上の「その他」か、あるいは交通政策上の挑戦か　252

　2　概念とその定義　253

　3　余暇における移動をどのように把握するか?——1つのモデル　256

　4　現実をどのように数字で把握するか?——方法論　258

　5　余暇における交通行動と余暇交通の構造と背景——成果　260

　6　結　語　268

第**15**章　公共交通………………………………カトリン・ジーカン…270

　1　公共旅客近距離交通はいかに機能するのか　272

　2　公共交通の今後の挑戦　283

viii

目　次

3　結　語　293

第16章　自動車と自動車信仰……………………ゲルト・シュミット…295

1　自動車と自動車信仰についての社会科学的「位置付け」について　296

2　ドイツにおけるモータリゼーションの歴史の概観　299

3　第2次世界大戦以降の現代的自動車社会の発展　300

4　くるまを巡る闘争――自動車信仰と合理主義　307

5　21世紀初頭のドイツにおける自動車信仰の状況についての観察　309

6　結　語　312

第17章　徒歩と自転車交通……………………………ユッタ・デフナー…314
――柔軟で、モダンで、化石燃料後の交通手段

1　徒歩と自転車交通についての議論　315

2　徒歩と自転車交通の交通計画上のパラダイムの転換　315

3　徒歩を忌避する、あるいは自転車を好むのはなぜかについての理解　324

4　大きな構想を――単純な自転車促進策から新たなモビリティ構造のための戦略へ　331

第Ⅲ部　交通政策の展望

第18章　交通政策と未来研究……………………インゴ・コロッシェ…340
――「将来のためのモビリティ」を考えるために

1　未来研究とは　342

2　未来研究は交通政策と交通計画について何ができるか――電気自動車の例　352

3　結　語　357

第19章　将来のためのモビリティ………ルドルフ・ペーターゼン…359

1　持続可能なモビリティのための枠組み――エネルギーと気候の目標　360

ix

2 交通政策と持続可能なモビリティ　362

3 発展経路　364

4 シナリオ1——現状維持　366

5 シナリオ2——グリーン・テクノロジーが問題を解決する　368

6 シナリオ3——持続可能なモビリティ　370

7 結　語　373

引用・参考文献　377

訳者解説　395

訳者あとがき　411

索　引　415

| 序　章 | 交通の政策科学について |

オリヴァー・シュヴェーデス

　われわれは皆、子供のころから交通する存在である。最初は足で、ついで自転車で、その後はもしかするとはじめての動力のついた乗り物としてバイクで。それに加えて、あらゆる公共交通機関をいつも利用している。最初は通学バス、そして路面電車、近郊電車、地下鉄、そして長距離鉄道にいたるまで。運転免許を取れば自動車については、保有しうる全車種まで広げることができる。そしてこのごろでは、以前よりも小さいころから飛行機を経験するようになっている。多くの人々にとって、今日すでに飛行機は非常に有効な乗り物である。つまりほとんどすべての交通機関に親しみがあるため、多くの人々は自分を交通のプロと考えている。

　このため、人々は交通政策をよく理解していると思い込み、それが交通研究者を悩ませている背景である。人々にとっては彼らの経験に適合する直感的な専門知識に値打ちがある。市民の集まりで、例えば都心部の最高時速を30 km/h に制限するとか、駐車空間の規制を導入するといった交通政策上の課題を議論するときに、交通の専門家はあまり重要視されない。結局、すべての関係者は毎日交通を使っているのだから、個々の経験からよりよい知見をもっていると思っている。今日までの個人的経験を通じて形成された考え方に基づいているため、交通政策ほど感覚的な政策領域はないといえよう。

　交通政策は、個人的感覚によるところが大きい政策分野である。他のテーマ——例えば健康やエネルギー政策——に対しては、市民は勉強を続けて専門家になったが、交通政策の議論においては、個人的な懸念によって形成された直感が重視される[1]。健康政策では、いわゆるハイテク医療の中での人間という問題において、人々の間で数十年も議論が行われてきた。いわゆるエネルギー政

策では、同様に長期に対立してきた原発と代替エネルギーについて、最近改めて原発からの脱却の計画が用意されているのと同時に、再生可能エネルギーの拡充について明確な政策がとられている。これらのような影響の大きい議論は、交通政策では今日にいたるまで起こっておらず、もっぱら「現状維持（business as usual）」が支配的である。ヨーロッパにおける交通の発展は、持続的交通の発展の見通しをまだ見出していない、とEU委員会が報告しているのも、驚くべきことではない（KOM, 2009 : 3）。

交通政策はまた、とりわけ交通政策上の要求と、実際の交通の発展との深刻な乖離が際立っているために、特別な政策領域に関わる問題であるように見える。本書のそれぞれの論文に入る前に、それらを適切に理解するために、複雑な政策領域のさまざまな側面を示す。本論では、それぞれテーマが異なる論文が、どのような位置付けにあるかを示す。交通政策における創造力の可能性と限界についての感触も示しており、交通政策が将来、ふさわしい影響力をもつ「普通の」政策領域として定着するために、どういう方向に発展させなければならないかについての手がかりが明示される。

1　科学としての交通について

交通政策の分野は、一方では日常的に市民が関与していることで特徴付けられているが、特殊性をもつ狭義の学問分野としても際立っている。一般的に交通学や個別の学問分野としての交通政策は、19世紀の産業革命以降大きな意味をもっていた。それまで見られなかったような大きな経済成長を実現した当時、ビルトインされていた経済成長の原動力はまさに交通であった[2]。とりわけ飛躍的に増加する分業は、空間の大きな懸隔を導いた。それまでは自給自足で生産していたものが、この段階では分業化が進み、まず個々の製品が特定の生産者によるものとなり、その生産者が地理的に集中し、製品は顧客のところまで長い距離を輸送されるようになった。今日では生産プロセス自体が細分化されている。特定地域における自動車製造工場の統合は、ロジスティックス能力の拡大を必要とし、それにあわせて大量の輸送が発生することになった。

この文脈において、伝統的に交通学は、経済と交通の発展は相互にどうある

序　章　交通の政策科学について

べきかという問題に取り組んできた。ダイナミックな経済成長に貢献するための交通システムはどうあるべきか、を見出すことに研究の中心的な価値があった。今日までは、ハード面でのインフラ整備が特に注目されてきた。個別的な交通政策の枠組み条件、つまり積極的な経済成長を保証するための、よどみのない交通の発展が形成されなくてはならなかった。

こうした背景から、ドイツ語圏における体系的な交通政策の研究は、経済学部に配置され経済学者によって担われた。とはいえ、関連する交通研究と交通政策の学問分野とが、他の学問分野と比較した場合、今日においてもほとんど変化していないのは、驚くべきことである。例えば、都市研究では、居住と都市の発展についての経済的意味について問い、また相互に影響を及ぼすものを探求している場合、最初は経済的パースペクティヴから特徴付けられている。それに応じて都市研究の中の都市経済学は今日にいたるまで重要な役割を負っているが、さらにそれに続く新たな学問分野が構築される。例えば、都市社会学や地理学的都市研究、都市環境学、都市文化研究、都市政策および自治体政策などである。

それに対して交通学は他の学問分野とは異なり、心理学との限られた協業に限定されている。地理学者も交通学の中で足場を固める努力をしてきたが、今日まで自立した交通地理学は確立されておらず、経済的交通学の補助的な分野以上のものではない。交通社会学もまた、幾多の努力に関わらず交通学の中に一般的に認められうる重要な位置を占めていない。結局われわれの観察するところでは、交通政策も同じような状況であり、依然として経済学の一専門領域であり、政策学では論じられていない。逆にいえば政策学は交通政策をまだ独自の政策分野としては見出していない（Sager/Kaufmann, 2002）。

遅まきながらここで、他の分野から交通学にもたらされる付加価値は何かという疑問を呈してみよう。他の社会科学分野と交通学の接点がほとんど見出せないということは、経済学がすでに示しているようなことを超えるような要素が何もないということだろうか。この疑問に対しては、少なくとも政策学については本書でその答えが示されなくてはならない。しかしそうしたいろいろな分野からの論点がないとしても、環境学や社会学の分野から、交通学が学問システムとして分業的に独立することにより、独自では得られないような論点を

3

示すことができると考えられよう。持続的な交通の発展という意味で、経済、社会、環境の三本柱が基礎として知られており、経済学はそのうちの経済においてのみ重要な役割を果たせるのである。言い換えれば持続的な交通の発展といういたるところで見られる要求を真摯に受け止めようとすれば、経済学にとって単独では過大な挑戦となるであろう。

では、経済学と比べて政策学は何を扱い、何が交通学にとって特別の貢献となるのか、あるいは、交通政策の学問的分野の交通学に対する論点は何か。

2 交通の政策学

まず、一定の政策学というものがあるのではなく、さまざまな政策へのアプローチがある。意識された特定の関心は、それぞれが立脚する理論的な政策認識に依拠する。

持続的な交通の発展についての交通政策的目標基準を手がかりとすると、さまざまな政策学的なアプローチがある。われわれが、持続的な交通の発展のコンセプトを交通政策的活動の基準とする際には、**規範的な政策目標**に注目する。それは持続的な交通の場合、具体的な価値を指向する活動と関連付けられ、かつ秩序立った生産と維持を指向することである。そのため、現在の社会状況の下で、可能性についてはさておき、**それ自体価値あるもの**へと追求すべき重要性のあるものだとされる。

たいていの人にとって持続的な交通の発展とは**それ自体価値のあるもの**として内面化されているが、どのように実現すべきかについては、**人それぞれどの**ような価値に重きをおくかに影響される。経済・社会・環境の面での利害の相違1つをとってみても、適切な措置についての論争を引き起こす原因となる大きな対立が潜在する。ここでは、持続的交通の発展を考える際に有効な、権力と支配の関係に光を当てる。

プラグマティックな政策概念の場合には、権力を背景にもつそれぞれのアクターに注意を払わなくてはならないのに対して、**政策経済学的な政策概念**の力点は異なっている。それは政策と経済の間の相互関係に注目する。経済活動の政策的帰結と同様に政策的意思決定の経済的影響も研究されている。経済的発

序　章　交通の政策科学について

展と交通の発展の間の密接な関係を前提とすれば、交通政策の帰結が、経済的な必要性に応じており、かなり大きなものとして現れる一方、社会的・環境的帰結がたいていは下位のものとして扱われる。

　最後に、交通の政策分野は比較的自律しているサブ・システムとして、**システム理論的政策概念**として理解できるだろう。システムの働きは、すべての社会構成員の行動がそれに合わせなくてはならないような、全体的にまとめられた意思決定を作り出すことにある。その目標は、社会統合を保障するコントロール業務を提供することである。そのために政策的なコントロールは、妥協的なものになるだろう。これらを背景として、持続的な交通の発展についての交通政策のコンセプトは、ときには経済成長の利益になり、別の機会には社会的調整の意味をもち、さらにまた別の機会には環境の利益となるのである。

　さまざまな政策概念についてのレビューを詳しく見れば、これらは必ずしも矛盾していないことがわかる。もちろん規範的な交通政策のコンセプトは、持続的交通の発展を主導するもので、政策的な研究の出発点となる。全般的な目標の達成を妨害するような、力のある特定の利害から目を離してはならない。交通の政策領域では、経済的利害が特に重要な役割を果たすことは明白である。結局ここでは、他の政策分野と同様、摩擦なく機能する近代的資本主義社会を保障する、すべての社会構成員が同様に関与する意思決定が行われなければならない。したがって、特定の理論にくみしても意味ある結論は得られない。本書では、個々の論文がいかなる論点をもっているのか、あるいはそれらからどのような交通政策領域のイメージが得られるのかについては、読者が判断すべきである。

　政策理解を多様にするさまざまな理論上の基盤による力点付けがあるが、政策学では、政策学的分析が行われる対象に関する政治的な3つの次元があるという点については、一致している。第1に、政治的**形態**において政策が決定される。そこには政府機関と同様、司法機関も属しており、例えば議会から裁判所にいたるまでの法的制度である。ドイツのような民主的に統治された連邦制度を採る法治国家の政策の形成は、そうしたプロセスを規定する特定の諸規範の制定によって行われる。政策形成とその機能の理解によって、政策の効果が示される。例えば、旧交通省（BVM）[3]では、もともと制度上組織は個々の交

5

通機関ごとに分けられていた。それぞれの部門の職員は、その交通機関の利益代表者であり、交流もなく、たいていは異なった文化のもとで行動しており、影響力を競い合っていたといえる。こうした形態は1970年代初めに、統合的な交通政策を実現すべきという政策目標が設定された際に問題となった。そこでは部門ごとの緊密な協働が必要とされたが、政策学的分析によれば、交通省の組織において、そうした統合への抵抗があり、実現できなかった。この問題は本質的には今日まで続いている。

この例が示しているのは、政治形態の分析により、一定の政策的プロセスの成功または失敗の原因の推理が可能になるということである。第2の次元は、進められる政策の**内容**である。政策の内容は、特定の価値や目標を考慮し、社会的利害と関わっている。持続的な交通の発展については、政策の内容的な目標として経済的、社会的、環境的な要請を平等に考慮することが求められるが、そうした政策形成プログラムの価値や目的とそれに関係する人々の利害が、必ずしも一致しないことに、注目すべきである。多くの場合むしろ、経済的利害代表者の間で、深刻な対立が現れている。例えば交通の増大が経済的繁栄につながるという経済界と、環境負荷の増大につながるとして交通インフラの新設に反対する環境団体の間である。

政策内容の分析とそれに関する議論は、政策の場においてさらなる考察をもたらす。交通政策プログラムの目標設定は、連邦交通省の事例に示されているような政策システムの制度上の規定だけでなく、多種多様の社会的利害と対立する。それぞれの利害代表者の間で対立のある政治的**プロセス**が、第3の次元である。その点で問題になるのは、権力の行使とコンセンサスという2つの対立解消メカニズムがどのように形成されるかである。

意見の異なる政党が存在する民主主義下の政治システムにおいて、多くの場合コンセンサスの形成が有効な手段であろう。他方、強制力による一方の側からの権力の行使は、もはや存在しないように思われる。しかし詳細に見ていくと、マックス・ウェーバーの古典的な権力の定義にあるような、対立する他者の利益に対して自己の意思を貫徹する機会は、民主的な社会においても存在する。それは、不均衡に配分されている資源の量によるものである。自動車ユーザーの利害代表者であるドイツ自動車連盟（ADAC）は、ほぼ無制限に経済的

資源を利用することができる。それに対してドイツ交通連盟（VCD）は、持続的な交通手段の選択に賛成しているが、自由に使える資源はわずかである。

　これは、交通の政策分野で数多くみられる権力の格差の一例でしかない。この点では、利益に関する民主主義において、特定の交通政策上の利益を他のものより有利に押し通す権力と支配のメカニズムについて検討される。もちろん以前の権威主義的なものから民主的な社会制度への進展により、権力行使の形態は変化してきた。直接的でむき出しのものから、アメリカの社会学者 P. Barach/M. S. Baratz のいう「権力の2つの顔」となった。彼らは政策的アジェンダをその意向によって左右する強力なアクターが、自分たちにとって好ましくないテーマを政策的な意思決定プロセスからシステマティックに排除することを示した。例えばローマ・クラブが1972年の『成長の限界』以来、環境の悪化と化石燃料の限界やそのネガティブな影響について散発的に指摘してきたが、マイナーな議論にしかならなかった。示されたテーマは、気候問題の議論で、限界を超えた CO_2 の増大やピークオイルの問題が近年になって初めて政策的課題となったが、どのような政策的成果となるかは、いまだに明らかではない。現在の交通政策の議論では、異なったアクターがそれぞれの利害に基づいて、政策的な課題設定を都合がいいようにしようとしている。例えば、モビリティの電気化がすべての交通政策上の問題を解決するとされ、自動車産業とエネルギー企業といった力のあるアクターは、批判的な議論を封じ込めようとしている。

　市民も自主的なアクターとして位置付けられるが、非常に不均質に構成されているため、明快な政策的要求がわかりにくいという点で、特別である。交通についても一貫性がない、非合理的な行動をとる人々に直面することもある。例えば、保育園や学校へ子供を車で送迎する親の事例では、2つのパラドックスを内包している。第1に子供の安全が心配で車で送迎することが、交通安全の問題をさらに深刻化しているという点であり、第2に送迎することにより交通の場で安全に行動することを学ぶ子供の自立を妨げているという点である。[4] 交通政策的な意思決定プロセスを適切に査定するためには、こうした個別のパラドックスを考慮しなくてはならない。

　政策概念の3つの次元——形態、内容、プロセス——により、どのように政

表序 - 1 政策概念の諸側面

側　面	関　係	現　象	指　標
形　態	国　家	制　度 規　格 機　関	組　織 手続き取り決め **構　造**
内　容	政　策	責務と目標 政策的プログラム	問題解決 責任の履行 価値と目標指向 **様　式**
プロセス	政　治	利　益 コンフリクト 闘　争	権　力 コンセンサス **貫　徹**

出典：Böhret et al.（1988：7）に基づき作成

策的意思決定が実現するかについての適切な理解がもたらされる。これはむろん３つの政策的次元が、相互にどのように関連付けられているのかに依存する。制度的に内部の人間の裁量が定められている連邦交通省のような政策形態においても、制度的な政策構造に社会的な権力および支配の関係がどの程度反映されているのかは明らかではない。連邦交通省が特定の関係者の利益となるような統合的な政策実現のために、大幅な制度改革を行うことに、交通の政策分野における特定のアクターが関心をもつのか、あるいはまったく関心がないのかを研究する必要がある。そして政策的制度において、政策内容の形成に影響を及ぼす利害グループが、政策形態において仲介され、どのように政策内容の決定に影響を与えるかということについて、プロセスを検証しなくてはならない。

　こうしたことを前提として、交通学あるいは交通政策の学問的ディシプリンに対する政策学上の特別な寄与と付加価値はいかなるものかという当初の問いは、どのように答えられるだろうか。

　交通政策上の活動の一般的な基準として、持続的な交通の発展が前提とされるなら、その動向は、経済的、社会的、環境的成果として同等に判断される。経済的効果は経済学が、専門的に論じうると考えられる。それに対して社会的および環境的成果は、交通経済学上の調査によって伝えられる。政策学の課題

は、持続的な交通政策への転換を可能にする政策的前提を確定することである。特別な着眼点は、持続可能な交通戦略において、それぞれの利害グループが自分の特定の意図を主張できるようにすることが可能であるということである。

交通政策は、経済に対してプラスの成長をもたらすための必要不可欠な前提として、よどみのない交通の発展を保証するための条件をどう形成するかという観点から実施される。それに対して、政策学の課題は政策の側面から規定された目標への到達度を点検することと、場合によっては持続的な交通政策への転換を妨げている制約について綿密に検討することである。いわゆる批判的な政策学は、政策的な実行可能性とその限界における政策上の責任について明らかにする。さらに政治家の目標は、可能性に向けて政策的な関係を変化させることであり、持続的な交通の発展という政策目標をより支援することである。それゆえ、科学としての交通政策の枠組みにおける政策学への貢献は、調整的なものである。政策学の提供しうるものは、交通の政策領域における特定の関係についての解明であり、それは他方では持続的な交通政策の実現に利用できる。それでは、持続的な交通の発展とはどのようなものであろうか。

3 持続的な交通発展の概念

交通政策が重要であるというとき、ほとんど即座に思い当たるのは持続可能性概念である。持続的な交通政策はそうこうするうちに、今や議論の余地はなくなり、交通政策研究者なら誰しも後ろに逆戻りすることは許されない厳しい状況にあるようにみえる。このことは、ブルントラント報告が作られた1980年代よりは明らかに前進している（Grober, 2010）。

ただし、持続的な交通政策をどのように特徴付け、認識するかについてコンセンサスはない。持続的な交通政策は、広い社会的なコンセンサスの裏にある「隠れた課題」であり、そこにさまざまな政策関係者の意図が現れている。持続可能性に関する社会的コンセンサスとその言葉の具体的内容は何かについて、現時点で見直すことは、反復される議論の違いを把握するために有益である。

持続可能性の概念は３つの戦略から成る。効率戦略、再生戦略、充足戦略である（Tremmel, 2004）。**効率戦略**とは、経済生産と環境消費を本質的に分離す

ることを目的とするものである。特に資源節約的な技術革新が模索される（環境効率）。事例としては、ガソリン消費量を削減させる自動車エンジンを開発してきた自動車産業の成果がある。一方、**再生戦略**は、天然資源を消費ではなく、再利用するというより広範な目的をもつ（環境効果）。天然資源は、自然の物質循環に基づく新たな循環経済の形に組み込まれるべきものである。そこでは、使用済み資源は廃棄物として捨てられるのではなく、元の原料に戻って、再び生産物の循環に入るのである。フォルクスワーゲンのゴルフは40％がリサイクル原材料でできている。**充足戦略**は、最終的には人々の行動変化を求めるものである。交通という課題についていえば、資源節約的な交通行動の模索であり、特にモードの変更である。よく知られる事例としては、さまざまなキャンペーンによる自家用車から公共交通への転換である。

　元来の持続可能性の概念では、これらの戦略は同等の意義があり、それらの具体的な作用を束ねることで持続的な発展を約束するものだった。しかし、交通政策においては、当面、効率戦略が最も大きいことは確かである。連邦政府の「交通調査プログラム３」では、「モビリティと交通技術」という明確なタイトルが掲げられている[5]。

　しかし、交通部門の成果をみると、効率戦略にのみ依存することは問題であることがわかる。CO_2排出量を抑制している産業や家計とは異なり、交通部門はCO_2排出量を拡大している唯一の部門である。技術革新によって生まれる効率性による利得は、部分的にはいわゆる「反作用効果」によって失われてしまう。効率性利得に対する利用者の反応により、例えば、ガソリン節約によるコストの低減が、走行距離の増加となったり、より強力なモーターへの投資となったりして、結局ガソリン消費の節約分を相殺してしまうことになる。さらに重要なことは、効率性の利得が、経済成長の進展やそれに伴う交通量の増加によって相殺されてしまうことである。ここには、経済成長と交通の成長の間を分離することが可能かという重大な問いかけである。

　実際には、効率戦略だけでは、CO_2排出量で測られる持続的交通発展は達成できないということを示している。効率戦略は、持続可能性概念の明確な構成要素であることに疑いはないが限界がある。このことは、再生戦略にもいえる。再生戦略は、持続的交通発展にさらに近づくための、大きな潜在性を有するが、

長年、苦労して自然の循環から離脱しようとしてきた人間が、再び完全に自然循環に戻れるかどうかは、今のところ明確ではない。

効率戦略にしても再生戦略にしても、両者の魅力はその基本に人間が消費行動を変えることなく、持続可能な発展を達成できるという前提があることである（Rogall, 2004）。効率戦略と再生戦略の代弁者は、充足戦略のための行動変化を支持する人とは鋭く対立する。充足戦略は、放棄の戦略として評価を下げられ、今日、さらに周辺に追いやられているが、充足戦略の代弁者は、西欧的な生活水準が全世界的に実現できるとか、現在の約10億台の自家用車から将来的に20〜30億台になるといった前提に疑問を呈する。交通量が削減されるような生活行動の変化なくして、持続的な発展は不可能であると論じているのである（Scherhorn, 2008）。

地球規模の持続的な交通発展のために、実際に交通量の削減が必要かどうかはともかく、公共交通への転換の事例は、持続的な交通発展という意味での生活行動の変換が、必ずしもモビリティの低下とはならないことを示している。

持続可能性概念について、その3つの戦略を簡潔に紹介すると、多様な関与グループからなる複雑な混合物といった印象が伝わってくる。しかし、全員が同一の目標、すなわち持続的発展という目標を追求してはいるが、部分的に正しいアプローチについて激しく争っているのである。ここでまず問題となるのは、持続可能性戦略の3つの理論の説得力である。一方、それぞれの持続可能性戦略理論の代弁者たちの背後に強固な利害関係をもつ社会的アクターたちが集結している。効率および再生戦略においては、経済成長の進展とそのために財源を投入した技術的革新という進歩主義の信念が基盤となっており、技術的な成長経済の確固たる一構成要素として機能し、それで利益を得る組織体の代表者が存在する。このことは持続的な交通発展という条件下でも、効率および再生戦略ならこれまでに達成された生活水準を維持できることを考える多くの人にも当てはまる。この観点からすれば、経済成長と交通成長は持続的な発展戦略に不可欠な基盤だとされるのである。

一方、充足戦略は、持続可能な社会を実現する状態に達するためには、本格的な構造転換が必要であるとする相対的に少数のグループである。こうした構造転換は、現代資本主義社会の経済構造やライフスタイルに影響を与えないわ

けにはいかない。

　したがって、幅広い社会的なコンセンサスがあるように思われている持続可能性という概念を整理検討することで、なぜ体系的な転換が難航するか、という政策的な論点が明らかになる。本書は、一貫性のある交通政策戦略に焦点を当て、統合交通政策のモデルを示すものである。

4　統合的な交通政策の理想像

　持続的な交通の発展が、一般的に受け入れられる交通政策目標として示されるようになると、統合交通政策の理想像は、持続的交通発展を促進する1つの手段として、広く受容されることになる。統合交通政策という考え方は、1970年代初めに、それぞれの交通機関を交通政策的な統合戦略の下に強く関連付けたいという要望から出てきたものである。とりわけ一方的に発展する個別自動車交通を、鉄道輸送に有利になるように矯正するものであった。全体的には、それぞれの交通機関の特性的な長所を束ね、短所を排除するというものになった。当時明らかになったことだが、交通省は既述のように縦割りの組織構造により、そうした調整を主導する能力も実行力もなかった。それよりも、それぞれの部門の代表者は各交通機関固有の利害を追求し、しかもその利害は交通政策の統合的戦略にふさわしくなかった。そのために基本委員会を設置し、多様で相反する個別の利害を把握し、合意による戦略を確立し、**政策的な**統合につなげようとした。

　この政策的な統合と並んで、**技術的な**統合についても努力がなされた。例えば軌道上を走行する小型車室システムが新しく開発された。それは小さな交通用具からなる乗り物で、それぞれが個別の目的地に操縦していくことができ、自動車の長所を指向したものである。小型車室システムは軌道系からの発想であったが、自動車のカーシェアリングに発展した。カーシェアリングという考え方は、乗り物の集団的利用という考え方であり、集合的交通と個別交通の長所を結び付けたものである。

　統合交通政策における統合化の3つ目の道は、**社会的**統合である。交通政策上の決定に関連する社会的な集団について、可能な限り合意形成に参加させる、

序　章　交通の政策科学について

ということを目標としている。対立する利害関係者が、納得するような合意に
まとめることがその成果とされる。

　政策的、技術的、社会的などの統合が、比較的確立された交通政策上のテー
マについて問題とするのに対して、**環境上**の統合はようやく最近になって注目
が高まっている。それに従えば、交通政策上の決定は、環境に対する一貫性を
体系的に顧慮しなければならない。環境は徐々に交通政策上の課題について、
権利が認められた新たな関係者となり、他の関係者との競合関係が生まれる[6]。

　相互協力の形を模索している政策的、技術的、社会的、環境的な統合に対し
て、第5の統合である**経済的**統合つまり市場統合がそれらと対立的に存在する。
市場を通じた経済的な統合原理は、競争と市場参入者の競合によるものである
から、統合を損なうものとされる。さらに交通機関はそれぞれ、機関分担率を
争っている。これに関連して、交通によってもたらされる費用と便益をどのよ
うに計算すべきかという問題が、今日まで盛んに議論され、いまだ結論が出て
いない。それについて近年再び、国内総生産を社会的な豊かさの指標とするこ
とについて、貨幣価値として計測される付加価値のみを把握し、環境破壊のよ
うに場合によっては起こりうるコストを考慮していないという批判がある[7]。渋
滞は、運転者がガソリンを消費するので、プラスに記帳され、同様に負傷者を
伴う交通事故も、訓練された労働力がそれによって賃金を得て国内総生産の増
加に貢献するため、今日の計算方法では経済成長に資するものとなる[8]。

　そこから、対立する協力と競合の論理をどの程度調整するかが問題となる。
Cooptition という、英語の協力（Cooperation）と競争（Competition）をくっつ
けた概念の発明により、この2つの原則は問題なく結び付くという印象を与え
る。しかしながら、具体的にみると、統合交通政策の理想型は、協力と競争の
一致の問題であり、今日まで何度となく決裂していることが明らかになってい
る（Schöller-Schwedes, 2010）。市場を通じた交通システムの統合が、持続的交
通の発展にいたるとは限らない。それどころか交通部門の競争原理は、経営的
な個別利益の追求につながり、社会全体に与える結果の影響が省みられなくな
る。それが明らかになったのは、1990年代の郵政民営化後の郵便ロジスティッ
クスの再構築の場合であった。以前郵便配送センターは鉄道との接続を前提と
していたが、民営化後はドイツ全域の新しい配送センターはトラックの利用を

13

前提としているものとなった。企業側からみれば、トラックの利用により効率の大幅な向上とコストの節約が生み出せる。一方、例えば道路輸送による環境への負荷の増大などは、企業会計には反映されない。それらはいわゆる外部費用として、社会全体で支払われる。交通政策にとっては、市場先導的な統合とそれによって生み出される外部費用を、政策的な手段によって再度把握することが課題である。社会秩序的枠組み設定により、企業が生み出して外部化したコストを企業会計に取り込む、つまり内部化することが政策的に試みられる。

　統合的な交通政策の理想像が、列挙した5つ——政策的、技術的、社会的、環境的、経済的——のすべてにおいて同時に歩みだし、交通政策的な統合戦略を実現するという期待であるとしたら、アプローチの野心的な性格が明らかになる。さまざまな政策の分野、例えば都市開発、環境などは、それによってシステマチックに交通の分野と協力し、交通政策の決定が、都市や住宅の開発や環境への影響についてどのような効果をもたらすかを可能な限り明らかにすることができる。またその逆として一定の都市計画や国土計画による交通の発展や、その環境への影響を考慮しなくてはならない。持続的交通発展という面で、政策所管事項相互にまたがる前提条件の形成を役立たせることが目標である。1998年には交通省は省庁改編により、国土計画、建設および都市計画省と統合され、後に、「交通・建設・都市開発省」（BMVBS）となっている。しかし連邦レベルでは、交通省は、建設・都市開発の部署とはまだ何の連携もなく、政策的な統合の原理は州や市町村のレベルでもほとんど確立されていない。

　技術的な統合についても、さまざまな交通機関の開発業者やメーカー、運営業者の協力が必要である。そのためには大学でのエンジニアの教育課程において、それぞれの交通手段に特有な専門分野として独立しているものを、持続的な協力関係にしなくてはならない。同様なことが、交通機関つまり手段間のコミュニケーションを円滑化するために、製品についても規格を調整させなくてはならない。運営者についても、交通機関や手段の結節点が障害にならないように、互換可能なビジネスモデルにしなくてはならない。例えば利用者が、1つのシステム内やさまざまな交通機関を、複雑な運賃ゾーンや運賃システムの相違を意識しないで、問題なく移動できるようになれば、公共交通は魅力あるものになるだろう。

序　章　交通の政策科学について

　社会的な統合も、関係者を交通政策的な決定の決定プロセスに組み込むためには、新たな形の協力体制が必要である。それには、交通政策上の決定とそれに基づく計画策定を、さまざまな社会的グループの対立する利害に対して主張していくことが困難になってきている。従来、政策の責任者が、都市高速道路のような大型プロジェクトについて、中央政府の決定を上から下へ流し最終的には実施することで決済できたのに対して、今日では様々な方向からの組織的な反対を考慮しなくてはならない。利害関係の代表者が円卓につくことによって、第一に潜在的な紛争の可能性を視野に入れながらも、共同で確立した妥協の形になることが期待されている。次にこの種の社会的統合には、すべての利害が公の場の決定過程で考慮され、後にも現実的な措置として明示されるという役割もある。都市高速道路を例にとってみると、将来高速道路沿いに居住し、迅速な接続を望む住民に対して、実現に対して関心が薄い人もあれば、十分離れたところに居住し、それがもたらすマイナスの影響には言及しない人もいる。さらに経済界からは、交通条件の向上の経済的有利さを述べるものも、新たな競争者を恐れるものもいよう。また、州の政策的な代表者には、連邦の財政的な支援を主張する人もあれば、地域の支持者を、高速道路建設反対へと動かそうとする地方政治家もいる。

　最後に環境的な統合でも、更なる調整が必要である。環境における正当性については常に議論のテーマとなっている。環境上の措置、例えば市内への自動車乗入課金によって、下位の所得層が自動車による市内への乗り入れができないようになってしまい、交通行動が制約されることが社会的に正当なのかというような問いである。ここでもまた、統合交通政策の面から慎重に考慮した上記の課題は集団的に解決されなくてはならないという、政策的な現実に立ち入る密接な相互関係が示されている。

　以上の4つの協調を基盤とした統合戦略には、広い範囲での政策的な調整措置が必要である。交通政策は、統合的な交通政策の理想像を求めることが要請されるため、とてつもなく困難な課題を負っているという考え方がある。国の担当官庁は、高度に多様化した近代的社会において複雑な関係を概観することはできないし、ましてそれらを目的のために形にできる状況にはない。[9)]

　ここで経済学的統合戦略の信奉者などが持ち出すのは、効果的調整手段だと

図序-1　統合的な交通政策へむけた5つの統合戦略
出典：筆者作成

みなされる競争を媒介とする、否定的統合化作用のある市場なのである。「神の見えざる手」が市場参加者全員の運命を左右し、厚生につながるというものである。それに対して、国家的あるいは政策的な影響力の行使、すなわち法的枠組みとして摩擦のない市場のために規制を設定することは、強く否定される。協調対競争、つまり政策的統合対市場媒介統合の対立は、統合的な交通政策の理想像に、深く対立の影を落としている。

　交通に関する政策的な科学は、統合交通政策の理想像について3つの質問に答えなくてはならない。**第1**に、現実的な理想像であるかどうかということである。現在まだ始まったばかりであり、今日までそれが理想像としての持続的な交通の発展という目的を達成できるかどうかについてはまだわからない。**第2**に、どのような社会政策的な枠組みにおいて、統合交通政策の理想像の実現が考えうるのかということである。それが広範ですべての社会的な個別分野を包括した課題を扱い、社会的な変容以上のものを要することをみてきた。理想像を実施する場合に、これまでの社会的な前提条件を壊すことが必要であるならば、そうした広範な社会的変化がもたらす結果に対して覚悟があるのかという**第3**の質問が出てくる。つまり、統合交通政策の理想像とそれによる持続的な交通の発展というコンセプトの実現は、人々に近代的な資本主義の社会にお

序　章　交通の政策科学について

ける生活を変更する覚悟と能力があるかどうかに依存している（Luks, 2010）。

5　結　語

　われわれは交通専門家であり、交通という世界の中で常に最大限の多様な方法で活動している。それと同様に、交通政策に関する人々の日常的な理解と科学的な理解の間に違いがあるということを、交通という政策分野の導入において示してきた。学問は、概念を厳しく定義することにより、日常的な理解と対峙するものである。市民は特定の交通政策手段に反対するものという固定観念が示されたならば、こういった発言を詳細に検討するのが交通政策科学の課題である。交通政策学は、当該の交通政策に対して、一括りにできない多くの利害関係者がいるということを示すものなのである。交通政策の手段に関して議論をオープンで透明にするために、政策的な交通科学は、複雑な利害関係者の状況を明らかにする。実際の交通政策決定者は、全体的な決定を下すという課題がある一方、科学的な交通政策の目的は、社会全体において、各々の条件を考慮したどのような決定が可能なのかということを吟味することにある。

　過去の階級構造的で中央集権的に組織された社会では、交通政策の決定過程は、今日とは全く別ものであった。以前は、国家が、邪魔されたり、反対されたりすることなく、自らの政策プログラムを、まずもって上から下に通達することができた。これに対し、今日では、政策的にも重要な役割を担う、多様な側面をもつ市民社会というものに直面している。命令と管理に基づく国家による中央集権的な政府形態から、コミュニケーションと参加に基づくガバナンス形態への移行が語られるが、そこでは、新しいガバナンスとは一体何なのかという議論がいまだ残っている。こうしたガバナンス体系への移行は、伝統的に国家の活動の本来の分野とされる交通政策にとっても特別な意義をもつ。したがって、交通に関する政策科学には、新たな社会政策の枠組みの下、交通政策の決定プロセスに関する理解を得るために、社会的な権力関係の新たな形態を規定するものを生み出さなくてはならない課題がある。

　本書の各論文は、交通政策分野の入門とされるものである。そこではまず交通の、社会、人間、環境、経済、科学という中心となる要素との関連性が示さ

17

れる。また、交通安全、交通の社会化、公共交通といった、重要な交通政策の
テーマ分野が、専門家によって、交通政策の視点から示されている。それぞれ
の専門家は、交通政策上の重要性という視点から執筆しているが、政策学者は
ほとんどいない。この序論は、交通政策分野の問題の奥深さを理解したいとい
う興味や関心をもたせるための、基礎的な予備知識となるべきものである。

注
1) 連邦議会において緑の党の Renate Künast は最近「ドイツにおける理性的な交
通政策の始まり」について予言している。きっかけはシュツットガルトにおける
中央駅大規模開発"シュツットガルト21"計画［訳注：訳者解説を参照］に対す
る市民の感情的反対である。この評価が根拠付けられるかどうかは、もちろんい
ずれ証明されなければならない。
2) 19世紀以前、世紀ごとの平均的な経済成長率は高くても0.2%であったが、1820
～1998年のそれは年2.2%であった（Maddison, 2001）。
3) 現在は連邦交通・デジタルインフラ省（BMVI）である（2013年）。
4) 研究によれば、車での送迎は、自転車利用や徒歩と比べて必ずしも危険性が低
いわけではないという結果が示されている。
5) http://www.bmwi.de/BMWi/Navigation/Servide/publikationen.did=242834.
html（2010年10月11日付）
6) 人権についてのリストにならって、「自然」にも憲法上保障された基本的権利が
あり、対立する利害グループに対して、法廷に訴訟することができるとする法曹
関係者もでてくるようになった。
7) 社会的な豊かさの算出についての学問上の論争は、第2次大戦後の国内総生産
からであり、それ以来非常に激しい議論が行われている（Steurer, 2002：307-
325）。
8) 2011年の初めに、「成長、豊かさ、生活の質——社会的市場経済における持続可
能な経済と社会的な進展」に関するアンケート委員会が、社会的な豊かさ計測の
より適切な成長指標を求めて、活動を開始した。
9) 対立する理論的な論争の鳥瞰図については、Schimank（2005）。

第Ⅰ部

交通の諸側面

第1章	交通と社会
	——モビリティデザインとしての交通政策

シュテファン・ラムラー

　「哲学者たちは世界をただ種々に解釈して来ただけだ、世界を変化すること
が問題であろうに。」［訳注：三木清訳「ドイッチェ・イデオロギー」］とマルクス
のフォイエルバッハに関するテーゼ［訳注：フォイエルバッハ論のもととなったメ
モからエンゲルスが発表］の11番では述べられている。筆者の学生時代でもこの
一節はもう周知のものではなく、今の学生たちはまったく知らない。しかし現
在この一節から、社会論に及ぶ興味深い議論が生まれている。本稿もそうした
議論への入り口となるべきであろう。空間的なモビリティ（移動可能性）につ
いての社会科学的な考察や、その形成が重要で、社会政策の基本となることを
示したいのである。マルクスの一節を引けば、議論の出発点は、モビリティは
十分解釈され、知られているが、その知識の実践には欠けているということで
ある。作り出したいと考える未来の姿や、どういった課題を克服すべきである
かという信念がないのである。他の引用を用いれば「モビリティがすべてでは
ないが、モビリティなしでは何もできない」のである。その意味でモビリティ
についての新たな考察は未来を拓く社会政策の中心となる。それは本書全体の
テーマでもあるが、議論の余地があるはずであり、先鋭的にあえて強調し、反
論や議論、さらなる考察を促すものにしたい。

1　近代社会のモビリティ

　われわれはモビリティについてもう十分に知っているはずなので、それにつ
いての議論には深く立ち入らないが、直接決定的なことを述べたい。モビリテ
ィがどのように形成されうるか、が問題なのである。そのためには交通社会学

的な調査から導かれる考察を基にして、モビリティ形成の圧力が誤ったところに着地しないように留意すべきだ。以下の考察が中心的なメッセージであると思われる。

モビリティと近代は、コインの両面のように対峙している。一方は他方に不可欠であり、「近代社会の発展とモビリティ発展の親近性」といわれる。近代社会の誕生と拡大がモビリティの可能性の向上とその必要性、そして交通サービスのダイナミックな拡大と相互に関係しあっているということである。社会的分化と経済的分業が、空間的な統合をもたらす交通を生み出し、逆に、交通とそれによって拡大したモビリティが、さらに社会の近代化や分業を可能とした。旅客・貨物の両方にこの関係が当てはまる。深刻な問題は交通が現代社会を統合し、同時に分断していることである（Rammler, 2001, 2003）。

自動車は絶えず進展する個別化、柔軟化、多様化過程を推進し、時間・空間を統合する機械として特別な役割を果たしてきた。社会の発展により、個別化や時間的な隔絶、空間と時間の不規則性が拡大すると、自律性や柔軟性を実現できることが、交通手段の選択の中心的な基準となる。言い換えれば、自分で意のままにできる交通手段が魅力的となる。所得の向上、余暇の拡大、象徴性と並んで、分化と社会的統合が、自動車が成功した大きな理由である。近代化とモータリゼーションの相互作用の結果、自動車が利用しやすい空間・時間構造が生成・発展し、そこでは、余暇と所得水準の向上の実現によって、自動車利用と関連するインフラや制度が結び付き、社会文化全体での自動車によるモビリティへの依存が生まれた。車中心のモビリティが続いた結果、時間や空間そしてシステムや制度にまで自動車中心のものが組み込まれ、引き継がれている。自動車関連の主観的な行動コンセプト、規範、生活スタイル、慣習が、生まれ、浸透している。車社会が頑強なのは、モビリティと構造的・行動的な次元が結合しているからである（Rammler, 2003）。

われわれは、「作られた世界」に生きている。人類は内的・外的な自然とやり取りして、環境を形成してきた。石、アスファルト、鋼鉄のレール、港湾、空港、駅、そして生産施設や住宅地などは、将来の発展のための礎である。交通経済学者 Voigt（1953：199ff.）は、交通機関の形成による「現状維持効果（Anteludialeffekte）」という概念を示している。「当初は正当化されたかもしれ

第Ⅰ部　交通の諸側面

ないが、交通の重要性の可能性や実現は、基本的な構造の発展の足かせや対抗力となった」としている。ある交通機関が一度成立すると、他のもので置き換えられない限り、葬り去られることはない。これは近代的な人類の心理的な裁量にも当てはまる。行動や考え方、感性が心理的な型の形成につながり、変化に対抗するようになり、何代も受け継がれ、社会化される。行動が習慣となり、習慣が制度となり、最も強固な鋼鉄製のインフラとなる。そして将来にわたり大きな力をもつものとなる。これは常にすべての事象に当てはまってきたが、モビリティの構造の変化にも当てはまる。多くの交通の分野は、目に見えるものを扱っている。工学関係者は、造成すべき対象を、経済関係者は計算する対象を、交通政策関係者は操作すべき考え方を扱ってきた。近代的なモビリティ文化の精神的な形成や機関選択の説明に、行動、習慣、慣習を理論的に適用したのは社会学である（Franke, 2001）。交通政策について研究しようとする者は、物質的なインフラという制約ばかりでなく、社会的な制度や主観的な習慣に囲われて生活していることにより、多様な結果を生み出す現実に直面していると気が付くだろう。

　今のところ、長年の交通学と社会学の調査によって、交通需要の発生の問題は十分に理解できるようになってきた。次に、持続可能なモビリティの動向を形成するという問題に集中すべきである。しかしながら改めて、すべての人がモビリティの形成のためのすべての要素を知っているかどうかについて問わなくてはならない。なぜなら、歴史を通じていえることは、モビリティは他の条件が一定ならば、安定的な発展の道をたどることがわかっているが、将来の予測については問題があるからである。今日ほど将来の予測が困難な時期はない。予測には原理的な限界があるうえ、将来は現在と継続性があるものとされることが多いからである。10、20年前よりも現在の方が、将来を見通すことが難しくなっている。このような状況において、これまでのモビリティの説明概念は、急速に利用できなくなってきている。なぜなら相互作用的な一定の社会的対立、つまり「親和性のある」対立がなくなり、独立的なものになっていくからである。日々その確実性は、拡大している。次節では、これを前提として、モビリティの将来を決定するような重要な展開について述べる。

2 われわれの知るモビリティの終焉[1]

社会学者のClaessens（1959：23）は、「交通は社会の反映」としている。交通は、環境、経済、社会的なプロセスによって多様に形成され、類似的ではない文化の変化の過程を推し進める。この点については、マルクスのいう意味で説明が必要である。それでも以下の点については、指摘することができよう。

・自動車保有台数は世界で2030年までに2倍となり、燃料の消費はそれによって2050年までに2倍以上に増える。研究者は、この傾向が続けば、気候変動について最悪のシナリオとなる、としている。しかしながらこうした問題の影には、はるかに緊急で重大な展開、石油燃料の枯渇があり、短期・中期的には温暖化よりも大きな危機をもたらす可能性がある。同様にこれら2つと結び付いて、エネルギー供給は21世紀の命運を握る問題となる。エネルギー供給は、他の多くの問題と同様に温暖化問題を解決する鍵となり、温暖化問題への対処を可能にする。2007年における石油需要の58％は交通のためのものである。このため交通部門、特に道路交通の動力源として、石油をめぐる競争が激しくなっている。われわれの社会のモーターとしての交通部門のために、今日では戦争にまで発展している[2]。この化石燃料に依存したモビリティが、環境面・地政学面に影響を与え、世界の安定をかなり脅かすリスクとなっている。そのために、安全保障政策上、石油依存という危険を回避するという面からも、資源節約的なモビリティは重要な位置を占める。

・世界の人口の多くは都市に居住し、将来増加する人口も都市に居住する。都市は近代化の実験室であり、近代的な生活の場であり促進母体である。居住、労働、消費、モビリティを調整し、そのお互いが影響を与える巨大で複雑な機構である。つまり、将来の都市において将来のモビリティが決定される（Schöller-Schwedes/Rammler, 2008）。都市におけるライフラインの老朽化は見過ごせず、近代化されねばならない。一方、再生可能エネルギーのインフラのための資金も必要である。高齢化にもモビリ

第 I 部　交通の諸側面

ティの面から対応しなければならない。「ユニバーサルデザイン」といった高齢者層のためのモビリティシステムの形成を探求しなくてはならない。人口構成の変化が、居住形態の変化をもたらし、公共交通に関するインフラのための財源調達が深刻な問題となる。

　こうしたことは、とりあえず以下のようにまとめることができる。人口は増加し、老化し、より狭い空間に住み、原材料をより多く使い、より多い廃棄物を出すようになる。環境システムへの過大な負荷が、最終的にはその領域での不可逆的な損傷をもたらし、資源を巡る争い、社会的な水準の引き下げ、富の分配の不均衡、生命の危険度の不均衡などが、地政的、文化的な限界にまで来ている。そうした視点から世界を観察すれば、今とはまったく異なる将来への急速な変革の動きが起こっている。言い換えれば、世界的な生存競争社会への移行段階にあるといえる。Ulrich Beck の「世界リスク社会（危険社会）」では、われわれの社会そのものがリスクを生むと定義されている。この定義に基づけば、世界的な生存競争社会では近代化の結果が反映されて、人類の生き残りに深刻な問題となっているといえるだろう。現在のようにリスクが実際の危機となった場合に、世界的な生存競争社会が現出する。こうした状況下においては、多様な視点からシステムの問題を徹底的に検討し、今すぐにわれわれの行動を将来にわたって持続可能なものに変えるべきである（Rammler, 2010）。システムの転換を、将来持続可能な社会の形態に沿ったものにすることは可能で、さまざまな動きによりこの目標を実現することは可能であると考える。社会の学習可能性、集中化された行動、技術の適切な利用によって、不可逆的な環境のメカニズムを、その変化の限界を超えないようにすることは可能である、という考え方を基本としている。自ら選んで目標を定めた転換は、まったく処置を行わない場合のカオス的な変化とは全く対照的なものである。望まれた状態の創出を目的としているこのような転換は、Herbert Simon による、デザインの包括的な定義である「現状をよりよいものに変える」に従うならば、生き延びるための新たな世界文化をデザインすることであり、現代を克服して、すでにいわれているようなポストモダンの時代へ生き延びるための世界のデザインに関わることなのである。

第1章　交通と社会

3　世界をデザインする意味でのモビリティ政策

　気候変動といった事態に対して、現在の政策のコンセプトは、進路変更という意味ではタイタニック号を氷山に衝突させた見張りと大差ない。モビリティに対する政策も同様である。技術的に素晴らしいが想像力に欠けるモビリティ産業には、斬新なコンセプトが必要であるが、政策や交通科学と同様、これまでのモビリティ文化にとらわれている。重要なモビリティに関する論争の誤った観点を排除し、現在の展開とは大きく変えなければならない。交通についての最適化、迂回化、円滑化、転移化などの概念は、実際の変化には結び付かず、現在ある社会モデル内で動こうとする限り、誤った方向に向かっているからである。以下にモビリティ政策をリードすべき考え方を示す。

- ・モビリティ政策は、社会政策である。

　　モビリティの形成は社会政策に内包されているが、外部にあるものとされやすく、交通政策においては考慮されていない。モビリティ調査は、現代社会において、近代化がどの程度進行しているかを測るものであった。モビリティ政策は策定のコンセプトとして近代化の進行を変化させる手段として受け止められていた。そのためにモビリティ政策は、文化全体の変換を実現するきっかけとして理解されうる。この仲介的な需要分野での革新がなされれば、すべてのほかの部分も変えることができる。

- ・モビリティ政策は、持続可能な社会を導き出すための文化的変換の牽引役やきっかけとなるものである。

　　この考え方は、近代化とモビリティが表裏一体であることから来ている。モビリティの根源的な問題、つまり地政的な問題を抱える石油を主要な動力源としていることを開示し、それによって石油エネルギー文化の総合的な革新の重要出発点となる。

- ・モビリティの新たな創出は、今の世界の守旧派との対決である。

　　これまでのモビリティを持続可能にすることは、すべてのモビリティのメカニズムを新たに構成するために方向転換することである。これまで

25

第Ⅰ部　交通の諸側面

の交通政策や企業政策の論理により、これまでの枠組みが固執している
ものと将来の課題が対立しているからである。可能性を拡大するための
政策は、原理的には当該関係者に達成への期待や依存構造がある政策よ
りも制度化や実施が難しい。現代の自由な移動を、制約の多いものにど
うやったら置き換えられるか、将来、持続可能なモビリティの一貫して
魅力的な計画や政策のビジョンの基礎がどうしたら形成できるか、とい
う問題が決定的である。

・**われわれの想像力がモビリティ政策を前進させる。**

現在導入されていて、システマチックでなく権限に動機付けられた政策
よりも、モビリティの形成には想像力にインパクトを与えることが必要
である。新たなモビリティ文化についての理想像や、ポジティブなビジ
ョンやストーリーはまだない。われわれが導かれ、そこに行けば現在よ
りも魅力的であるはずのレベルの内的な地図もない。「脳内アメリカ紀
行（Amerikafahrer des Kopfes)」(Burckhart, 1997：158) の仮想の地図の
ように、実際に出かける前に新しい世界によりよい生活が見出せるよう
な、生き生きとしたものが必要である。よりよい世界の実際の機能につ
いての主導的で、力が結集され、動機付けとなるような像とストーリー
の提示により、将来像をイメージさせなくてはならない。包括的なコン
センサスと社会全体のイノベーションの気風の形成に寄与し、深い変化
をもたらし、それに応じた政策を実施するためには必要である。まさに
Robert Musil のいう可能性の意識（Möglichkeitssinn) が必要なのである。
変換は、イメージすることが可能かどうかに依存する。新しいことが必
要であることを考え、まず精神的に慣習から解放されることから始まる。
そうした意識が形成されて初めて、実際の変更を行うことができる。そ
うしたストーリー化されたモビリティ政策は、少数の預言者の課題では
なく、集団的で分散化されネットワーク化されたイノベーションの論理
と合致し、組織的で、新しいルートから政治的なプロセスや世論におけ
る議論をもたらすものである。

・**持続可能なモビリティ政策は、重点的なものでなくてはならない。**

モビリティの未来を考察すると、優先すべき分野や投入すべき戦略が明

らかになる。判断の基準は、環境と社会における負担軽減効果の速度や順序、全体的なイノベーションのインパクトの強さや範囲、深度、最終的には文化的な形成力、つまりどれだけ現代の文明に新たなものを生み出せるかである。古典的な交通政策の分野や戦略、政策が破棄されるのではなく、新たなイノベーションの論理で評価される。これまでの個別のシステム、例えば技術的な推進システム、組織的な過程の調整や最適化などによる実用化されたイノベーションの論理が、社会全体に野心的なモビリティ政策の理想形として示される。モビリティの規範的な性格に合致して、こうしたモビリティ政策の実践が他の社会的システムにどのように影響するかが、組織的・学術的に率直に問いかけられなければならない。言い換えれば、モビリティの実践により、それが他の分野における継続的な変更をどのようにもたらすことになるかを、問わなくてはならない。

4　持続可能なモビリティ政策の先導的戦略

　環境交通政策の古典的なコンセプトは回避（Vermeidung）、転移（Verlagerung）、改善（Verbesserung）の3つのVとよばれている。これらのわかりやすい定式化は、その効力を失っていない。しかし、上記のイノベーションの論理を取り入れて、モビリティにおける製品、利用、システムの3つのイノベーションの概念を、持続可能なモビリティ形成における先導的戦略として導入したい。これらは、具体的な行動戦略と施策の統合的な発展と実現を見据え、分化すると同時に関連した議論を可能とする。3つのVは持続可能なモビリティについて、抽象的な目標のマトリックスを示しているといえよう。製品、利用、システムが観念的に密接に関連した姿形のイノベーションは、利用者の利便性、ユニバーサルデザイン、エネルギーと資源の消費の削減、環境・健康・社会における負担可能性などの定義された範囲や活動、目標のパラメータを配慮してこのマトリックスを現実化するものである。

第Ⅰ部 交通の諸側面

（1）モビリティの製品のイノベーション

　製品のイノベーションとはそれぞれの交通機関についてである。場合によっては、投入された機器やシステムの輸送の実施のための機能は変更せず、生産形態を上記の目標の1つまたは複数を実現するために変えることもある。製品のイノベーションは、計画過程および生産過程に適用され、例えば部品の再利用の問題を考慮した製造や、適正な使用過程、あるいはリサイクルの可能性などを当初から考慮するものである。内燃機関の効率性の向上も、すべての交通機関における新たな駆動システムの発達（電気自動車、水素自動車、磁気浮上鉄道）から、まったく新しい交通機関（セグウェイや鉄道キャブ）までこの戦略に含まれる。製品イノベーションは、ほとんどが技術的なイノベーションに基づくものである。他方、既存技術の組み合わせによるイノベーションや、新たな製品基準（容積や重量）のイノベーション、あるいは新しい利用形態などによってもたらされることもあろう。製品イノベーションは、常に生産性向上を目指さなくてはならない。より少ない資源の利用で生産力を拡大する、言い換えれば同等あるいは理想的な場合にはより少ない資源により、生産力を拡大するということである。また、新たな需要を生成したり、所与の需要を変更された方法や新しい方法で満たしたりといった、新しい機能の実現を可能とする。

（2）モビリティの利用イノベーション

　利用イノベーションとは、交通手段の運用に関するものである。それは新しい交通用具を投入したり、現在の交通用具の追加的な投入をしたり、利用条件の新たな構築をすることなしに、現状のモビリティを充足することができるかという問題である。利用イノベーションの刺激は、少なくとも現在の範囲で現在の交通用具について利用方法を新しく形成するよう促すことである。このことは対応する交通用具のイノベーションが実現してもしなくても、実現できる。利用イノベーションの現実的な政策上の意味は、上記のように世界が社会と技術が固く結び付いたシステムとして発展してきたことによってもたらされる。物質の世界が、鉄鋼とコンクリートで形成されているように、人間の世界も利用と関係の根強い相互作用で形成されているからである。持続可能性という目標の転換は、この基本的な条件と折り合わなくてはならない。多くの場合には、

第1章　交通と社会

交通用具の変更やシステムの大きな変更に踏み出すために、必要となる財源も政策的な意思もない状況である。それどころか、解決策は交通用具やインフラの効率的利用という展開になってしまう。こうした戦略は、技術的にはより変化が少なくて済むという点で優れている。その可能性が利用しつくされたとはいえない、現在ある個々のキャパシティを、社会的に賢く扱う戦略である。つまり利用イノベーションとは、さまざまな形態や範囲での「シェアのコンセプト」である。一般的にいうと、交通手段の共用は、可能な限り少ない資源の消費で、可能な限り広範囲の需要を満足させることを目標としている。例えば個人所有の車両をＩＴを利用した相乗りのコンセプト（カープール［訳注：ネットによる相乗りコーディネート］）で直接的に容量を十分に活用したり、グループ化により車両の運用時間を増加させたりする（カーシェアリング、レンタカー、デマンドバイク）など、私的所有の解消と車両の経済的な運用により、運用する（あるいは運用のために留保されている）車両の台数を縮減し、資源効率的に動かすものである。

　交通用具と利用イノベーションの協業を明快に示す実例として、今日議論の大勢を占めているのは電気自動車である。電気自動車は、自動車によるモビリティにおける交通用具の事例として、説得力のある「転換的な設計」として示されている。一部は古典的な交通用具のイノベーションに基づいているが、利用イノベーションの境界領域にも進出し、電気自動車が、その他の機能的な特徴、例えば充電と走行の関係の変化などと並んで、将来は、基本的に走行範囲が限られていることを克服し、それによって走行面で安定した交通用具のイメージを示し、利用面での変更をもたらすものとならなくてはならない。つまり、電気自動車という交通用具のイノベーションが、すでに利用イノベーションを形成しているのである。電気自動車の利用においては、走行範囲が限られていることに順応しなくてはならないからである。そうした特別な取り扱いについては、解決法を示さなくてはならない。例えば、電気自動車の保有者が、長距離の場合には燃料エンジンの車両を使えるような、車両の共有化による融通などである。他にも、すべての交通機関を連携させ、電気自動車の利用者が長距離では鉄道を使うことができるような、統合的なモビリティのサービスコンセプトを挙げることができよう。予約や払い、利用に関するシステムがこの場

29

第Ⅰ部　交通の諸側面

合には同時に設計されねばならない。都市における電気自動車の革新的な利用形態は、個別の交通手段と集団の交通手段の強い連携による「移動可能性」を実現できるような、複数の交通機関を含んだモビリティサービスとなろう。情報とコミュニケーション技術における急速な革新が、モビリティの包括的なシステムイノベーションという意味での、新しい連携のシナリオを実現させる。

（3）モビリティのシステムイノベーション

　モビリティのシステムイノベーションの戦略は、交通用具や利用のイノベーションと結び付き、大規模な改造と投資を、モビリティに関するインフラや都市構造について行うものである。システムイノベーションは、ポスト石油時代のエネルギー供給、情報、交通インフラの統合的な新しい構造の創出を目的としている。持続可能なモビリティの形成についての一連の基準を導入することにより、環境的社会的に大きな負荷軽減効果を見込め、大きなシステム全体のイノベーションの強さや範囲、深さ、文化的な影響力のある戦略である。しかし同時に、実現には時間がかかる戦略である。

5　持続可能なモビリティ政策をリードする部門

　モビリティの過去と未来を分析すると、本節で述べる3つの部門における交通用具、利用、システムのイノベーションの組み合わせが、持続可能なモビリティ政策をリードするものとなる。それに取り組むことは、環境、気候、エネルギー政策の要請について同時に、すばやく十分に対応することができる。適切なところに重点を置き、社会全体の変革を生むための重要な相乗効果ももたらす。着手されたシステム化は、分析的で理想的である。実際に、リードする部門は、モビリティの形成戦略とも一致する。

（1）モビリティのエネルギー転換

　エネルギーについての重点は、化石燃料から、ポスト化石燃料の再生可能なエネルギーに転換することである。モビリティのエネルギー転換は、化石燃料が中心的な役割を担っているため、環境面でも地政学面でも負担軽減が実現で

きる最も重要な部門である。さらに既述のモビリティの現状維持効果によって、交通機関の運行においてエネルギーのベースを変換することは、現代のモビリティに関する建造・構造物や、組織 - 経営的あるいは精神的なあり方の転換よりも軋轢が少なくて済むだろう。現在までさまざまな交通機関や事業者でイノベーションの努力がなされている。最近では、電気、水素、第2世代のバイオ燃料などの形態の再生可能な1次エネルギーを、交通用具の駆動に利用する方向が目指されている。私見であるが将来的にこれらの燃料をミックスしたものが、多様な交通手段や利用の場面で使われるであろう。都市内および近郊のモビリティの分野では、旅客輸送にも貨物輸送にも電気の導入が間近に迫っている。そこでは公共交通の電気による運行のように、既存のインフラやすでに確立された利用方法を続けることができよう。都市圏以外の道路や水路および航空における貨物輸送や過小評価されがちな農産物の輸送に電気を投入することは合理的ではないだろう。貨物輸送のロジスティックスの根本的な再構成を行った後になお回避できないあるいは転換できない交通需要のためにバイオ燃料や水素をエネルギー源として確立するべきであろう。

（2）システムイノベーションとしての電気的モビリティ
——マイクロモビリティと公共交通の結合を都市のモビリティの基本に

現代の生活においてモビリティの中心は自動車である。資源の利用や地球温暖化への影響、自動車利用、石油消費の環境的社会的な意味を考えると、自動車によるモビリティの近代化とそのエネルギーシステムや交通インフラに与える影響や社会的な影響は、現代の社会における環境面での産業政策の中心軸である。ここでの転換がなされれば、他のすべての重要分野や経済分野でも転換できるだろう。こうしたことを背景に、古典的な今日知られた自動車によるモビリティには、二重の意味がある。大衆的モータリゼーションの文化的モデルと、技術的な発展の経路である。どちらも持続可能性という尺度からは終焉を迎えているし、終焉させなくてはならない。われわれがなじんでいる自動車によるモビリティ、つまり個人によるガソリン・ディーゼルエンジンを備えた車両の保有、十分な積載と移動能力、比較的低廉なコスト、長い運行距離などは、たとえ燃費が1ℓあたり100kmになったとしても、グローバルにみて一般的

第Ⅰ部　交通の諸側面

に普及可能ではない。それと同様に、ガソリン・ディーゼルエンジンを電気エンジンに置き換えただけの電気自動車も一般的に普及可能ではない。状況を真摯に受け止めた場合、持続可能なモビリティへの唯一の道は、個人のモビリティを非個人化し、貨物のロジスティックスを中期的に再生可能なエネルギーをベースとしたものにし、公共交通機関の地位を上げ、経済構造や居住構造を変えることである。自動車モビリティとは、自立的な移動可能性である。現代に生きる人間にとっては、それは大衆が保有可能な化石燃料を利用した自家用車であり、現在の居住や経済や生産に関するインフラに深く刻み込まれている。しかし、自立的な移動可能性の機能は他の方法でも実現できるはずである。それは技術的な個別の人工的製造物を用いるのではなく、システムの個々の部分のスムーズな協業の結果として移動を実現することである。AからBへ行くためにある人工的製造物を用いて動く代わりに、新しい設計哲学では、あるシステムで動くことになる。自動車モビリティの将来は、その意味では、実際には広い意味で「自動車に依存しない将来」である。それは、人間や財貨の自立的なモビリティであり、近代的で高度に発達した集団的な交通と革新的な利用戦略の結合を基礎とした都市交通の非個人化に基づくもので、マイクロモビリティとも呼ばれ、今日、車両のモデル像となっているもの（セグウェイ、電気軽車両、電気自転車、自転車など）によるものである。特に東南アジアの大都市圏では、持続可能な経済や社会の発展は、高効率的で水準の高い大量交通という負担力の大きいバックボーンがなくては不可能である。すでにここでも、電気自動車のような排出ゼロのものではあるが、自動車のみへの依存が確立されつつあるようにみえ、公共交通の発展は重視されていないようであるが、自動車と公共交通を組み合わせることが重要であることは事実である。

　密度の問題は、近代化の後発の地域の多くで決定的である。お互いに調整された交通用具とサービスとシステムのイノベーションにより、電気を用いた個別交通と集団交通を結び付けるものとして想定された、統合されたモビリティシステムの発展が開始されることは、例えばヨーロッパのモビリティに関する産業にとっては、グローバルな大都市圏における非常に大きい市場の存在を背景に、大変意味のあるものになるだろう。アジアの大都市は、モビリティのさらなる向上について上述のような展開と前提条件に直面して、電気によるモビ

32

リティの萌芽をシステムのイノベーションとして発達させるだろう。まとめると、都市のモビリティの将来は、冷静に観察してみれば、以下のような限定的な必要条件により決まる。

・個別的な大量交通としての集団交通の再生あるいは整備
・再生可能なエネルギー供給を基礎とした、すべての交通路の電気化
・マイクロモビリティ（サービスや利用のイノベーションと協業し、電気モビリティを基本とした自律的で柔軟性のある個別交通の継続）

　ガソリンやディーゼルエンジンの自動車が、まぎれもなく産業社会の化石的シンボルと理解され、電気によるモビリティは将来には、文明史上の規範の転換の象徴であり、自動車、石油、エネルギー消費における、構造的変換を意味するだろう。このような方向からみれば、モビリティに必要な動力を電気化することは、ポスト石油時代の根本的な土壌の形成であり、化石燃料から太陽発電の文化へ転換し、社会の組織のエネルギーの流れを脱二酸化炭素化するための、トロイの木馬といえるだろう。

（3）貨物輸送におけるシステムイノベーション

　インターネットで本やその他の品物を注文した場合、どれほど大きなロジスティックスのメカニズムが動くことになるか考えたことがあるだろうか。スーパーで食品が買えるようになるまでに、どのような輸送の履歴をたどってきたか、考えたことがあるだろうか。貨物と消費の世界は、あたかもコンピュータの内部とウィンドウズの画面のような関係である。アイコンの裏で、素早く高性能な、エネルギーや資源を集約した処理が行われているが、その機能についてはわれわれからは見えないし、関心もない。近代的な世界は、貨物のロジスティックスなしでは全く機能しない。消費者にとっては、品物を得る場所や設備にどう行けるかということが関心の中心であり、その品物がどれほどの輸送サービスを使い、自宅への「最後の数マイル」までどのように持ってこられたのかは問題ではない。交通政策を論じる場合、旅客輸送が中心であり、人々にさまざまな感情を呼びおこす。貨物輸送はそれに対して、モビリティ政策にお

第Ⅰ部　交通の諸側面

いてはあまり重視はされないが、それは不当なことである。言い換えれば少量高頻度の輸送を行う貨物輸送は、資源消費、排気ガスの生成、都市生活の質の低下要因といった面で問題である。天然資源や半製品、完成品の世界的な移動が、モビリティ政策の持続可能性をおびやかすものとなっていて、持続可能な発展を考慮することなく、飛び抜けて大きな拡大を見せている。連邦環境局の2010年5月の報告でも、2025年までこの傾向は明らかに強まると強調されている。そのために交通省の予測では、2025年の貨物輸送量は2008年に対して43%も増加するかもしれない、としている。都市生活のレベルに最も強く影響を与える、宅配便サービスが特にダイナミックな成長をみせるとされている。成長の鈍化を計算に入れても、Eコマースの分野がこれからも消費を強力に牽引し、付加価値が高く、速達性を必要とし、ロットが小さいという貨物の構造上の要素は変わらないだろう。

　こうした差し迫った事態に対するモビリティ政策上の解答は、お互いに関連する3つの段階に見出すことができる。第1にそして根本的に、貨物輸送の発生量に疑問を呈さなくてはならない。ここでは食糧事情について地理的な空間が大きく隔たっていることや、需要に対して速やかに対応する必要性（宅配便など）が問題になる。最近では、輸送の発生量の問題は、直接的に天然資源や労働市場において、比較コスト優位を求める極端に分業的でグローバルな経済や生産セクターと結び付き、それが既定条件となっている。同様に輸送産業のコストの実態が、よくわからないことも大きく影響している。低廉な燃料価格こそが、世界的に広がる分業のシステムの成立を可能にしている。化石燃料時代のエネルギーのダンピング価格なしには、今日のグローバル化のプロセスも実現しなかったろうし、持続可能でない生産と流通の分野や生産と消費の立地などにおいて、環境的な視点からは問題となるような結び付きをもたせることもなかったろう。安い化石燃料がなかったら、そうした地域がお互いに結び付くことはなかったはずである。貨物輸送発生量の問題は、持続可能性の面からいえば、いかに輸送を回避するかという問題に行き着き、われわれの生活や消費のスタイルの問題と、密接にそして本源的に結び付いている。つまり純粋なモビリティ政策形成の要素の範囲外に解決策がある。しかしそれらも、検討対象としなくてはならない。解決策は、それに応じて社会政策上行われる経済や

消費のモデルの範囲や限界に関する議論と関連したものとして、見出すことができよう。地産地消のモデル、季節に合わせた消費の習慣、先見性、個人の消費決定における計画性や我慢強さ、長期的視点、モデルチェンジをせず継続的に生産することなどが解答であり、輸送における資源消費を減らし、輸送量を低下させ、低速でシステマティックでより少ないエネルギーや土地の利用による貨物輸送のためのコンセプトとなる。

　上記のことが実現して初めて、輸送構造に効果をもたらす第2の、狭い意味でのモビリティ政策上の手段に言及できる。道路や航空機から、鉄道や海上・水上路への輸送の転移である。特に内陸の水路での輸送は、まだ容量に余裕があり、その利用を大胆に向上させることが可能である。協同一貫輸送は、長年さまざまな面で議論されてきたコンセプトであるが、現実にはいまだかつて実施・検証されたことはなかった。その原因は、コストの関係と消費スタイルの不変性にあり、同様の機能をもつサービス水準においては、速くて柔軟性のある道路貨物輸送が利用されてしまうからである。協同一貫輸送への交通政策上の切り替えや、インフラ整備が行われなかったという事実は、速達性、柔軟性などの視点について、結局は原理的な理由により今日の輸送モデルに匹敵するものを提供できなかったためであり、失望するものではない。現状の交通需要に応じた機能的に同等のものを作り出そうとするならば、今日に比べてはるかに資源の消費は小さいものになるかもしれないが、持続可能とはいえないものであり、莫大な資源の浪費をもたらすだろう。

　第3のモビリティ政策上の手段は、既存交通機関の利用効率向上である。そのために、ロジスティックスの利用可能性や、再生可能な燃料の投入や、使用されている駆動システムの直接的な効率の向上が考えられる。ここでは、都市の人口密集地域に電気軽車両を投入することや、トラック輸送に第2世代バイオ燃料を投入することから、風力によって海上輸送のエネルギー消費を削減しようという空想的な「スカイスネーク」のコンセプトまで、幅広いものがある。

　まとめると、貨物輸送を持続可能にするための挑戦への回答は、旅客輸送同様、多様で利用のコンテクストにあった組織や、技術のオプションの適用や、賢いネットワーク化の相乗効果にある。

第Ⅰ部　交通の諸側面

6　結　語

最後に、まとめとして以下のことを強調したい。

- **われわれは大衆モータリゼーションという文化モデルの最終段階にいる。**
化石燃料技術にはもはや依存してはならない。電気モビリティにもそれがいえよう。電気モビリティが大衆モータリゼーションを継続するシンボルになるというのであれば、イノベーションは袋小路に入る（本書第19章参照）。再生可能なエネルギー供給によるモビリティの電気化は、将来的にシステムのイノベーションがあって初めて持続可能となる。大量に保有されているガソリンエンジンの自動車を、公共交通によるモビリティサービスに置き換えるような、電気的に運行される集団的・個別的な交通機関の連携が必要である。

- **モビリティ政策のイノベーションのピラミッドの逆転が必要である。**
モビリティ政策の考え方や行動方法を変えなくてはならない。現在までは、環境志向の交通政策として交通用具のイノベーションを主に行ってきたが、イノベーションをシステム全体から発想し、利用やビジネスモデルのイノベーションをまず引き出し、そのあとに交通用具のイノベーションにとりかかるべきである。

- **公共交通機関の近代化が必要である。**
グローバルに見た場合、モビリティを支えるのは公共交通機関である。それらはサービスの水準が高く、安定的なものでなくてはならない。上述のシナリオでは、革新的で個別化可能な利用形態とモビリティビジネスモデルを持つ近代的な基礎システムとなる。本章で導出されたシナリオによれば、公共交通機関が社会のモビリティを基本的に支えることになるだろう。われわれは、旅客でも貨物でも公共交通機関がなくてはいっさい動けない時代をすぐに迎えるかもしれない。それは多くの面から現在とはまったく異なった困難さをもった世界となるであろうが、モビリティはそこでも必要とされる。前もった備えやリスクの予防という意

味で、交通政策においてモータリゼーションによる旅客・貨物輸送から公共交通へ、大幅な投資政策の転換の決定は、考慮する価値が十分にある。これについては、ドイツ労働総同盟（VDA）が、現在ドイツにおいて7人に1人が公共交通で働いているとしているが、関連事業も含めれば2人に1人になる時代が来るかもしれないのである（本書第15章参照）。

・実際に持続可能なモビリティは回避されたモビリティである。

本章で述べたイノベーションの3つは、モビリティ政策の刷新に役立つものである。しかしその効果が、持続可能なモビリティを実現するために十分であるかどうかは、確かではない。これに対するはっきりとした回答は、貨物輸送の項で述べたように、交通の発生量を削減しなくてはならないということで、われわれのライフスタイルの問題であり、モビリティ政策がカバーする限定的な領域からはみ出すものである。最適化、迂回化、円滑化、転移化といったコンセプトは現実にはうまくいかず、われわれは現在ある社会モデルの中で動く限りは、まったく誤った道に進んでいってしまうのではないか、ということを再度、はっきりさせなくてはならない。

　モビリティ政策は、最終的にはいつも社会政策の問題であり、冒頭での引用は結びの引用としても通用する。「哲学者たちは世界をただ種々に解釈して来ただけだ、世界を変化することが問題であろうに」。

注
1）　Leggewie/Welzer（2009）"Das Ende der Welt wie wir sie kannten" などを参照。
2）　アメリカは1991～2003年の間に湾岸地域での軍事的な影響力を維持するために、6,000億ドルも支出していると同国の保守派は推計している。これには2度にわたる湾岸戦争の直接的費用は含まれていない。

第2章	人間と交通

——行動科学的基礎にたった経験に基づく交通政策への提言

セバスチアン・バンベルク

　国家の交通政策の目標は、将来計画に基づいた、社会の望ましい経済的、社会的および環境面の発展に必要となるインフラストラクチャの建設である。さらに重要な交通政策の目標は、交通安全すなわち交通法制の整備と遵守である。これは交通路の安全な利用を確保するものである。交通政策は、これらの2つの政策達成に対して行動科学的検討をすべきではないか。

　将来の交通政策が、現在の諸傾向の継続に限定されるかぎりでは、こうした検討はおそらく必要ないであろう。しかし、行動傾向の**変化**がある場合には、交通政策は集団や個人の行動に影響を及ぼす要因や過程に取り組まなくてはならない。

　交通安全の分野はこういった事例の好例である（本書第11章参照）。その分野では、行動科学研究者の交通政策研究への参加が必要なことは自明である。技術だけで交通安全が図れるわけではない。交通安全は、運転技術と個人あるいは集団のシステム的相互作用から得られるものであり、安全基準を高めたとしても、事故率を一定程度しか低減できない。事故は、交通法規の認識のなさあるいは意識的違反、危険な運転行動、運転能力不足、あるいは薬物の影響下による運転などの結果なのである。

　人間の意思決定の変化や行動様式が常に問題になるならば、交通政策にはその基礎を成す諸要因や過程に関する前提が必要である。言い換えれば、交通政策には行動理論が欠かせない。この理論は、暗黙のうちに客観的な生活経験に基づくか、行動科学理論に基礎があることになる。以下に現実の交通政策が、いかに行動科学的諸前提に基づいているかについて述べる。

1　交通政策の支配的行動理論としての合理的選択

　交通政策や交通計画に携わる者が議論する際に特徴的なのは、依然として合理的意思決定の経済モデル（例えばGorr, 1997）に強く左右されていることであり、その核心は、人間は利己主義的つまり個人的に有益なことのみを行うという仮定である。行動科学的観点からみれば、経済的合理主義の概念は問題である。なぜならば、意思決定過程の形態を、意思決定の結果と取り違えているからである。核心をなしているのは合理性であって、1つの形式的原理のみである。つまり行動の結果の蓋然性についての意識的、かつ可能な限り数量的な検討である。しかしこの行動の結果の価値評価は、形式的合理主義概念には含まれない。もし筆者が長時間の慎重な検討の後、自分の効用でなくグループの効用を最大化するような意思決定をしたとすれば、不合理であろうか。われわれの多くは、まさに合理的交通政策を期待する。個別利己心それ自体の最大化は合理的ではなくて、行動結果にいたる過程にある心理的動機を反映している。この間数千におよぶゲーム理論の実験は、どんなに不利であるとしても、「利己心」の動機に左右されないだけでなく、利己心の背後にある、功利的に利用されるという懸念にも左右されないことを示している。

　経済学的合理的社会決定に関する第2の特徴は、非社会性である。合理性概念の出発点とは、人間はその自己利益の最大化を試みる場合、他人の社会的期待や欲求の侵害について容認されない場合には、それらを考慮しないものである、というものである。この概念は、外部圧力としての社会的影響の省略された概念に基礎がないばかりか、経験的にも支持できない。多くの実験（例えばGialdini, 2001）は、社会的情報に対するわれわれの著しい鋭敏さを証明しているだけでなく、特に新しい状況において社会的期待の方向を目指すという高度な適応力を示している。このような状況にあっては、他者が何をしているかを正確に観察することは、非常に成果の大きい戦術となる。複雑にしてますます多義的になっている社会にあって、われわれは自分の行為に社会的受容性を求められたり、信頼できると評価する人々の判断に従うことが求められる。多様な利害得失の自己流の評価はなにに基づくものだろうか。自己の経験に基づく

第 I 部　交通の諸側面

ことは多くなく、家族や友人の意見や経験に基づいているのである。行動経済学の実験によれば、われわれは経済的行動の生成発展過程においては、社会的存在として行動していることを、多数の証拠が示している。個別の利益の極大化を想起させるような実験の場合でも、人は明らかに自動的に親愛（相互主義）と公平という社会規範の方向へ動く（Fehr/Fischbacher, 2004）。

　合理的な決定のモデルの3つ目の仮定は、決定者は完全に情報を得ている、つまり十分にさまざまな代替案とそれによってもたらされる結果について知っているということである。この仮定も実際には実現し得ない。情報を意識して探求することとその深い分析には、時間と認識力が必要である。それらは限られた資源であり、ごく限られた重要な決定のためにそれを集中させなくてはならない。あまり重要でない日常的な決定については、認識力や時間を節約できる方法、例えば「いつもやっているように」とか「他の人がやっているように決定する」といった考え方をする。

　多くの経済学者が、もはや合理的な決定モデルを信じていないとしたら、なぜ交通政策や交通計画の策定においてそれに固執するのだろうか。

　それには2つの原因があると考える。交通計画策定者は、個人の行動について正確に予測することよりも、集積された発展の傾向の予測に関心がある。そのため交通計画策定者は、予測モデルに組み込みやすい簡略で、取り扱いが簡単な行動モデルを求めているのである。時間、金銭、快適性などの3つのパラメータに集中している合理的決定モデルは、そうした簡略なモデルである。交通政策において、合理的決定モデルは、古典的な交通政策上のツールと上手く結び付くことができる行動変更の戦略に近いものとして歓迎される。税制や経済的な規制政策やインフラ政策上の手段によって、望ましくない行動については高い時間費用や金銭的費用がかかるようにし、望ましい行動については時間費用や金銭的費用を低くして報酬を与えるという形となる。

2　行動科学的な働きかけの研究と社会‐環境的な端緒

　行動科学は、行動主義的な段階では褒賞と処罰によってどのように行動が変化するかを扱ってきた。その際に収集された経験により、効果のある褒賞と処

第2章　人間と交通

罰の間の実際的な重要性について疑念をもってみられるようになった。もちろん褒賞は褒められた行為への動機付けとなる。しかし行動の変更の中で、褒賞の効果について少なくとも3つの問題があることが明らかになった。物質的な褒賞による行動の変更は長続きしないことが多い。人間は外部的な動機付けに反応するが、問題となる行動に対する基本的な考え方は変えない。そのためそうした動機付けがなくなると、もとの行動規範に戻ってしまうことが多い。さらに、褒賞による行動の変化は高くつくことが多い。動機付けのシステムへの編入は、個人的に重要と承認されることが必要である。3つ目の問題は、外部の褒賞は明らかにそうした問題となる行動を自ら変えようとする内的な動機付けを小さくしてしまうことである。人がある望ましい行動でほめられると、社会にあわせた行動が善であるという考え方が育ち、そうしなければならないと考える。処罰、つまり刑罰による脅しは、行動を変えさせるのに効果のある方法である。しかしながら処罰による脅しにも、人間の心に反発心が生まれるという難がある。処罰は、自らの決定の余地を狭め、アンフェアな取り扱いを受けないようにどう自己防衛するかという道を探すことにつながる。処罰の実施には、微妙なコントロールと制裁のシステムが組み込まれなくてはならない。政治的な段階では、多くの場合政治的な責任者の再選のチャンスが脅かされるような処罰に対しては、同意を得られにくい。そのために、効果的な処罰を導入するのは、政治的には難しくなる。

　行動科学に基づいた働きかけのコンセプトは、褒賞と処罰の要素を避けてはいない。しかしその要素を自由で内的に動機付けられた行動の変更への願望の形成を中心とした、包括的な戦略の中に組み込んでいる。ここで詳しくは述べないが次頁図2‐1にBamberg/Möserのメタ分析による、まとめが示されている。これは環境にやさしい行動様式についての心理的な決定因子についての57の研究をまとめたものである。

　57の研究をまとめると、平均すると個人的な規範、つまり個人的に環境を守る行動が義務付けられているという感情が、個人的な便益つまりコストを反映した行動のコントロールと同様に、どのような行動をとるかということに強い影響を与えている。明らかに、その人がどういった行動をとるかは、それがプラスの結果と結び付いているかどうか（前提）や、その行動の結果を信頼して

41

第Ⅰ部　交通の諸側面

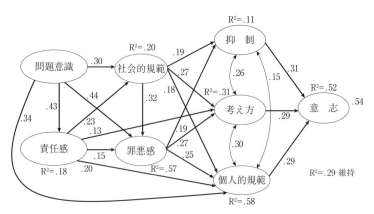

図 2 − 1　環境にやさしい行動様式の心理的決定因子（57件の研究のメタ分析）
出典：Bamberg/Möser（2007）

いるか（行動コントロール）ばかりでなく、個人的な基準や規範に一致するかどうかを反映しているのである。さらにメタ分析では、前提や行動コントロールや個人的な規範の決定が、社会的影響を受けていることを明らかにしている。社会に流布しているエコロジー的な問題意識や、それによって生じる自らの責任や影響を与える反応や重要な関連人物について想定される期待が、各個人の前提やコントロールに影響を与え、個人的な規範を動かす。

　まとめれば個人の知識や前提、行動様式は、法制度的な構造や文化的な力、一定のグループ内での社会的関係によって形成されるという発見がなされている。行動科学的な調査においては、こうした知見はプログラムを社会―環境的な視点から発展させることにつながっている。個人の中に組み込まれている制度的および社会‐文化的な文脈を考慮することなしには、個人の行動の原因を理解できないし、うまく変更させることもできない。この見方については実証的な知見も示されるようになってきている（例えば DiClemente et al., 2007）。それによれば、個人的に働きかけが成功しても、その効果は社会的構造的な支援や強化が得られなければ、すぐに消滅してしまうとしている。

　こうした理由により、社会‐環境によるプログラムは、多元的なものとなる。個人的あるいは個人間の次元と並んで、制度的文脈的な要素も含んでいる。システム（政治、制度）や社会的な理想像（家庭、団体などの組織）を変化させるこ

第2章 人間と交通

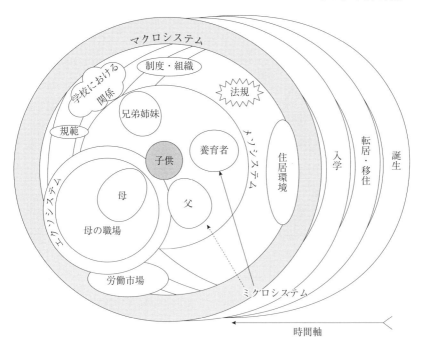

図 2-2 Bronfenbrenner の社会 - 環境モデル
出典：Bronfenbrenner（1993）

とにも焦点を当てている。制度的、社会 - 規範的要因を重視しているが、もちろん個人が自分の行動や自分の環境を活発に変化させるエージェントとして、社会 - 環境的な働きかけのきっかけとなる。こうした端緒は、人間と環境の独立性を強調している。つまり個人／社会的グループが、自分たちが扱っているエコロジーの文脈において、どのように考え、どのように処理し、積極的に変えていくかである。こうした相互作用の理論的コンセプト形成において、多くの研究者は Bronfenbrenner（1979, 1989）の研究成果を挙げている。彼は、社会システムを多くの次元に階層化されたシステムの相互作用として記述している（ミクロ -、メソ -、マクロ -、エクソ -、および時系列システム）（図 2-2）。

ミクロシステムは、他の人間やグループとの関係、例えば家族や学校、職場などが含まれる。さまざまなミクロシステムの相互作用から、メソシステムが形成される。それにはミクロシステムの合計やその間の関係が含まれる。メソ

第Ⅰ部　交通の諸側面

システム的な相互作用としては、保育所と両親の家の協力などである。

　エクソシステムとは、その人物は直接所属せず、そこにおける決定にほとんど関与しないが、自分に関係している人物が所属しているため、多くの影響を受けるようなものである。例として、子供にとっての母親の職場の影響の可能性は低いが、小学校終了時の進路選択における教師と両親の相互作用は強い影響がある。

　時系列システムは、発達の時間的事象を含むもので、特徴的な時点とキャリアの順序である。Bronfenbrenner は入学や就職といった定型的なものと、例えば家族の病気や宝くじ当選のような非定型的なものとを区別している。

　マクロシステムとは一定の社会におけるすべての関係全体を示すものである。規範、価値観、習慣、伝統、成文法・不文法、規則や思想などを含む。

　Bronfenbrenner は、さまざまな次元にあるシステムが直接的間接的に個人に影響を与えるとしている（例えば、個人に対してメソシステムの構成要素が直接的に影響を与えたり、エクソシステムの構成要素がメソシステムを通じて間接的にまた直接的に影響を与えたりするのである）。

3　社会－環境的な働きかけ——交通安全研究の例

　実際的な交通政策上の問題に即して、社会－環境的な働きかけのロジックを明らかにするために、交通安全の分野を例として取り上げる。ここでは実証的な研究が多く行われているからである。もちろんこの社会－環境的な分析のロジックは、モビリティの分野にも、問題なく適用できる。

　すでに長い間、ドイツばかりでなく国際的にも交通事故統計において、18～24歳の交通参加者の道路交通における危険性が格段に高いことが判明している。2008年には、ドイツではこの世代の男女計81,442人が道路交通事故にあい、うち887人が死亡している。この年代では1991～2008年の間に交通事故死は40％減少しているが、死亡の危険性は他のどの年齢層よりも高い。2008年にはこの年齢層は百万人当たり130人が交通事故で死亡しており、総人口では百万人当たり54人であるのに対して、2倍以上も多くなっている。

　統計的分析では、若者の身体的傷害や死亡につながる乗用車事故について、

最も典型的なケースとしては、男性の運転初心者が、週末に余暇の夜を友人とともにすごし、アルコールの影響により、高速を出し車両のコントロールを失ったためにおきたものとされる。

若者の危険性の高さは、1つの行動ではなく一連の行動様式によるものである。速度を出し過ぎること、車間距離を保たないこと、通行の優先順位などを守らないこと、無理な車線変更や追い越し、通行帯の錯誤、薬物の影響下での運転などである。睡眠不足もこの年代ではさらなる危険因子であろう。さらに、同乗者との会話やその他の動作（電話、音楽、飲食、喫煙など）も、経験や能力に欠けることと相まって、運転を誤らせることになる。

同様に、こうした行動をとることに対して影響を与える因子も多様であり複雑である。Shope（2006）は、危険因子を次の6つの上位概念に分類している（本書第11章参照）。運転技能（特に初心者にとっては運転経験の少なさが事故の危険となっている）、発達期に関する要因（運転免許を取得する年代は、肉体的、認知的、心理的、社会的に発達する時期にある）、個性（特に危険な走行は、センセーションを求めたり、敵意に満ちていたり攻撃的だったりというような個人の気質と密接に結び付いている）、個人属性的要因（若い男性の初心者が高い危険性を持っている）、知覚された周囲の環境、走行状況である。

4 多様な状況下における多様な働きかけ──若者の事故の危険性を低下させるための社会 - 環境的な手がかり

若者の事故防止の分野では、議論した危険因子について、社会 - 環境的な多元的な働きかけが行われている。こうした働きかけにおいて典型的なのは、さまざまな次元でシステマティックに関連付けられた要素を、シミュレーション的に導入することである。例えば、危険な運転行為は、直接的に新しい交通法規の導入によって影響を受ける（マクロシステム）。こうした新たな法規は警察が取り締まって、実施されなくては意味を成さない（エクソシステム）。若い運転者に、法規違反の走行が容易に露呈して罰を受けることを予期させなくてはならない。同時に交通官庁や法廷により、すぐに違反が処罰されることも重要である（エクソシステム）。地元のマスコミ（エクソシステム）も定期的に交通法

第Ⅰ部　交通の諸側面

規違反を報道して、これが明らかに容認されず、違反者がその結果どうなるか
を示さなくてはならない。両親（ミクロシステム）には、別の働きかけの可能性
がある。両親は自分の子供の運転行動について、明確にコミュニケーションす
ることができる。同乗して、運転行動を観察することもできる。さらにどうい
った条件下で、子供が自分で運転することが許されるかを相談して決め、その
遵守について褒めたり、違反について罰したりできる。両親はまた子供が安全
な車両を用いているかどうかについても留意できる。

　運転技能：ADAC や保険会社、あるいは警察（エクソシステム）は、初心者
のために安全な環境下で運転技能を試験したり、トレーニングしたりしている。
「17歳までは大人の同乗を」というコンセプトがあるが、初心者にとって経験
豊かな運転者が同乗してサポートすることは、実際的な運転技能を高めるため
の可能性をもたらす。

　発達期に関する要因／個性：個人的な発達に関連した要因は、直接的な影響
はないと推測されよう。しかし、この点についてシステマティックに反映させ
ることが重要である。両親は、子供の個性や感情的な成熟や心理・社会的な性
質を最も適切に判断できる。そのため子供が運転免許を取得する際の支援や取
得当初の運転に同乗したり、規則を守らせる際に、この要因を十分考慮するよ
うにさせる両親のためのシステムを作るべきである。

　個人属性の要因も、同様に直接的な影響はない。しかしながら対象となる高
リスクグループを判別するために重要である。危険な運転やクラブ帰りの事故
などについて言えば、男性で就職している（特に金属工業と建設業）若者が、そ
うした高リスクグループである。

　社会的環境についての予期されている期待：働きかけが若者の考え方に影響
を与え、運転行動に作用する。若者の考え方は、家庭や友人・仲間、学校のク
ラス、会社やさまざまな社会的グループといったミクロシステムによって形成
される。こうしたミクロシステムの集合と相互作用が、Bronfenbrenner によ
るメソシステムを形成する。理想的には、こうしたメソシステムが、常に運転
行動についての期待をコミュニケーションしていると、若者が受け止めること
である。家庭というミクロシステムで、明確な規範的期待についてコミュニケ
ーションするだけでなく、両親や年長の兄姉の行動が、重要な「お手本」とな

る。さらに友人・仲間という社会的なネットワークのミクロシステムで、危険な運転スタイルを否定することを動機付けることができる。若者が一目置いている組織も、コミュニケーションをとることができ、市町村レベルで相応の貢献がある。

5　効果のあった働きかけについて——実証的なエビデンスの役割

　環境保護の次元でさまざまな働きかけの可能性について考えよう。働きかけのコンセプト作りや実現化には、時間と財源がかかるため、すでに効果が十分に認められている措置にこうした資源を投入すべきである。どう選定すべきかについては、行動科学的な評価に関する研究において、幅広い調査結果によって、さまざまな要素を取捨選択するための基礎が構築されている。統計的な総合分析（メタ分析）により、数多く実験的あるいは擬実験的な評価研究が行われている。特にアングロサクソン系では「若い運転者の事故防止」について、この間多くのメタ分析が行われている。

（1）効果を上げた法律的、警察的措置

　法律や規制は、マクロシステムの次元での交通政策上の働きかけの典型的な事例である。ヨーロッパと同様アメリカでも、連邦や地域でアルコールの購入や消費は21歳の成年以上とするという法律や条令が導入された。さらなる法的措置として、容認される血中アルコール濃度についても、若者についてはさらに厳しく設定されている。

　2001年に公表された Shults et al.（2001）のメタ分析では十分な方法論的水準をもつ76の研究をまとめ、薬物使用下の運転減少のための法律的、警察的な措置についての評価を行っている。メタ分析の背景には次頁図2-3に示した理論的な効果モデルがある。

　それによれば、効果には以下の3つの独立した心理的メカニズムが関係している。第1に、違反した際のリスクを高めることであり、薬物の影響下での運転の取締りや処罰の強化である。さらにディスコなど、リスクが予測される場所でのリスクグループ（若い運転者）のアルコールの購入や消費の可能性を減

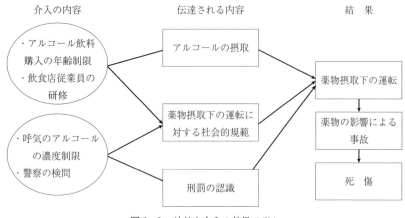

図2-3 法的な介入の効果モデル

出典：Shults et al.（2001）

少させることである。さらに、薬物の影響下での運転についての注意喚起を目的とした社会的な規範の形成も役立つ。

アルコール摂取に関する規制

Shults et al.（2001）の調査によると、25件の研究がアルコール量の規制強化（血中濃度を1 dlあたり0.08 gとする）と、死亡事故の件数減少との関連性について行われている。平均（中央値）で約7％の件数減少となっている。

アルコールの購入と公的な場での消費の年齢制限の導入

同様にこの調査では、49件の研究が、アルコールの購入と公的な場での消費の年齢制限の導入について行われている。効果の測定はアルコールの影響を受けた若い運転初心者の死傷事故のデータを用いている。それによるとその年齢層におけるアルコールの年齢制限の撤廃により、事故件数は平均10％増加し、年齢制限の導入により16％減少している。

警察の取締り

警察の取締りは、エクソシステムとして導入される働きかけの例である。アメリカでは取締りには2つの形がある。チェックポイントで、すべての運転者

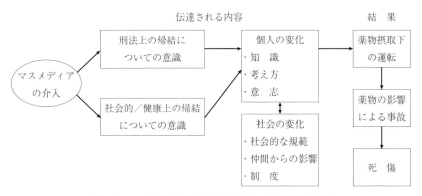

図2-4 マスメディアによるキャンペーンの効果モデル
出典：Elder et al.（2004）

で呼気のアルコール濃度を計測するランダム呼気テストと、警官が判断して基準以上のアルコールを摂取しているのではないかとみられる場合のみ行われる選択呼気テストであり、州によって異なる。それについての効果を高めるため、アルコールについての取締りは、マスメディアに公開されることも多い。

Shults et al.（2001）によるとこれについて21の研究があり、平均してランダム呼気テストで20％、選択呼気テストで18％の事故件数の減少が見られた。

（2）マスメディアのキャンペーン

マスメディアのキャンペーンは、マクロ次元での働きかけの事例である。アメリカについては若者に対する薬物の影響についてのマスメディアのキャンペーンの効果について、Elder et al.（2004）のメタ分析がある。図2-4は、マスメデイアのキャンペーンの受容についての理論的分析である。

マスメディアのキャンペーンの1つには、典型的には薬物の影響下での運転が摘発された場合の、司法的な結果について知識と懸念を高めることを目的としたものがある。また薬物の影響下における運転が、無責任で危険であるという社会的規範を形成しようとしている。さらにキャンペーンでは、薬物の影響を原因とする事故が、個人の将来や職業上の未来にどのような結果をもたらすかをメッセージとして大きく報道している。さらに特徴としては、効果があるマスメディアのキャンペーンとは、専門的なキャンペーンにつながる資源とな

第Ⅰ部　交通の諸側面

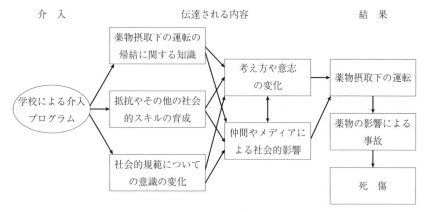

図2-5　学校をベースとした介入の効果モデル
出典：Elder et al.（2005）

り、メッセージの伝達がコントロールされている。そうしたキャンペーンを成功させるには、システマティックな市場調査とメッセージについての事前調査が必要である。

　Elder et al.（2004）は、11の研究を検討し、マスメディアのキャンペーンにより平均的には事故件数が13%減少し、負傷者を伴う事故は10%減少したとしている。

（3）学校をベースとした働きかけのプログラム

　学校をベースとしたプログラムは、ミクロシステムでの典型的な事例である。薬物の影響下にある若者の運転について、Elder, Nichols, Shults et al.（2005）の学校をベースとした取り組みについてのメタ分析がある。研究の多くは、学校をベースとした薬物に近づけさせないプログラムの受容に関するものである。図2-5はこのメタ分析の基盤となる考え方を示している。

　学校をベースとした働きかけのプログラムの目標は、アルコールの影響下における運転に関する考え方やその社会的受け止め方への評価を変えさせることである。典型的なやり方は、以下のような要素を組み合わせている。薬物の影響や薬物の影響下における運転の結果、仲間からの圧力の影響、及びメディアに現われた像などについての情報の伝達、いわゆるＮＯといえる技術の訓練

（仲間からの薬物に関する圧力に対抗し拒むこと）、一般的な認識のスキルの訓練（自己責任、合理的な決定、仲間からの支援）、薬物摂取後の運転が危険で無責任であるという社会的規範の尊重などである。その際には、プログラムがどのような形式で実施されるかが重要である。プログラムへの参加者が、積極的に参加すればするほど、効果は大きくなる。

　Elder et al.（2005）の中で、11の学校をベースとした取り組みについての7つの研究を分析している。多くの研究は、取り組み前後の比較による評価を行っている。研究の対象となったグループの大きさは60～4,600名（平均853名）であった。プログラムには1時間だけのものから、13時間のものまであった（平均5時間）。取り組み後の測定は、終了後1～84カ月（平均7カ月）であった。多くの研究は、自己申告による自らの薬物の影響下における運転と、他者の薬物の影響下における同乗との間に相関関係があるとし、平均的な相関の標準偏差は0.10である。

（4）両親を組み込んだ働きかけ

　近年事故予防の研究の中心課題として、さらなるミクロシステムである家庭が注目されている。運転能力や運転規則の伝達者としての両親の強い影響力について、研究が行われている。それに基づきアメリカでは、行動科学に基づいた両親を組み込んだプログラムが開発されている。一例として「チェックポイントプログラム」がある。それは、説得力のあるコミュニケーション手段を用い、運転初心者の危険性についての両親の考え方を変えさせ、同時に子供の自動車利用の監督や子供に運転規律の維持や交通規則を遵守させることなどが両親の役割であるという社会的な期待についてのコミュニケーションを行う。中心的な要素は、両親と子供の間で運転免許取得の初年度に、家庭における乗用車の利用の規則とその規則を破ったときの取り扱いについての契約を結ぶことにある。

　Simons-Morton et al.（2005）は、試験的な設計の中でチェックポイントプログラムの効果を評価している。それには、3,700名の運転初心者が参加し、ランダムにプログラムを受けるグループとそうでないグループに分けられた。運転免許取得後3～6カ月に、受けたグループとそうでないグループを比較す

第 I 部　交通の諸側面

ると前者の方が両親、子供共に規則を尊重していることがわかった。さらに子供においては、交通規則違反がより少なかった。

6　社会 – 環境的な働きかけのプログラムの担当者は誰がなるべきか

　複雑なプログラムの担い手に誰がなるべきかについては、多様な切り口がある。行動科学に基づいた研究では、コミュニティに基づいたコンセプトの導入を強く勧めている。典型的なコミュニティに基づいたプログラムの特長は以下の通りである。

　個人ではなくコミュニティに焦点を当てる：コミュニティが個人の社会的アイデンティティの中心となる拠点である。コミュニティとの一体感があれば、そこが主導し実施するプログラムに参加する心理的な準備は整っている。

　より多数のコミュニティメンバーの参加：個人の能力強化のためには、参加が最も重要な前提条件と見られている。人は、自ら問題や必要性を定め、対応する課題の優先順位を決められるような自己信頼と能力を発展させることができる。そのきっかけは、自分のコミュニティにとって重要であるかどうかについて判断でき、その住民の考え方に自動的に関連するようなプログラムが設定された時に、最も効果があるものとなる。同時にコミュニティの住民の参加により、プログラムの作成において、地域性を考慮することが可能になり、地域の考え方や資源への接近も容易になる。

　部門をまたいだ協力：コミュニティを基盤とするプログラムの更なる特徴は、地域的な取り組みの形での部門をまたいだ協力である。これが必要な理由は、さまざまな生活分野において行動に影響を与える要因を分散していくことである。変更させようという部署だけでは、生活全体をカバーすることはできない。また多くの人が参加することによって、プログラムの内容を地域の文化に広げられる可能性も高まる。多くの関与者によって、プログラムが地域の真の必要性に合致したものであるという信頼性が高まり、プログラムの受容にもポジティブな影響を与える。さらに、部門を超えた協力は、プログラムの要素のよりよい調和と地球の資源の効率的な利用にもつながる。

7 ノルトライン‐ヴェストファレン州(NRW)の交通安全ネットワーク ——ドイツにおけるコミュニティを基盤とした働きかけの事例

　コミュニティを基盤としたプログラムはこれまでに、アメリカで交通安全、健康、犯罪、教育などの分野で導入されている。ドイツにおいては交通安全の分野では、政策的なイニシアチブが、意識的にせよ意識されないにせよ、コミュニティによる働きかけの中心的な要素となっている。2004年にノルトライン‐ヴェストファレン州政府が決定した交通安全プログラムを事例としてあげる。

　その目標は、交通事故件数特に人身事故の件数の半減である。われわれからみて興味深いのは、その目標を実現するための戦略である。市民社会的な組織と地域の住民との活発な協力を特に推進している。その活性化のために、州政府はすべての基礎自治体に調整部署を配置した。調整部署は、地域の交通安全ネットワークの形成を主導し、その連携と経験の情報交換も行う。本来の交通安全運動は、基礎自治体で行われるが、その際には2015年までの期間で、「人間」「交通手段の選択」「インフラストラクチャ」「技術」「救急部門」というテーマに関するものが行われる。

　この戦略の背景にはコミュニティを基盤とした働きかけに典型的な、地元の関与者によるプログラムの策定がある。地元の状況について熟知し、効果的な対策リストを作成できるばかりでなく、その実現においても、地域の資源を効果的に利用できる。さらに地域の活動をネットワーク化することにより、今まで個別に行われてきた活動の効果が向上するようなシナジー効果が望める。こうした地域の活動の推進力は、基礎自治体のような行政や警察ばかりでなく、市民社会のすべての組織、例えば交通安全推進機構、交通企業、学校、子供に関する団体、地元企業、健康保険組合、協会や組織、そして関心を持つ個人にある。

　同州のデトモルト（Detmold）県［訳注：県はドイツにおける州と郡の中間の単位］では、15の基礎自治体で地域の交通安全ネットワークが形成されている。その県で最も大きな都市ビーレフェルト（Bielefeld）市に作られたビーレフェルト交通安全ネットワーク（BI-NETT）もその１つである。BI-NETT には多

53

第I部　交通の諸側面

様な25の団体が含まれ、その活動は、行政や警察、大学により支援されている。

活動の重点は、事故防止、交通規則の明示化、道路交通の危険性への感受性の鋭敏化、並びに広報と公報である。

2008年には「自転車走行は安全に」、2009年には「道路交通における高齢者」をテーマとしたキャンペーンを行っている（個別のプロジェクトについては、www.bi-nett.de を参照）。

ネットワークの先進的な活動としては、小学校での交通教育と、学校の休暇中の活動、並びに乗用車へのチャイルドシートの装着や安全な自転車の購入とヘルメットの着用である。BI-NETT 自体は、2 年間の活動の成果はあったとしている。ビーレフェルト大学の調査によれば、同市の自転車利用者は、道路走行において慎重であり、事故を起こしにくい、という結果が出ている。事故件数は全体で5 ％減少し、人身事故がこの2 年間で減少しているのは、活動の成果であるとみられている。

8　結　語

本章は、交通政策に行動科学の専門知識が必要か、という問いかけで始まっている。将来の交通政策が、現在の諸傾向の継続に限定されるかぎりでは、おそらく必要ないであろう。しかし、行動傾向の変化がある場合には、交通政策は集団や個人の行動に影響を及ぼす要因や過程に取り組まなくてはならない。そのためには行動理論が必要である。交通政策上の戦略の大部分は、技術的、経済的、法律的な想定に基づいているが、行動科学的前提に基づく組織的な分析には基づいていない。意思決定者は合理的と思っているが、陳腐化して不十分なコンセプトとなっている。筆者の考えでは、戦略決定の際に行動科学的な知識を導入しても、交通政策上の決定の質は損なわれない。行動科学は、個人や集団の行動を説明する理論を提供するだけでなく、そうした働きかけの行動に対する効果と評価に有効な手段も提供している。

<table>
<tr><td rowspan="2">第3章</td><td>交通と環境</td></tr>
<tr><td>──交通政策の上位目標と環境視点の役割について</td></tr>
<tr><td></td><td align="right">ウド・J・ベッカー</td></tr>
</table>

「交通」と「モビリティ」[訳注：本書第1章参照]、つまり場所的な移動と人の行動は、人間的な活動の要素によって構成されている。人間的な活動の要素とは、ごく一般的な「生存」のためにあり、それなしには生存がなりたたないもののことである。それゆえ、移動あるいはその他の「交通」に有用性と効用があるのは当然である。また、「飲食すること」の有用性は大きくかつ明白であるし、人間にとってそれなしの生存は困難であろう。交通政策は、第1に人間の生活が必要とし、人の生活を生きるに値するものにする「人または物資の移動」を可能にするという課題を担っている。

いろいろな町、文化および時代における移動がどのように形成されてきたのかを調べれば、いつでもどこでも同様に行われたことが明らかとなるだろう。

・平均として見れば、どの時代、どの地方でも人は日々およそ3回のトリップを移動していた。この平均値は驚くほど変わっていない。人は自宅の玄関を出ると再び帰宅するまでに、日々その移動の必要を満たすために平均的にみて2つのほかの目的地へと向かったのである。
・平均として見れば、モビリティの必要に対して、人は日々およそ1時間（60〜70分を上限とする）を要している。この平均値もまた驚くほど変わっていない。これは物理的法則ではないことが確実であるにも関わらず、「旅行時間予算一定の法則」とよばれている。

トリップ[訳注：ある目的のための、起点・終点間の移動]の数と同じく、必要とされる旅行時間もまた、平均するとどこでもほぼ同じである。本質的な違い

第Ⅰ部　交通の諸側面

はこの3つのトリップの距離にある。時代が進むにつれ人々が依存するトリップの距離は明らかに伸びている。人々は今日、この3つのトリップについてずっと長い距離をとることができる。ドイツ連邦共和国における交通サービスの増加は、1950年から現在まで、人口増加に対して輸送距離が10倍（！）の増加を示している。

　この結果からは以下のようなことが明らかになる。われわれには今日でも、過去の人々と同じような欲求があるのは間違いない。しかし、行わなければならない（あるいは行いたい？）移動は今日、以前と比べてはるかに多くなっている。また明らかに、われわれが向かう目的地の空間的な構造も変化している。それゆえ交通政策の目的があるとするならば、すべての人々がより遠くに行くことであり、そうした交通政策は成功したと言えるであろう。実際に、連邦交通路計画[1]は［訳注：交通路とは鉄道や道路、水路などを指す。訳者解説参照］基本的に、外部であらかじめ設定された、持続的な移動人キロ・輸送トンキロ［訳注：輸送人数または輸送トン数とそれぞれの移動距離をかけたもので、輸送の総量を示す単位］の増加という見通しに立脚している[2]。しかし、この増加目標がすべて担当部門以外のところで担われるならば、それはいささか成功しがたいように思える。

1　何が交通政策の目標になりうるのか

　とはいえ今日、本源的で基本的な交通政策の目標は何か？　渋滞解消、速度、または駐車場？　歩行者ゾーンは1つの「目標」なのか？　それとも公共交通への転移こそが最も「大切な目標」なのか？　もしくは交通事故による負傷・死亡者の減少なのか？　これらすべては間違いなく、努力に値する部分的な目標であり、確実に正当性をもっている。しかしこれらは上位の目標、つまり交通政策の基本的な課題として適当ではない。

　　・最も重要で、とりわけ決定的な交通の有用性は、連邦交通路計画が示している「旅行時間の短縮」である。ただ、旅行時間の短縮が全体として上位の目標であるならば、おそらくその旅程をある一定の移動時間で終

わらせること（または、全くその旅程を始めずに済むこと）が目標になる。旅行時間の確実な短縮は、最終的には達成されるだろう。

・また、公共交通、特にバスや鉄道への転移が中心的目標であるならば、当然、ほかの交通は決して拡充されないだろう。

・事故件数の最小化が上位の目標であるならば、（騒音や排気ガス同様）単純にすべての交通を禁止することがあるかもしれない。

　意義の小さい部分的な目標を認識することは、難しくない。ではどうしてわれわれは移動するのか、あるいは移動しなければならないのか、交通政策の上位目標とは何なのか？

　上述の、住民1人が1日あたり「3回のトリップ」を実行するというよく知られていること、すなわちある場所から次の場所への移動を3回行うということについては、場所の移動の前に1人の人間の何かへの参加、あるいは荷物やサービスについての「欲求」が存在し、その上でそれぞれの移動が存在することは疑いない。それゆえ、あらゆる検討の出発点は、人々の「欲求（ニーズ）」であり、おおむね食料、安全、交際、労働などである。欲求の充足と結び付いていなければ、誰も自力で移動したり、荷物を輸送させたりはしない。つまり人々の欲求は、その場での活動がなくても満たすことができるか、満たすことができないかのいずれかである。そしてそれとともに、「交通」が始まる。移動を望ましいもの、あるいは不可避的なものとして生じさせる欲求は、これ以降モビリティ欲求と呼ばれる。それは、それぞれの移動の理由と中心的な目的を意味する。次頁図3-1は、「モビリティ」と「交通」の発生原理を示している。

　図3-1において構造の出発点には欲求（左上の三角）をもつ人々がいる[3]。特定の欲求に対して、人は行動するはずである（例えば個人的な買い物が必要な場合。あるいは少なくとも宅配のピザ屋は移動するはずである）。それとともに交通への需要が発生する。いかにしてその需要が満たされるかは、環境（広義）［訳注：ここでは自然環境ではなく、ある事象が置かれている状況全体をさす］に依存する。つまり、いかなる手段が選択できるか、いかなる目的地があるか、いかなる需要充足のためのオプションを自由にできるか？　である。これらの需要は、それを充足させるために、実際の交通界においてインフラやサービスによって

第Ⅰ部　交通の諸側面

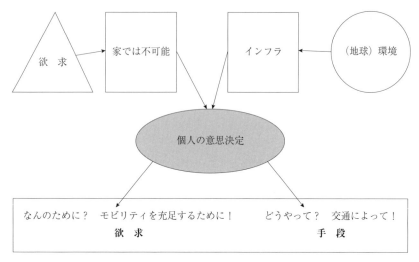

図3-1　「モビリティ」と「交通」の発生原理
出典：Becker et al. (2008a)

現実に提供されているものを必要としている（図3-1の右上）。個々の人などにとっての中心的な意思決定は、どこに、またはどのように向かうかであり、これもまた現に提供されているものに、ことのほか依存している。例えば人は、町にバス停がなければバスで買い物には行けない。

　この場面では、基本的な相互作用が働く。交通政策と交通計画は既存の欲求への対応を志向しているが、その計画策定を的確にすることで人々の意思決定を変化させることにもなる。従来の交通計画の策定では考慮されてこなかったが、こうしたフィードバックは長期にわたりかつ決定的である。今日、交通計画を供給として策定した結果は、その影響として需要の性質および大きさを変化させる。「道路を建設するならば」発生交通［訳注：ここでは道路建設の前提条件になる既存の交通を指す］だけではなく、誘発交通［訳注：道路建設によって新たに発生する交通］についても常に責任を負うべきであるが、それだけではなくさらに、より魅力的な交通構造をもたらす政策によって、この［訳注：自動車利用という］行動様式はよりいっそう魅力的になり、有利になるので、人々がさらに利用するようになる。したがって「道路を建設するならば」、少なくとも、3回のトリップが走行キロ、騒音、燃料消費量と排気ガスを増大させるこ

58

とを認識し、考慮しなければならない。

第1に、モビリティ欲求に対して交通が供給される関係において、最終的には、個々の行程それぞれについて独立して行われる意思決定が、1つの行程を決める（図3-1の楕円）。それによってある人、またはある物がAからBへ移動するのである。そして政策プランナーと政策決定者は、データをとり、計量し、モビリティを把握し、移動の背景にありすなわちその本質である欲求を分類する。移動は欲求なしには考えられず（健康のため、または動きたいだけの単なる散歩は別である）、欲求には必ず背景がある。こうした欲求は交通インフラなしには決して実現できない。そこでは、欲求の充足を実現するためには、交通手段、交通ルール、交通路などの現実化が必要である。こうした道具なしには交通はモビリティ欲求を満たすことはできない。実際の移動はまた、いつも、そして抜きがたく以下の2つの面に依存している。

- 個別のモビリティ欲求について（例えば食品の買い物や映画といったもの）：動機
- 別途必要な交通機関、交通路および交通インフラといった、それなしには移動しえないもの：手段

そこで、以下のように定義できる。

- モビリティは、あらゆる局面に現れる。つまり移動は欲求に起因し、モビリティは移動に依存する。
- 交通は、あらゆる局面に現れる。つまり、この欲求を実現するためには、交通は手段に依存する。

手短に理解するならば、交通はモビリティを可能にする道具である。道具なしでは、交通はモビリティ欲求を充足することはできない。

第 I 部　交通の諸側面

2　われわれは多くの交通を欲しているのか、多くのモビリティを欲しているのか

　実際の日々の政策的業務においては、モビリティと交通の概念は、しばしば同じような意味で用いられている。しかし、（欲求としての）モビリティと（道具としての）交通について、現実的な交通政策の分析を可能にするための意味の区別は、上記の推論をもとに規定された。第1には、多様で多機能な都市において、もし少ない交通量によって多くのモビリティを短いトリップで可能にする交通政策が考えられるのであれば、少ない資金、少ない車両、少ない騒音、少ない空間そして少ない排気ガスで多くの欲求を満たせるはずである。第2にまた、細分化され、自動車志向である都市地域において多くの交通量によって少ないモビリティを可能にする交通政策を貫徹するならば、それは個々の欲求それぞれについてより遠距離のトリップで、自分の車両を使い、比較的多いエネルギー、空間、排気ガスおよび高いコストを必要とすることになる。

　以上を公式的にまとめると、交通政策の上位目標は「モビリティの充足」（Becker/Rau, 2004）であり、そのために必要不可欠な道具の使用、つまり交通量（および交通路、交通用具、エネルギーおよび交通組織の消費）をできるだけ少なくしなければならないことが、結果として明らかである。このアプローチはまた、上位の特定された目標を再度取り上げることを可能にする。その目標とは、全体として必要不可欠な交通量をできるだけ少ない費用、できるだけ少ない時間、できるだけ少ない交通事故、少ない環境負荷発生、少ないエネルギーと空間の消費、そして少ない廃棄物、騒音および排気ガスで作り出すべき、というものである。それとともに、投入される交通全体の最少化が最低の条件であることも明らかである。

　効率とは、経済的にいえばできるだけ少ない資源の投入によって定められた目標が達成されるべき、ということである。あらゆる方法によって、できるだけ少ない資源とコストで特定の目標（特定のモビリティ水準）が達成されるならば、第1に国民経済が効率化され、第2に経済的に最適化され、第3に社会的に調和が図られ、そして誰も排除されない。すべての交通政策の目標がモビリ

60

ティの保障であるならば、効率化で大きな利益が達成されることによって、全体にとって利益となりうる。

この疑問「多くのモビリティか、多くの交通か」には、次のように回答することもできる。つまり、それぞれの住民グループとその地域のモビリティについて——政策的には論じ尽くされた——必要な交通を最小化しつつ一定の水準を確保する、ということである。このとき、しばしば見られるアプローチの誤りは、トンキロまたは人キロをできるだけ拡大することを上位目標とし、かつその方向で交通を調整することである。このようなアプローチでは、確実に誤った方向に向かう。その代わりに、特定の政策的に確定されたモビリティ水準を、最小の交通量を確保することで確実に効率化することが必要である（Becker et al., 2008b）。原則的には、「できるだけ少ない交通量によるモビリティ欲求の充足」でなければならない。

3　モビリティの自由と自動車交通の自由は基本的権利の帰結なのか

観念とアプローチが混同されていることの証拠は、いわゆる「自由なモビリティの権利」をめぐる議論である。この議論はなんども繰り返し登場している。「自由に運転できる自由な市民」は、利益集団が長年にわたり交通政策の目標として作りあげてきた。こうした（特に自分のマイカーについての）混雑のない自由な運転についての要求が優先であることは、例えばADAC［訳注：ドイツ自動車連盟。自動車ユーザーの利益団体］の "Deutsches Autorecht" （DAR、『ドイツ自動車法誌』）誌上で「モビリティ——基本的欲求から基本的権利へ？」と題して書かれている。もし基本的権利という法的位置に自由な交通が位置付けられるならば、というわけである（Ronellenfitsch, 1992）。国の責務が首尾一貫したものならば、モビリティに関する法律——マイカーによる自由な交通をめざす法律としてここでは表現されている——のそれぞれが、マイカーによる自由な運転を承認し保証しなければならないはずだと。

上述のように明らかになった観念からすれば、それがもし基本的権利だとすると、実在しないのではないかとどこでもその真実性を疑われているモビリティ欲求なるものが、全く特定の道具（まさしくマイカー）によって充足されるも

第Ⅰ部　交通の諸側面

のだということになる。この目標と用意されている道具との結合に根拠がないことは確実である。モビリティは、必要な目的を交通として表現している欲求に立脚している。特定の欲求（通院、日常の買い物、通勤……）を満たしうる基本的権利は、議論可能なものである。しかし、それを全く特定の道具（自由な自動車交通を前提とするマイカー）と結び付けることができる基本的権利だとは理解できない。疑う余地なく、社会によって保証されなければならないのは、例えば飲食といったことである。その点からすれば、社会がなんの制約もなくすべての道具（例えば、食事にケーキ、あるいは飲み物にビール）についての個々の特殊な欲求を費用なしで、そして量的制約なしに自由に（つまり「自由な移動」が）できるようにするべきだというのも理解しがたいものである。

　こうしたマイカーに焦点をあてた問題の立て方は、社会的に受け入れがたい影響をもたらす。マイカーとともに、ここで問題になっているのは、道路交通の最小化とは反対にある、モビリティ欲求を充たすために現在において最大の騒音源であり、廃棄物が最も多量で、大気を最も汚染し、事故の最大の元凶であり、そして資源を浪費するような類のものである。国が、個々にとっては快適だが効率が最低で、かつ環境負荷が最大であるような道具をそこだけ促進しているということは、個々の利益代表者からは理解できるのだろうが、社会的に容認できないのは間違いない。

　マイカーによる自由な運転という要求はまた、システムダイナミクスの観点からも受け入れがたい。社会が常時自由な運転をすべてのマイカーに保証していれば、そうした運転は一般的には魅力的であろう。市場経済においては、そのことはさらなる需要の増大、すなわち交通の増大に直結している。ある州が、渋滞をなくすために投資を行い、交通流の円滑化を図ったとしても、それはよりひどい水準の新たな渋滞を別なところで生み出すことになり、渋滞対策の工事のために投資を重ねなければならないという結果になる。こうした制御系では、数倍の容量があっても、結局は自動車通行が再び渋滞を生み出すのは不可避であり、持続的に社会的コストと税金が増大する。このアプローチは、これまでの発展過程からして、自動車利用者自身にとっても役に立ったためしがない（Becker et al., 2009）。

　最後に、この要求は明らかに不公平を増大させる。今日の枠組みとなる条件

および交通の価格は、以下の事実を反映している。そもそも平均以上に豊かで裕福な者が外出時にマイカーを利用できる——しかもしばしば彼らは緑豊かな地域に住んでいる。彼らが仕事に向かう道は、不必要に大きな放射道路で、しばしばより貧しい階層の人々の居住地区を通っている。この階層の人々は自動車を自由に使うことはできず、しかも騒音、排気ガスそして土地利用の問題が直接降りかかり、自由なマイカー移動の負荷を背負わされている。「自動車の権利、渋滞のないモビリティ」は事実上、立場が弱く、貧しく、より少なくしか移動しない住民階層を脇によけて、裕福な住民階層に直接補助金を投入するようなものであり、貧困階層の住民グループをより厳しい健康への影響にさらし（SPM［訳注：浮遊粒子状物質。呼吸器に悪影響をもたらす］、騒音負荷、排気ガス）、身体の安全についての基本的権利に異議を唱えるものである。

　社会全体および交通プランナーの立場からは、「渋滞のない自動車交通の権利」という要求や追求は、不穏当でしかないとみなすべきものである。

4　環境的観点の交通政策的な重要性

　いまや環境はどのような役割を演じるのか？　示された方針にそれはどのように適合しているのか？

　環境に対して交通が与える悪影響について書かれた、たくさんの研究や文書が存在する。本稿は多くの環境負荷について再度述べる、あるいは解説するのが主題ではない。これについては代わりに（少なくとも）次の文献を参照されたい。2005年に発表された環境問題についての専門的助言の特別報告 "Umwelt und Straßenverkehr: Hohe Mobilität-Umweltverträglicher Verkehr（環境と道路交通：高いモビリティ——環境調和的な交通)"、または2009年刊行の書籍 "Grundwissen Verkehrsökologie（交通環境学の基礎知識)"。われわれはみな、交通におけるエネルギー危機、交通における空間の濫用、排気ガスと騒音、車両事故、廃棄物、大気汚染、事故増加、街の分断、生物多様性への影響、そして多くのその他の世界的な交通に関する問題について、容認できる基準をとうに超えていることを知っているか、または感知している。これらの「損害報告書」もわれわれすべてに認識されたわけではあるが、その効果は小さかった。

第Ⅰ部　交通の諸側面

というのは、一般的な視野は——残念ながら——われわれのモビリティに対して支払わねばならない対価にしかないからである。われわれが移動できる状態を望むなら、それはそう簡単ではないだろう。一般的な認識では、人間の移動欲求と「環境保護」の間には矛盾があると理解され受け入れられている。それは、われわれが発展と豊かさ、および欲求の充足や目的地と交通手段の選択からの自由を保証し、そして環境への被害を避けられないものにするか、もしくは厳格に環境を保護して、不満はありつつも交通を削減するか、またはそのうえ部分的にはそれを禁止するかをしなければならない、というものである。こうした全く「××でなければ○○」という先鋭化した対立が、問題の解決につながることはめったになく——観察されるかぎりでは——本質的に根拠はない。

　第1に、交通において個別の領域で環境へ生じている負荷が増加していることは明白であるといってよい。以下にその事例を示す。

・実際上すべての欧州の都市において、騒音削減と騒音アクションプランは、法的に規定されている（例えばＥＵ指令2002/49/EG の国内法置き換え、2002年6月25日の環境騒音についての行動と克服の努力の勧告、あるいは連邦環境汚染防止法16条などが想起される）。

・大気清浄度の限界値と類似の重要性があるもの：欧州の大都市では交通上の負荷が大きい路線については SPM 規制を設けている（PM10。今後は PM2.5、PM0.1、窒素酸化物 NOx とりわけ NO_2）ものの、大気汚染監視網の測定結果で現実には広い範囲で限度を越え（2008年5月21日のＥＵ指令2008/50/EG とその国内法置き換えを参照）ている。

・世界的な気候変動防止の議論は CO_2 排出の劇的な削減の圧力をかけている。工業化した諸国では1990年以来すべての国民経済上のセクターで CO_2 の排出削減が観察されている。ただ交通セクターだけが CO_2 排出を世界的に持続的かつめざましく増加させている。

・明確な政策的基準（ドイツの持続性戦略では30ヘクタールが目標）にも関わらず、交通路を使った土地利用（例えば住宅建設）は、この局部的な目標にさえ近づけることができていないのが現実である［訳注：市街化の進行を抑制するため、住宅建設と新しい道路の増加をあわせて一日あたり30ヘクター

ルに抑制するという政府の方針がある]。現在のところ、2005～2008年の連邦統計庁の推計では、人口が減少しながらでも一日あたり104ヘクタール相当の利用可能な土地が失われている（計算上、日々サッカーのグランド149個に相当する。データは連邦統計庁のサイトから。http://www.statistik-portal.de）。

どうすれば、原理主義的な抵抗を引き起こさずに、交通政策に環境保護が統合されうるのか？　どうすれば、トレンドをひっくり返し、交通の非持続性[4]を可能なかぎり持続可能なまで抑制できるのか？

　これに対しては、上述のようにモビリティと交通を分けることがカギである。環境と開発に関する世界委員会（ブルントラント委員会）における持続的な成長の一般的な定義は、持続的な成長を1つのプロセスだとしている。

将来の世代の欲求を充足する能力を損なうことなく、個々の欲求を充足しライフスタイルを選択することで今日の世代の欲求を満たす[5]

　この定義では、力点として人々の欲求を充たすということが繰り返し強調されているのが目立つ。ブルントラント委員会とその定義は、今日だけでなく将来の世代をも考慮に入れることを求めている。その点で、特定の状況ではなく、永続的なプロセスである。すべて政策的な活動の目標は、非持続的な要素がより少なくなる世界を作り出すことである。

　そのことによって、2つのからみあった課題は、1つに統合されたビジョンへと組み合わされるのである。

　交通政策の全体的な目標として、モビリティ欲求の保障があると理解されていた。このことはまた、現在世代の欲求を保障することと同程度に、持続的な発展についての理解を要求した。さらに効率性を理由として、最小化された交通の使用が必要で、それは上記の持続的な発展についての定義が厳格に要求していたことである。つまり、多くの機会とオプションを将来世代が受け取るとき、環境も保全された状態で受け取らなければならず、そのために今日のエネルギー、空間、大気、気象、天然資源などの消費を最小化する（それで未来世

65

第Ⅰ部　交通の諸側面

代は残りを利用する）ことが（Carlowitz, 1713）、今日不可避的に交通を最小化の方向へ向かわせているのである。

「気候保全」ないしは「CO_2 排出削減」を例としてこれらの理論を説明しよう。工業化以来、とりわけ工業化諸国、そして発展の始まったあるいはその途上にある諸国も、気候変動物質の排出によって地球環境に対して負荷を与えている。以前は、地球環境の汚染はコストではなかった。それがコストでなかったために、被害と費用が発生しているにもかかわらず、排出は過剰の傾向にあった。今は気候への被害が現れており、惑星としての地球は気候変動の「暑い時期」を迎えていることが、コンセンサスとなっている。

もちろん、今日こうした状況がさらに進展していることが全く公然のこととなっている。いくつかのシナリオが考えられる。調整され、国際法的な義務を負わせた一般的な措置をとることと、化石燃料を巡って敵意のある対決的な行動をすることとの間のすべてに可能性がある。この狭い余地の終着点は、希少資源は公平に分配するべきであるということで、いますぐにでもそれを長期間確定することが可能である。化石燃料は気候変動物質についての地球環境の受容能力と同じく減少している。希少資源は公平に分配することが可能であり、さしあたりどの人も同じ大きさの割り当てを認められる。

しかし、それが意味するところは、次の10年間の総量としておおよそ CO_2 の排出では地球上に計70〜80億 t／年が上限であり、さらに長期的には（実際に）ゼロへと削減されることである。こうした基準をオーバーしていることが、地球の負荷容量に対する現時点での認識の水準を示している。これら見積もられた許容排出量を地球上に住む人々（推計の幅次第で70〜90億人）に適用した結果は、毎年の CO_2 排出最大量で1人あたり1tである。Angela Merkel 首相は目下、全世界で1人につき年間2tの CO_2 排出に向かう気候政策的な税制を適切と考えている。確実な側にいるためには、以下のように1人あたり毎年1tの CO_2 から出発することになる。こうした割当量は質量比（CO_2 44/C 12）で物理的・機械的に炭素量に換算される。1tの CO_2 はおよそ273kg の炭素（$1,000 \times 12 \div 44$）となる。炭素量のうちおよそ86％は380ℓ のディーゼル燃料または430ℓ のガソリン由来である。しかも暖房から生計までと交通についてのすべての使用範囲で（！）。これで動力用化石燃料が地球上の1人につき1日

1 ℓ をいくらかこえる程度であろう。

　企業と住民が長期間、欲求の異なった分野でこのようにエネルギー量を割り当てられているということを、今日明らかにしなければならない。確実に優先されるのは生活がかかっていることだと予測される。太陽光発電、パッシブハウス［訳注：建物を高性能化し通常の冷暖房を不要にした住宅］、効率の向上そしてその他すべての技術的な試みが、たしかに大きな可能性を開発しているにもかかわらず、住民のすべての交通サービスを削減することは、不可避的に必要である。おそらく、住民それぞれに動力用化石燃料が例えば毎年100 ℓ のみ自由に使用できるということになれば、長距離の航空便や長距離の自動車運転の減少を期待してもよいだろう［訳注：普通乗用車のガソリンタンクの容量は通常30～50 ℓ 程度］し、自転車、バス、路面電車および歩行による交通の部分をきっと増大できるだろう。こうした人キロおよびトンキロの減少は生活水準の低下をもたらすことはないだろう。逆に、われわれが絶え間ない「いつもよりよく、より多く」という消費増大モデルから脱出することは、交通においても欲求が正当で都合のよい環境へと導くことにおそらくなるだろう。より少ない空間と排出ガス、より少ない資金と走行時間、適切な税金、適切な環境保護策、健康保険負担の低減、そして社会保険などの企業負担部分の低減などにつながる。

　それゆえ、いずれの将来的な交通政策についても、中心的な課題は交通用具、高速道路そして道路設備から欲求とモビリティへと焦点が変化するだろう。なぜ、責任ある省はモビリティ（上述の定義に依る）省に改称しないのか？　そしてなぜ市町村や人的集団の人々の実際の満足についての測定手順をまっさきに導入しないのか？　かなりの人々が買い物、通院、薬局通いなどに大きな問題を抱えていることが公になっている――そしてこの問題が道路不足から発生しているわけではないことも。モビリティの不足がわかっているなら、交通に対する全体的な消費を削減できるだろう。そしてより多くのモビリティをより少ない交通で実現できればよいのである。

5　結　語

　このプログラムについての政策の転換は、簡単ではない。こうした道をたど

第Ⅰ部　交通の諸側面

る国は、他の国に比べて優位性を創出できるので、明確な利益を住民に提供できる。石油価格が長期間今日の水準を維持するとは誰も決して期待していない。それゆえ、その国は変化させられた枠組みのもとで可能になるその居住者のモビリティをいずれ実現するだろう。魅力的な公共交通システムや全天候自転車道路網、同様に歩行者のための多機能なエリアを保持する市町村は、高い燃料価格に対応できる。どの道もすべてマイカーでしか移動できないような市町村では、他の高い価格の代替手段を用いることができない——そしてモビリティは低下するのだ！　「ひき続きこの道で」という政策は、袋小路に直行するだけである。そして、今日でも実際にそのことはよく知られているのだ。

注

1）　すべての有効な公文書のリストは、連邦交通・建設・都市開発省［訳注：現在は連邦交通・デジタルインフラ省］のウェブサイト http://www.bmvbs.de/dokumdnte/-,302.14805/Artikel/dokument.html（2010年12月2日閲覧）から入手できる（そこでは特に、いわゆる「国民経済評価方法」に有効性がある）。

2）　あわせて所轄省の作成した、このあとの全ての記述の根拠となる予測については http://www.bmvbs.de/dokumente/-,302.1021595/Artikel/dokument.htm などを参照。また、その拡張版は以下を参照。http://daten.clearingstelle-verkehr.de/220/。いずれも、2010年10月2日閲覧。

3）　このことは、貨物輸送を必要とする企業にもあてはまる。すべての原料、半製品および完成品は、つきつめると例えば機械、食品あるいはサービスに対して人間の欲求がある場合にのみ移動させられる。

4）　状態としての「持続性」はこの点では誤解を招きやすい。無限に増大し続ける持続性をつくりだすことは不可能である。持続性以上の持続性はありえない。もちろん、重要かつ有意義なのは、非持続性を絶え間なく削減することである。

5）　リオデジャネイロでの「環境と開発に関する国際連合会議」の諸文書または Hauff（1987）を参照されたい。

第4章	交通と経済
	——交通の国民経済的意義

ハイケ・リンク

　人やモノのモビリティは、空間的に隔たりのある国民経済が、分業により機能し、成長するうえでの不可欠な前提である。貨物交通は、分業で成り立つ経済において生産段階から最終消費までを結び付け、物資の確実な供給と利用を保証する。個々人のモビリティを保証することは、労働市場や社会生活（労働、教育の場や、社会的な施設、さらにはショッピングや自由時間の可能性）に参加する前提条件である。したがって、ごく最近まで、人やモノの輸送量には著しい増加がみられた。また、歴史的な考察によって、国民経済の発展に対する交通、とりわけ交通路の利用可能性の意義が明らかにされてきた。そこでは、近代に入るまでは、とりわけ航行可能な川へのアクセスや（あるいは）海上交易ルートの視点から、居住が決まっていた。産業化の時代における発展は、鉄道建設による空間の克服がなければ、あり得なかった。自動車の発展と広範な普及は個人のモビリティだけではなく、今日のロジスティックスシステムの発展にも決定的であった。航空に関しても、個人のモビリティや時間に敏感な貨物にとって、同様のことがあてはまる。

　生産市場と販売市場の間を結び付ける重要な紐帯として、また社会生活への参加の前提として、交通の意義には議論の余地がないといって差し支えないが、たとえそうだとしても、部分的には議論がありうる。それは、国家や（あるいは）地域の経済成長と生産性に対して交通インフラへの投資が寄与するのか、寄与するとしてどの程度なのか、という点である。この問いに対する答えは、より高度な経済政策的な視点から得られる。なぜなら、国民経済における固定資本のかなりの部分は、交通インフラに結び付いており、建設整備に関わる支出はかなりのところ、公的にまかなわれているからである。

第 I 部　交通の諸側面

　交通の経済発展に対するプラスの寄与に対し、環境負荷や騒音、事故といった今日のモビリティのマイナス作用が、混雑や超過、不足といった現象による効率性の損失とあわせて、相反する形で存在する。交通の経済的意義に関する論考は、交通の外部費用の考慮がなければ、不十分なものになってしまう。

　本章では、まず、第1節において、国民経済における交通部門の位置付けに関して国民経済計算（SNA）における一般的な指標を用いて述べる。続いて第2節は、経済成長と生産性に対して交通インフラの投資が寄与するのか、寄与するとしてどの程度なのか、という問いを考える。交通の外部費用は第3節で扱われ、最後の第4節では本章の本質的な視点を要約する。

1　主要交通経済指標の概観

　交通部門の経済的な位置付けは、まずもって、あらゆる経済部門と同様、国民経済計算の一般的な指標を用いて定義される。例えば、国民経済における雇用量やGDPのシェアといったものである。もっとも、そこで考慮しなければならない点がある。それは、国民経済計算においては、交通に関連するすべての効果を不十分にしか把握できていない可能性があるということである。例えば、レジャーの際の時間節約を通じた利用者便益、事故や環境破壊に関連付けられる外部費用の部分はGDPに含まれない。

　図4-1は、まず、交通部門（陸上交通、海上交通、航空および交通の補完・関連産業）について、すべての経済領域の総付加価値に対するシェアの推移を名目値で示したものである。1950～1990年には、交通部門のシェアは西ドイツにおいて5.6％と3.5％の間で、低下傾向にある。再統一後の最初の10年は低下傾向が続いたが、特に2000年頃から増加に転じ、2008年には4％になったことが確認される。図4-1は、さらに交通部門が重要な雇用提供部門であることを示している。すなわち、1950～1990年の期間で交通分野で創出された労働力は、西ドイツ経済に従事している労働者の全体の3.7～4.5％となっており、再統一後のドイツでは、このシェアは、1991～2008年の期間で4％と4.4％の間にある。

　交通部門の2008年における総固定資本は、約9,200億ユーロであり、そのう

第4章 交通と経済

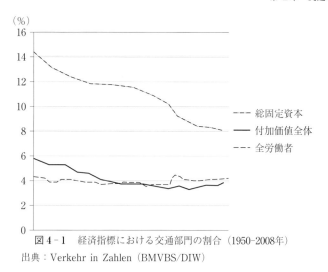

図4-1 経済指標における交通部門の割合（1950-2008年）
出典：Verkehr in Zahlen（BMVBS/DIW）

ち交通インフラは7,600億ユーロ以上となる。交通部門の総固定資本の西ドイツ全体に対するシェアは、1950～1990年の間に、14.5から10.1％に縮小した。また、再統一後の1991～2008年は、8.3～7.8％の間にある（図4-1）。このようなシェアの低下は、同じ時期、交通の投資シェアが、全経済領域に対して1950年の13.8％から2008年の6.6％に低下したという事実に基づく。

次頁図4-2は、すべての公的支出における交通に対する国の支出のウェイトを示している。交通の予算は、2009年、労働・社会、連邦債務の返済、防衛に続き、256億ユーロを計上し、連邦予算の大きな予算項目の1つとしてほぼ9％のシェアとなっている。

2　交通インフラと経済成長の関係

経済・地域政策論においては、交通インフラに対する公共投資により、成長の弱さを克服することがしばしば求められる。質的にも量的にも効率のいい状態が保たれている交通インフラは、分業組織化された国民経済が機能する前提であるということに議論の余地はない。しかし、経済学の研究においては、交通インフラと経済成長の間の因果関係や交通インフラの経済発展に対する量的

第Ⅰ部　交通の諸側面

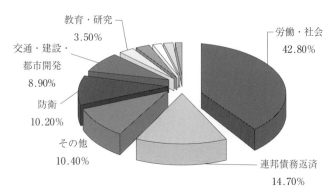

図4-2　連邦予算に占める交通支出の割合（2009）
出典：Bundesministerium der Finanzen（2008）

な貢献度合いについては、さほど明らかになっていない。以下では、既存の説明方法でそれらの定量的な結果を、その長所と短所を含め考えていく。

　Lakshmanan/Andersson（2002）から引用した図4-3は、交通インフラの改善が産業経済に及ぼす効果を示している。交通インフラへの投資は交通の条件（時間や費用の節約、より高い信頼性など）を通じて市場の領域を広げ、それはさらに労働力供給へのプラスの作用があり、当該地域・国の交易の増加を導くのである。到達諸条件の改善は、同時に地域的集積効果ももたらし、情報の流れと技術移転の強化を通じて、イノベーションの推進を促す。そうしたことを通じて可能になった生産の拡大と導出された構造変化は、最終的には、生産性やGDPの向上という形で経済成長に合流する。しかし、到達領域が拡大すると、さまざまな作用が生じる可能性があることには当然留意しなければならない。例えば、労働者が別の地域に通勤できるようになり、インフラの改良を行った地域だけではなく、他の地域も、よりよい交通条件に基づいた企業立地から利益を得るのである。加えて、企業の立地は、そもそも多くの立地要因によってもたらされるものであり、交通が改良されるだけで解が得られるわけではない。最後に、余暇の交通の効果の例のように、図4-3で示された波及効果は部分的にしかカバーされないということも、指摘しておかねばならないだろう。

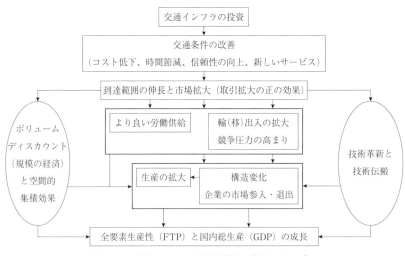

図4-3 交通インフラと経済成長の連関メカニズム
出典：Lakshmanan/Andersson（2002）

　全体として明らかなことは、交通インフラへの投資がもたらす作用は、きわめて複雑で、1つの説明方法ではほとんど定量化しえないものだということである。第1に、こうした作用は、基本的にマクロ経済的な作用とミクロ経済的な作用に区分される。マクロ経済的なモデルの方法は、しばしば生産を起点とする方法として、また、ミクロ経済的なモデル方法は、しばしば投入資源を起点とする方法で示される。とりわけ、1990年代以降は、いわゆる「新しい経済地理学」が、交通インフラの空間的、地域経済的な効果の計測に新たな説明を提示している。

（1）マクロ経済効果――生産物からの説明方法

　マクロ経済の観点は、交通インフラの改良が経済成長と生産性の向上にいかに作用するか、そこから雇用や、さらには国の税収へもいかに作用するかを考察する。そこでは、経済成長を国民経済の産出高の数量的な変化、典型的には国内総生産（GDP）として計測されたものと理解する。また、GDP水準への効果に加え、新たな交通インフラによって、国や地域の新たな開発が行われ、経済に対し、質的な転換を与える作用を及ぼす可能性もある。とりわけ、これま

第 I 部　交通の諸側面

で交通インフラが不十分だった経済（例えば、発展途上国）において、そのような質的変化のある効果はきわめて重要である。つまり、そうしたところでは、交通が速度を上げ、信頼性を向上させ、さらに低廉になるからである。また、新しい交通サービスが可能になり、生産者や消費者が空間的にも異なる新たな市場への通路を手に入れるからである。これらの効果の説明には、発展途上国の事例の他、鉄道建設による西部の土地開拓や経済活動の拡大がもたらした19世紀のアメリカ合衆国経済の発展事例を援用できる。別の事例は、ドイツ再統一後の東ドイツで明らかになったインフラ整備の不足、とりわけ交通路の質（輸送容量に帰結するなおざりにされた保守管理と時代に合わない建設方法・水準）と、東西の連絡の欠如に関するものである。これに対し、例えば西欧諸国のように良好な交通インフラの拡大を行った国では、経済成長と生産性に対する交通インフラの作用に光が当たった。

　マクロ経済学的な方法は、交通インフラというインプット量と経済成長というアウトプット量の関係を分析する。図4-3ではインプットとアウトプットの作用の連鎖は明確でなく、ブラックボックスになっている。交通インフラへの投資は、効率性を高め、財やサービスの生産のためのインプット要素の価格を低下させる。1つには、労働力や資源の価格が下がり、また一方、交通インフラの容量の拡大が交通サービスの量と質を高めうるのである。図4-4はマクロ経済の説明方法を示している。

　産出高 Q_1 の依存する限界費用曲線 MC_1 は、インフラ設備が不十分なケースで、改良された場合よりも高い位置にある。その結果、与えられた市場価格 p では、交通インフラの改良は、2つの作用をもたらす。すなわち、1つは費用削減効果で、元の産出量 Q1 の生産費用は、グレーに塗られた面積 abcd 分の範囲だけ低下する。2つ目は数量拡大効果で、これは Q2 に対応する bce の面積が拡大する。

　これら2つの効果の計測は、アメリカ、日本、ドイツ他の国で数多くの研究が取り組んだテーマとなり、特に1990年代は、研究の「絶頂期」であった。基礎となる研究方法は、交通インフラという投入要素と GDP や所得、雇用として計測される産出との関係の計量経済学的な方法を用いた事後的な分析である。これらの取り組みの利点は、統計的に有意である限り、主張が実証的に確認さ

74

第4章　交通と経済

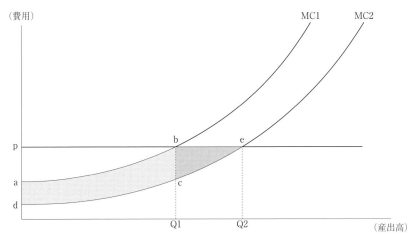

図4-4　交通インフラの費用と産出高に対する作用
出典：図4-3に同じ

れる点である。一方、基本的な欠点は不明確な因果関係である。研究の多くは、生産関数と費用関数の推計に依存している[1]。交通インフラと経済成長の関係という課題に応えるために、生産関数と費用関数を適用する以下の記述に重点をおいている。本章は、こうした説明方法に厳密な評価を行う。

経済的な産出に対する交通インフラのプラスの作用は、次のとおりである。まず、以下の生産関数において、

　　$Y = f(X, PK)$　………①
　Y　：国民経済の総産出量
　X　：民間の生産要素ベクトル（例、労働、資本、原料、エネルギー）
　PK：交通インフラの資本ストックベクトル

産出高Yの増加と社会資本PKの増加にプラスの関係があると仮定される。この関係について一般に使われる指標は産出量の交通インフラに関する弾力性と呼ばれるもので、以下のように定義される。

第 I 部　交通の諸側面

$$\varepsilon = \frac{\partial Y}{\partial PK} \frac{PK}{Y} \quad \cdots\cdots\cdots ②$$

この弾力性は、交通インフラに係る資本が１％増加した時に、何％産出高Ｙが増加するか、ということを表している。双対性理論[2]を適用すれば、生産関数①のパラメーターは、以下の費用関数として書き直すことができる。

$$C = f(Y, P, PK) \quad \cdots\cdots\cdots ③$$

ここでＣは国民経済の産出高Ｙの生産のため総費用で、Ｐは民間の投入要素（労働、資本、原料、エネルギー）の価格ベクトル、ＰＫは、社会資本を表す。そのような費用関数は、同時にｉ要素の投入量 s_i の方程式としても表される[3]。

$$s_i = \frac{\partial C}{\partial p_i} \quad \cdots\cdots\cdots ④$$

このような方程式体系から導かれる費用の弾力性は、交通インフラに係る資本が１％上昇した時の生産費用のパーセンテージでみた低下分を示している。

多くの研究では、利用できるデータの改良によって生産関数アプローチが適用されている。そこでは、生産アウトプット GDP、投入要素の労働量、原料、民間資本並びに社会資本という実証データから生産関数が計測され、対応する方程式②から、価格弾力性が導かれる。さらに、投入要素に応じて計測される関数方程式を導くことで、民間の投入要素と交通インフラの間の代替性、あるいは補完性が判明する可能性もある。計測のためには、まずもって生産やインフラの長期時系列データあるいは、（地域別の）クロスセクションデータを使うことになる。クロスセクションデータもたいていは、長期間プールされたものである。

目立つものとしては、時系列データによる分析で0.5をも超える相対的に高い産出量の弾力性が時に得られているということである（Bertenrath et al., 2006、表4‐1）。インフラ資本の成長に対する多くの議論の中で、Aschauer は0.39という高い産出量の弾力性を報告していたが（Aschauer, 1989）、それに続く研究では、Aschauer は交通インフラの影響を過大評価しているとされ、と

第4章 交通と経済

表4-1 インフラ投資に関連したGDPの産出
高弾力性の推計値（時系列モデル）

国	産出高弾力性
米国	0.29-0.64
オランダ	0.48
日本	0.15-0.39
ドイツ	0.53-0.68
カナダ	0.63-0.77
ベルギー	0.54-0.57
オーストラリア	0.34-0.7

出典：Bertenrath et al.（2006）

りわけ、インフラと成長の間の内生的な因果関係を排除できていないという結果を出している。より精緻化された推計によるその後の研究では、0.04から最大でも0.2という範囲での産出量の弾力性となり、かなり小さくなっている。交通インフラと生産性の関係については、因果関係とともにかなりのばらつきがある。[4]

次頁表4-2に集められた研究は、一方において生産関数の基礎になる関数形がそれぞれ異なっているということに留意する必要があるが、他方、それらは研究対象のインフラ（道路、鉄道、通信、水までを含む公共インフラ全体など）と、インフラ設備の数量化した変数（インフラ設備の物理的な単位に対する資本）、アウトプット量（GDP、場合によっては所得）を異にしている。さらに、適用されたデータも異なり（基準となる年の単なるクロスセクションのデータ、多年度にわたるクロスセクションデータ、時系列データ）、集計水準（数量や空間的な統合の方法）も異なっている。ただし、結果が部分的にはかなり拡散しているとはいえ、国民経済に交通インフラが備わっていることと経済的なアウトプットの間に弱い正の相関があることは、これらの研究で一致している。もっとも、交通インフラの量的な影響は、対象となる範囲が小さくなる（国家、地域、人口集積地区）ほど低下していく。

77

第Ⅰ部　交通の諸側面

表4-2　社会資本の産出高弾力性に関するマクロ経済研究

研　究	国	インフラの種類	産出高指標	産出高弾力性
Aschauer（1989）	米　国	社会資本	国内総生産	0.39
Ratner（1983）	米　国	社会資本	国内総生産	0.05-0.06
Toen-Gout/ Jogeling（1993）	オランダ	社会資本	国内総生産	0.48
Baffes/Shah（1993）	オランダ	社会資本	国内総生産	0.01-0.16
Westerhout/ van Sinderen（1993）	オランダ	社会資本	国内総生産	0.1
Toen-Gout/ van Sinderen（1993）	オランダ	社会資本	国内総生産	0.1
Mera（1973）	日本：地方	交通インフラ	域内総生産	0.35
Costa et al.（1987）	米国：地方 （28州）	社会資本	域内総生産	0.2
Munnell（1990）	米国：地方	社会資本／高速道路	域内総生産	0.15/0.06
Eisner（1991）	米国：地方 （48州）	道路建設投資	域内総生産	0.05-0.57
McGuire（1992）	米国：地方 （48州）	道路建設投資	域内総生産	0.24
Jones et al.（1993）	米国：地方	長距離道路 （輸送キロ）	域内総生産	0.09-0.14
Garcia-Mila/ McGuire（1998）	米国：地方 （48州）	高速道路資本	域内総生産	0.04
Eberts（1986）	都市圏	社会資本	産業別付加価値額	0.03
Deno（1988）	都市圏	高速道路、橋梁	産業別付加価値額	0.31-0.57
Duffy-Deno/ Eberts（1989）	都市圏	社会資本	当該地域の所得	0.08
Andersson et al.（1990）	70都市圏	道路、鉄道、空港	当該地域の所得	
Johansson（1993）, Johansson/Karlson（1994）	280〜284都市圏	道路資本、近距離旅客公共交通、アクセス道路	当該地域の産業別付加価値額	0.12-0.18（道路） 0.18-0.2（近距離旅客公共交通） 0.2-0.27（アクセス道路）
Deno（1998）	都市圏	道路建設投資	産業別国内総生産	0.31

出典：Lakshmanan/Anderson（2002），Bertenrath et al.（2006）

マクロ経済学的な方法は、かなり多くの問題があり、ここで提示された弾力性の大きさに関する解釈や経済政策的な推論を導くには、注意が必要である。以下では、これらの問題をやや詳細に明らかにしていこう。

マクロ経済学的な解明方法の基本的な問題は、交通インフラと経済成長との間の因果関係がまったく明らかにされず、むしろ相互依存関係から出発しているといえることである。経済成長は、インフラ設備の改善を求め、対応する投資を導くが、他方、交通インフラの改善に向けた投資は、結果的に経済成長を刺激することになる。さらに、交通インフラの改善に向けた対策と経済成長が加速するまでにずれがあるという問題もある。その他、この手法の集計水準にも問題がある。交通サービスのさまざまな単位に個々の産業部門は依存しているので、経済成長と交通インフラの間の関係の包括的な推計については、限定的な情報しかない。本来は産業部門別や交通インフラの異なるさまざまな形態での個別の研究が必要である[5]。また、投資の経済効果は、そうした措置が取られた状況のネットワークの特質に依存する[6]。さらにマクロ経済学的な説明では、地域への効果について何も言及していない。なぜならば、経済的なアウトプットは、地域あるいは州、連邦国家のレベルになっているが、生産のための必要なインプットとして交通サービスはインフラが必要であり、そのインフラは別の地域で作られるからである。立地や集積の形成、そこから結果として生み出される地域経済の効果という文脈において、要素市場[7]の複雑な効果は集計量によるマクロ経済学的な方法では解明されない。このことは、インフラの維持と経済成長との間にどのような関係があるのかという問題に行き当たる[8]。

この節では、マクロ経済学的視点が交通、とりわけ交通インフラの経済的な意義に有益な結果を与えつつも、一方で、依然としてあらゆる説明方法と同様、限界があるということを示した。それゆえに、マクロ経済的な視点は、他の手段で補われなければならない。この点について、次の第2項で述べよう。

（2）ミクロ経済効果——資源配分からの説明方法

ミクロ経済学の方法は、しばしば、資源配分からのアプローチと呼ばれ、交通インフラのより良い配置が資源の節約、例えば移動時間やエネルギー費用、事故や環境の費用などにどのような作用をもたらすかという問題を追究する。

第Ⅰ部　交通の諸側面

本節第1項で取り扱ったマクロ経済的な方法は、事後的に交通インフラと経済成長の統計的な関係を分析するので、それらの関係の根底にある機能メカニズムを見過ごしてしまうのに対し、ミクロ経済学の方法は、こうした作用の連鎖の解明を目的とする。

　ミクロ経済学では、インフラに対する施策は2つの作用があるとする。ひとつは、交通ネットワークの改善（例えば新たな道路や鉄道の開通を通じた改善）により、輸送距離が短くなり、輸送コストが低下するというものであり、いまひとつは、インフラ施策は、隘路を除去したり、渋滞を減らし、それによって移動時間が短くなるというものである。ここではもちろん、誘発交通、すなわち付加的なインフラの提供によって生み出される交通も考慮される。このことは、付加的なインフラによって、達成される移動時間の減少が、交通の密度の高まりや、場合によっては、発生する渋滞現象によって部分的には相殺されるということにもなる。

　こうしたミクロ経済効果の評価に対する交通経済学の古典的なツールは、費用便益分析である。図4-5はインフラ施策の評価に関する費用便益分析の基本的なアプローチを示している。需要曲線Dは、価格Pに対してどのぐらいのトリップが生じるかを示している[9]。すなわち、交通インフラの供給関数Sとの交点では、実際に発生するトリップQが決まる。需要関数の形状から、交通利用者は市場価格Pより低ければ、さらなるトリップに対する支払意思があるが、こうしたトリップは、供給関数Sにより供給能力の制限があり、実現しないことがわかる。交通インフラの投資によって供給曲線を下方シフトさせると[10]、実現するトリップ数はQ'まで上昇する。このような供給の改善から導き出される便益は、2つの効果から成る。1つはトリップの増加に伴うコスト削減からのもので、それは、インフラの改良前の交通において移動時間や移動費用の節減によって実現される消費者余剰の追加分（長方形A）である。もう1つは、追加的に可能になったトリップ需要からのもので、これは、新たなトリップとして誘発された消費者余剰である（三角形B）[11]。このように全体のシステムに波及する便益が、インフラ施策により生じる費用と相対することになる。

　ここで描写した基本的な原理は、インフラ施策に伴うプラスとマイナスの外部効果を含むが、あわせて渋滞費用の影響で修正が入る。しかし、この修正は、

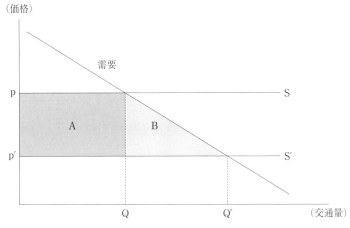

図 4-5　交通インフラの改良時の消費者余剰

この章のテーマではないので、興味ある読者は、Lakshmanan/Andersson (2002) を参照されたい。以下では、むしろ、ここで述べた伝統的な費用便益分析の枠組みにとらわれないミクロ経済学的な効果を取り扱う。これについては、物流費用の削減、立地選択と集中立地の効果、並びにいわゆる新しい経済地理学の枠組みで取り扱われる集積効果である。

物流効果

インフラ投資は、貨物輸送において輸送時間を短くし、ミッシングリンクを結び付けたり、新規の建設をしたりする場合には、経路短縮を導く。それで輸送コストが低下することから、企業は、在庫や金利、保険にかかる費用をさらに削減することができる。こうした効果は、生産の際の最適な在庫量とそれに伴う必要な供給量と頻度を決定づけ、生産・運送費用と在庫費用間のトレードオフの関係も動かす。このことは生産物の出荷の決定にもかかわる。

次頁図 4-6 では、供給量 B に対する調達費用と輸送費用（P+T）および在庫費用 C が示されている。調達費用 P は、大量の注文があれば小さくなる。なぜなら、出荷を行う際の取引費用は、1 回限りだからである。輸送費用 T は、同様に数量逓減のところで、最小値となる。反対に、在庫費用 C は、頻度が高く少量のロットで出荷することで、「ジャストインタイム配送」あるいは「移

第Ⅰ部 交通の諸側面

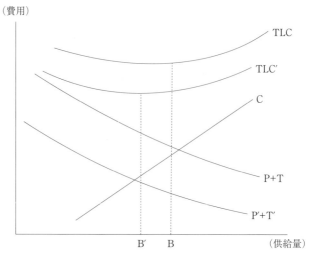

図4-6 交通インフラ改良の物流費用に対する効果
出典：Lakshmanan/Andersson（2002）

動在庫」として知られている費用削減がもたらされる場合、最小になる。こうした供給量に応じた個々の相反する費用が、P＋Tの合計とCから成る総物流費用TLC曲線になる。最適供給量は、総物流費用ＴＬＣの最小値で決まる。インフラ投資による輸送費用の削減は、より少ない供給量を導き、P＋Tのカーブが変化し、それに伴い、TLC'の左シフトによる最小値、つまり小さい値の供給量 B' を導くのである。このことは次のような帰結となる。つまり、輸送コストの低下で輸送単位が小ロットになり、生産にあたっての在庫量の削減（「ジャストインタイム効果」とともに、物流費用〈在庫費用、保険費用、金利〉の削減）にもなる。このことは、逆方向から見れば、物流費用を低下させようと、ジャストインタイム配送をする販売業者にも当てはまる。

交通インフラ改善の物流コストに対する作用はこれまでほとんど研究がなされていないため、信頼できる定量的な成果はほとんどない。アメリカの研究（Hickling, Lewis/Brod, 1995）は、輸送時間に関する物流コストの弾力性、すなわち、荷物の輸送時間が1％削減されたときに、どのぐらい物流コストが低下するかということを求めるために、さまざまな分野の代表とのインタビューを行っている。ただ、その結果の評価や解釈においては、この研究の無作為抽出

されたサンプル数がきわめて小さいということを考慮する必要がある。さらに、この研究は、質問者の推測に依存しており、観察から導かれるというよりは、より推測的なものである。それでも、特に各分野の弾力性のばらつきは興味深い。食品小売における0.055から、医療・外科器具の0.548まであり、つまり、後者の分野を代表するものは、輸送時間の1％の削減で物流コストの0.548％の低下を導くだろうと計測している。こうした結果は、単価が非常に高い財においては、輸送コストがごく小さな役割しか果たさないという既存の考え方と反するので、さらなる研究が必要であろう。また、別のアメリカの研究では、センサス局のデータ（センサス局長期調査データベース）を基に、高速道路投資と在庫量の関係がどの程度あるかを計量経済手法で研究している（Shirley/ Winston, 2001）。この研究では、高速道路支出増加の下、在庫量は低下するが、高速道路支出1ドルあたりの限界在庫削減量が時間とともに逓減するという結果となっている。

生産地の統合による規模の経済

　伝統的な費用便益分析において把握されていない、より幅広い効果として、インフラの改良により（貨物ターミナルへの接続の改善をもたらす道路の新規開通や鉄道網との接続の改善）、企業が工場を集約し、輸送コストを軽減できるというものがある。これにより当該企業の生産性は上昇するが、一方で、企業にもたらされる生産性上昇効果は、経済全体から見れば、交通インフラの改良による付加的な効果として評価されるべきものではないということも留意しなければならない。なぜなら、立地の再編により、新たに立地した場所では収入が生み出されるが、一方で以前立地した場所は不利を被るため、経済全体として利益が相殺されてしまうのである。その点については、交通インフラの改良がもたらした「純粋な」生産性効果と、企業が「規模の経済（エコノミーオブスケール）[12]」を実現するために生産立地を集約したことで生じる効果を識別しなければならない。このことは、輸送コストと「規模の経済」の間のトレードオフを中心に据えた産業立地選択理論の本質的な部分である。したがって、一方では、企業は1カ所もしくは少ない立地で生産集約を行い、規模の経済を享受できる[13]が、他方、多くの地域市場に供給しなければならないので、それぞれの近くに

第Ⅰ部　交通の諸側面

生産を分散することで、供給先の地域への輸送コストを低下させることができる。企業は、生産における「規模の経済」によって、高まる輸送コストを乗り越え、全体として、企業の費用最小化を導くよう、支社の数と配置の最適化を決断するのである。

立地選択と集積の利益

　前項で議論された少数の拠点に集中することで得られる「規模の経済」に加え、到達時間の短縮は、立地選択の変更が可能になることで、さらなる生産性効果を発揮する。こうした生産性効果は、一方で、企業の立地集積によって実現される。それは、例えば、熟練労働力が利用可能になるというメリットや、集積企業間の連携である（いわゆる「集積の経済」）。このような集積のメリットは、プラスの外部効果に換算され、次のような内容を含む。

　　　・都市化の経済：集積地内での整備された公的インフラへのアクセス
　　　・並列の経済：生産チェインの中での、中間財の供給や購入における費
　　　　　　　　　　用の節約
　　　・地域化の経済：都市圏内における同じ部門の企業間での知識と技能の波
　　　　　　　　　　　及

　しかし、ここでは次のことに考慮しなければならない。それは、集積地への立地の経済的なメリットが、企業の進出がある特定の水準を超え、誘発交通を引き起こすと、渋滞現象の増加に伴う費用で、反対になくなってしまうということである（本書第10章参照）。

　他方、例えば、土地の購入と（あるいは）賃貸の際に費用面でのメリットを享受しようと、周辺部に企業が立地することでも生産性効果は発生する。この場合、長い輸送路か低い土地費用かという点でトレードオフがある。

　立地の決定に際し、ある場所から他の場所に同等の生産性をシフトさせること自体は重要ではない。重要なのは、立地集中による集積の効果の場合のみならず、経済全体から見て交通の改良による生産性の向上であり、この点を考慮しなければならない。ここで簡単に描いた集積と拡散の効果は、新しい経済地

理学の事項であり、詳細には立ち入らないが、興味ある読者は、例えば Krugman（1993）を参照されたい。

本節をまとめれば、ミクロ経済学的な生産性効果は、交通インフラの改良が輸送コストを低下させ、それによりさらなるコスト削減を可能にするという点に依拠していることが確認できる。このことは、物流費用（とりわけ在庫保有にかかる費用の削減）、規模の経済と集積の経済に基づく生産費用、それに土地費用に係るものである。ミクロ経済学的なアプローチは、本節第1項で述べたインフラ設備と生産性、経済成長の間のマクロ経済学的な関係を、その機能の連鎖とその部分的な効果という点から記述し、支えるものである。ミクロ経済学的なアプローチでは、経済全体に対する影響の十分な定量化はできず、本節で述べた各効果について、実証研究はこれまでのところわずかしかない。

3　交通の負の波及効果と外部費用

今日、モビリティは、騒音、事故、渋滞問題による環境への負の作用にますます結び付きを強め、高い費用発生の原因となっている。交通の経済的な意義に関する本稿で、外部費用を語らないわけにはいかない。もっとも、交通の外部費用の定量化の方法論上の課題、既存の評価との比較は、詳細にはその点に特化した方法で叙述するものであり、本稿では、簡単にしか触れることはできない。

外部効果は、不完全な生産関数、効用関数の結果として定義され、そこでは利用される資源や与えられる効用が含まれない。経済主体が、自らが原因となる費用の一部を自分では計上しないが、第三者（他の経済主体、社会）に転嫁するのであれば、外部費用となる。外部効果は、ある活動の引き起こす効用の一部が、無償の権利として手に入るという点で特徴付けられる。

交通の外部費用は、一方で交通インフラの建設と維持から生じるが、他方では交通手段の運用からも生じる。具体的には第1カテゴリーとしては以下の点がある。

　・地面を封印することの動植物に対する負の作用

第Ⅰ部 交通の諸側面

　　　・インフラによる分断（地表面の分断と封鎖やそれに伴う不動産価値の低下）
　　　・土地の収容に際して機会費用として評価されない土地の使用

　　さらに、インフラのライフサイクルに対する全体的な考慮がどの程度なされ
るのか、また、交通インフラの建設フェーズ並びに施設の維持に際して、環境
作用、例えば CO_2 の排出にどの程度配慮するか、ということにも留意されな
ければならない。
　　一方、交通手段の運用の外部費用には以下のものがある。

　　　・有害物質の排出（窒素酸化物、一酸化炭素、炭化水素、SPM、ほこり）
　　　・地球温暖化作用の CO_2 排出
　　　・騒音の排出
　　　・事故と事故処理費用
　　　・振動や水質・土地の汚染による被害

　　引き起こされた損害の定量化、個別の交通機関に対するその割り当て、こう
した影響がもたらす費用の貨幣価値は複雑である。なぜなら大部分の効果に対
して、市場もなく、したがって市場価格もないからである。可能な評価方法に
は、被害コストを把握するアプローチがある。そのアプローチでは、発生した
害が突き止められ、貨幣評価される。また、回避のための費用のアプローチも
あり、そこでは、害を出さないための費用が抽出される。それについては、例
えば、損害を削減ないし回避するための支払準備額、すなわち補償金を質問す
ることを通じて、仮想的な市場と市場価格を作り出すというやり方が出てきて
いる。
　　1990年代から、交通の外部費用に関する研究は数多くなされてきた。重大な
方法論的な問題を考慮すれば、結果のレンジが相当なものであることは驚くに
あたらない。表4-3は、ドイツの交通の事故と環境費用に対して、ＥＵの補
助により研究が進められたプロジェクト UNITE で得られた、いくつかの結果
を示している。表はまた、別に計算された道路ユーザーがの自らの負担、ある
いは保険で支払われる事故費用から、メタリサーチによって導き出された人々

86

表4-3　交通の事故・環境費用（1998）

（百万ユーロ）

費用の種類	道　路	海　運	航　空
事故	72,511	664	211
内部費用	5,919	581	176
外部費用	14,592	83	35
環境費用	19,472	1,444	945
汚染物質排出	8,411	220	162
CO_2 に因る気候変動	3,849	152	434
騒　音	6,245	1,031	278
自然、景観破壊、土壌、水質汚染	967	41	71
事故・環境の外部費用	34,064	1,527	980

出典：UNITE: Deliverable 5（Link et al., 2002）

の苦悩、嘆き、苦しみに関する価値までを含む。これら後者の価値は、そうしたカテゴリーをそもそも経済的に評価できるのかどうかという点で、議論がなされている。ただしここでは、これらの議論には深入りしない。表4-3の推計を取り上げることは、交通事故費用がどの程度の大きさになるかを、むしろ明らかにするものである。環境と事故の外部費用の合計を見ると、道路交通の際立った位置づけが十二分に明らかになる。

　交通インフラに対する投資のプラスの効果の評価において、同時に発生する外部費用は考慮されるべきである。しかし、ドイツ同様、他の欧州諸国でも、費用便益分析の枠組みが採られている。この点を指摘したうえで、本章の交通の経済的側面を範囲とする議論は終えておこう。

4　結　語

　人やモノのモビリティなくして、分業によって成り立つ現代の国民経済は考えられない。交通部門の意義は、1つには、よく使われる国民経済の指標に見出される。例えば、経済領域における雇用、投資、固定資産、総付加価値に対

第Ⅰ部　交通の諸側面

する交通部門の関与である。他方、経済政策、地域政策の議論において、生産段階と要素市場、販売市場の間を結び付けるものとしての交通の特別な位置付けは、交通インフラに対する国の投資が経済成長を押し上げるものだという主張に根強くつながる。国民経済の機能にとって、交通インフラがもつ基本的な重要性について議論の余地はないが、一方で、本稿で議論してきたマクロ経済学的な説明方法では、経済成長に対する交通インフラ投資の定量的な寄与が過大評価されてきたということを経済学の研究成果が示している。国民経済への交通インフラの投資と経済的なアウトプットの間には、（弱いながらも）正の相関があるが、経済政策的なインプリケーションを導くにあたっては、とりわけ、交通インフラと経済成長の間の因果関係が明らかでないということは認識されなければならない。一方、ミクロ経済学的なレベルでは、交通インフラに対する投資が生産性にも影響をもたらすという議論になる。これは、インフラ施策が交通費用を低減させ、それによって他の費用における節約も可能にするということに基づいている。このことは、物流費用（とりわけ在庫費用への作用）、規模の経済や集積の経済に基づく生産費用、並びに土地費用を含むものである。ただし、すべての経済的な生産性効果の集計は、そうしたミクロ経済学的な説明方法では定量化されない。

　最後に、交通の明らかな正の作用に対して、交通の外部費用として反対に現れる交通の負の作用（環境破壊、騒音、事故、渋滞）があり、交通インフラに対する投資の正の効果を評価するうえでは、考慮されなければならない。

注

1）　別の方法としては、例えば、成長モデルや準線形の生産関数があり、それらはいわゆる潜在要素を活用するものである。この点については、Bertenrath et al.（2006）で概観できる。

2）　双対性理論によれば、ある生産技術は、生産関数からも費用関数からも、それぞれの関数が一定の条件をみたせば、等しく叙述される。

3）　方程式④はいわゆるシェパードの補題に基づいている。

4）　推計された費用弾力性のレンジは、米国の-0.04〜-0.07というところから、インドの-0.01〜-0.47というレンジにまで広がる（Nadiri-Mamaneus, 1996；Elhance/Lakshmanan, 1988；Keeler/Ying, 1988)。

5） Nadiri/Mamaneus（1996）は、集計によらない方法の研究である。

6） それゆえいくつかの研究では、特定のインフラ、例えば、重要貿易港や飛行場、その他の荷物扱い場を生産関数の変数として用いている。これに関する一例は、Johansson（1993）。

7） 要素市場とは、土地（自然資源）、労働、資本が取り引きされる市場のことである。

8） 先行研究は、Kaleitzidakis/Kalyvitis（2002）ぐらいで、彼らは、経済成長に対するメンテナンス支出の放物線状の効果を提示している。

9） 価格Pは、交通利用者のトリップ費用で、費用便益分析においては、貨幣的な費用に加え、時間費用を含んでいる。

10） 1トリップが、より少ない費用で得られる場合である。一例をあげれば、移動時間の短縮による時間費用の低下などである。

11） 連続的な需要関数の下、誘発された新たなトリップによる消費者余剰の計算は複雑なので、消費者余剰は、通常、三角形Bの面積として、底辺×高さ÷2で近似される。

12） 立地拠点を減らして生産を集約することで、手持ちの機械や設備をより有効に利用できるうえ、手持ちの労働力で同一もしくはそれ以上の産出量を生産できる。

13） そうした費用節減の例としては、Hickling（1994）が医療品の製造業者を提示している。それによると、業者は、生産拠点を16カ所から6カ所に集約して、物流コストを19％節減することを達成した。

| 第5章 | 交通と交通学からみた交通政策上の挑戦 |

クリスティアン・ホルツ＝ラウ

　交通部門は、財源を大いに拘束したり、インフラが長寿であったり、外部性があったりするため、公的な計画策定で最も優先される対象の1つとなってきた。進行するモータリゼーションについて、1964年に Mäcke は、当時の交通計画は基本的には道路網の規模を定めることがテーマであると述べた（Mäcke, 1964）。適切な方法により、自動車の交通量が予測され、道路インフラがその規模をそれにあわせて決められる。道路交通増加に対処するために道路インフラを整備することについて、広範囲な社会的コンセンサスが得られていた。多くの市町村で「総合的交通計画」は、全体的な予測計算と道路網の整備の提言のための手段となっていた。専門家は「正しい解答」を模索した。そうした計画についての政策的な決定は、通常広い範囲で合意が得られた。こうした計画の考え方は、のちに「需要適応型計画（予測される交通量にインフラを適応させる考え方）」といわれた。

　予測をはるかに超えた自動車の増加によって、公害問題などで都市の生活の質が低下し、批判が高まり、道路拡張のコンセンサスは1970年代には失われていった。環境に配慮し、需要にあわせることよりも需要のコントロールが推進された。インフラの拡張というコンセンサスは失われたが、連邦や州は依然として予測と整備の方針を踏襲していた。

　1980年代以降、「交通発展計画」は「統合的交通計画」という概念と深く結び付くべきだと理解されるようになり、徒歩や自転車交通も含めたすべての交通手段の包括的な考察と、都市の発展と環境問題と交通を総括した考察が行われた[1]。交通発展計画という概念には、交通自体に合目的的に影響を与え、「発展」させたいという点についての配慮が含まれている。

それによって専門的な作業が複雑になった。個別部門（乗用車）についての条件を一定とした場合の現状予測とインフラの配置規模の次元とシステム全体の合目的的発展を考えるうえで、人と環境の保護がますます大きな意味をもつようになった。持続可能性の3つの次元について交通分野の発展はおよそ次のように示される。

社会的次元

・社会的弱者と移動制約者の到達可能性とそれによる社会活動の可能性の保証あるいは向上

・交通安全の向上

・交通による健康への影響と負担の不平等な配分の回避

経済的次元

・機能的な計画の保証。例えば経済的な交流を可能にしたり、都市の土地の価値を向上させたりすること

・国民経済の促進のための交通部門の発展

・交通サービスの将来世代における財政的な可能性と既存インフラの維持可能性

・特定の交通手段への依存の回避（石油枯渇問題など）

生態的次元

・エネルギー消費と有害物質の排出の軽減

・化石燃料利用の割合の低減

・これまで以上の土地利用の回避

・交通路に分断されない景観の維持

この多次元的な目標により、数多くの利害や目標の軋轢が明らかになる。そのため交通コンセプトに関する議論は、政党の綱領における交通政策的な目標設定とほとんど同じであるのに、すべての国土空間的な分野で政策的な軋轢を生む。

以下に示すものは、まず著者の視点から統合的な交通計画の概念を説明し、それを3つの観点からみている。いくつかの経験的な事実が、「よく考えられ

第Ⅰ部　交通の諸側面

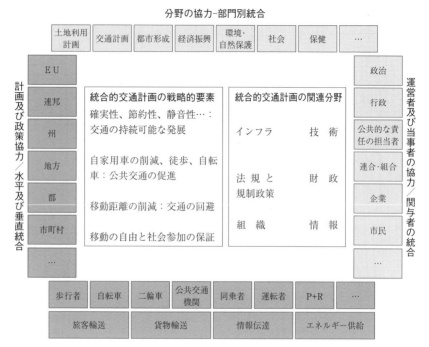

図 5-1　統合的計画 - 概観

出典：筆者作成

ている」が実証に基づかない計画の事例として挙げられている。続いて国土計画と交通の統合的な計画の基礎となる事例が完全ではないにせよ明確に示され、政策措置の集成が明らかにされる。まとめとして、軋轢がある分野のいくつかに焦点をあてる。

1　交通計画の統合化

振り返ってみると、1970年代から「統合的交通計画」という概念で、次第に関与する分野や戦略、および取扱いや政策部門が増加してきた。それは、図5-1に示され以下で詳しく説明される。

第**5**章　交通と交通学からみた交通政策上の挑戦

（1）統合される分野

　「統合的な交通計画」には、交通の発展の複雑性の理解とそれによる多様な分野の協力関係の理解が必要である。

- ・基本的に「交通統合化」はすべての交通手段と種類について共通的に考察する。基本的な考え方は、とりわけ都市における交通システムが、交通量を分担することによってのみ機能的になれるという知見である。補足的に明確になってきたのは、交通量の増加の原動力は、貨物輸送や商品輸送からきているということである。
- ・「部門間の統合」は、交通発展の複雑な因果関係理解によって形成され、この理解によれば、空間的発展は交通発展を特徴付けるだけではなく、交通発展からも影響を受ける。
- ・「垂直統合」とは、多くの課題において必要な上位と下位の計画段階間の協力であり、「水平統合」とは、隣接する国土計画上の単位間の協力である。特に、地域的な交通の展開の増加が、市町村や地域レベルの考察の統合と共に連邦レベルをも含めることを必要としている。地域において地域交通の拡大が連邦道路を利用しているからである。
- ・「関与者の統合」とは、政策的な分野および計画分野以外の分野との統合と理解できる。ここでは、コンセプトの転換が必要な軋轢の増加している分野を重視しており、調整方法の改善ばかりでなく共通の解決策の模索が必要とされる。

（2）戦略的目標

　以下の統合化の段階は戦略的目標と結び付いている。

- ・トラックの交通量への対応やトラック交通の速度向上といった場合に集中されたトラック部門の計画化とは異なり、統合的な交通計画すなわち他種交通手段と同様にさらなる持続可能性の側面（騒音、都市空間の質など）を考慮に入れる。交通の**持続可能な展開**は、統合的な交通計画と交

第I部　交通の諸側面

通政策の第1の戦略的な導入例として現在まで最も効果が上がっている。

・増加するトラック交通を処理するための部門別トラック交通計画とは異なり、統合的な交通計画は、部分的には交通機関間の競争を前提として、第2には戦略的アプローチすなわち**交通の転移**を考える。これは二輪車を含む個別自動車交通から、徒歩や自転車、公共交通に移行させることである。いくつかの地域や特定の状況下で、転移は成功しているが、地域内あるいは地域間で全体的には、自動車交通の容量は一貫して増加している。

・それに関連する主要な傾向として活動空間の拡大がある。モータリゼーションの進展と交通インフラの整備により、旅客交通の平均的な速度は常に上昇してきた。ドイツにおいては、一定の移動時間に対する移動距離は常に延伸してきた。**交通の回避**の戦略は、増加する移動距離とりわけ自家用車によるものの減少を目指すものである。全体的な増加傾向は変わっていない。旅客交通における指標の変化は、こうした措置によるものよりも、人口的経済的原因によるものである（Chlond et. al., 2002）。

・私的モータリゼーションの増加は長い間、モビリティの高さと到達可能性を保障するものと考えられてきた。一方「自動車に拘束されるモビリティ」や自動車を保有しない人々の到達可能性の制約に対する批判は1970年代から行われてきた。ここ数十年の都市空間と交通の発展は、都市空間と自動車交通の発展である。自動車を自由に利用できる人にとっては、現在の都市と交通はモビリティの高さと到達可能性があることを意味する。それに対して自動車を（もはや）持たない人や自動車を（もはや）運転できない人にとっては、到達可能性や社会生活の範囲の制約となっている。このことから近年では社会的排除の問題として、到達可能性の保障のために公共近距離旅客輸送を促進することが一部では強く求められている（本書第8章参照）。そのため、人口構成の変化ばかりでなく他の要因も背景として、統合的な交通政策の第4の戦略は、**到達可能性の保障**となる。

対抗的な措置が行われているにもかかわらず、空間的発展においては分散が

主流となっており、既存の都市地域も活動空間を拡大している。逆にみると、現在の都市空間的な居住地域で、日常生活を近所ですませられるようにしたり、自動車交通を減らしたりする余地があるということである。現在の交通における個人の行動のパターン（移動方法、活動空間、交通手段の利用）についての新たな方向性を刺激することは、統合的な交通計画や交通政策の中心的な課題である。

2 取り扱いと政策分野

　地域や都市における交通構造（移動距離、交通手段の利用、交通事故など）は、当該地方における政策や計画に依存する。お互いに補完的な行動や政策の諸分野が存在するが、共同して初めて統合的なアプローチを形成する。

・インフラ計画は長い間交通計画を支配してきた。今日でも多くの空間的問題において、インフラの決定は大きな役割を持っている。その際には既存部分の維持や品質保持が、新設や拡張よりも優先されるべきである。交通インフラと並んで、都市や地域の開発の他の分野にも中心的な意味がある。都市計画は現在あるネットワーク構造とその容量を配慮して実施されるべきである。その際には、交通利用の共存・共用が、密度や都市計画の質と同様に重要となる。

・多くの分野で技術的なコンセプトは、交通インフラの重要な構成要素であり、それによりインフラと車両並びに交通利用者との「コミュニケーション」が可能となる。この分野で特に画期的なものの多くは、民間企業による計画上および政策上の目的を持ったサービスであり、とりわけ環境にやさしい交通の展開や公共近距離旅客輸送の速度向上のためのものである。同様に節約、安全並びに排出についての車両の改良も技術的なコンセプトに含まれる。

・「交通不便地域」における施策、例えば労働市場政策や住宅建設促進策も立地と交通の構造について重要な枠組みとなる。そのような施策は交通への効果という面から検討され、必要な場合には調整されなくてはな

第Ⅰ部　交通の諸側面

らない。

・例えば交通事業者、インフラの新設や拡張、あるいは既存のインフラの
維持に対しての公的資金の分配は、交通サービスの質に重要な役割を果
たす。同様に、ガソリン税から公共の駐車場運営にいたるまでの利用者
負担は、交通需要に影響を与える。

・交通インフラを含む都市および地域の構造は、交通需要の重要な枠組み
となり、日常的な交通行動の可能性を形成する。公共近距離旅客輸送サ
ービスの運営上の最適化から企業におけるモビリティマネジメントまで
の組織的なコンセプトは、部分的には交通需要に大きな影響を与え、こ
うした枠組みを補完する。

・日常的な交通行動は、都市構造と交通条件についての個人的主観的印象
により形成される（本書第2章参照）。同様に都市の立地についての情報
や地域の対話における議論、交通サービスの情報並びに交通がもたらす
効果などについての情報や意識の醸成は、交通需要の構造に著しい影響
を与える。

　統合的な交通計画についての考察は、持続可能な発展についての社会的経済
的環境的な課題への特別な視点となる。交通が多くの側面からなるということ
が示された、計画的政策的に包括的な方向性が求められるべきである。統合的
な計画とは、様々な問題設定について、適切な協力相手を見い出し、協力分野
を形成し、協力過程を展開させることである。高度に連関した社会において、
地域あるいは部門の問題はもはや地域や部門だけの概念では解決できない。人
口構成の変化、気候問題並びに発展あるいは縮小する地域の混在などが、政策
および計画の課題を複雑なものにしている。

3　統合的交通計画の原理

　「持続可能な国土計画と交通計画」というプロジェクトでは、世論や政界が
その中心的な視点が理解できるように、3つの指導原理が明確にされている
（BMVBW, 2005）。

①速度の向上よりも、到達可能性と安全性のほうが重要である。

　交通は目的に対する手段である。旅客輸送は、買い物、労働、学習などの日常的に必要な活動から派生する。統合的な交通計画は、目的にあった店舗や業務地、学校、医療機関などへの到達可能性を保証するものである。その際に、到達可能性は地域における施設の配置や交通サービス供給能力、個々の輸送能力や適応性などに依存する。安全性、信頼性、バリアフリーの交通サービスなどが到達可能性の主要な基盤である。

②新設や拡張よりも、既存のものの品質が重要である。

　交通インフラには維持や運営のために多くの財源が必要である。新設や拡張は必ずその後の費用につながる。そのために必要な財源が、市町村レベルでも連邦や州でも全く確保できていない[2]。

　必要な維持管理費用は今後増加し、インフラ調達費用の種別にかかわらず、減少していく人口が負担しなくてはならない。既存のネットワークは、通常計画中の新設や拡張よりもはるかに大きな交通上の意義を持つため、維持管理が優先される必然性がある。新設および拡張計画は、既存ネットワークの維持管理を完全に置き換えるか、あるいは状況によっては縮小させる場合にのみ言及されるべきである。

③持続可能性には首尾一貫性が必要である。

　依然として数多くのインフラ拡張計画、とりわけ長距離のためのバイパス計画が残っている。また鉄道と道路の並行的な整備やさらに交通への依存を高める立地計画も多い。公的部門のそのような意思決定は、交通を濫用し、家計や企業や公的施設の立地による自動車依存の促進につながる。とりわけ転移と回避によって自動車交通を減少させようという多くの市町村の苦労と、市町村から出発し市町村に入る長距離交通のための連邦と州の整備計画は矛盾している。その際、長距離ゆえに大規模に気候変動作用のある排気物排出を促進するのは、地域間の交通ネットワークである。

　交通における持続可能性とは、ドイツにおいてはすでに十分整備されている（が維持管理が一層低下している）交通サービスでまかなうということでもある。

第Ⅰ部　交通の諸側面

持続可能な発展と化石燃料に依存した移動距離の増加は両立しない。新しい技術のみでの方向転換はかつても今も幻想である。統合的で分野融合的な計画と政策の理解のみが、方向を示すことができ、それなしでは成功の保証はない。中心的な意味を持つのは、否定ではなく、目標と利害の対立において、政治的な手段として利用することなく、開かれた議論による妥協を探ることである。

4　立地と交通の計画における統合

　自治体の発展に関する権限は、主に市町村にある。それに対して、地域的な発展において交通から導出される効果が大きく、特に能力の高い交通ネットワークは、より高い段階、通常は州や連邦に権限がある。鉄道旅客近距離輸送は地域化［訳注：1996年に行われた鉄道旅客近距離輸送の管轄の移行］以降、市町村の段階で規定されている。こうした権限の規定が、個々のケースで最良かどうかは、状況によって異なる。

・地域を越えた視点からは、交通に依拠した立地の発展は市町村ごとの偏狭的政策と批判される。しかしその際には、市町村はそれを唯一の発展の可能性としていることや、とりわけ道路については、市町村よりも上位の段階において決定される容量に市町村や広域も依存しており、多くの批判がある立地発展と論理的には適合していることを見逃してはならない。連邦および州レベルの交通インフラを拡張する一方で、需要側から見て魅力的な地域内の住宅地の発展を抑えることはできないのである。

・より小規模な市町村の交通の負荷は、地域的および地域間の交通の連携から作り出される。地域間輸送のための道路については、市町村の決定権はごく小さいものである。地域の中心部における居住／買い物／滞在の状況を改善するための交通の持続可能な展開を重要視する場合には、地域間の道路の建設は難しいか、あるいはまったく実施できないだろう。

・地域における鉄道旅客近距離輸送の権限の地域への移譲は、多くの地域においてすでに長い間必要とされてきたモデルである。多くの地域で鉄道輸送の地域化以降、鉄道旅客近距離輸送は明らかに改善されている。

第5章　交通と交通学からみた交通政策上の挑戦

　こうした地域の協力における成功事例は、その他の計画分野にも広げることができ、広げるべきである。

　権限の所在が異なれば、軋轢が生まれる。信頼できる協力関係の必要性が強調される。公益事業やごみ処理、公共近距離旅客輸送といった分野の地域的な協力体制の成果は、見本となるだろう。しかしながら地域的な公共近距離旅客輸送の政策は重要であるが、十分ではない（FGSV, 2006）。優先して扱うべき問題は、「政策的計画的権限はどのように規定されるべきか？」ということではなく、「信頼できる協力関係はどのように形成されるか」である。そうした信頼に足る協力関係は、地域的あるいは隣接関係に限られるものではなく、政策や市民やその他の関与者を含む様々な領域を含むものである。

　それには例えば3つの側面が挙げられる。空間構造と交通の相互作用、バリアフリーと到達可能性の保障というテーマ、交通サービス供給の財源確保の可能性である。

5　地域発展の主な傾向

　最近数十年の地域的な発展は、土地利用の密度の低下と分離、そして分散というキーワードで示すことができる。

（1）密度の低下

　住宅地の増加と業務用途の土地利用の増加は、国土発展の重要な側面を示している。その理由は、まず人口動態により、高齢者の1人世帯が家族用の大きな住宅に居住しており、土地需要が高まっていることが挙げられる。さらに、生活水準や特定の生産構造や流通構造による業務用の分野での増加が挙げられる。その際には都市の土地が拡張するだけではない。一部では当該の機能が都市から外縁の市町村に出て行くこともある。土地への需要の高まりがより広域の規模で発現し、とりわけ中心都市周辺地域の景観破壊の圧力となる。

　住宅地域内の距離は長くなり、都市と周辺の市町村の関係が大きな意味をもつようになる。徒歩での移動はさらに減少する。公共近距離旅客輸送にとって

99

第Ⅰ部　交通の諸側面

も、密度が低下すると停留所の利用圏の需要減少となり不利になる。密度が減れば減るほど、乗用車への依存は高まる。逆に乗用車自体が駐車のためのスペースを必要とし、居住地の拡散に影響を与えるため、密度の低下に資しているのである。

（2）土地利用の分離

　土地の利用使途が複数設定できないために、土地利用途指定の特定化（住宅地域と業務地域）が生じてきた。その際には、本来両立するような用途も分離されている。従来は受容可能な用途も、経済的に条件付けられた区分により、住宅地域に編入されるのが難しくなってきている。そのような競合的な状況により、従来の認められていた用途、とりわけ個人商店が、これまでの統合された場から追い出され、計画上は望ましい小さな区分の新興住宅地にも入れなくなってきている。そうして当初の計画では土地利用の混在が予定されていた地域でも、単独の用途に置き換えられてきている。周辺地域はどちらかといえば住宅専用に該当し、中心部では商業利用やオフィスが選ばれているのである。

　土地利用の機能分離が、移動距離の拡大につながる。居住と買い物についてみても、乗用車をもたない人々や移動制約者について、到達可能性の問題は、特に今までもっていた乗用車を手放さなくてはならない場合や近くにあった店が閉店した場合など、新たに不利な条件が現れた場合に明らかになる。他の活動、例えば通勤においては、乗用車交通への依存は、多くの場合自明のこととして受け入れられているか、またはめったにないことだが職場近くに転居するなどの意思決定によって補われる。

（3）分　散

　地域的な居住の発展は、交通網に沿ったものとなっている。事業立地は幹線道路の結節点立地を優先する。住宅用地への需要も、広範囲に普及した道路網の利用可能性に裏打ちされている。公共近距離旅客輸送のサービスが不十分なことは、住宅立地においては大きなマイナスとはならないと理解されている。主要道路沿いから離れるに従って土地価格が下がることで、土地や住宅を探す人たちは、公共近距離旅客輸送サービスが悪い立地やその他のインフラ水準も

低い土地へと導かれる。またここでも、主に乗用車への依存となる交通への依存が多くの人にとって自明のこととなっている。

このことと活動の機会が地域の中心地区にあることが結び付いて、公共交通のサービスが魅力的でなくても放射状の拡張が起こり、周辺地域での他の立地における活動機会につながる。それらが軸となる幹線道路に面していれば、同様に公共近距離旅客輸送のサービスが魅力的でなくても分散的な拡張がもたらされる。

6　統合的計画とその限界

上記のプロセスは多様であり、古典的な計画の手段ではしばしば処理できない。それには役所や家計および企業といった多数の意思決定が関与しているからである。

- ・ドイツにおいて実現した立地決定や交通網の変更の各々には、建設や建設認可に関する政策的な意思決定がある。
- ・個々の家計の立地決定には、所与の立地状況や費用構造の枠内で、長期的に合理的とはいえないかもしれない交通節約的あるいは交通浪費的な立地への決定、あるいは公共近距離輸送の便利なまたは不便な立地についての決定が含まれる。
- ・企業の立地決定の各々にも、同様な枠組みで知りうる長所と短所についての各企業の比較考量がある。

地域および部門により異なる目標設定と権限の関係に基づき、一部は公共の、一部は民間の決定により、とりわけ時間と費用の点で抵抗が少ないところで、交通への依存や交通費用の増大がみられる。

7　インフラの形成——バリアフリーについても統合的計画を

「速度よりも到達可能性が重要」という理念は、バリアフリーの中心的テー

第 I 部　交通の諸側面

マである。移動制約をもつ人々にとっては、バリアフリー環境の形成は、自立的な日常生活にとって重要で、ときに不可欠な前提条件である。

　同様に都市、農村や地域のバリアフリーは、計画や政策の重要な将来的課題である。またバリアフリーのような課題は、一見部門別の計画に見えるかもしれないが、統合的な（交通）計画上の原則が重要である。

8　地域的課題としてのバリアフリー

　バリアフリー化の基本は、指針と基準に示されている（HSV, 2006）。その専門的な適用は、バリアフリー技術についての詳細な調整が必要である。これは、市町村の一般行政における課題としては難しいものである。バリアフリーは地域的な協力の集合体として形成されるべきである。これに参加する市町村には、すべての協力市町村における知見を利用できるというメリットがある。

　モビリティに制約のある人々の多くは、自分の町以外にも外出する。その際に法規には適合しているものの、バリアフリーがさまざまな形態で実現されていることに直面する。利用可能性が統一されていてわかりやすく示されることによって、バリアフリーが地域的に一元的な基準に基づいて実施されれば、移動制約者にとって使いやすいものとなる。

　地域的な協力によるバリアフリーは、行政にとってばかりでなく、住民にとってもよいものであるということを明言しておく。

9　部門間の課題としてのバリアフリー

　交通ネットワークのバリアフリー化への転換は長期的な課題である。バリアフリー化は、通常の更新作業の流れで徐々に導入するだけでは十分でない。連携的なネットワークの形成に、非常に長い時間がかかることになるからである。バリアフリーという課題は基本的な交通網の問題であり、他の交通計画上の課題がどうであれ優先されるべきである。実現化が優先されるとなった場合、バリアフリーの基本的なネットワークは、他の部門の課題とともに決定されるべきである。重要な連携部門としては、社会福祉と厚生の分野であり、該当する

移動制約者やその代表者も計画策定に参加させるべきである。そうした基本的なネットワークの確定は、交通計画の他の分野にも影響を与える。例えば、

- 入り口としてのそうした基本ネットワークはバリアフリーによる重要な目標である到達可能性を確保するばかりでなく、逆に例えば介護付住宅などの立地の目安となる。
- こうした基本ネットワークのために、設備特に通路についての高い水準の整備が規定されている。これは不安なく利用でき、転倒を避けるためにも確実に保持されなくてはならない。
- バリアフリーの基本ネットワークは公共近距離旅客輸送の主要な停留所を含み、それらの停留所は優先してバリアフリー化しなくてはならない。
- 基本的には、都市内の基本的ネットワークの交通機関は、時速30kmを超えるべきではない。移動制約者で公共交通を利用する人は、反応時間が長く動きも緩やかで、けがをする可能性が高いからである。
- バリアフリーの規定の決定には、明らかに道路のデザイン変更が含まれる。特にこれは歴史的な町並み保存などの地域で、対立する可能性がある。そうした場合には町並みなどの保護と都市計画を協調的に展開しなくてはならない。

10　複数の交通機関を包括する課題としてのバリアフリー

　バリアフリーは経路全体に及ぶ。バス停へたどり着くまでの道路に障害が残っていれば、バスシステムをバリアフリーにしても無意味となる。公共近距離旅客輸送のバリアフリー化には、アクセスやイグレス［訳注：公共交通機関を降りてから目的地までの移動］も、車両や停留所、乗換え施設やパークアンドライドの駐車場施設などと同様に含まれる。

　特に、道路幅の狭いところでは軋轢が生じやすい。バリアフリー化の最小限の歩道幅は、車イスや乳母車に遭遇しても通行可能となるものであり、既存の道路のデザインでは十分な幅は確保できない。歩道幅の拡張は、走行スペース

第 I 部　交通の諸側面

である車道や駐車スペースを削ることとなるが、基本的には歩道の拡張が車道よりも優先されるべきである。

　実際には、これに関連するさまざまな担当者がさまざまな組織（市町村や州道の場合には州）にいる。交通分野だけに限定しても、対立がないわけではない。バリアフリーというテーマは重要なので、それを実施することによってそれ以外の革新的なコンセプトによる取り組みの導入も容易になる。

11　社会参加としてのバリアフリー

　バリアフリー化は軋轢を生み出しやすい。さまざまな障害を持つ人々は、バリアフリー化について、いろいろな要望をもつ。制約のあるネットワークの段階的な実現化の決定が、移動制約がない人物によってすすめられているという矛盾がある。実際の移動制約者やその代表が関わることは、要望をよりよく知ることができる一方で、移動制約者の側も実現には限界があることも理解できるようになる。

12　交通サービスの財源

　国債残高が大きくなり、行政による整備財源が著しく狭められている。交通インフラの整備計画には財源が不足し、公共交通への補助は削減されている。特に維持補修のために必要な財源は不足している。インフラの分野にはいわゆる「隠れ負債」として、維持補修の水準低下が累積している。こうした水準の低下は、例えば2009〜2010年にかけての厳冬の際に明らかになった道路の損傷に現れている。この損傷の真の原因は、天候ではなく、それ以前からの道路の傷みの放置である。

　同時に新設や拡張それぞれに建設のための新規の負債に加えて、運営や維持補修のといった後発費用が発生する。それに必要な財源は、市町村のレベルでも、州や連邦のレベルでも十分ではない。2004年の市町村に対するアンケートでは、人口 2 万5,000人以上のドイツの都市では、補助金の形態により、新設や整備への財源の確保の方が、維持管理のための財源よりも簡単に確保されて

表5-1　旧東西ドイツ別と人口別の交通インフラの維持補修び新設・拡張の財源割合

	合　計	旧西ドイツ の州	旧東ドイツ の州	人口2.5 ～3.0万未満	人口3.5 ～6.0万未満	人口6.0万 以上
維持優先	66%	69%	54%	58%	62%	78%
双方優先	27%	25%	33%	33%	31%	16%
新設・改良 優　先	8 %	6 %	13%	9 %	7 %	7 %
合　計	100%	100%	100%	100%	100%	100%
有効回答数	132	108	24	45	42	45

出典：Holz-Rau/Jansen（2006）

いることがわかる（表5-1[3]）。回答者は市町村の専門家がほとんどであるが、維持管理が計画の優先課題であり、それに応じて財源が投入できることを望んでいる。これはまだ人口の増加を見込んでいる都市でも同様である。こうした状況が2004年と比べて改善できたと考える人は誰もいないだろう。

13　多くの問題は自ら解決するのではないか

市町村と地域の（交通）計画と政策への高い要望を論じる前に、まず市町村と地域の問題が自ら解決できないかどうかを検討しよう。現在常に繰り返される3つの論題を示し、検討していこう。

（1）論題1

人口動態の変化、とりわけ人口減少により、交通分野の高い成長は過去のものとなった（Chlond et. al, 2002）。戦略的な交通計画はもはや必要ない。

交通に対する負荷は、人口減少が起こっている地域でも、それほど減少しているわけではない。今後老年層のモータリゼーションの高さと学生生徒数の減少による、公共交通機関の乗客数の大幅な減少は明らかに起こりうると考えられる。これまでの計画は成長を前提としていたため、人口減少に対応する新規の計画課題は大変難しいものとなる。維持補修の問題また都市計画や町村の交

第Ⅰ部　交通の諸側面

通インフラを含む再開発、サービスの定義や維持、既存の交通サービスのバリアフリー化や新しい環境基準への適応などが、すでに縮小し始めている地域における、戦略的な計画の課題となる。

（2）論題2

　成熟した郊外が中心都市から独立する。郊外において、自立した中心地区が形成される。そのことによって、地域間の交通量が少なくなり、地域内における密度の高い空間内での交通節約的な発展がもたらされる。

　地域間の密接な関連性が、著しいのは通勤である。郊外が中心都市から独立することによって、流入出する通勤者の数の減少となるはずである。しかし、ドイツの大都市上位20都市と旧東ドイツの5つの大都市についてみると、それに反する傾向がみられる（図5-2）。

　　・すべての都市において1999〜2007年の間で、流入する通勤者の率（都市
　　　における総勤労者に対する流入通勤者の割合）および流出する通勤者の率
　　　（その都市に居住する有職者に対する流出する通勤者の割合）の両方とも増加
　　　している。そのため、住居と職場が同じ都市内にある域内通勤者の数は
　　　一貫して減少している。
　　・ベルリンを含む旧東ドイツの都市やラインルール工業地帯の都市における
　　　地域間の結び付きは、他の旧西ドイツの大都市に比べて、大きく増加
　　　している（図の矢印の長さ）。
　　・ラインルール工業地帯の都市は、高い流出通勤者率と低い流入通勤者率
　　　が特徴的である。それらの都市は、その規模に比して労働市場の集中が
　　　少なくなっている。デュイスブルクでは流入と流出がほぼ拮抗している。
　　・旧西ドイツのその他の大都市では、流入通勤者の割合の方が流出よりも
　　　大きくなっている。そのことは労働市場が集中していることを示してい
　　　る[4]。1999〜2007年の間の交通関連性の増加は、他の大都市よりもやや少
　　　なく、とりわけ流出通勤者率の増加は少ない。
　　・旧東ドイツの多くの大都市では、旧西ドイツの大都市と同様な通勤交通
　　　における地域的な関連性を示している。

第5章　交通と交通学からみた交通政策上の挑戦

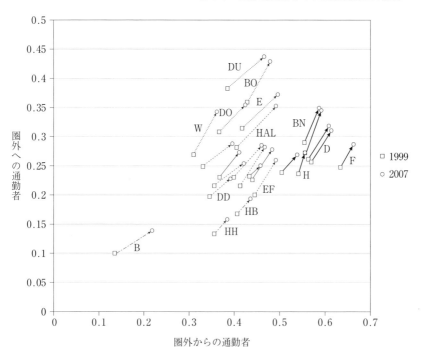

......▶　旧東ドイツの都市
　　　　ベルリン、ケムニッツ、ドレスデン（DD）、エアフルト（EF）、ハレ（HAL）、
　　　　ライプチッヒ、マグデブルク、ロストック
........▶　ノルトライン＝ヴェストファーレン州の工業都市
　　　　ボフム（BO）、ドルトムント（DO）、デュイスブルク（DU）、エッセン（E）、
　　　　ヴッパータール（W）
────▶　その他の大都市
　　　　ビーレフェルト、ボン（BN）、デュッセルドルフ（D）、フランクフルト（F）、
　　　　ハノーファー（H）、ケルン、マンハイム、ミュンヘン、ニュルンベルク、
　　　　シュトゥットガルト
－－－▶　都市州
　　　　ベルリン（B）、ブレーメン（HB）、ハンブルク（HH）

図5-2　ドイツ大都市圏における通勤輸送の変化（都市内への流入と都市外への流出）
出典：Bundesanstalt für Arbeit（1999, 2007）Berufspendlermatrizen を利用し筆者作成

第 I 部　交通の諸側面

　中心都市と郊外の分離による交通量の減少の代わりに、中心都市の住民にとって郊外の労働市場としての重要性は増大している。同様に、郊外の住民にとっての中心都市の意義も増大している[5]。こうした発見により、一部における中心都市とその郊外の分離が、国土計画上対応すべき目標とはならないといえよう。しかしながらこれまでの発展条件とは明らかに様相が異なっている。この間ドイツの大都市に住む勤労者の1/4が、郊外で働いているのである。

（3）論題3

　移動に制約のある高齢者（歩行困難から自動車免許の返納まで）にとって、外縁的な場所は住居としてふさわしくない。そのため高齢者は市街に転居する（例えばFöbker, 2007）。該当者は、日常生活の困難さを転居で解決する。

　このことを州による移動統計によってみてみよう。ノルトライン‐ヴェストファーレン州の23の市についてみれば、2006年には合計740万人の人口があったが、動向は異なっている。1997〜2000年の間には、転出が多かった都市でも、2001年以降は合計で転入が多くなっている。特にアーヘン、ボン、デュッセルドルフ、ケルンで転入増が大きい。その他の都市は、依然として転出の方が多い。転出が特に多いのは、デュイスブルク（Duisburg）、ゲルゼンキルヒェン（Gelsenkirchen）、ハーゲン（Hagen）、ヴッパータール（Wuppertal）である。合計で転入が上回っているのは、18〜24歳および25〜29歳の層が、都市中心部指向的な教育や仕事のために転居する一方、伝統的には家族形成期である30〜50歳における外縁への転居が減少傾向にあることである。それに対して高齢者の都市中心部への転入については、特に述べることができない。50歳以上の年齢層では、多くの都市で転入出の合計は、この期間では逆の傾向を示している。

　計画的な視点から高齢者の都心への転入が望ましいといわれているが、実証的な面からはそれを証明することはできない。また、ノルトライン‐ヴェストファーレン州の大都市の境界を越えた転出についても（まだ）その傾向はみられない（表5-2）。

　こうした議論は、大都市における都心回帰というキーワードに関してのみ行われるべきではない。外縁の小規模な市町村内や市域内の地区から中心地区に転居することは、多くの場合、高齢者にとって移動の減少により予測される日

第５章　交通と交通学からみた交通政策上の挑戦

表5-2　ノルトライン－ヴェストファレン州の市における年齢別人口の変化

	年齢階層別人口の社会増減（1996-2006）実数					
	合　計	18歳未満	18歳以上 25歳未満	25歳以上 30歳未満	30歳以上 50歳未満	50歳以上 65歳未満	65歳以上
アーヘン	11,233	-4,204	29,597	875	-13,788	-592	-655
ビーレフェルト	4,775	-379	14,856	1,835	-6,568	-1,691	-3,278
ボフム	-738	-1,865	13,517	2,685	-9,236	-2,593	-3,246
ボン	19,986	-185	19,121	9,328	-4,586	-2,418	-1,274
ボトロープ	1,757	1,029	-51	435	679	-204	-131
ドルトムント	5,281	649	18,588	2,573	-7,600	-2,968	-5,961
デュッセルドルフ	20,003	-6,967	24,242	23,345	-6,314	-6,313	-7,990
デュイスブルク	-20,613	-4,196	6,199	-24	-10,803	-4,472	-7,317
エッセン	-3,226	-2,283	12,625	5,138	-9,221	-4,424	-5,061
ゲルゼンキルヒェン	-12,135	-1,261	1,917	-1,101	-6,460	-1,954	-3,276
ハーゲン	-11,026	-452	610	-1,042	-4,321	-2,089	-3,732
ハム	914	892	1,210	274	-11	-350	-1,101
ヘルネ	-2,905	295	1,259	-412	-1,685	-833	-1,529
ケルン	21,482	-17,183	55,962	32,549	-26,522	-12,691	-10,633
クレフェルト	-7,720	-740	1,227	-1,203	-3,479	-1,428	-2,097
レーバークーゼン	1,546	1,089	1,560	455	558	-1,168	-948
モンヒェングラッドバッハ	-864	11	4,393	-537	-3,717	-328	-686
ミュルヘルム・アン・デア・ルール	1,674	517	1,343	639	543	-568	-800
ミュンスター	2,801	-2,480	25,615	-3,196	-14,252	-790	-2,096
オーバーハウゼン	1,518	2,052	1,793	681	-653	-748	-1,607
レムシャイド	-4,372	-158	62	-497	-1,143	-1,226	-1,410
ゾリンゲン	1,487	869	1,398	273	170	-787	-436
ヴッパータール	-13,023	-1,818	5,943	-510	-8,894	-3,938	-3,806
合計 1996-2006	17,835	-36,768	242,986	72,563	-137,303	-54,573	-69,070
平均 1996-2006	1,621	-3,343	22,090	6,597	-12,482	-4,961	-6,279
2006	11,803	-2,717	25,090	6,693	-8,097	-3,135	-6,031

注：移動の総計は、都市の移動に関連したすべての移動についてであり、周辺地域への人口
　　の拡大や地域の境界を越えた流出と流入の差し引きである。

出典：Österreich（2008）にもとづく計算による

第Ⅰ部　交通の諸側面

常生活の困難さを和らげるためのものである。地球温暖化によりドイツの大都市で予測される平均気温の上昇とそれによって発生するヒートアイランド現象を考えると、そこが高齢者にとって最適の居住地かというと、大いに疑わしい。同様に徐々に高まる都市生活の不安や、多くの高齢者にとっての静穏さやわかりやすさの喪失、特に大都市での生活が高齢者にとってわかりにくくなってきていることもあげられるだろう。

　都市からの外縁部の独立および高齢者の都心回帰の論題についての数量的な検証は、以下のようにまとめることができる：外縁部の独立や高齢者の都心回帰についての楽観的な考え方は、データによっては証明することができなかった。これは交通分野における他の課題でも当てはまる、実験の効果についての検証と同様である。通常は、事後評価が行われず、効果については事前の推計つまり推測でしかないからである。

14　結　語

　計画に関する議論を含む社会的な相互作用は、しばしば目標の衝突と望ましくない決定に結び付き、テーマについて控えめにしか議論されないことや、「統合といっても言葉だけ」というような表現上のごまかしに終わったり、検証されないまま要望を事実としてみなされたりする。「統合的」であるとされる計画についても、テーマについて議論されない場合が多い。そのため、ここでは交通政策上の決定で出てこざるを得ない衝突について述べる。

・インフラの整備（道路と鉄道）によっては、現在ある交通問題は長期的には解決できない。特に交通容量の拡張は交通量を削減していくという戦略に基本的には矛盾し、それによって地域と交通の調和した発展の努力や実現の効果をなくす。

・交通インフラの整備は、原則的には財政的に成り立たない。それ以上に現在あるインフラには、かなり多くの隠された負債が累積しており。今後とも維持補修の措置が不足すると、更なる更新コストの増大をもたらす。この点については、以前は新規開業のテープカットが高い価値をも

つと考えられていたが、更新の完成や車線の削減も同様の価値をもつと考えられるべきである。

・交通インフラの良好な状態の維持は、バリアフリー化と徒歩や自転車の交通を促進するための改造を伴うべきである。その際には、幹線の道路において、歩道や自転車に、車道を造って残った面積を割り当てるという形でなくそれ以上に提供すべきである。

・基本ネットワークのバリアフリーについては、長期的には広範囲にわたって、バリアフリー化が財政的に難しいということを前提とすべきである。バリアフリーがなくてはならない人々は、自立して社会的生活に参加するのが難しいか、非常に限定される。このことは特に外縁的地域あるいは過疎地域で当てはまる。

・補完的には、インフラについてのハードによるバリアフリーの措置を、ある程度利用者側の技術的な対応で補えるのではないか。例えば階段を上れる車いすやセンサー技術による視覚障害者のガイドシステムなどである。

・州や連邦の段階では、依然として整備計画が主流である。そのような交通を増大させる交通計画と政策は、地域や地域間の空間的な関係性を低下させ、自治体の交通や都市開発政策では補うことができない。

・交通行動の調査によれば、自家用車から徒歩や自転車への転換の方が、バスや鉄道への転換よりも容易である（本書第15章参照）。多くの地方自治体（すべての規模）で実施されている自転車の促進は、より強まってきている歩行交通への関心とも関連すると考えられる。

・交通計画と交通政策は、その目標をまず具体的に示し、目標達成を検証しなくてはならない。それには策定手順、実施された措置とされなかった措置、措置の効果についての検討が含まれる。計画と政策に、今までドイツでは定着しなかった効果のコントロールを導入して、さらなる交通の発展を、予測ではなく事実から判断するようにすべきである。

・2020年にはドイツ国内で電気自動車を百万台にする、といった促進政策のようなシンボリックな交通政策を方向転換する必要がある。そのような促進政策は、長期的には経済政策としての意味があるかもしれない。

第 I 部　交通の諸側面

しかし中期的には、現在実現されている低燃費車を比べても、燃料消費の削減にはつながらないからである（全車両の２％として、短距離において小型車の代替として利用され、発電には化石燃料を多く使うという前提で）。

・同時に、この種の複雑なシステムの取り組みが、不確かなものとして残り続ける。こうした不確実性は、経営管理手法の発展によって、大いに減少しているが、複雑な行動プログラムにおいては常に存在し続けるものである。これは二重の意味がある。一方でその作用がある程度信頼できると考えられる行動アプローチが、いろいろな干渉を排して優先的に政策に取り入れられるべきであり、その作用が漠然と期待されたり、望ましいとされるが、そうだとしても複雑な作用の連鎖の後にやっと効果が現れる、というような措置は取り入れるべきではない。他方でこれらについては、発展の方向がずれたことを検知し、あらかじめ決定した目標指標に向かって更なる手段を適切にとることができるようにするために、中間的な段階でも検証と継続的なモニタリングが必要である。

計画と政策は対立しがちな問題について、対立のない決定という不可能なことを受容しなくてはならない。統合的な計画においても、この様な対立を解決しないのではなく、対立ある決定の先を見据えて、よりよく準備することが重要である（本書序章参照）。

社会的に正しく、経済的に効率よく、環境的に持続可能な交通の発展とは、対立のある課題であり交通という一分野をはるかに超えたものである。市町村の段階での統合的計画の基盤は、交通計画と都市および地域計画の緊密な協力、並びに市町村や地域の組織の緊密な協力である。必要なのは他の問題にも役立つような、分野間の協力や妥協の受容とその執行能力である。地域の状況に応じて、小さな一歩から始まり、多くの地域では大きな前進をもたらしている。むしろ地域の協力態勢へむけての準備と信頼が必要であり、連邦や州の段階では、もっと大きな前進が求められる。それは結果として部門ごとの適応計画や、交通負荷の大幅な増加につながる地域間交通ネットワークの整備からの決別につながる。

注

1）　例えばノルトライン-ヴェストファレン州の都市発展住宅交通省の「都市再生と交通のよりよい統合への基盤」という回覧通達（Düsseldorf, 1988）は、個々の市町村の革新的な実践を紹介したものである。

2）　人口2万5,000人以上のドイツの409の市町村へのアンケート調査。回答率は30％強（Holz-Rau/Jansen, 2006）。

3）　ある研究調査の中で、ドルトムント工科大学の国土計画の学生が、市町村の交通分野における財政状況についてのアンケートを行った（2万5,000人以上の住民がいる409の市町村に対して発送し、30％強の回答を得た）。その結果と連邦交通建設住宅省の委託による「持続可能な国土計画と交通計画」研究プロジェクトの結果については、Holz-Rau/Jansen（2006）に示す。

4）　ハンブルクやブレーメン、そしてベルリンのような都市州では域外への拡大が少ないが、これはこれらの地域が比較的大きな都市域をもっているからである。このため域外からの通勤者が少なくなっており、発展の傾向は当てはまらない。

5）　ハノーファーとハレでは流入通勤者がやや減っているが、これは中心都市での雇用の減少による。流入率は増加しており、流出率も同様である。

第Ⅱ部

交通政策の中心的論点

| 第**6**章 | 歴史的視点からみた交通政策 |

ミヒャエル・ハッシャー

　交通政策は、用語上はある分野に特化した政策の一形態である。政策という概念そのものはここで議論しないが、本論文の冒頭で、交通という概念や交通政策のさまざまな側面について議論しておきたい。政策という概念は、広い意味では常に市民（ギリシャ語でpolites）の関心事であり、政策論がどのように市民の願いになるかということにはさまざまな形態がある。「交通」の一番簡単な定義はヒト・モノ・情報の場所的変換、あるいは空間の克服である。しかし、情報については、通常、郵便／通信政策における別の課題とされてきた。

　本章では、交通政策の歴史における重要な側面を、さまざまな観点から抽出する。まず、交通政策の対象領域と主体（第1節）、続いて交通政策の歴史的側面（第2節）について説明し、最後に交通政策の対象領域に含まれるいくつかのテーマを、改めて長期的な視点から取り上げる（第3節）。政策論を学ぶ学生や交通史の研究者以外で興味関心をもつ者に、交通政策の重要な側面を示すためには、このようなアプローチは最もよいであろう。物事の根源的な部分や歴史の中での類似性は、今日にも通ずる意義がある。また、それらの形成条件について知識を得ることで、交通業の今日の状況をより正しく理解できる。歴史上の似通った発展を知ることで、今日の交通政策の議論が実りあるものとなる。また、こうした歴史的比較は、他国との間の国際比較を補完し、しかも、地理的な枠組みや文化的な枠組みを「中立化」しなくてもよいという長所がある。

1　歴史の中の交通政策の対象領域と主体

　交通政策の領域は3つに分けられる。1つ目は交通路関係、2つ目は交通手

段関係、3つ目は交通路や交通手段の使い方、交通組織に該当するものである。ここから交通政策の重要領域に切り込むことができる。過去の事例にも目を向けながら、より正確には、歴史的な事例に目を向けながら、インフラ政策、秩序政策および技術政策という概念で交通規制の分野を描写することができる。

インフラ政策とは交通施設の建設あるいはメンテナンスのことである。ここでいう施設は移動を楽にするものだが、一部の区間では少なくとも移動を難しくする。これには道路、橋梁、トンネル、鉄軌道などその他多くのものがあるが、遮断物、例えば税関施設、通行料金所、一般道と歩行者専用区域との境界となる障害物なども当てはまる。

秩序政策は、最も広い意味で交通施設の利用者を想定している。この政策は租税政策や運賃政策、その他の類似した領域も含むものと理解される。ここではまず、交通規則を取り上げよう。これは交通路をどのように使うことが許されるか、という問題である。他方で、誰がその交通路を使うことが許されるのかという問題に対しては、やはり交通規則がある。最もよく知られている例は道路交通許可規制である。

最後に**技術政策**がある。ここには交通手段も交通路も該当する可能性がある。技術に関しては、市民のために意図的に変化を引き起こそうとする技術開発と、交通技術を一転させると同時に意図せざる効果が生じる技術開発の間に、緊張状態がある。例えば自動車開発が始まったころは、すべての交通を変更するという考えは交通主体間にはほとんどなく、自動車は限られた愛好者のための余暇用品に過ぎなかった。ところが、数十年後、高い交通事故死亡者数を減らすために、交通政策は意図的に自動車へのシートベルトの導入を奨励し、要求した。さらにこの自動車へのシートベルトの導入は、シートベルトを締めない場合に罰金が科されて初めて成功した。

交通政策の主体については、多くの人はまずさまざまなレベルの公的組織のことを考える。その中心は交通省であり、ドイツの州レベル（バイエルン州）では1904年、国もしくは連邦レベルでは1919年に設立された。これは市民の関心事の判断基準が、最も明確に満たされているという点でわかりやすい。もちろん交通省は唯一の主体ではなく、市民はさまざまな方法で自分の関心事を主張する。狭義の「政策」では、さまざまな形態の組織化された団体が挙げられ

第Ⅱ部　交通政策の中心的論点

よう。市民は議会の内外で政策決定過程に参加を試みる。ここではまず政党について考えるが、歴史的に交通政策を詳しく見ると、目に付くことは他の政策領域との違いであり、別々の組織が一体になっていくつもの交通政策のグループが政党の垣根を越えて存在していたことである。よく知られた例は、初期の旧西ドイツのモータリゼーション政策である。連邦議会の保守的陣営の中で、Seebohm 交通大臣（ドイツ党、のちキリスト教民主同盟）と最も強く対立していたのは、同じくキリスト教民主同盟に属していた Ernst Müller-Hermann 議員であった。旧西ドイツの交通史において、政党以上に重要な役割を果たした組織は、交通経済協会、輸送協会、ドイツ自動車工業会、ドイツ自動車連盟（ADAC）、その他環境・景観・自然保護、鉄道推進などの諸団体である。これらの組織には、交通の発展あるいは交通政策の決定に直面した住民が駆り立てられるようにして作ったものも多い。この30年間、バイパス道路の要求あるいは逆にそれに反対する運動組織が多数存在してきたのは周知のとおりである。また、自動車への抵抗を歴史的に見ると、自動車によって巻き上げられる埃による公害や無謀なドライバーに対して、抗議が起こったり、暴力的な抵抗が起こったこともよく知られている。

　この他、反対運動としてはっきりしたものではないが、忘れてはならないのは道路沿いの住民が反対運動に参加したことである。19世紀半ばまで道路沿いの住民は、道路の維持補修を行うことを長期にわたる伝統としていた。交通政策に関わる主体は、交通利用者、道路沿いの住民、納税者、それに政治的な動機による人々で構成される。

　そして最後に、政治的な動機ではなく経済的な動機に基づき生まれた機関があることを忘れてはならない。有料道路事業者などの交通サービスの提供者、タクシー事業者、バス会社、そして鉄道会社は、交通史上の議論において、政治的に大きな役割を果たした。交通手段・車両部品や関連産業（自動車工業、自動車下請け産業、石油工業、石炭産業組織など）も同様である。最後に、一般市民が意図せざる政治的行動により、交通像を基本的に変革できるということも覚えておきたい。

　交通政策の歴史において頻繁にみられたのは、国営化、民営化、道路沿線住民の苦情、そして「自らの足による選択」である［訳注：「足による選択」は例え

ば、交通量が多い地域に住んでいる人々は、反対運動をすることなく自らの足でその地域から交通量の少ない地域に引っ越すというようなもの]。今日の交通は、すべて過去の政治決定に基づいて実現しているという、政治的な議論における暗黙の仮定は、歴史的な観点から見ると根拠がない。例えば、最も議論された道路交通のモータリゼーションの過程については、これが乗用車の利用促進政策であると同時に「反貨物自動車政策」もあったということが過去の研究で明らかになったが、「反貨物自動車政策」はさまざまな理由で成果が得られなかった。これらは、経済社会以外の分野がもたらした交通への影響を見るうえで、恰好の事例である。小ロットの輸送量を方向付けた生産システムの変化や石炭から石油への構造変化は、交通に広範な影響があった。

　交通政策の古くからの議論は、例えば、交通はどの程度まで国の仕事とされるのか、交通はどのように新技術の発展に対応するのか（科学技術アプローチあるいは協調と競争という観点からの秩序政策アプローチ）、どのような期待あるいは懸念される結果を生むのか、というものである。

2　ドイツの交通政策の歴史的段階

ドイツの交通政策の歴史を振り返ると、主に6つの段階に識別される。

①現在の交通政策の基礎は、19世紀の初頭に始まる。ここでドイツ語の「交通（Verkehr）」という概念が、新しい交通手段とコミュニケーション手段（鉄道、電信機）の登場とともに、現在の意味で初めて姿を現した。同時に、鉄道会社、教育施設、行政組織などの重要な機関もでき、それらは（若干の変化はあっても）今日においても交通政策の重要な主体である。

②19世紀の後半には、交通政策の議論のパラダイムが形成される。そのきっかけは、鉄道の国営化の議論である。そこで、1980年代までドイツの交通政策に強い影響を与えることになる、鉄道の「公共性」のパラダイムが生まれた。

③1900年頃は交通関係機関の組織の連携が密になり、全般的に政策主体の

第Ⅱ部　交通政策の中心的論点

状況が変化し始めた時期である。この展開は、一方で1919年の交通省の成立へとつながるが、他方、この時期には国の行政機関と交通機関の間の隔たりが見られるようになった。ドイツ帝国が、政治・社会の枠組みを形作ったが、そこでは特に組織化された利害（農工業および支配的役割をもつ軍隊）と強い関係を持つ統制的福祉国家としての性格が重要である。

④ヴァイマル共和国と第三帝国（1919～1945年まで）の交通政策は、さまざまな面があるが、矛盾も多かった。しかしながら最終的には、1945年以降のあらゆる展開は、この時期のものと結び付いている。1920年に設立されたドイツ帝国鉄道は1924～1937年までドイツ国有鉄道会社として興味深い民営の仕組みをとっていた。この仕組みはドイツ帝国の第1次世界大戦の賠償金との関連で成立したが、交通政策で広範に規制を要求するという考えとは正反対のものだった。だからナチスは1937年にこの高収益の企業を再び国営化した際、体制側の立場の鉄道の法制研究者の賛同を得ていた。交通事業者間の競争は、ヴァイマル共和国時に（1919～1933年）初めて拡がり、激しい議論となった。ナチスの交通政策は、交通政策と交通業を近代化することを目標としたが、そうした近代化の裏側では、交通事業者主導の相矛盾する個別の意志決定が続いたことが、歴史研究によって明らかになっている。つまり、ナチスのレジームは、今日の見方が予想するような貨物自動車による「交通の近代化」は行わず、少なくとも1938年までは、貨物自動車という新しい交通手段の発展を許可制度や割当、さまざまな規定によって妨げてきた。アウトバーン（高速道路）は、一般大衆における人気を別として、実際の交通への効果は比較的小さかったのである。

⑤1949～1990年までの旧東西ドイツの交通政策は、ドイツ民主共和国（旧東ドイツ）とドイツ連邦共和国（旧西ドイツ）の間の乖離が拡大する傾向が一般論としてあったことは確かであるが、一方で注目すべきは、多くの共通点も維持されたことである（Baar/Petzina, 1999）。その共通点の1つとして、概ね失敗に終わった反貨物自動車政策がある。両国とも輸送禁止といった同じような対策を企て、旧東ドイツでは実施された。確か

第⑥章　歴史的視点からみた交通政策

に、1990年時点の旧東ドイツは、貨物輸送に関して「鉄道の国」であったが、さまざまな規制政策にもかかわらず、貨物自動車の伸びを阻止することができなかったのである。乗用車のモータリゼーションに関しては、モータリゼーション・フレンドリーの旧西ドイツの政策と、初めはあからさまで、その後は次第に弱まったモータリゼーションに敵対する旧東ドイツの政策の違いがよく知られている。旧西ドイツでは、個々人のモータリゼーションがイデオロギーとして過大にもてはやされた（「自由な市民のための自由な自動車移動」）。一方、社会主義の旧東ドイツでは、集団的な人員輸送がイデオロギーに適合しており、そのため、公共交通が推進された。自動車の需要はそれにもかかわらずあったが、政治的な意志の欠如、技術や生産面の問題のため、需要が満たされることはなかった。しかしながら、1980年代には旧東ドイツは、他の西側工業国とほぼ同じモータリゼーション率を達成した（次頁表6-1）。

　また、あまり知られていないことだが、旧西ドイツの交通政策を形成したもう1つの側面は、さまざまな階層の行政（国、州、市町村）が、中央集権的な旧東ドイツやその他の諸国よりも大きな役割を果たしたことである。

⑥1980年代以降、交通政策は根本的な変革期を迎えた。そうした変革は旧東ドイツの崩壊で一層強まった。自由化、規制緩和、民営化が主なキーワードである。19世紀以来ドイツの交通政策は、多かれ少なかれ国有を志向しており、それは主として交通が「公共サービス（Gemeinwirtschaftlichkeit）」であるという理念に基づいていた。しかし、1960年代中頃からは、欧州連合では例外分野なく、経済の自由化を推し進めたため、そうした考え方は徐々になくなっていった。1980年代、イギリスと他国で自由化がなされた後、旧西ドイツでも道路貨物交通の規制緩和がまず始まった。また、1989年からはドイツ連邦鉄道を民営の株式会社に改組する動きがあり、主としてドイツ再統一後に実行された。

第Ⅱ部　交通政策の中心的論点

表6-1　モータリゼーション率（下記数字は1台当たりの人口）

年	米国	イギリス	フランス	ドイツ	旧東ドイツ	旧西ドイツ
1907	608	840	981	3,824		
1915	77	400	450	2,100		
1925	12	80	90	400		
1935	5	38	30	90		
1945	4	32	41	231		
1950	4	21	31		242	97
1955	3	13	13		153	31
1965	3	8	5		26	12
1975	2	4	4		9	4
1985	2	3	3		4	2

出典：Schmucki（2001：60）

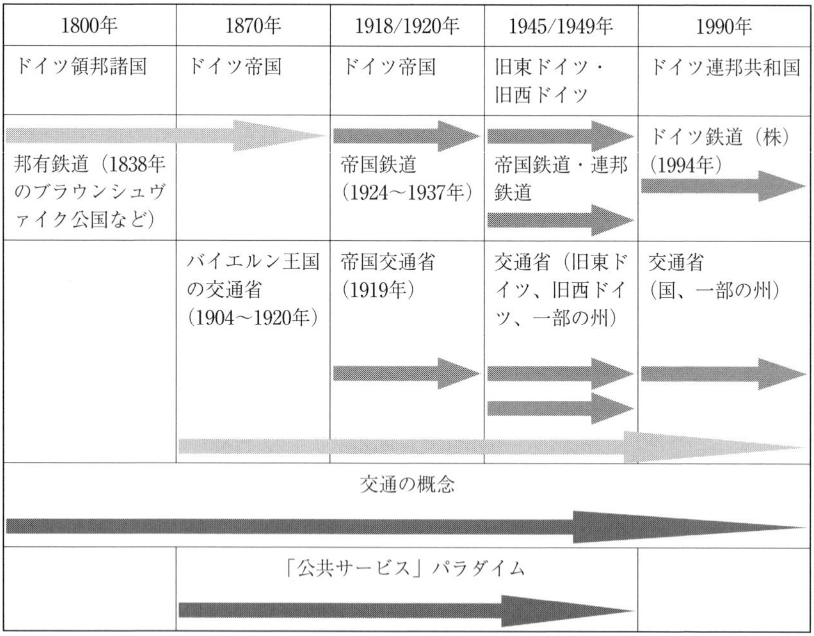

図6-1　ドイツの交通政策の発展の段階

出典：筆者作成

3　長期的展望──交通政策史のテーマ

　いくつかの交通政策がテーマとして、以前より取り上げられているが、本節ではそれらに特に注目してみたい。

（1）技術変化

　新しい交通手段の登場がもたらす、交通業の変化はめざましいものがある。これは「丸木舟、蒸気機関車、ジェット飛行機[1]」のような手ごろな言い回しで、しばしば一般向けの交通史の概説本のテーマになった。科学的な分析の対象とは、イノベーションとイノベーションの成立、いかに促進要因や類似要因などが作用するかが取り上げられる。こうした興味を駆り立てる分野において、その回答に一般的な関心があるのは当然のことだが、歴史的なイノベーションに関する研究では、必ずしも満足のいく答えを出せていない。特に、歴史学一般に見られるように、史的な研究は現実の行動に対する助言にはならない。多くの事例を手掛かりに、いわゆる「以前に失敗したことがある」というリスクを強く感じることで、少なくとも洞察力は磨かれるが、適切に比較できそうな事例を詳しく見ていく現在の研究は、疑問に答えるよりも新たな疑問を投げかける頻度が高い。数十年前から予告され、そして断念されたリニアモーターカーの導入のような未完成のイノベーションは、歴史的な論証には使えない。むろん、イノベーションの「成功」と「失敗」をより明白に分けることができる事例もある。炭塵機関車、タービン機関車、ロータリーエンジンは「失敗」の事例であり、鉄道、自動車、飛行機、パイプライン、コンテナは「成功」の事例である[2]。本書のテーマに関して言えば、そもそも公共政策にどのような役割があるのか、いつからその役割があったのか、各主体が交通政策としての認識をしていたかどうかなど、さらなる疑問が生じる。

　鉄道の導入（鋼鉄のレール上を移動する車両や広い陸地を巻き込む交通システム）は、最も明確な交通のイノベーションの成功の歴史の1つである。成功の大きな理由は、William Hedley ら、イギリスの開発者がすでに知られている技術を組み合わせたということ、それに、鉄道への需要があったという2点である。

123

第Ⅱ部　交通政策の中心的論点

1800年頃の鉱山では、それ以前より鉄や鋼鉄で作られたレールが普及していた。蒸気機関もすでに同様に普及しており、鉱山や繊維産業にまつわる排水処理網の整備で、蒸気機関の数は増加し、それに伴い石炭の需要も増加した。鉱山企業の技術者が蒸気機関とレールで移動する車両の組み合わせに成功したのは、鉱業事業所の関心が明らかに存在していたからである。そうした関心は、他の産業にも広がり、工場輸送から一般輸送に初めて踏み出したのが、ヒトとモノを輸送する鉄道（1829年に開通されたリバプール・アンド・マンチェスター鉄道）である。この時期まで、この新しい交通技術に関して公的な組織が関わる政策はほとんど見られなかったが、それからほどなく、都市や地域に鉄道を敷くために、そこに住む市民が鉄道委員会を設立し、その後すぐ、邦有鉄道ができた（1829年に開通したブラウンシュヴァイク〈Braunschweig〉公国邦有鉄道と1838年のバーデン〈Baden〉大公国邦有鉄道）。しかしながら、鉄道の基本的な技術革新には、なんら影響はなかった。

　「自動車」、つまり車輪が2つ以上でモーターが装着された個人用の道路上の乗り物についても、基本となる技術革新は同じ推移にあった。ここでも開発者たち、とりわけ Carl Benz は、すでに確立していたガスの内燃機関と自転車製造から借用したシャーシーという2つの要素を組み合わせたのである。むろん、鉄道の技術革新同様、細部の問題を解決するという課題はあった。Benzの場合は、特に重油からガスに変更する気化器が課題であった。鉄道との根本的な違いは、市場が無かったということである。1814年にパッフィング・ビリーという最初の実用的な蒸気機関車が登場したとき、つまり石炭の需要が非常に高まり、蒸気機関車のおかげであらゆる合理化の可能性に生まれた時、一方で Carl Benz の"ガソリンの馬車"あるいは、他の自動車開発者の乗り物には誰も興味を示さなかった。もっとも、ほどなくしてモータースポーツの発展や急速に展開した自動車の社会文化的な意味合いが、事態を変化させた。第1次世界大戦前では、国のサポートも始まっていたが、自動車の基本的な技術革新の出現には関係なかった。

　これに対して、交通システムとして標準化された飛行機の登場は、国家の強い関与は抜きには考えられない。航空は支援に値する分野であるということは、国の研究機関や新たな交通分野の管理機関において、広くコンセンサスが得ら

124

第6章　歴史的視点からみた交通政策

れていた。20世紀末においてもなお、世界中のほとんどの航空会社は以下のような根拠で設立されていた。すなわち、航空会社は一国の市場を世界の交通に結び付けるものであり、国民国家には自身の航空会社（フラッグ・キャリア）がそのまま帰属するというものである。ドイツでは、以前は、帝国、州、そして一部の都市がドイツ航空研究所のような研究機関に出資し、国営会社としてルフトハンザドイツ航空を支えた。また、第三帝国時代は、航空省として独自の航空管理機関を設立し、飛行機を推進した。ちなみに、道路貨物輸送の監督官庁は飛行機とは異なり、規制官庁であった。

　20世紀は、多くの国で鉄道が国有化された後、鉄道業は基本的に国の行動あるいは超国家的な組織によって強い影響を受けた。もっとも、それは常に効率的であったわけでない。国際的な鉄道輸送は、国別の技術（例えば自動連結器、電化、あるいは信号システム等列車防護装置）があり、支援されるというより弊害の方が大きかった。高速鉄道システム（列車とエアロトレインやトランスラピッドのような浮上式鉄道）の開発では、交通関連の技術政策において、産業界や経済的な利害が交通政策に優ったのである。フランスの新幹線 TGV が1981年に開通した（ドイツの新幹線 ICE より10年早く）ことは、主として輸出の機会という観点から広く議論を引き起こした。国際的な道路交通の状況は絶え間なく改善されたが、高速鉄道で国境を越えるような高性能車両が開発されるまでにさらに数年の時間がかかったことは、一般にはあまり顧みられることはなかった。

　国の関与がなくとも、あるいは国の事業が終了しても、パイプラインとコンテナの技術革新はヨーロッパの貨物輸送を持続的に変化させてきた。アメリカなど、石油採掘地域では、石油とガスのパイプラインが19世紀から使われていた。第2次世界大戦後、ヨーロッパでは石油の需要が増加したため、パイプラインはヨーロッパにとっても魅力的なものとなった。イタリアとフランスは国営会社がパイプラインのネットワークの建設を推進したが、旧西ドイツでは、自由主義的な経済省が石油会社と化学会社に主導権を渡した。1950年代後半以降、これらの会社がパイプラインを建設し、原油輸送のかなりのマーケットシェアを取ることになった。現在のコンテナ輸送に使用されるコンテナの大きさは、アメリカのサイズに定められている（コンテナ船の大きさは20フィートコンテナ換算〈Twenty feet Equivalent Unit＝TEU〉で測られる）。そのコンテナがアメリ

125

第Ⅱ部　交通政策の中心的論点

カの会社からヨーロッパの市場に導入され、1930年代から、特にヨーロッパの鉄道会社の貨物輸送は国の支援により開発したコンテナのシステムに変わった。

（2）競争と協調——システムの戦い

交通政策は、多くの場合、国という主体が行うものであるが、結局のところ、テクノクラートが求める交通機関の間の協調という理想と、競争という現実によって形作られるものである。このような競争は邦有鉄道の間でも、省の間でも、省の中にもあった。数多くの競争現象に対する歴史的ないし社会学的交通研究は、実態解明に向けた多くの手がかりとなっている。こうした手がかりがなければ、これらの競争については、古典的マルクス主義の利害モデル、P. Hughes の意味での大技術システムとしての鉄道という理解、いくつかのネットワーク理論、あるいは連邦交通省内の部局間競争という人類学的な着想の説明に委ねられていたであろう。[3]

学界と行政の中に脈々と引き継がれ、専門家と非専門家の間で議論される際に公に表明される特定の立場は、交通機関の間の競争のきわめて重要な特徴を成すものである。例えば鉄道研究者と交通省の鉄道局は鉄道会社の側に立ち、水利工事のエンジニアと交通省の水路局は内陸水運の側に立つ。

交通機関の間の競争の展開は、大まかに見ると以下のフェーズに分けることができる。

・19世紀にはまず、鉄道によって、水路による旅客輸送、長距離の道路交通、そして水路による貨物輸送の大部分が置き換えられた。全体として交通量が増え、駅周辺のローカルな道路交通業にも利益がもたらされ、これらの事業も成長した。独占によって鉄道会社は高い利益をあげ、19世紀末頃になると、支線（それ自体は利益は出ない）の建設とその他の経済・社会的な福利厚生の供給に利益を振り向けた。

・19世紀末になると、内陸水運が反撃したように見えた。新たな大型船用に数多くの水路が計画され、大型船というモデルが確立された。1899年（ドルトムント・エムス運河の開通）と1914年（ライン・ヘルネ運河の開通）の間に、船の許容積載量が600t から 1,200t に増えた。水路建設は、

第6章 歴史的視点からみた交通政策

1920年代、政治的な議論の的になり、結局、ライン・マイン・ドナウ運河の開通（1992年）まで長引いた。

・1900年から第1次世界大戦までの間は、自動車交通に関心をもつ人々が道路システムを刷新する計画を企てた。技術的なバリエーション（コンクリート舗装、アスファルト舗装、舗石）以外は2つのグループがあった。一方は、サーキットあるいは余暇交通専用自動車道路（例えばベルリンで都市と周辺の森を結ぶAVUSのような道路）の要望をかなえようという程度であったのに対し、他方は、すべての道路ネットワークを改善しようとした。

・第1次世界大戦中は、道路や水路はほとんど鉄道の競争相手にはならなかったが、1920年代、鉄道が賠償金のかなり部分の支払いを請け負うことになり、道路と水路との競合が次第に問題になっていった。世界恐慌の影響により、1931年には道路貨物輸送とバス交通が規制され、先に言及したとおり、第三帝国の時代は部分的にはさらに規制されたが、この間も水路の建設は推進された。

・鉄道の公的な経済的負担が増え続けることで、安価な大量輸送の貨物は、技術的にも適している内陸水運に押され、高付加価値の貨物や長距離旅客輸送は道路交通に転移した。戦後の航空輸送の増加とパイプラインの開発はこの問題に拍車をかけた。規制手段によってしてもこの問題を解決することができなかった。道路貨物輸送の許可制、数量割当、鉄道運賃規制があり、さらには道路の状態も部分的には依然としてよくなかったにもかかわらず、道路貨物輸送は増加した。道路網の整備や低価格のガソリン、その他の要因（土地の安い郊外「緑地」の工業団地）はこの動きを促進した。

・欧州連合の交通政策に強く結び付いたパラダイムの基盤と枠組みの条件が変化すると、1980年代から、ドイツの交通政策は徐々に規制による交通「秩序」化を諦め、自由化の圧力に追随した。それにもかかわらず、今日まで、ほとんどの交通政策の問題はどのような交通システムが有用かを議論している。そうした議論の中で1980年代以降、鉄道と内陸水運が環境政策的な見地から政治的な支援を受けた。

第Ⅱ部　交通政策の中心的論点

（3）エネルギー経済の枠組み

　交通政策は常にエネルギー政策、あるいはエネルギー経済の発展と相互に緊密な関係にある。歴史上、２つの転換プロセスが根本的に重要である。それは石炭が一番重要なエネルギー源になったこと、そして石炭が石油に取って代わられたことである。そして、現在特に関心がもたれている変革が、石油時代の終焉である。

　産業革命は、最初は多くの地域で水力を基本としたが、鉄道が引き起こした交通革命は、石炭なしでは考えられない。「無炭鉱」地帯の南ドイツ地域では、国民経済的な観点から他の代替物を推進し、輸入石炭の量を多様な方法で制限したが、1850〜1950年代までのエネルギーの基準点となったのは常に石炭であった。泥炭や木材は非常時の代用品として役立っただけであり、電力のもつ意義は「白い石炭」と称されて強調されてきた。1950年、旧西ドイツにおける１次エネルギーの消費量の90％が石炭と褐炭の燃焼である。石炭は発電所や蒸気機関車、蒸気船や住居暖房で使用された。石炭はドイツ化学工業の基本原料であり、同時に輸送貨物全体の中の最も重要な品目であった。1950年、ドイツの国内交通に占める石炭輸送の割合は34.5％であり、ピークの1957年には実数で１億4,810万ｔであった。それが、国内輸送の割合で1990年までに9.6％まで減少した。石炭は1965年以降、もはや最重要輸送品目ではなかったが、それでも２番目の輸送品目であり続けた。石炭輸送の割合は鉄道が約70〜80％であり、内陸水運が20〜30％であった。[4]

　1957年の石炭危機と1973年の石油危機は、エネルギーの構造変化の始まりと終わりを示している。その時期、石油がいつでも入手できるようになり、今まで一番重要なエネルギー源だった市場での石炭の割合が減少していった。歴史的な観点からは、このプロセスが交通制度へも影響し、石炭と鉄道を特徴とする経済から石油と自動車を特徴とする経済への移行として説明することができる。[5]

　石油は燃料と潤滑油として使われることから、以前より常に政治的なテーマであった。ドイツにはわずかな埋蔵量しかないため、消費される石油の大部分は輸入されなければならない。こうした石油依存を減らすために、石油の代替エネルギーの利用や、石油を薄めた利用など、いろいろな試みがなされた。

128

第❻章　歴史的視点からみた交通政策

1930年から、国は石油にエチルアルコールを混合するよう指示したこともあった。石炭を原料とする合成ガソリン、そして木炭ガス自動車のための「木炭ガススタンド」を、補助金によって援助したこともあった。1973年の石油危機の際は、その年の秋の日曜日のうち、4日は自動車の運転が禁止された。その他スピード制限も、ガソリン消費を減らすための方法であった。

（4）社会・文化の枠組み

　交通政策とは、経済的な利害関係や確固たる経済的事実に関連するだけではない。むしろ、それ以外のところに、より重要な点がある。これらは他の多くの場合、政策から影響を受けるが、交通への影響はほとんど意図されることはない。2つ重要な事例を挙げれば、ひとつは技術開発の原動力として、レジャー用の自転車と自動車、今もうひとつは地方分権思想と車社会の相互作用である。

　先に述べたとおり、蒸気機関車と比較すると、自動車の開発時には、そのような器具の市場はなかった。しかし、富裕層の上流階級の中に技術と新しい移動手段をひいきにする人々がいた。彼らは、1890年までに、ドライジーネ［訳注：足で地面を蹴って走る二輪車］、ペニー・ファージング［訳注：後輪が小さい自転車］、自転車やローラースケートをかなり使っており、その結果、特別なローラースケートリンクや競輪場などが建設されていた。そして1890年代になると、自動車がこの人々の"遊具"になり、さほど時を経ずして、飛行機も同様の道をたどった。自転車は、この時期になると、交通手段という日常品として第一歩を踏み出していた。その後、自動車も同じ道筋をたどったが、ローラースケートや小型飛行機などは、主に余暇で使用されるか、あるいは特殊な領域（軍事、航空写真など）で使用された。[6]

　馬車鉄道や路面電車、都市高速鉄道などの新しい技術は、19世紀と20世紀において、それまでの想像を超える成長を可能にした。交通手段の発展により、例えば長距離通勤が可能となったが、これは以前と変わらぬ納得できる時間で勤務地に行くことができるからである。それでもやはり、当初は比較的コンパクトな郊外住宅が標準であった。というのも、これら住宅地もまた大量交通手段によって開発されなければならなかったからである。しかし、都市が成長し、さまざまな問題、特に社会的な問題が発生したため、20世紀への転換期になる

129

第Ⅱ部　交通政策の中心的論点

と、過密が進む現実に対して、集中の緩和が求められた。これらは、革命思想に対する恐怖、農業へのロマンや反都市的な思想と結び付き、しばしば庭付き戸建住宅への憧れとなった。そして、こうした考え方が機械化された個人交通、特に自動車によって理想的に実現されたのである。アメリカでは戦間期に、ドイツでは第2次世界大戦後に、戸建住宅が中心の大規模な郊外開発が始まった。政治的にもさまざまな税制上の優遇策が講じられ、マイホームの建設と通勤が促進されたため、自動車なしの生活が困難な住宅地が開発された。住宅政策の意図ではなかったが、車社会の構造が固定化されたのである。[7]

　市民活動と専門家との間の公的な場での論争は、交通政策の文化的な枠組みの一部である。68年世代は、新たな社会運動を通じて、初めて交通政策にかかる重要な要素を提示したというイメージをもっている。しかし、これらの運動に新たな特質があるとはいえ、組織化された市民と行政の間の交通政策の問題に関する議論は、もっと長い歴史があるというのが歴史研究家の見方である。地元有力者の議論であったとしても、19世紀の鉄道委員会、20世紀初頭の郷土保護団体、1930年代の高速道路推進団体、あるいは1950〜1960年代の自然保護運動があり、交通政策上の議論として本格化したのである。[8]

4　結　語

　ここまで、近年の交通歴史研究の中でとりわけ注目された点を述べてきた。むろん、交通政策のあらゆる側面が歴史的な次元をもち、一部のテーマについては研究成果がある。歴史学が政策科学の今日的な課題について日頃より情報を入手することは一般に重要であるが、それと同様に、政策科学の歴史に目を向けることにも価値がある。

　ここで紹介した側面と、交通政策の今日の展開と議論について、交通史の観点から次のような結論が導き出されるであろう。

　交通政策の重要な基本的枠組みとして、迫りくる石油資源の枯渇（ピークオイル）は歴史的に類のないことであることを、まず最初に認識しておかなければならない。19世紀と20世紀の交通変革は化石燃料がなければ不可能であった。しかし、交通分野において、燃料不足への対応はなされなかった。

第**6**章　歴史的視点からみた交通政策

　数十年前から知られていたことではあるが、石油生産物の使用に慣れた社会、希少であるにもかかわらず費用を気にする必要のないモビリティに慣れた社会は、自動車用燃料の枯渇という歴史的に新たな状況に対峙している。同時に、このような社会において、公的な主体が良好なインフラと公共交通の十分な供給を準備することが、従前以上に期待されているのである。

　こうした期待に対し、政治はごく一部分しか満たすことができていない。それは、政府の予算が中期的に見て、ほとんど余裕がないことからわかる。この点に関しては、歴史的な比較が可能である。

　一般に、歴史的な経験からは、ある種の対策を打ち出すというより、現状を維持するような示唆になる点を留意しなければならない。歴史学は正しい行動を導くことはできない。しかしながら、交通業の今後に関する極端な楽観主義に対して警告することができる。新たな交通路や交通手段を建設したり、促進や導入したりすることは簡単にできるが、一方で、利用者は、元からの自分のやり方で移動を行うので、政策担当者や技術者のアイデアに対して、大きな抵抗を示してきた。交通利用者は、商品を鉄道や環境に優しい船ではなくトラックで輸送したり、シートベルトを締めずに運転したり、燃費の良い自動車よりもオフロード車を購入したりした。交通のような長期的な課題は見通しが重要であるが、科学的方法は改善されたにもかかわらず、予測には未だ弱点がある。

　もう1つの歴史的な経験は、大きなプロジェクトの「推進力」である。ライン・マイン・ドナウ運河のようなプロジェクトは、一定の状況下、惰性で最終的には完成することとなった。ライン・マイン・ドナウ運河建設の本来の目的はバイエルン州の石炭の供給であったが、1980年代、それが無くなった後でも、この運河の完成を待つしかなかった。

　交通の秩序政策においては、交通安全領域でシートベルトを締めるキャンペーンを行って成功したが、類似の要求の規制ははねつけられ、失敗した。

　交通技術面の政策は現在ほとんど存在しない。国内産業政策によって、列車保安装置や電子料金収受システムにおける国内専用のシステムを開発することがあったが、交通政策的な観点からは、そうした「ガラパゴス的解決（Insellösungen）」は妨害である。

　最後に、交通政策において最も政府が関与し、またそうした関与が期待され

第Ⅱ部 交通政策の中心的論点

るのは、インフラ政策である。財政面から見ると、将来的には民間のインフラ
ファイナンスをさらに検討すべきであろう。他の国では、数十年前から有料道
路が存在していたが、ドイツでは現在でも懐疑的である。しかし、現在の状況
は1920年代とはまったく異なっている。当時は民間のアウトバーン・プロジェ
クト（ケルン‐ボン間、ハンブルク‐フランクフルト‐バーゼル間など）では通行料
金を取ることが禁じられていたのである。

注

1 ） 著名な著作である『丸木舟、蒸気機関車、ジェット飛行機──過去、現在、未
　　来のドイツにおける交通システムの概説』（Rehbein et al., 1969）は、交通史の
　　教授であった Elfriede Rehbein の指導の下でドレスデン交通大学が生み出した、
　　最初のポピュラーな著作であった。ここの学科は、今日にいたるまで、唯一かつ
　　非常に生産的な交通史の学科であったが、1990年以降段階的に廃止された。

2 ） イノベーションの歴史についてのよい入門書としては、Bauer（2006）がある。

3 ） 人類学的なてがかりは、Dienel（2005）を参照。

4 ） この長期の時系列データは、Bundesministerium für Verkehr（1991）を参照。

5 ） この観点についてはマルクス主義者の Wolf（1986）が適格で、読むに値する本
　　である。

6 ） この点については、例えば Gundler/Hladky（2009）が示唆に富む。

7 ） この分野でよい入門書は Harlander（2001）である。

8 ） 人々の行動については Uekötter（2007）を参照。

第7章 政策学からみた交通政策の意思決定

ニルス・C・バンデロウ
シュテファン・クンドルフ

政策的意思決定プロセスは、単にメディアにおいてだけでなく政策学においてもしばしば、合理的な問題処理として説明されている（Jann/Wegrich, 2009）。しかし、近代民主主義における政策形成については、多くの観点からそうしたイメージが否定されている。そもそも問題を識別すること自体が、どんな目的を追求するのかに依存している。こうした種々の目的は、異なっているだけでなくしばしば対立的である。それゆえ交通政策は、それぞれの政治的力関係によって狭く分断されている。とりわけドイツ連邦共和国では、連邦議会における政党政治が政治的力関係において重要である。そこでは、具体的な交通政策についての意思決定とそれによる影響は、異なった要素に依存している。そうした要素は、それらは、これまでその一部だけが認識されてきたのである。だが政策学的なモデルは、交通政策の存在しうる問題についての認識と、交通政策オプションの実行についての可能なシナリオを識別するために、これらの要素が同じように捉えられることを許容している。

以下では、今日まであまり政策テーマとして扱われていない交通政策のメカニズムに関する疑問に答えるために、まず政策分野としての交通の特徴を示す。次いで、その特徴に対応し、かつまた将来の意思決定を展望するという、科学的に困難な課題に適している政策学の視点が考察される。第4節では、想定される回答が示され、第5節では、現在のドイツにおける既存の力関係について、できるだけ詳しく取り扱う。最後に、個々のアクターの役割と、オルタナティブな理想的シナリオに立ち入って論じる。

第Ⅱ部　交通政策の中心的論点

1　交通政策の諸特性

　交通政策については、ごく限られた政策テーマだけがマスメディアの関心を引いてきた。政策学においてさえ、ごくわずかな者だけが体系的な関心を寄せてきた（von Beyme, 2007）。交通という政策テーマに関する学問的な分析はこれまで、とりわけ国民経済学的な観点によってのみ形成されてきた。そこからの変化はまず、モビリティ［訳注：本書第1章参照］と交通について、そして環境面への影響に関して生じた疑問と、それと同様ではあるがいくぶん弱いかたちで、交通セクターを民営化するプロセスの社会的影響に対して生じた疑問について起こった。

　交通政策についてわずかな関心しか寄せられないのは、ドイツにおける政党間の論戦の中心的な部分に、交通を扱う政策テーマがわずかしかないからである。同盟90／緑［訳注：旧東ドイツの民主化グループと東西の「緑の党」が合併した政党］を除いて、ドイツの政党の中心的なイデオロギー的基盤は、交通政策の意思決定とは間接的にしか関連していない社会的な対立点に置かれている。このイデオロギー的基盤としては、例えば、すべての政党にとって、労使間の対立が決定的な役割を演じていることがあげられる。社会民主党（SPD）の本来的な基盤、そして現在の左翼党［訳注：SPD を離党した左派と下記の PDS が結成した政党］の視点は、主にこうした対立から影響をうけている。それゆえたしかに、例えば低所得・低資産階層へのモビリティの保障といったことから、交通政策の目標は影響を受ける可能性がある。とはいえ、例えば社会政策や経済政策といった他の政策分野は、上記のような［訳注：政党間の、または社会的な］対立点へむけた視点に対して、［訳注：交通政策よりも］さらに直接的な役割を演じている。また、地域政党［訳注：例えばバイエルン州の保守政党であるキリスト教社会同盟 CSU や、旧東ドイツの政権党を統一後引き継いだかつての民主社会党 PDS］の中央政界での重要性を巡る、中央と地方の間の対立も同様に直接的な役割である。連合政党［訳注：全国政党のキリスト教民主同盟 CDU と CSU との連合］の支持基盤においても同様に見いだされる国家と教会の間の一連の対立点からは、交通政策の目標を直接的に導き出すことは一度たりともできていない。

134

交通セクターにおける対立は、政党政治における対立よりも、各政党内部の
交通政策の専門的な担当者と全体的な政策担当者との間の論争に現れている。
政党間競争においては交通政策の重要性が小さいことから、一般的に認識され
た問題を、前もって適切に構成しておくといったことは行われない。技術志向
的な交通政策は、例えば労働市場政策や家族政策といったものよりも強いイデ
オロギー的な選択ではない。反対に労働市場や家族といったセクターにおいて
は、政治的問題と意思決定の道筋は学問的所見もしくは経験的分析によって構
成されている。たしかに学問的専門知識は、問題を明確に定義し、解決策を適
切に策定できるようにするために、政治的アクターの間で合理的かつ客観的な
選択を形成することに役立つと考えられている。だが、専門知識の単なる多様
性ではそうした効果が実現できない。したがって、とりわけさまざまな交通機
関のアクターに対して関心を向ける異なった視点が定着している。交通政策の
本質的な問題は、異なった専門家のネットワークが全体としては一貫したネッ
トワークになっておらず、問題解決と言うよりも対立を深める役割を果たして
いることである（Bandelow, 2007）。

交通政策的な課題は、経済的、財政的、環境的、および社会的な政策テーマ
と特別な関係で結び付いている。交通政策に用いられるリソースと非常に広範
に結び付いているインフラの計画は、重要な交通政策的な課題をさらにいっそ
う増加させている。連邦交通路計画［訳注：訳者解説参照］の作成は、財政的な
能力、経済的利用、環境的目標あるいはまた各種のプロジェクトと折り合いが
よいかどうかについて、慎重に考慮される。新しい道路や鉄道の建設、そして
空港の改良措置の影響といった社会的な観点は、住民の生活の質とモビリティ
の構造に対して大きな影響力をもつと共に、インフラ形成に対して大きな影響
力をもつ要素でもある。このように、十分な検討が求められる事項が複合して
いるということが、交通政策的な意思決定のために異なった専門的部門による
密接な協働が必要となる。特に、交通部門の周辺には環境、財政、経済、社
会・労働そして家族といった部門がある。

ドイツの交通政策では、裁判が一定の役割を果たしている。とりわけ一方に
運営者とユーザーの利益があり、他方に住民の利益がある交通インフラの大型
プロジェクトでは、ネガティブな外部効果がしばしば住民に打撃を与えるので、

第Ⅱ部 交通政策の中心的論点

法的に慎重な検討が必要とされる。フランクフルト空港での1980年代の「西滑走路」や、現在の「北滑走路」を巡って観察されるような対立といった、空港の建設や改築がその例である。その成果は、意思決定を押し通すことが難しい局面における権力分立（水平的権力分立）の形式である。

交通政策上の意思決定に関与するアクターのネットワークは、とりわけ交通政策が地方と中央との間の垂直的な権力分立と特別な関係をもっていることから、さらに拡大している。ドイツ連邦共和国では、連邦と同様に州および自治体もまた、この分野での意思決定について関与している。ＥＵの、直接的な場合はもちろん、間接的な権限がここではとりわけ重要である。環境法や域内市場法、あるいは競争的意思決定について、ＥＵはドイツの意思決定を封じているだけでなく、これらの一部について基本的に主導権を握っている（Lehmkuhl, 2006）。

政策的プログラムの多様な活動領域に対応して、アクターの配置もまた、それぞれがどの政策分野に関与しているかによって変化する。それゆえＥＵは、運輸事業者の特定のサービスに対して、国家をこえた意思決定または規制を行うことによって、ヨーロッパ市場を調整するという特別な意味をもつその役割を果たしている。連邦諸州もまた、とりわけインフラの措置に関する意思決定は強く拘束されている。公共交通のサービス供給にあたっては、自治体と州は各種のプロセスを通じた財政的関係によって、連邦と密接に結合されている。

2 分析上の観点

政策学においては、政治的アクター（例えば政党政治家）の行動は、しばしば権力による利益の増大と権力保持を制限しうると見なされている（Weber, 1980）。政治的なだけでなく学問的にも、権力を最大化するというコンセプトは特に問題の多い目標である。というのは、権力が最終的にはゼロサムゲーム、つまり少数のアクターが、例えば投票や政権参加という形で権力を獲得するのは、他のアクターの権力が失われる場合だけだからである。以上のような見方からすれば、それが選ばれたアクターの権力の利益と直接に結合された場合を除き、個々の政策分野について、内容面での「挑戦」が導き出されることはあ

りえない。それでもなお、政策の主要な手段としての権力は、やはり交通政策についても重要な役割を演じる。

公共政策的な議論においては、アクターは内容に関する目標をあらかじめ定める。交通政策における目標はしばしば、「持続性」あるいは「交通政策の統合化概念への転換」といったあいまいだが合意可能なコンセプトにある（Schöller, 2007）。この点で、一般的な状況と非常に具体的な挑戦のいずれに対しても、多くの具体的な政策的解決策が存在しているのは建設的である。

政策学の理論的なアプローチの多くが分析のうえで明快なのは、それが基礎となる仮説を前提としているからである。そうしたアプローチは、それぞれのアクターが、互いに独立した個々の基準によって決まると想定される、何らかの合目的的な行動をすることを想定している。言い換えると、そうしたアプローチは政治的構造に対立する影響に焦点をあわせている。その他のアプローチは、政策についての科学的な情報の重要性に焦点をあてている。

それゆえこのような観点は仮説を明快にしてはいるが、交通政策の特に複雑な状況にはほとんど適していない。それに対して、特に［訳注：アメリカのように］長期的な分析に基づく交通政策が展開されているような視点は、非常に適切であると見られる。そのことは、多元的政策流路モデル（MSA, Kingdon, 2003）［訳注：「政策の窓モデル」とも言う］と関係している。MSA は、それまでの多くの仮説との関係を断って登場した。それは、政策的問題と意思決定への到達過程との直接的な関連を前提としない。むしろ政策は組織理論的な視点から観察される（Rüb, 2009）。それは具体的には、細かく切り離された個々のアクターの行動ではなく、組織全体の「政治」において同時に成立するプロセスを観察することを意味する。場合によっては、個々の人物は同時に多くのプロセスに関与しており、そしてまた特定の条件のもとではそれらのプロセスをまとめることもできる。ただし、以上にかかわらず、政策を進展させるにあたっては、個々のアクターが予測できる限界を超えた状況が重要な役割を果たすのである。

それゆえ、このアプローチの理解において基本的なことは、ある考え方は流れの中にあるということである（次頁図7-1）。法律や制度があるとはいえ、個人の行動における権限や責任の自覚は発生する。しばしば、アクターの変動

第Ⅱ部　交通政策の中心的論点

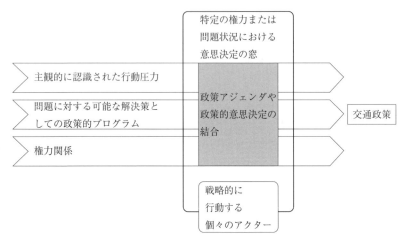

図7-1　交通政策理解の基礎としての多元的流路モデル
出典：Kingdon（1995）およびRüb（2007）に基づき筆者作成

に沿って、意思決定において基礎とされる前提もしばしば変化する。このことをふまえると、ゲーム理論的な見方に反して、アクターの選好が不明確であることが前提となる。選好を形成するための情報がないこともたびたびあるので、意思決定プロセスは多義性と不確実性を特徴とすることになる。その上多くの政策テーマが重なっているため、政策的な意思決定を行う者は、時間によるプレッシャーが続く状況のもとでは、安定的な選好を作り出すことができない。

大きな組織の中では、それぞれの政策テーマについて異なった視点と異なった評価があることが見いだされる。このため個々の状況について多義性が生じ、システムとしての組織が統一的な戦略を展開させることができない。「一時的解決（temporal sorting）」（Zahariadis 2003）は、特定の時間に複合的な事態と要求がある環境のもとにおいて、ある政策テーマを特に強調するためにふさわしい戦略である。目的合理的な意思決定が後退し、政策テーマの最終的な決定（アジェンダセッティング）とプライオリティの確保という課題が優勢となる。

政策的意思決定の複雑な相互作用によって、政策的活動には二重かそれ以上の多義性がある。重要なのは、どの現象も異なった解釈が可能で、課題もそれに相応して異なって定義されることである。例えば交通の増大現象は、経済的な交通の増大、つまり景気の上昇として解釈することができる。こうした観察

からすれば、モビリティ需要をどうやって満たすのか、が政策的課題になるだろう。しかしこの現象はまた、環境政策的課題としても認識されうる。政策的な活動は、この課題を解決するために交通のネガティブな影響を最小化するといったことになるだろう。これらの図式的な描写はさらに細分化できるが、課題がそれ自体多義的であり得るうえに、それに続く解決策が多義性をさらに強めることはすでに明らかになっている。

図7-1のアプローチは、アメリカの政治多元主義的大統領制において定着しているが、ドイツの交通政策にもまた定着させることができるものである。他の多くの政策分野では、ドイツにおいては課題が多義的であるために、政党という形の中では、すでに問題点や解決策が具体的になっている、関係の強い解釈の枠組みが、自由に駆使されている。他方、政党間の競争においては交通政策が果たしている役割がわずかであるために、交通政策は〔訳注：他の政策分野に比べて政策の自由度が〕強く制約されていると見なされているだけである。交通政策、気候政策、環境政策、社会政策および経済政策の間で影響する関係性の複雑さはきわめて多様なので、問題もその解決策もしばしば多義的であり、しかも不明瞭なままである。例えば交通に起因する気候変動への影響の関係性とその激しさや、異なった交通事業者の外部費用の評価をめぐる議論などである。こうした分野では、それまでの成果と完全に矛盾する研究がこれまでも現在も何度も現れている。

交通政策分野の高度に錯綜した連関の中では、ある政策テーマに対していかなる省庁といかなる部門が何を含めるのか、について不確実性が生じる。狭い、あるいは広い部局の統合は問題の定義と問題の解決形態に直接的に影響する。

3　主観的に認識された行動への圧力の発生

問題の所在およびその解決への挑戦は、主要なアクターがそれらを認識し、かつ各アクターそれぞれの見地から行動への圧力が発生するときにのみ、政策プロセスにとって重要となる。それゆえ、選択された政策学的観点が焦点をあてるのは、問題の分析における社会的、経済的あるいはそれ以外の客観的データに対してではなく、政策的アクターの観点である。この見方を学問的に主張

第Ⅱ部　交通政策の中心的論点

するためには、政策学において通常は関連するアクターの主張を検証可能な形態にすることが、最初に必要である。例えば、ある種の公聴会を複数回行うことによってすべてのアクターが認めることができるものが、有効なものとして受け入れられる。加えて、スノーボール原理、つまり第1段階の各アクターが合意したのちに、意思決定ネットワークのより広い構成メンバーが有効とみなすということに基づいた組み合わせの場合もあるだろう。

　これら方法はとりわけ、具体的な意思決定プロセスに関する事後的な分析に特有である。これに反して将来の意思決定についての予測は、インタビューや同様の記録に依拠することができない。

　このような問題はまた、具体的な課題認識の分析においても生じる。事前・事後の調査はさしあたり、実際上の政策的コンフリクトがなんであるかを明白にする。これをうけて、態度が表明された文書や構造化インタビューのドキュメント分析を行うことによって、一般的な基本概念や特定の視点についてのアクターのポジションおよびコンフリクトの焦点が確認される。

　他方、将来の意思決定に関する見通しに関しては、このようなシステマティックなアプローチは、限られた範囲でのみ可能である。実際、現実の多数派の中での諸関係は、有力なアクターを明らかにする。有力アクターとは、少なくとも政権党のゼネラリストとスペシャリスト、交通関係省庁の官僚、体制派の利益共同体、交通経済界の企業、そして意思決定者の協議の中に入っている個々の研究者である。交通政策の意思決定に対して、特に野党とその周辺の利益グループ、専門家および州や自治体の利益代表などのさらに広範なアクターが影響を及ぼす方法は、いまだ明確ではない。とりわけEUの役割と、例えばある構成国の政権交代に起因するものなどEU内での恒常的な権力の移動を適切に予測するのは困難である。

　現実の交通政策に対して、どのような認識が多元的政策流路モデルによって導き出されるであろうか？　これまでのドイツの交通政策における問題認識についての分析は、とりわけ連邦の政権党に集中してきた。ここでは連合協約［訳注：2009〜2014年のCDU/CSUおよび自由民主党FDPによる連立政権の政策協定］が、この視点から見て最初の重要な手がかりを提供する。過去の態度表明も補足的に用いることができる。原理的に言えば、一般的な問題意識と特定の問題

第**7**章　政策学からみた交通政策の意思決定

認識は区別されるべきである。一般的な問題認識は、政策的アクターの一般的な基礎となる信条に基づいている。ここでは、比較的長期的な問題に対する見方が、一時的な事態によっては変化しないことが予想される。特定の問題認識は、具体的なプロジェクトに関連づけられた視点を意味する。ここでは、新しい情報が比較的早く問題の見方を変化させる可能性があるので、政策学の予測能力は明らかに小さくなる。

CDU/CSU と FDP の連合における特殊的でない問題の見方の中心には、——連合協約のタイトルから推測できるというだけではなく実際に——交通を経済成長の基盤とする認識が置かれている。この認識には、交通の増大は一面では経済成長につながるが、他方では経済成長の結果でもあるということが含まれている。目下の経済危機においては、こうした相互関係はドイツにおいて非常に大きく作用している［訳注：原書出版後、ドイツ経済は大きく回復している］。貨物輸送産業は輸出減少のあおりを受けるが、他方、貨物輸送の回復は、経済発展を予想させる。

交通の増大と経済成長との間に不可避的な相互関係があるという理論に疑問を投げかける新しい情報（Schöller, 2007）が、問題の認識と主観的に認識された行動への圧力にどのような影響を与えるかは明確でない。交通経済についての具体的な利害関係と外部の専門家との間でのコンフリクトが、ここで認識される。ドイツの経済的ポテンシャルについてだけでなく、特定の環境に関する必要性や特定の社会的な必要性を、危機に耐えることができ、かつ持続可能な計画に組み込むことが、ヨーロッパにおいて交通が増大するという予測に対応する 1 つの重要な挑戦である。もう 1 つの重要な挑戦は、交通部門、とりわけ道路輸送および航空輸送において増大する利害を、特に変化した社会的および学問的な情報に基づく新しいモビリティのコンセプトで調整することである。

CDU/CSU と FDP の連合協約は、交通インフラ財源の大規模な確保が必要であると判断している。ドイツは欧州の中央部にあるので、貨物の重要な通過国となっている。同様に、通勤や仕事での移動に自動車を使うというモビリティも、交通の増大に対して現在のインフラが十分に対応できていない原因の一部である。今後数年についての予測は、道路、空港や鉄道の建設と維持補修への投資圧力が増大するとみている。またすべての分野で通路における技術的イ

141

第Ⅱ部　交通政策の中心的論点

ンフラ［訳注：ITS や ETC などを指す］を組み込むことから、インフラ費用が高騰するのは明白である。

　CDU/CSU と FDP の連合政権は、交通セクターにおいて競争要因を強化することが効率性の向上により貢献するという、専門的でない認識を固持している。交通インフラを拡張することや、あるいはドイツを交通産業が立地する地域として具体的に強化することよりも、競争要因を強化することが、経済成長へ向けた一般的な方向性に添うものであると認識されている。ここではとりわけ、交通事業者間の競争が挑戦的なものとして理解されている。特に、鉄軌道と道路交通部門で異なった所有構造があることが原因で生じる恐れのある、競争の歪曲について相反する見解が生まれる余地が残されている。また、連合政権の一部が求める水準に強化された（とりわけ経済学の専門家が支持している）鉄軌道交通における競争のレベルが、（工学の専門家に依拠している）一貫したシステムとしての鉄軌道交通の今後の見通しと、どの程度まで結合することができるのかについては、結論が出ていない。

　連合政権の連合協約やその他の現在表明されている見解の中からとりだすことのできる上記のような非専門的な観点の場合とは異なり、専門的な観点を本質的に左右するのは、社会現象から発生して政治的問題となる具体的な案件と情報である。またこれらは指標や危機、焦点となる出来事、シンボル（Kingdon, 2003）、そして一般的な行動への圧力を発生させることがありうる。

　問題とその影響が量的指標で把握できる場合、それはより的確に表現されることができ、また行動への大きな圧力を発生させる。問題が構造化できるようになり、また意思決定による効果が推定され算出される。例として、航空交通の環境問題が挙げられる。具体的な影響についての量的な検討がなされていなかったとはいえ、実際は航空交通の環境問題は長期にわたって存在したのである。もともとあった問題が変化していないのに、今日それが調査されていることは、行動への圧力を高めている。それはとりわけ、例えば夜間の飛行機の騒音による心筋梗塞、循環器系疾患、精神的苦痛の形で身体器官への高いリスクといった詳細な影響が測定されている場合に機能する（Umweltbundesamt, 2010）。

　むろんこれは、すべての計量化された問題状況をひとまとめにして、政治的

第**7**章　政策学からみた交通政策の意思決定

アジェンダへの道筋を考え出すことを意味するわけではない。しかし、それにも関わらず、それぞれのアクターにとっては、その「具体的な」調査内容によって意思決定を行う者を説得できるようになり、また解明されるべき重要な問題が明らかにされる機会を増やすことになる。これらの、かなり早い段階のアジェンダ設定プロセス、つまり多様な問題の中から、それが取り扱われるものだと明らかにされたあるフェーズにおいて、すでに政策的な行動の意味が示されている。最初に、問題を積極的に明らかにすることは、問題が多過ぎる政策分野において一定の認識へとつながる。それゆえ問題ごとに決まってくる利益集団と学者の役割が非常に大きい。諸指標がはっきりすればするほど、そしてより強いアクターがその認識を明確化できればできるほど、成果の大きいアジェンダ設定の機会もより多くなる。［訳注：何者かの］政策的な利益代表者が、政治的なプロセスにおいて法案を決定する国会議員の影響力をますます小さくしようとするのは、奇異なことではない。問題を定義し、それに対応する解決策を集める政府側のアリーナ［訳注：政策が決まる「場」を指す］では、法律の草案を作成するときに、そうした傾向はさらに強まる。

　諸指標と並んで、とりわけ経済危機が問題の視点としては重要である。すでに現在の経済・金融危機の下で、近い将来の交通政策アジェンダに対して生じるであろう「背景の幕」が認識できる。経済危機のいかなる影響が背景にあるのか、政策的な意思決定プロセスにはそれがどのように影響を及ぼすのかは、まだはっきりしていない。経済危機のシナリオは気候政策の問題認識と似ている。この2つの危機はいずれも政策についての数多くの意思決定を法的に承認するために使われている。アメリカには自動車からの二酸化炭素排出削減についての法案がある。この法案では、輸入車よりも国内メーカー車により有利な基準が、車体の大きさに基づく制限の値で固定されている。ここでは気候政策上の自動車交通についての問題認識が、経済政策的な利益と結合されている。

　その他の可能性であるが、問題がどのように政策的アジェンダに振り分けられるのかは、ほぼ完全に予測不可能である。例えば航空機墜落や高速道路での玉突き衝突のような事故、あるいはテロといったものは個別の事件である。それらはメディアの大きな注目を集めるので、想定される原因を取り除く対応が、政策的な視点からしても必要不可欠である。2009年6月9日の墜落事故［訳

143

第Ⅱ部　交通政策の中心的論点

注：6月1日のエールフランス447便墜落事故を指すと思われる］では、機体の対気速度計（ピトー管）の故障が原因だった。ピトー管は特定の気象条件の下では凍結する可能性があり、誤った測定値を示すことが広く知られることになった。しかし、この事故の原因がメディアに知られるようになったことで初めて、速度測定が、航空輸送のどうにかして解決されなければならない安全問題として出現したのである。

　もっとも、ピトー管やその他の墜落の原因が、どの程度までの問題であるのかは、依然明らかではないようである。非常にすばやくメディアによって拡散され、推測された原因に対応するピトー管の交換、あるいは機器設置の変更という解決策が急展開している。他の事故原因の可能性を探索することは後になってから初めて検討された。また、墜落についてのアジェンダ設定は、さしあたり問題としてピトー管をとりあげているが、正確に問題構造を理解できる、安全についての信頼に足る十分な認識は無いままである。ここではまた、2010年春のアイスランドにおける火山爆発の影響を引き合いに出すことができる。火山の爆発は高空で火山灰雲を発生させ、航空輸送にリスクを認識させた。たしかに、すでに以前から活火山付近の高濃度の火山灰が航空機に損傷をもたらす個々のケースがあった。しかしこうした事件は局所に限定されており、政策的な行動への圧力を作り出さなかった。それぞれの地域における航空路の変更で個々に対応できたのである。アイスランドの火山の事態がヨーロッパの非常に広い範囲に灰をまきちらしたとはいうものの、ただちにシミュレーションは作成された。しかし、イギリス気象庁のデータには灰の集中についての詳細な情報がほとんどなかった。航空輸送の分析と解明に欠けていたのは、危険性についての判断と、長期間にわたり広域的な飛行禁止をどのようにして多くの欧州諸国に対して行うかを指揮する能力である。一面では、こうした状況の中で、政策的には、不十分なデータ基盤のうえで経済的な政策目的と安全政策の目的とを慎重に比較検討することが必要になっている。他方では、各国の航空安全当局相互間の調整が不十分であったことと、リスク分析のためのツールが不足していることから、適切なコントロールのツールとインフラを発展させ、将来このような例外的な事態を回避できるようにすることが、政策に対して長期にわたり要請されてきている。商取引や航空会社にとって飛行禁止の費用は高く

144

第**7**章　政策学からみた交通政策の意思決定

つくことから、交通政策的アジェンダの他の政策テーマよりもこの問題が優先されてきた。その理由としてはまず、一方でデータと規制構造についての調整が全ヨーロッパ規模で調和されなければならず、またその調整によって予定外の長期間の投資が生じるからである。他方で、繁忙期にはメディアからの情報をうけた一般の人々が、政策の短期的な効果により強い注意を向けることと、危機管理についてより注目が集まるためである。事故や災害によってそれ自身によって開くことになる意思決定の窓には次のような特徴がある。それは、一部のきわめて混沌とした条件の下では、包括的かつ決定的に問題が定義されることはめったにないであろうということである。結局、こうしたできごとが政策に対して引き起こす行動への圧力は、ほとんど無視できる程度のものでしかない。

　複数の危機によってアジェンダに到達するような問題の場合も、単独の事態の場合と類似性がある。ここでは再び時間の圧力が意思決定の基準である。例えば政策は、2008年金融・経済危機の初期全期間を通じて、想定される消費の減少に対する短期刺激策を意思決定する必要があった。政策の道具として、「廃車ボーナス」といわれる中古車環境プレミアム［訳注：環境負荷が大きい旧型車をより負荷が少ない新型車に買い換える際の優遇策］の選択は、まず積極的な評価をうける。しかしその後から、経済効果の持続性をいかにして環境政策目標と一致させることができるか、という点で批判され、議論の対象とされるだろう。この事例は以下のことを示している。すなわち、時間がないということは政策的意思決定とその結果に大きな影響をもつのであり、しかもその影響力には危険性が大きい。

　政策的アジェンダはまた、それ自身が作り出した問題に影響されている。ドイツ国鉄の民営化についての意思決定は、株式市場にアクセスする際にドイツ国鉄に対するコスト圧力を高めた。機械設備の整備間隔が延長された新しい技術の入札が、最も有利な価格を求めて行われ、その結果として質の悪い資材が配備され、検査にかける期間はさらに短くなったのである。現在それは、アジェンダに向けては中間的かつ政策的に作用しており、また他の問題については注意の低下として作用している。

　そのうえ、ベルリンでの数カ月にわたる運行削減［訳注：Ｓバーンの技術的ト

第Ⅱ部　交通政策の中心的論点

ラブルによる、数カ月間の大幅な運行削減が2009年と2011年の２回にわたっておきている］や、超特急 ICE 車両の形式問題［訳注：ICE 用ディーゼル車両や振り子車両の開発が成功していないことを指しているとみられる］によって、次のような状況が現れている。すなわち、長期的に影響が持続する交通政策上のトラブルが、マイカーやトラックへの危惧された［訳注：需要の］流出となって現れているのである。ライン川沿いの中央回廊では老朽車輌に起因する騒音増加が、鉄道にとってさらなる問題であり、貨物輸送を強化するための政策的な計画が必要なのである。騒音防止などの要求は、貨車の夜間通行禁止などで鉄道のロジスティクス分野に大きく強く干渉する、非常に大きなコストの原因となる。それは、ドイツにおける貨物輸送用鉄道の線路容量が夜間の時間帯にいっぱいになるからである。

　交通政策に関わるすべてのアクターが、包括的な持続性モデルについて美辞麗句でもって言及しているにも関わらず、エコロジーと社会の両側面を見る視点という部分では特に、問題の見方が今日非常にあいまいである（社会的な側面については本書第８章参照）。2007年、国連 IPCC［訳注：気候変動に関する政府間パネル］の第４次報告書によって、交通は気候に悪影響を与えるものとして社会一般に認識された。こうした SPM と二酸化炭素排出についての議論は、環境面についての問題意識を一層強めた。それゆえ、交通政策についての立場の中でも、持続性というコンセプトの環境面に関連する主要なアクターによって占められている立場においては、気候政策という略語が一般化している。ところが［訳注：二酸化炭素の排出問題を重視する］こうした視点は、有害物質排出の水準についての問題認識を低下させる。この場合、気候変動ガス削減のための解決策が、特に政策テーマとして取り上げられることになる。これは多くの場合技術的解決策で、短期の成果が可能である。現代的ではあるが支配的にはなっていないオルタナティブな視点をとるならば、視野の中にある交通と環境との全体の関連を把握し、気候の議論をその中の一部の側面としてのみ見ることになる。また、交通の大気保全についてのみ議論しているわけではない環境政策的アクターも、気候の議論を利用できる。場合によっては CDU/CSU と FDP の連合政権のもとでも、環境問題の別な側面へ注意を拡張することに利用できるであろう。

146

4 可能性ある解決策としての政策的プログラム開発

政策的なコンセプトは、異なったアクターによって作り出される。それは政治的な場での討議によって発生するだけでなく、しばしば具体的な問題から切り離されて、あるいは政策的には現時点で認識されていない問題によって、作り出される。このことはまさに、特に研究者が提供できる特定の専門的知識が必要とされる交通政策において、とりわけよくある現象である。

また、専門家によって作り出されるコンセプトは、それぞれが基本仮説と選好に基づいている。それによって、そのつど異なった政策的アクターと専門家のネットワークが選好する、異なったタイプの交通政策的コンセプトに区分される。

特に、CDU/CSU と FDP の連合政権において政策を現実化するための適切な契機は、技術志向になっていたすべての解決策であった。とりわけ、電気自動車と電気通信のすべての分野がこれに属する。また、気候および環境技術は交通をより健康的でより効率的なものにするだけでなく、ドイツにおいては経済的刺激としても位置付けられる。この解決策の開発は、一部はすでに公開されている手段として、政策的意思決定における役割を演じている。応用指向的な研究が公式に促進されることは、たしかにしばしば具体的な政策的課題を出発点とする。それにまた必ずしも、最終的に導入された技術が、実際に本来の問題の解決だけのために導入されなければならないというわけではない。例えばグローバルな衛星ナビゲーションシステムである「ガリレオ」の全欧州的なプログラムの事例に見られるように、しばしば技術開発の背後にはまた異なった目的がこっそりと混入されている。プログラム開発は、経済的応用（交通分野に限らない）の一部を形成しており、そればかりでなく軍事的および科学的な目的とも結合されている。

類似性があるのは、電気自動車の場合である。今日、自動車へのエネルギー供給を持続的に確保するための対策で、とりわけ目立つのが電気自動車である。ここでもまた、他の課題を解決するために導入された最新の技術的解決策が、まるで本来そのために計画されたもののようにして投入されることが、あり得

第Ⅱ部　交通政策の中心的論点

ないとはいえない。まちがって入れ替わった解決策が問題を少なくすることは、必ずしも保証されない。それゆえ、環境危機についての意思決定の窓から利を得る電気による動力は、環境政策への効果を決してもち得ない。しかもそのうえ、電気エネルギーが再生可能でない場合、技術的な転換を将来的にモビリティ行動の変化への圧力として受け止める逆の効果が生じうる。電気自動車の発展はまた、意図しないこれに反した効果を引き起こす経済政策的目標としても機能しうる。

　技術的解決策の政策面での問題は、意思決定事項と資金調達が組み込まれた錯綜する構造にある。どの技術的な大型プロジェクトにも、異なったタイプのアクターが関与している。それはおおよそEU、連邦、州、さらには民間企業である。別々に関与している国の間でコンフリクトが発生しうる（例えば研究機関の立地についての問題について）が、それは利用権の分割にも関連している。こうした問題があるにも関わらず、交通政策において技術志向アプローチの重要性が大きくなることは予想されていた。

　その理由の1つは、オルタナティブな解決策が今日政策的にはほとんど選好されていないということにある。このことは行動を制御する規制的措置について特に重要である。標準的な事例は、アウトバーンの一般的な速度制限をめぐるコンフリクトに現れている。この措置はまた、異なった諸問題のコンテキストにおいて議論されている。それはエネルギー消費の削減や事故の防止、騒音の削減、あるいは交通流の適正化［訳注：ここでは全体としての自動車の流れを、渋滞などが発生しないようにコントロールすることを指す］といったものである。

　行動を制御する規制的措置のすべてが実際に受け入れられていないとは言えない。それはSPMを削減するために、公的に制定された環境ゾーン［訳注：自動車排出ガス規制地域］の数が増えることである。ただここでは、この措置が結局は実際にどの目標を達成しているのかについて議論の余地がある。例えば、騒音の削減や環境に優しい新型の（ドイツの）自動車の導入促進、他の措置を回避するための象徴的政策なども考えられる。環境ゾーンについての実際の意思決定は各自治体で分散して行われているので、ここでは一般的に述べることはできない。

　規制的措置以外は、少なくとも原則的には政権政党の中核的な主義主張と両

立しうる誘因コントロールの形態である。有力な交通経済学者たちは、規制的措置をしばしば受け入れない一方で、誘因を市場と適合したコントロール手段だとみなしている。現政権による最近の積極策である乗用車通行税の導入は、国家予算と利用者負担についてのシステムの変更として理解されうるものである。この積極策は、実際の運用の影響力は少なく見積もっても異論の余地があるのにも関わらず、ゴスラー（Goslar）での交通法学会大会でも支持された。

　また、政府は鉄軌道交通を具体的に構造化する民営化戦略を、長期間少なくとも追求はしている。そして他のすべての解決策と同様にこの手段でも、競争の強化以上に、鉄道の効率と顧客満足を改善すべきという複数の目標が追求されている。鉄道とバスの交通モード間競争も強化されなければならない。だが、これはドイツだけではないが、鉄道システムの全体または個々の部分の民営化が、最終的にはとりわけ財政上の政策目標を追求してきたことを、最近の経験は示している。

　連合協約では、PPP（Public Private Partnership）に関連する、かつて公的責務であり公共サービスであったものの部分的な民営化における誘因管理の拡大が予告されている。これらはとりわけ大型の交通インフラ・プロジェクトにおいて現在さまざまに求められており、また一部はすでに実施されている。連合政権はより多くの権限を交通インフラファイナンス会社（VIFG）に委譲しており、同社には債務支払能力が与えられている。通信や郵便、エネルギー、廃棄物といった他のインフラはすでに同様の形態で（一部は部分的に）民営化されている。ここではまたも解決策と問題の間の連関が不透明である。PPPは多様な目標を追求することができる。PPPは改善措置の効率化や（例えばそこから結果的に生じる利用料金についての）刺激を設定する助けになる。とはいえしばしば、それらは単に短期的な公的予算の資金不足を補うもの——例えば自治体による速度取り締まりの民間企業への委託——でしかない。

　外見上だけは、民営化戦略は連合協約において同時に発表された目標設定と一致する。協約の中では全体で40カ所にもわたって官僚主義の撤廃について言及されている。実際には、民営化はこうした手段としては矛盾している。政治的目標、例えば効果的な交通のコントロールへ目を向ければ、国自身がそのサービスの提供者として登場すれば直接に達成される。民間企業への業務委託に

第Ⅱ部　交通政策の中心的論点

ついては、他の——多くは規制的な——コントロール措置を必要としている。それは、民間供給の目標が国と一致していないからである。規制的なコントロール措置は、それを実行するためにはなお官僚主義の要素を含んでいる。官僚主義からの離脱と民営化を結合することは難しいジレンマを抱えている。

5　権力関係の進展

　ドイツの政治システムの中心的な特徴は、政治権力の集中度が低いことである。連立政党だけでなく、その他の多くのアクターは、根本的な転換が必要と考えている。連邦と州の権限のより徹底した分離を目標としている2006年以降の連邦制改革にもかかわらず、連邦議会における主要な政策的意思決定は、同意が義務とされる状態のままである［訳注：ドイツの法案には、上院の同意が必要な法案と、上院が必要な場合に異議申し立てを行うだけの法案の2種類がある］。

　それゆえ、連邦議会における多数派の行動は、連邦レベルの連立政権において政策を形成する際の余地となる部分に対して影響を及ぼす。ドイツにおいては連邦上・下院において多数派が異なることはめずらしくない。州議会選挙は多くの場合連邦下院選挙とは異なった時期に実施されるので、いつも連邦の連合政権に対する国民の満足度が反映されている［訳注：ドイツ連邦議会の上院にあたる連邦参議院議員は州政府の代表であるため、州議会選挙によって決まる各州議会の多数派、つまり各州政府の政権与党の意向を反映する］。大抵の場合、連邦政府の政策への同意は議会の任期中となり、重要性が特に低い。また、連邦レベルと同じ様な政党の政治家の組み合わせになっている州政府からの同意でさえ、交通政策における地域の利益を尊重するよう強く求められるのである。コスト集約的な措置と同時に、地域的な利益の配分を適切に保つことが維持されなければならない。

　交通政策とは何を意味するのか？　基本的措置は、少なくとも反対党のうち1つの代表者が含まれる州政府の同意を大抵の場合必要とする。これまで政策学においては、連邦政府はしばしば州の永続的な大連合国家として記述されてきた——大きな反対党が存在し、そのつどその同意を得るための代償を払わなければならなかったからである。5政党構成となった今日、SPDやCDUだけ

150

でなく、特に緑の党が加わっている州政府を統合した意思決定があり得ないわけではない。多くの政策分野で、特に CDU/CSU の連合と90年連合／緑の党は、すでに近しいものとなっている。政府は、いろいろな分野で任意に多数派を追求するチャンスを得たと期待される。とはいえ反対政党からは広範な阻止行動という反応をうける。それゆえ、交通政策的な妥協に緑の党の獲得が必要になることは、想定されるオプションである。この見方は、現在の連邦の政策にとっては、ほとんどすべての時期において、連合協約で形成された目標と措置を少なくとも抜本的にトーンダウンさせなければならないということを意味する。

　こうした純粋の政党政治の奥に、交通政策について多くの予見不可能な要素を流し込んでくる「権力の流れ」がある。つまり例えば、専門家とゼネラリストの間の絶えまない強い緊張関係は、すべての政党にあって当然なのである。連邦と各州の間、あるいはＥＵ内部でのコンフリクトでは、権力関係を越えて意思決定が行われる。すべての分野において、人事異動は根本的な変化をひきおこしうる。頻繁ではないにしても、人事異動は必要である。個々人の人望の高さだけでも、部局の業務遂行に本質的な影響を与える可能性がある。

　利益集団の間での権力の移動も、政策的意思決定に持続的な影響を与える可能性がある。この意思決定は、例えば新しい情報メディアを通じて公共政策が変化する過程のような、長期間の発展に依拠しうるからである。しかしそれは、しばしば短期的でかつ偶発的事件に左右される。

　交通政策に関わるアクターのネットワークが生成する権力関係を越えて、政策分野が複合的にドッキングした業務も想定される。つまり交通政策的な措置について、他の政策分野と一括した同意が受け入れられるであろう。またそのような一括した合意は、意思決定の窓を交通政策において発生させる可能性がある。

　個別の政策措置もまた、他の政策局面に一般社会の視線を集めることを通じて可能になり得る。それは政策分野自体のコンフリクトにでも、他の政策的課題にでも、あるいはサッカーのワールドカップのような全く外部の出来事といったことにでもかまわない。しかしいずれの場合でも、利害関係のあるアクターが適切な意思決定の窓を知っており、それを解決策の実現にいつでも利用で

第Ⅱ部　交通政策の中心的論点

きる状態にあることが必要であろう。

6　結　語

　本章の根本的な主張としては、ドイツの交通政策の課題は、「現実に即した」その内容に関する諸問題によって特徴付けられてるわけではない、ということを述べている。政権政党の中心的なアクターによる主観的な問題の見方ですら、期待される交通政策に対しては、彼らの不完全な認識を押しつけているだけである。むしろ問題認識、解決策および権力の所在の移動といったことの複雑な相互作用についての認識が不可欠である。

　政策的な解決策は、多くが学問と政治との間の協力による、多年に及ぶ長期のプロセスを経て形成される。これに対し問題認識は短い間隔で変化するので、解決策が形成された時点では、すでにもともとの問題に適合するのはごくまれとなっている。権力関係の変化もまた短期におこる。特に政党内の権力闘争は、短期間に異なった解決策を実行する機会を根本的に変化させる可能性がある。

　結局、例えばドイツにおける鉄道民営化の継続についての変わりやすい議論が示しているのは、政策における長期の予想のもつメッセージ力がいかに弱いのかということである。それゆえ、最終的にこの分析に簡単な予想はあり得ないといえる。むしろ、状況による影響と個々の主体の戦略とに基づいて、3つの理念的なシナリオに区別できる。

　第1に考えられるのは、現時点で連合協約において文書化された交通政策の傾向が継続されるということである。このことは、とりわけ技術的解決策が促進されるということを意味する。コントロールの手段としては規制よりもインセンティブが優先される。このことは交通インフラ・プロジェクトにおける民間ファイナンスの続行と結合されている。交通手段の間での競合では、道路に対する鉄道のあらゆる積極的な強化策が断念されるであろう。このことは、道路交通が今日では私的経済モデルで方向付けられていることから、モーダル・スプリットで鉄道の分担力が再度上昇し、全体として交通増大に対する障害は全くないと見通せる場合でも、道路交通の比重が上がり鉄道が下がることになる。内容的には持続性の経済的な側面に明確に焦点をあてることである。

152

第7章　政策学からみた交通政策の意思決定

　第2の対案は、連合協約における予定された戦略の明確な後退であろうか。ドイツの政策システムは連邦政府の外でもまた「政権参加」の多様な可能性を考慮に入れている。1つの場としては、連邦参議院があげられる。またEUのレベルでは、連邦憲法裁判所と市民社会のアクターが交通政策について影響力を行使しうる。連邦政府それ自体の内部では交通政策的な戦略が議論されているため、第1のシナリオと比較して、増加した部分の変化——あるいはおおまかな指針の範囲内での現在の交通政策の継続——がもっぱら予定された方向で実行されるというものである。

　決して排除されてはいない第3の道がある。すなわち、第17議会（2009年）における交通政策は、過去の前提とは全く矛盾する施策の影響が強いということに特徴付けられる。このことの責任は、新規の、それまで知られていない解決策が決して予測できないことにあるだろう。むしろ問題の認識あるいは権力の移動によって、本質的な変化が引き起こされる可能性がある。例えば大渋滞、事故、個別交通分野の危機、あるいは火山爆発のような自然現象といった、それ自体は一見「ささいな」ことですら、変化を引き起こす要因と考えることができる。また、連邦参議院での変化した権力関係による新しい交渉戦略も、本質的な変化を引き起こす可能性がある。こうした新しいパラダイム転換にはしかし、いずれの場合でも、個別の政策アクターがアントレプレナーのように登場し、かつチャンスを積極的に活用していることが必要である。これまでは、交通政策分野においては相応に影響力が大きい政策論者はほとんどみかけなかった。最後に、第3のシナリオの可能性はたしかにあるが、しかし少なくとも第17議会では実現しそうにない。

153

|第8章| モビリティと貧困
――交通における社会問題

シュテファン・ダウビッツ

　交通やモビリティの研究者、計画策定者、政策決定者で、低所得層の交通行動を取り上げている人はドイツでは残念ながら例外的である。低所得層は公共交通企業にとっては、それ以外の手段がもてず、公共交通を利用せざるをえないという点から、**キャプティブ**な顧客である。低所得層に対してほとんど顧慮していない事例は、例えば2009年のベルリンにおけるＳバーンの大混乱に際して行われた補償の議論にみられる。広範囲におけるＳバーンの運行停止後、運行会社は“小出し”に発表した。当初用意された2,500万ユーロは、一般の定期利用者を対象としており、2009年12月の１カ月分の無賃化が行われた。政治的圧力があって初めて、運行会社の社長 Ulrich Homburg は、社会福祉割引券の保有者への15ユーロの補償を2010年１月に支払った。このケースは象徴的で、運行会社においては、社会福祉割引の顧客層は考慮されていないのである。

　交通政策と交通計画の重点を変更するべきであるということは、連邦交通・建設・都市省（BMVBS）の予算配分にも表れている。連邦交通・建設・都市省は、最近2001～2015年の連邦交通路計画についての中間報告を誇らしげに行った。2007年までに198億ユーロがアウトバーンや連邦道路に支出された。一方、1999～2008年の間に、連邦は「福祉国家」プログラムを実施し、アクセスなどが不利な都市内の地域を社会的国土計画的に発展させるために、7.6億ユーロが支払われている。それに対応した州、市町村の支出を合計すると22億ユーロとなる。これらの数値は、自動車中心のモビリティ向上が今後もドイツ連邦の交通政策の方向性であることを明らかにしている。

　持続可能な交通の発展の原則も、方向性となるべきである。アジェンダ21は、持続可能なモビリティの促進を示し、OECD の1996年バンクーバー会議で、

具体的に持続可能な交通政策、交通計画、交通科学上の持続性の指針を挙げている。合意された9つの基本原則は、持続可能なモビリティの形成には、平等という視点が重要であるとしている。本合意により、国家は、低所得層、女性、障害者、子供、地方の人々の基本的な交通の必要性を保証しなくてはならない、としている（OECD, 1996：66）。しかしこの「バンクーバー原則」は、1986年の健康に関する政策についてのオタワ憲章ほどには、訴求力をもたなかった。オタワ憲章で示された健康政策の規範の変更は、疾病の予防に重点を置くことであり、徐々に浸透していった。それに対して、持続可能な交通の発展に関するバンクーバー原則はほとんど知られていないし、現場で交通政策の具体的な措置を策定するときの交通政策の原則的プログラムとはされていない。例外的にベルリン市のSteP「交通都市発展計画（Stadtentwicklungsplan Verkehr）」（2003年）には、バンクーバー原則との関連性が見出せる。SteP は、車による個人交通を制限し、すべての人にモビリティの機会を作り出すことを目的としている（SenStadt, 2003）。

　バンクーバー原則では、社会的、地域的、世代間における公平が打ち出されなくてはならないとしている。不平等・不公平な社会は、国民にとって望ましくない。英国の社会的不平等に関する広範囲の研究が最近発表されたが、それによれば所得格差が大きい国では、健康上の問題及び社会問題が顕著であるとしている（Wilkinson/Pickett, 2009）。

　バンクーバー原則では、交通における持続可能性のために、社会的公平の原則が示された。しかしこれは具体的にはどういうことなのか。2009年のリーマンショック以降の経済危機の際には、環境適合性と社会的公平性が議論となった。最も大きなものは、環境適合性と社会的公平性を同時に実現することであった。しかしながら、その後議論は途絶えてしまった。

　その間、ドイツの貧困に関する報告では所得格差は拡大し、統計的な数値は貧困が取るに足らない問題ではなくなっていることを示している。2006年には全世帯の15％で年間収入が900ユーロ以下であり（Bundeszentrale, 2008：145f.）、2009年5月では700万人が失業保険IIを受給している（Bundesagentur, 2009：3）。

　新失業保険 Hartz IV の必要経費には、移動の費用は算入されていなかったことが、2010年2月9日の連邦憲法裁判所判決から明らかになった。その判決

第Ⅱ部　交通政策の中心的論点

以降、14.26ユーロが交通費分として加算されている。ドイツの家計の平均的な交通支出は59ユーロである。連邦憲法裁判所の判決は、必要経費がほとんど実際の数値に基づいていないことを明らかにした。モビリティの実現について、経験に基づく報告がかなり出てきており、低所得層はモビリティに制約があることについては、Julia Friedrichs/Eva Müller/Boris Baumholt 著の「Deutschland dritter Klasse: Leben in der Unterschicht（ドイツの第3階層、下層の生活）」などに、失業保険 Hartz Ⅳ 受給者の家族の生活が描かれている。

　低所得層は、求職活動や労働局への交通費を支払えないという現実がある。現在ではドルトムント市のみが、失業保険受給者などへの社会的定期を月間15ユーロにしている[1]。いくつかの大都市で Hartz Ⅳ 受給者に対して、月間定期を50％割引きにしている（Die Linke, 2008：20ff.）。

　モビリティのコストの上昇により、平均的所得層の家計が圧迫されるだけではなく、モビリティが制限され社会参加に障害がある層の問題が、さらに深刻化する。モビリティは社会的な包摂のために重要な礎であり、勤め先、健康に関するサービス、教育や文化施設へのアクセスが損なわれることは社会的な疎外の結果であり原因でもある。母子世帯、生活保護受給者、老齢者、身体的／精神的障害者、移民などの層が該当する。こうした層は構造的にアクセスの困難さに直面している。

　本質的には交通政策の分野でも、社会問題をテーマとする必要があるということである。社会問題と環境に適した交通の形成を結び付け、強調すべきである。誰もが自動車を利用するのではなく、自己のモビリティの必要性を環境に合わせるべきである。この点に関しては、失業保険 Hartz Ⅳ の支給規定の現実的な改訂や社会的割引切符の提供などが、今後創造的な解決方策となろう。Karen Lucas は著書「Running on empty: Transport, Social Exclusion and Environmental Justice（ガス欠のまま走る──交通、社会的排除、環境正義）」（2004）で、低所得層のモビリティを実現するための事例について示している。ヨーロッパ全体で MATISSE (Methodology for Assessment of Transport InpactS of Social Exclusion) プロジェクトで、社会的な疎外を回避するための交通政策上の施策を収集、評価している。

　交通科学的な調査においてもまだまだやるべきことがある。アングロサクソ

156

ン系の国々で、社会的疎外と交通についての調査が進んでいるが、ドイツでは
まだ調査が足りないところがある。

本稿では、低所得層の交通行動と可能な解決の糸口を示す。最終的には、バ
ンクーバー原則を実現させ、それによって交通政策の分野における社会問題を
ともに考えるきっかけとするための主張となるべきである。何人かの都市計画
や発展計画の立案者は、すでに社会的な目標設定を明確に示しており、それを
政策の指針としてとらえているのには、希望がもてる。ベルリン市庁では、交
通についての都市と発展の計画で、モビリティが脆弱で低所得な階層の、交通
網や交通機関へのアクセスを向上させ、その利用可能性の向上への努力が示さ
れている。比肩しうるモビリティの可能性は、自動車利用なしでも可能である。

1　交通における社会問題

交通における社会問題の最初の入り口は、原データを検討することによるこ
とが多いだろう。ドイツの主要データとしては、ドイツにおけるモビリティ
（MiD：Mobilität in Deutschland）、都市におけるモビリティ（SrV：Mobilität in
Städten）、モビリティのパネルデータ（MOP：Mobilitätspanel）がある。これら
のデータ資源により、交通経済学者は所得階層の異なるグループの交通行動を
比較することができる。国民の交通量のデータからは、所得の低・高の間で大
きな差がみられる。月収2,600～3,000ユーロの層は、500ユーロ以下の層より
も1日の移動距離は2倍多くなる。2008年のMiDでは、経済状況による主要
交通手段の差異も明らかであった。[2]低い経済的状況にある層は、徒歩や自転車
を使用することが多く、公共交通についても、低い層は収入の高い層よりもよ
り多く利用している。

まず、低所得層は自家用車を利用できず、公共交通の切符は高いので毎日の
行程を徒歩や自転車で行かなくてはならない。所得が上がるにつれて、モビリ
ティへの支出額は増加するが、総支出に対するモビリティのコストの割合は低
下する。低所得層は、高所得層に比べて、年間の自家用車利用距離は少ない。
その結果、年間のCO_2排出量は、高所得層では、2,730 kgであり、低所得層
に比べて2倍の値となっている。

157

第Ⅱ部　交通政策の中心的論点

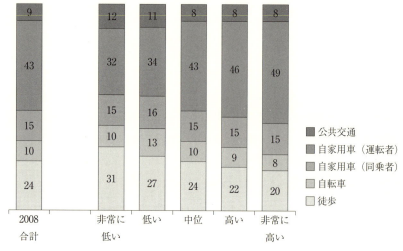

図8-1　所得階層による交通手段
訳注：自家用車には二輪車を含む。
出典：MiD（2008）

　皮肉な見方をすれば、低所得層からのCO_2排出量が少なく、環境的によい行動となっているので、何か対策を講ずる必要はないともいえる。
　交通政策の焦点が自動車交通の奨励になっていることは、すべての階層にモビリティの機会を与え、母子家庭やHartz Ⅳの受給者や高齢者、身体的精神的障害者、移民の階層に社会生活への参加を可能とするためのものだったはずだ。自動車交通が発展したために、近隣の店舗が消滅したり、通勤が長距離化したり、都市の中心市街地が喪失したりしていることにより、到達可能性が構造的に損なわれ、そうした階層の日常生活が困難になっている。社会における居住の自由や移動可能性の期待に対して、モビリティの可能性における不平等の存在があることがわかる。
　低所得層が移動可能性に困難をもつことが、どのように社会的な疎外につながるかをさらに深く知ろうとすると、ドイツではなくアングロサクソンの地域での研究に依拠することになる。ドイツにおける大規模な交通行動に関する調査では、例えばトリップ数や所要時間・距離などについての重要なデータは所得階層別に明らかになるが、それが人間に与える影響やその軽減のメカニズム

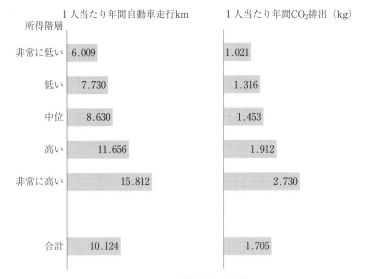

図8-2　CO_2 排出と家計所得

出典：MiD（2008）

については何も示してくれない。

　イギリスの自治省は、交通と社会的な到達可能性について研究する組織を創設し、2003年に低所得者に関する調査について「Making the Connections（社会的関係の形成）」という最終報告が出された。それによると、求職者の40％が職探しにおいて交通手段がないことが障害となっており、31％が自動車をもたないために地元の病院に行くのが困難である。後者の例は、社会、厚生、環境および交通といった個々の政策がいかに密接に関連しているかを示している。

　Hartz Ⅳの立法化と経済危機の後で、ドイツでも社会的格差について頻繁に論じられるようになった。民主的な社会を形成するために重要な、すべての問題について展開された。交通政策も、社会的に公正なモビリティをどうやって形成できるかという問題に直面せざるを得ない。さらにこの政策分野においては、モビリティの費用の高騰にも考慮しなくてはならない。モビリティの費用の上昇は、自家用車交通だけではなく、エネルギー価格の高騰が公共交通のさらなる値上げを招いている。Frank Hunsicker/Carsten Sommer（2009）は、公的な財源が今のままであれば2030年までに近距離旅客交通の価格が緩やかに

第Ⅱ部　交通政策の中心的論点

上がるとしている。著者らは鉄道では約15％上昇するとしており、バスや軌道では年に2.9～3.5％上昇すると予測している。一方で給与は増加せず、連邦統計局は、実質賃金は1999～2008年で0.3％減となるとしている。つまり交通政策は環境に適応したモビリティをすべての人に保証し、交通の外部費用の内部化を反映したより幅広い現実的な費用構造を示さなくてはならないという大きな課題に直面している。内部化することについては、例えば自動車について費用の上昇をもたらすので、社会的にも大きな議論を巻き起こすことになるだろう。こうしてみると交通政策と社会政策の連携は必然的なものになるだろう。

2　持続可能なモビリティにより社会参加を可能に

　環境に適合した社会的参加はどのように実現可能だろうか。Altenburg/Gaffron/Gertz は「一定（特に辺境、地方、郊外）の地域で、モビリティに制約があり、疎外されている家計について、マクロ経済的、社会的な影響をいかに少なくできるか」について、社会的に正当な政策が将来必要となるだろうとしている（FES, 2009：8）。

　著者らは、モビリティにより社会参加を可能とする 2 つの戦略を示している。1 つはモビリティに対する補助であり、例えばモビリティに対する移転支払いである。もう 1 つは居住と交通の統合の進展である。後者は国土計画と交通システムの構造変更、とりわけ公共近距離交通の整備や交通節約的な居住形態の確立である。

　モビリティに対する補助の手段としては、公共近距離交通における社会政策切符や無料化、交通に対する補助金などがある。交通に対する補助金においては、対象者の移動が促進されるべきである（Canzler/Knie, 2007）。低所得者や年金受給者、若年層は毎月約50ユーロを交通機関利用のために受け取り、それで営業的に提供される旅客輸送を利用することができるが、通常の認可された公共近距離旅客輸送サービスとは別のものとなる。これについては、旅客輸送法を改正して、交通に対する補助金で支払える価格に合わせたサービスを創設しなくてはならないだろう。

　社会政策切符に関する議論は、ここ 2 年でいくつかの動きがあった。それは

左翼党（Die, Linke）と緑の党（Die Grünen）が、社会政策に関する反対の先鋭化に直面して、国会における議論に新しい動きをもたらしたもので、その中でドイツの状況を文書で示し、対応した国会でのイニシアティブをとったのである。イニシアティブの主要な方向性は、地域全体に統一的な水準を導入するというものであった。統一的な規則は、社会政策切符の請求権をもつ人の定義および価格の設定に必要である。それについては社会政策切符に賛成する複数の政党からいくつかの提案が出された。社会政策切符についての報告は、その導入により旅客が増加し、無賃乗車の割合を減らすとされた。

　無料化については、いつもベルギーの都市ハッセルトの例が出される。すでに1998年より、市内と郊外でバスは無料化されている。導入時点と比べると現在では乗客数は12倍になっている。ブランデンブルク州のテンプリンとリュッベンでも市営バスを無料で運行する試行がなされている。テンプリンでは無料は保養客に限られ、保養カードを取得するとバスに乗れるという仕組みである。無料化については、1970年代に比べて議論は低調である。

　交通と都市の発展を統合する戦略は、交通の構造上の条件を変更して、例えば低所得層の移動可能性の不利さを解消しようとするものである。ここでは、公共近距離交通へのアクセスを改善したり、健康施設や文化的な施設や催事などへの距離を縮小することが第1である。国土と交通の構造を総合的に取り扱い、社会的に疎外された層やそうした地区を統合していくことは、イギリスやアメリカ、ニュージーランドなどでアクセシビリティ計画として現われてきている。手始めに、地域の社会的相互作用が高いか低いかを見極める。サービスと職場へのアクセスを簡単にするため、社会的相互作用が低い地域の空間をその地域に住む人の視点から構成し直す。参加の保障は、その際の目標である。それにより交通政策は、社会政策の重要な基盤となる。「Making the Connections」という最終報告が発表されてから、多くの実際的な経験を集めることができるようになり、4段階の手順を発展させた。その手順はまず、ある地域の住民がその人たちにとって重要な場所に適切な所要時間で適切な費用で、安全に信頼性のあるサービスで到達できるかどうかという**アクセス調査**を行う。次いで、**資源の調査**が行われ、問題に対応するための利用できる手段や財源を明らかにする。**アクションプラン**では、解決方法に序列をつけ、展開し、その

第Ⅱ部　交通政策の中心的論点

解決方法を準備するための行政機関横断的な戦略を作成する。さらに、施策の導入とその戦略のモニタリングが行われる。アクセスの評価に基づいた計画の長所は、少数者の需要や交通機関への要望を考慮できることである。

（1）事例1：パリのバス—— Colom'Bus, P'tit Bus, Bus du Port

　低所得層の障害を取り除こうとしている国は、アングロサクソン系ばかりではない。パリ首都圏の郊外地域のオー＝ド＝セーヌ県は、高い失業率や低所得層が多い社会的に不利な地域であり、パリ中心部へのアクセスでもモビリティが制約されている問題を取り除こうとした。住民のモビリティの必要性に合わせた3つの新しいバス路線が導入された。路線にはネットワークの構造の柔軟性をもたせ、低所得層が多く利用する閑散時間帯のサービスを強化した。バス停も多く設置された。サービス展開の前には、アンケートやワークショップ、そこの住民を含めたワーキンググループ活動などが行われた。新しいサービスの導入は、住民に受け入れられて、職場や教育施設へのアクセスの悪さは明白に取り除かれ、大きな成功を収めた。成功の要因としては、住民が3本のバス路線の決定過程に積極的に参加したことがあり、それにより、当該地域に新たな主体者意識を育てることができた。

（2）事例2：ウェストミッドランド（イギリス）　ワークワイズプロジェクト

　ここ数年、社会政策切符による単なるモビリティへの補助や無料化を超え、低所得層が環境に負荷をかけない交通手段を利用することが可能となるような、多くの創造的なプロジェクトが実施されている。興味深いプロジェクトはイギリスのワークワイズプロジェクトで、求職者が職場の面接に出かける際の交通費を補助するというものである。ドイツでも職業安定所が採用面接に行く際の交通費を補助しているから、それ自体は特別なものではない。このプロジェクトが特別なのは、採用された場合には、公共交通の2カ月分の定期が支給されることである。一方で就労へのアクセスを容易にし、他方で職業生活への再就職で環境に負荷をかけないモビリティのルーチンを作り出すのである。このプロジェクトはウェストミッドランドの交通事業者セントロ（Centro）とその地域の職業安定所により実現された。財源は職業安定所とヨーロッパ地域開発基

162

金の資金である。このプロジェクトはこの間拡大され、ウエストヨークシャーでも開始された。プロジェクトの成果をみると、ウエストヨークシャーでは、2009年4月に2,396人がこのワークワイズプログラムで支援されている。そのうち25％は、この補助がなかったら、仕事や採用面接を受けることができなかったとしている。84％が引き続き公共交通を使っており、75％の人が、公共交通の運賃システムを以前よりもよくわかるようになったとしている。この成功の鍵は、職業安定所と交通事業者の結び付きにある。その際には、単なる組織的なパートナーシップの結び付きでなく、求職者のモビリティの障害を取り除き、環境に負荷をかけない交通利用が主導されている。

（3）事例3：ベルリン・ノイケルン（Neukölln）地区——必要な人に自転車を

　ドイツでもモビリティと貧困の問題は、採用面接への交通費用負担を超えた範囲で、すでに対応がなされている。ベルリンのノイケルン地区では、「必要な人に自転車を」として、職業安定所が取り組みを行っている。教育と統合協会では、25％がいわゆる「1ユーロアルバイター」として働いている[3]。このプロジェクトでは、失業保険 Hartz Ⅱ の受給者あるいは基礎補償（老齢年金あるいは障害年金）受給者に、自転車の小さな修理を行ったり、無料で自転車を貸し出す。該当の証明書を示すことによって、修理が行われる。修理に際しては通常は材料費のみ請求される。自転車が寄贈されることもある。このプロジェクトでは、寄付やさまざまな施設の自転車置き場の整理の際や路上に放置された持ち主不明の自転車が用いられる。市の公安局と協力して、このような自転車が集められ、可能であれば修理される。この地域のプロジェクトはうまく定着し、他の社会的事業とも関連付けられている。そしてこのプロジェクトは急速に普及し、よく利用されている。「必要な人に自転車を」の目的は、モビリティを獲得することあるいは再度可能とすることである。その対象者は修理や自転車の購入ためのお金がない人たちである。このことはすでに多くの人が、公共交通や自転車を利用することができないほど、経済的に厳しい状況にあるということを示している。

第Ⅱ部　交通政策の中心的論点

3　結　語

　交通と空間を社会的そして環境によいものに形成するべきであるという点について、は、多面的なアイディアがある。しかし低所得層のモビリティが制約されている原因については、非常に多様であるため、そうした全ての原因に同時に働きかけないと、戦略の成功は一時的なものになってしまう。モビリティが不均衡に配分されていることに対する、特定の決定的な対策はない。さまざまな戦略の組み合わせが必要であり、非常に注文が多いプログラムとなる。ドイツではまだ解決には程遠い。なぜなら、持続可能な交通の発展の形成における社会政策的な課題設定が、十分理解されていないからである。その大きな理由として、交通政策の戦略が交通事業者別に考えられていることによる。「統合的交通政策」はまだまだリップサービスにすぎない（本書第5章参照）。関係者は特定の交通機関を強化する立場に立つ。他方では、ドイツにおいて社会福祉問題は、Hartz Ⅳの法制化で初めて国会での大きな議論となった。イギリスでは階級社会と結び付いて長年社会問題は顕在化していた。イギリスにおける貧困層の困窮が、現場での改善につながった。ドイツでは、長い時間をかけて中間層が消滅し貧困層の厳しい状況が拡大しているため、低所得層に関する論議がようやく増加し始めている。

　交通政策と社会政策の直接的な関連がドイツでも理解され、対応されることが切に望まれる。「バンクーバー原則」に基づく交通計画策定や交通政策上の施策が目指されるべきであろう。そのための学術的な調査は不十分である。低所得層は多様なグループからなり、交通行動もさまざまである。ホームレスの街頭新聞売りは活発に移動するだろうし、日常的に移動する必要がなく、買い物のときだけ家を離れるような長期的な失業者もいるだろう。可能な場合には、境遇別の交通調査を行い、人間の実際の交通行動の全体像をわかるようにするべきである。そうすると例えばシングルで子育てをしている人は、効率よくトリップを設計し、実際にこなさなくてはならないということが判明するだろう。温暖化問題に対応し、持続可能なモビリティのサービスや交通手段については、多くの低所得者層に情報がいきわたっていなかったり、文化的な相違から利用

164

されなかったりしているかもしれない（移民層では自転車の利用が少ない点など）。このような問題、つまり温暖化問題に対応した持続的なモビリティのサービスをどのように作り出し、それについての情報をどうデザインしなくてはならないかについて応えるためには、さまざまな階層における交通行動のより深い知識が必要である。

注
1） その後ドルトムントの社会的定期券は値上げされ、30ユーロとなった。
2） 収入状態の定義は、加重による家計の規模の大きさ（OECDの新調整所得）と所得カテゴリーによって行われる。
3） 失業保険Ⅱ受給者に対して、追加補償を伴う公的に促進された雇用形態。

第**9**章	モビリティの社会化
	——社会形態と利用交通手段の関係

クラウス・J・トゥリー

ディルク・バイアー

　政策の課題とは、社会の発展プロセスをコントロールすることである。交通政策は、適切な種々の施策（例えば交通法規や交通路計画）を用いて、人々の交通行動を誘導しようと試みる。しかし、先見の明のある交通政策は、これを技術的な手段だけには頼らない。むしろ、現代社会では、人々の交通行動における要求と期待を知ることの方がはるかに重要である。この点で、過去のトリップ（交通）を観察するだけでなく、人間のモビリティ全体を視野に入れることが有意義である。人間が空間を移動する手段と方法は、モビリティの社会化の帰結である。

1　社会化と青年期

（1）モビリティの社会化とは何か？

　社会化とは、社会的な行動能力をもつ人格が形成されるプロセスをいう。社会は固有の構造、規範、価値観をもっている。人々は、社会化のプロセスの中で、これらに習熟していく。社会化は、社会の基準と個人の要求との間の緊張関係の中で進展する。今日では、社会のダイナミズムの発展から、社会化のプロセスはあらゆる年齢階層を通じて継続するが、特に感受性豊かな年齢の子供と若者にとって重要である。社会化の契機となり社会化を導くに最も重要な背景的要因は、家族、居住環境、友人関係、そして学校である。また、メディアの重要性の増大に伴い、メディアも次第に社会化を導くようになった。同じことが、モビリティの社会化についても当てはまるであろう。さまざまな制度的前提（例えば交通法規や交通路計画）や、買い物・友人訪問などのための距離の

第❾章　モビリティの社会化

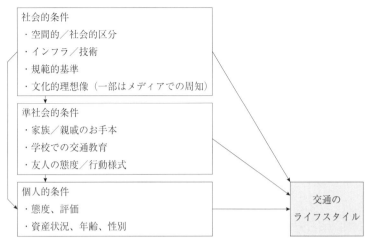

図9-1　モビリティの社会化の多次元モデル
出典：筆者作成

克服に使える乗り物の種類が、モビリティを通して形成される日常生活を規定する。ただし、社会科学では、これまでモビリティの社会化というテーマではほとんど何も研究されてこなかったことを認識する必要がある（Tully/Baier, 2006）。

　他の分野の社会化のプロセスと同様、モビリティの社会化に関しても、それがさまざまなレベルに関係していることから考察が始まる（図9-1）。社会の発展段階は、人間がモビリティに関してどのように行動するかについての、一般的な可能性の枠組みを規定する。とりわけ、空間的ないしは社会的な「分化」の程度、既存のインフラおよび技術の水準、法的規定と文化的理想像が決定要因となる。加えて、準社会的条件として、個々人が直接そこに包含されるそれぞれの社会的文脈が挙げられる。一例として、「家族」はこのような社会的文脈の1つである。そこでは、例えば両親をお手本にして、1人ひとりが自動車が高く評価される交通手段であることを体験する。また「友人」は、その考え方や行動様式によって、この見解をいっそう強固にする。さらに「学校」では、交通教育の体系の中で、モビリティ行動が明白な影響を受ける。個人的な諸条件のレベルより上位に、とりわけ社会的条件および準社会的条件の

第Ⅱ部　交通政策の中心的論点

結果として、モビリティ行動に対する特別な選好や態度が現れる。加えて、モビリティ行動は、所得や教育水準のような社会的指標によって、そして法的規定や年齢によって左右される。また部分的には、性別に関して、モビリティ行動に明らかな差異が存在している。このようなすべての要素が、モビリティに関係するライフスタイルを形成する。そしてこのライフスタイルは、モビリティの社会化の程度に応じて、個々人の考え方と行動様式の発展を包含している。

　それ故、モビリティの社会化の現実的な定義は、以下に示す内容となろう（Tully/Baier, 2006：120）。すなわち、個々人がモビリティ社会の参加者となっていくプロセスが重要である。このプロセスの本質的な帰結は、モビリティと結び付いたライフスタイルであり、そこでは、人それぞれのモビリティとの関係が長期的に規定される。近代社会は相互に交流する主体を前提としている。そして近代社会は、モビリティの社会化の成功を前提としている。これは、幼少期に、家族の送迎によって幼稚園や学校への距離を克服することから始まる。自動車を使用する権利の取得は、青年期の自立を特徴付けると同時に、社会の所与のモビリティに関わる規則にも左右される。このように、モビリティの社会化は、家族、友人グループおよび学校から直接影響を受けると同様に、社会的な規範からも影響を受ける。例えば、学校の交通教育体系の中で教えられる学習および知識の内容は、「後天的に」獲得された考え方や行動様式と同様に、明らかにモビリティの社会化に影響する。

　第2節では、目下の研究成果の背景となっているモデルのそれぞれのレベルが詳細に解明されるが、それに先立ち、以下では、なぜ青年期のモビリティが非常に高い重要性をもつかということを検討する。

（2）なぜモビリティは特に青年期に重要なのか？

　モビリティは、社会の近代化と分化のプロセスの結果である。社会の分化は、社会的または空間的観点から結果として生じうる。空間的分化は、以前は1つの屋根の下に統合されていた活動の場所的な分離を導く。社会的分化は、機能と役割の分離を意味し、空間的分化の原因を成す。近代的な環境では、例えば子供の教育は学校組織が担っている。学校と自宅の空間的な分離は、両親の役割と教員の役割の社会的分化の結果として存在する。この種の分化のプロセス

168

第⑨章　モビリティの社会化

は近代社会の特徴である。近代化のプロセスは、一般的にいって、分化のプロセスである。交通は、分離された領域を再び結び付ける技術的手段であり、分離された生活領域の統合を保証する。

　社会の発展と同様に、子供の成長は分化の進行のプロセスの証左となる。今日生まれた子供の生涯は、このような空間的・社会的関係の漸次的な進展の意味するところを追体験することである。このことは、子供がそこで生まれる家族の中で始まる。その際、両親の別居や離婚の場合が問題となる。この場合、子供はいろいろな場所で成長する。しかし、両親の揃った家庭に限った「日常的な」場合でも、子供の年齢とともに、空間的・社会的関係の相互作用の総数は不可避的に増加する。家族に関わるモビリティと並んで（そして、休日に親戚を訪問したり、乳児用スイミングスクールへ行くような、すでにそこに存在する無数の必然的なモビリティと並んで）、子供はまず間違いなく幼稚園へ行き、友人と知り合いになる。また幼稚園のほかにも、子供は音楽やスポーツのクラブに入り、後には小学校に通い、さらに上級学校に通う。おそらくこれに、アルバイトや補習授業、青年グループの社会参加が加わる。子供は医者にも行かなければならない。両親または友人と、あるいは子供１人で、買い物やその他多くのところへ行く。

　成長とは、異なる社会的環境に取り組むことを意味している。近代社会は複雑であり、これは成長期にある者にとって、例えば以下のことを意味している。さまざまな改革の中で、幼稚園、保育園、基幹学校、上級の教育機関は空間的に区分された。これらは今日、居住空間の周辺から離れており、近隣の生活領域以外の場所に存在する。経済政策的および労働市場政策的発展の推進力が作用すること、すなわち外延部に個人住宅が立地するような大都市の発展並びにそれに応じた周辺地域の変化は、同時に、子供や若者にとっては交通への参加の必然性を生みだすことを意味している。今日、１日のリズムは、学校の開始、仕事の開始、そしてさまざまな仕事の終了によって規定される。特に地方部では、時刻表と走行時間が１日をかたち作る。近い将来の社会人口統計の変化と予測される周辺地域の人口減少は、今後ますます長時間の通勤・通学をもたらす。同時に、それによって、友人宅へのトリップの距離が増大する。なぜなら、学校で友人関係が確立されるからである。大きな通学圏は、したがってまた長

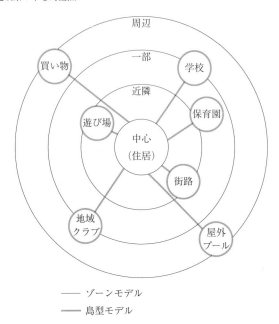

図9-2　成長のゾーンモデルおよび島型モデル
出典：Tully/Baier（2006：113）

い余暇トリップをも引き起こす。

　年齢とともに増大する場所的・社会的関係の分化と、それに結び付いたモビリティに対する必要性は、いわゆる「島型モデル」（Tully/Baier, 2006：112ff.）の中に明確に現れる。子供や青年の生活空間は、このモデルに従えば、活動に参加するために子供や青年が到達しなければならない多数の島から成り立っている（図9-2）。活動ゾーンへのトリップは、技術的に支援され、両親の同伴で実施されることが多い。「島型モデル」の主たる前提は都市の構造にある。そこでは短いトリップではなく、相互に離れたいくつかの場所（島）へ機能の集中が行われる。その例は、ショッピングセンター、学校、職場あるいは住居である。個々の場所（島）間の距離は、一部は長く、また危険である。

　島型モデルに対して、別のモデル（ゾーンモデル）が存在する。ゾーンモデルでは、成人は、自分の周りの空間的世界を少しずつ開拓する、ということに依拠している。活動半径は、年齢が増すとともに少しずつ増加する。1930年代の

Muchow u. Muchow の調査［訳注：Martha Muchow/Hans Heinrich Muchow "Der Lebensraum des Großstadtkindes" のこと］によれば、子供の活動半径は中心から階層を成して形成される（Tully/Baier 2006：113）。中心は自分の住居とその周りの街路である。若者は、自分のアイデンティティを確立した後に、自分のいる空間に応じたゾーンモデルを獲得することになる。年齢を重ねるに従って、認められ可能になる自由の範囲が大きくなり、空間も広くなる。Flade/Achnitz（1991）は、この考え方に同意したうえで以下のように述べている。すなわち「年齢とともに増加する自由の範囲は、男性ではさらに大きくなり、地方では都市よりもさらに広がり、自転車の所有がこの拡大を導く。一方、自分の住居の周りの街路とその周辺の交通量の増加は自由の範囲の拡大にとって大きな障壁となり、子供の生活空間はそれ以前の世代と比較して変化した」（Flade/Achnitz, 1991：43）。

　両方のモデルとも、考察の中心点に空間が明確に存在する。そして成長は必然的に空間の獲得と、それに伴うモビリティの獲得を伴う。ゾーンモデルでは、この獲得は能動的なプロセスである。なぜなら、自分が歩き回る範囲を学ぶことができるからである。島型モデルでは、この獲得は受動的なプロセスである。なぜなら空間は、希望する活動領域への途上にある速やかに克服されるべきハードルを示しているからである。特に島型モデルは、近代的な都市構造に係る知識と結び付いて、若者の日常の中でなぜモビリティが重要かを明らかにしている。しかしながら同時に、行動圏は、例えば自転車によって、意識的に広げることができる。

　しかし、モビリティは若者にとってますます分化される日常を統合することができるという点に鑑みて重要なだけではなく（手段としてのモビリティ）、モビリティの表現がアイデンティティないしはアイデンティティのデザインでありうるという点でも青年期の独立の目標でもある。モビリティ、特に自動車モビリティは、自己のアイデンティティを外部に示す可能性を提供する（Tully, 1998；Mienert, 2003）。

第Ⅱ部　交通政策の中心的論点

2　21世紀初頭のモビリティの社会化

　本節では、p. 171の図 9 - 1 で示されたレベルに沿って、どのような条件の
もとで21世紀初頭のモビリティの社会化が起こったかを示す研究成果を提示す
る。ここでは、ドイツにおける展開に焦点が置かれている。

（1）社会的条件

　ドイツは高度なモビリティを有する社会である。ドイツ国民は 1 人 1 日あた
り3.4トリップを行う。そして、平日は日曜日よりもトリップは多い（MiD,
2008）［訳注：Mobilität in Deutschland。全国レベルの交通調査で、2002年および2008
年に実施されている。2008年調査では、約 5 万世帯に対して主として電話による聞き取
りが行われた］。トリップの平均距離は11.5 km である。トリップの過半数は、
移動手段として自動車ないしバイク／原付が用いられる。全トリップの58％、
または全走行距離の79％が自動車ないしバイク／原付によって行われる（MiD,
2008）。1950年代および1960年代と比較して、とりわけ自動車が交通手段とし
て重要となった。すでに1980年代に、自動車によって支配される交通行動が現
れた。例えば1982年には、全走行距離の74％が自動車ないしバイク／原付によ
って担われていた（西ドイツ）。

　ドイツ連邦共和国は、他の西側諸国とまったく同様に「自動車モビリティの
文化」が特徴的に見られる。最近40年の間に、乗用車の保有台数は1960年の
500万台から、現在は4,000万台以上へと 8 倍以上に増加した。今日、統計上、
2 人に 1 台の乗用車が登録されている。この数値はもちろん平均値を示してい
るに過ぎず、この中には自分で車を所有しない子供や高齢者も含まれているた
め、ドイツの家庭の大部分は最低 1 台の車があるということができる。今日、
自動車は、ほとんどまさに、電話、冷蔵庫、テレビと同様にあって当然のもの
となっている。このことが、自動車を単なる乗り物以上の象徴的な地位に導い
た。自動車はその使用上の価値と並んで文化的な価値も有している。これはと
りわけ、近代社会でモビリティが高い社会的価値をもっているということであ
る。

172

第⑨章　モビリティの社会化

「自動車モビリティの文化」が定着し得たことには、階層的な理由があった（Tully/Baier, 2006：90ff.）。第1に、自動車モビリティの文化は、工業化の過程で始まった社会的分化のいっそうの進展を必要とした。第2に、モビリティへの増大する誘因を充足しうる技術革新が適切な時期に登場した。第3に、自動車の奨励のためにさまざまな組織や主体が尽力しなければならなかった。最も重要な主体の1つは、さまざまな交通手段の促進のための規則を決定する国家である。さまざまな交通網の発展をみれば、過去半世紀の間に国家がどのような優先順位を設定したかは明らかであろう。1950年以降、鉄道網の延長は僅かに減少し、水路も拡張を経験しなかった一方で、道路網（地域間道路）は30％以上増加した。

自動車モビリティの文化は以下のデータからも読み取れる。すなわち、2008年には18歳以上の全人口の88％が運転免許証を保有しているが、2002年にはこれは84％であった（MiD, 2008）。30～39歳のグループでは保有率は95％である。自動車モビリティはまた、以下のような特徴からも明らかになる。都市の街区をつなぐ道路配置の設計によって、都市の環境が特徴付けられる。建設は自動車モビリティの文化を形づくる基礎である。自動車に代わる他の交通手段がないことが都市景観を方向付け、自動車ほどわれわれの経験を支配するような交通手段は他にはなかった。

モビリティの高度に文化的な重要性は、法律で厳格に規定された分野であることにある。**標準的な規範**が、運転免許の取得のみならず、自動車運転者の行動も規制する。免許の取得に関していえば、目下のところドイツでは特に以下のことが課題となっている。すなわち、相応の試験の存在を前提として、16歳で小型オートバイの運転が許可され、18歳で乗用車運転免許の試験を受けることができる。この年齢規制は、過去に繰り返し批判を受けてきた。批判の根拠は以下の調査結果に示される。すなわち、若い運転者は、事故の発生率で平均をはるかに上回る率を示している。道路交通で最も危険な年齢階層は18～24歳である。事故に遭った人および死亡者の5人に1人はこの年齢階層に属している。しかし、18～24歳の年齢階層の総人口に占める割合は僅か8.3％である。これまですでに、運転免許証の取得のための規定の運転教習を補うために、運転初心者のための安全教習が多く提供されるようになってきた。加えて、すべ

173

第Ⅱ部　交通政策の中心的論点

ての連邦諸州は順次モデル事業「17歳からの同伴運転」に参画した。この試み
の内容は、乗用車運転免許証の取得の最低年齢の17歳への引き下げである。こ
のプログラムに対する最初の評価は以下のとおりである。すなわち、このモデ
ル事業に参加した若者はめったに事故に遭わず、めったに交通違反を行わない。

　地方部では、都心部よりも、このモデルははるかに大きな魅力を有している。
このモデルでは、社会的な諸条件がモビリティの社会化のフレキシブルな実現
可能範囲を形成する、ということが示される。都市の住民と地方の住民のモビ
リティは、顕著に区別される。たしかに、都市では地方と同じだけのトリップ
が行われている。しかし、1日のトリップ距離は6km短い（42kmに対して
36km、MiD, 2008）。だがこれは、地方では時間が余計にかかることを意味しな
い。明らかに、都市では地方よりもバスと鉄道が用いられることが多い。地方
では、50％以上の人が全く公共交通を利用しない。都市では、利用しない人は
わずか20％である。ベルリンのような大都市では、地方よりもはるかに多く自
動車が完全に放棄されている。ベルリンの家庭の41％が自動車を保有していな
いのに対して、地方の特徴をもつニーダーザクセン州ではわずか13％である。
このことから、成長し学ぶ場所には左右されずに、若者にとってモビリティは
大きな価値を占めていると結論付けられる。しかしながら同時に、彼らは、モ
ビリティの要求が充足されうる方法は非常に多様であることを学ぶ。

　若者に対する質問の結果は、都市と地方の差異を示している。すなわち、地
方では、居住地域での余暇施設に対する満足度は、都市の若者に比べて僅か半
分に低下する（Tully, 2002）。同時に、地方の公共交通手段に満足しているのは
1/3だけである。不満足とインフラの欠如は、地方での原付、バイク、乗用車
の利用を強要する。都市の若者の3/4は通学時間が30分以下であるのに対して、
地方の若者の3/4は通学に30分以上を必要とする（Tully, 1998：157ff.）。

　Hüttenmoser（1994）の研究は、非常に明白に、都市での子供の成長と地方
での子供の成長が、どのような結果をもちうるかを示している。子供を戸外で
遊ばすことのできる地方の家族と、それができない人口稠密な地域の家族が調
査された。前者のグループの子供は、後者のグループの子供よりも多くの領域
で活動することができ、前者は後者よりも社会的に統合され、運動能力をもち、
社会的な判断能力がある。一方、大量の交通量が発生している地域で子供を育

てる両親は、子供を出来る限り危険から保護しようとし、家庭外の活動の可能性をほとんど与えない。これは、すでに述べられた不利益である。これに加えて、彼らは交通に慣れ親しむことができず、それゆえ、交通において、最終的に彼らの事故のリスクを増大させるような危険な移動を行うにいたる。都市と地方の差異は、このようにさまざまな観点で重要である。しかしながらまた、一面的に固定化するには限界がある。都市や地方にもそれぞれ大きな差異があり、それゆえ例えば、子供たちが十分に自由な空間と刺激を与えられる都市地域も存在する。

（2）準社会的条件

両親、兄弟、親戚は、子供の考え方と行動に、人生で最初に密接な影響を与える人物である。それゆえ、多くの他の分野と同様に、モビリティの社会化においても、家族に重要な役割が課せられる。これについての、非常に特筆すべき価値のある調査結果として、以下のことが挙げられる。すなわち「複数の成員からなり子供がいる世帯は……最も高い乗用車保有率」を示している（MiD, 2008：61）。ドイツ全体で全世帯では18％が自動車を保有していないが、少なくとも1人の子供のいる複数の成員からなる世帯では非保有はわずか2～3％である。それにもかかわらず、すべての子供がほとんど当然に自動車と共に成長するわけではない。片親世帯の23％では、主として経済的理由から、乗用車がない。

家族がそのモビリティをどのように形成するかに対して、構造的な前提条件が影響力をもっている。年長少年［訳注：Heranwachsende。ドイツ少年裁判所法 Jugendgerichtsgesetz における定義で18～20歳を指す］は、まず家族関係の中でのモビリティの実践を学びうる。家族の人数が多ければ多いほど、交通への要求は大きい。そしてそのためには、乗用車が優れた利用可能性を示す。しかしながら、乗用車が意識的に特定のトリップのためだけに用いられるのか、それともすべての可能なトリップに使用されるかどうかは、多くの面で子供のモビリティに影響するであろう。この種の親子間の継承プロセスの研究は、これまでほとんど存在しない。しかし、Mienert（2003）は、このような時系列研究の成果を報告している。ここでは特に、どの程度まで、両親と子供のモビリティ

第Ⅱ部　交通政策の中心的論点

行動の考え方が一致するかが研究された。両親とその青少年の子供の自動車および交通に関する考え方の間の関係は、むしろ弱いという調査結果が得られた。この調査結果は、多くの別の分野で見出された両親の多大な影響と比べると、驚くべきものであった。これについての可能な説明は、考え方や行動様式が子供に必ずしもすべて引き継がれるものではないというものである。両親から独立した独自のアイデンティティをもちうることが、若者層の中心的な課題であるので、状況によっては、青少年期に、両親の考え方を忌避するような時期がある。Mienert（2003）の研究によれば、若者層は、年齢を重ねるにつれて、例えば自分の家族をもてば、おそらく再び親の手本に近づいていく。事故の研究から、「両親の安全志向についてのお手本となる行動と実践的な教育行動は、子供と若者の安全志向の行動に明らかな影響を与えている」（Limbourg et al., 2000：89）ということが知られている。そのため、子供を強く監視し、子供に積極的な関係をもち、自らはめったにリスクのある行動を取らない、または規則通りの行動を示す両親の元で育った子供は、しばしば注意深い交通行動を示す。

　若者については、両親の家庭と同様に「友人」もモビリティの形成において重要である。友人は2通りの方法でモビリティに影響を与える。第1に、友人のネガティブな経験から学ぶことができる。例えば、友人の事故は、同じような状況で適切に行動することを導きうる。第2に、とりわけ、リスクのある行動様式は同じ年頃のリーダー役に影響される。この種の行動は、大人の世界との距離を顕示する目的に役立つ。しかしながら同時にまた、友人グループとの連帯を保障するための手段でもある。若者は、別の年齢階層の人々よりも強く、リスクを負う行動の際にはみんなと一緒に振舞うべきという圧力の影響下にある。友人について補足すると、若者は友人の極端な行動に影響をうけるだけでなく、「ノーマルな」行動様式も同様に影響をうける。乗用車運転免許の取得という決定は、友人グループの他の人がその決定を行ったかどうかと無関係ではない。公共旅客交通の利用は、それゆえ、同年齢の者がこれを「クール」と見なすなら、高く評価されるであろう。運転初心者が買いたいと思う自動車は、親の予算と並んで、友人グループの中で人気のあるメーカーや車種に左右される。しかし、この仮定に対する実証的な調査結果は、これまでもちろん存在し

第❾章　モビリティの社会化

ていない。

　友人と出会える、最も重要な場所は学校である。おそらく確実に、最良の友人は同じ学校に通っている。そのため、通学路で友人宅へのトリップも同時に決められる。学校へのトリップが長くなればなるほど、友人宅への往復トリップも長くなる。モビリティの社会化について、学校においては目的が定められた学習プロセスの提供に限定されている。これは1972年に必修として導入された交通教育の体系の中に見られる。4年間の小学校の間に、計約60時間が交通教育に費やされ、さまざまな科目がこのために利用される。そこでは、歩行者、自転車、公共交通の利用者としての行動が強調される。学習内容は、特に、学校へのトリップについて、あるいは交通標識の認識である。通常、授業の一部は警察と共同で実施される。目下の交通教育に対する批判は、もっぱら交通安全にしばしば重点が置かれ、交通教育のその他の側面（社会教育、健康教育、環境教育）が実施されていないということである（本書第11章参照）。

　交通教育のための中等学校で実施される授業も、小学校と同様の量である。しかしながら、そのテーマは学校の要求に合わせられる。その限りにおいて、例えば、原付やモーターバイクの運転あるいは鉄道の利用により強く焦点が当てられる。まず、事故防止を目的とする教育プランにおいて定められた交通教育は、確実にモビリティの社会化を形成する。それにもかかわらず、社会研究の視点からは、将来的には、社会的条件ないしは社会的に一般化されたモビリティのスタイルとの強い相互作用が、授業の体系の中で推奨される。これに加えて、どのように、意図しない形で学校がモビリティの社会化に影響するか、例えば、どの程度まで教師の手本が特定のモビリティのスタイルに影響するかを探求することは確実に興味深いであろう。

（3）若者の個人的条件とモビリティのライフスタイル

　子供と17歳までの若者は、1日約3トリップを行う。18～29歳の人々は、この回数が3.6トリップに上昇し、30～59歳では、これは最大3.9トリップとなる。とはいえ14～17歳の年齢の若者は平均毎日80分移動しており、その距離は30 km である（MiD, 2008：75）。そのため、子供と18歳以下の若者は、最も頻繁に公共旅客交通を使用する年齢グループに属している。同時にまた、若者は、

177

第Ⅱ部　交通政策の中心的論点

すべての年齢グループと比較して、最も多く自転車に依存している。動力化された個人交通を利用する場合は、大部分、同乗者としてである。子供と若者のすべてのトリップの41％は、同乗者として行われる（MiD, 2008: 77）。

　若者によって行われるトリップはどのような目的のトリップか？　若者のモビリティの最初の大規模な調査は2003年に公表された。「U-Move 研究」（Tully, 2002）では、約4,500人の若者に質問が行われた。同研究は、すべての平日に行われるトリップの1/4は学校または大学へのトリップであることを示している。若者の僅かな部分については、毎日のトリップで、すでに通勤が重要な位置にある。すべてのその他のトリップは、余暇において行われる。ここでは、友人訪問や買い物、外出が重要である。週末には、明らかに、友人訪問や外出目的のトリップを行う可能性が上昇する（Tully/Baier, 2006：30）。

　子供と18歳以下の若者は、毎日のトリップを、動力化された個人交通手段（バイク、原付、自動車）を使わずに、なんとか行うことができる。「18歳に達するやいなや、動力化された個人交通への関心が最大限に飛躍し、動力化された個人交通手段はすべてのトリップの半分弱を占めるようになる」（MiD, 2008：76）。特に後期若年層においては、とりわけ**年齢**が移動の種類と方法を構造的に規定するといえる。この状況は、すでに述べられた、運転免許証の取得可能年齢の基準に基づいている。16歳・17歳での原付の運転免許証の取得によって、オートバイの割合は大きく上昇する。18歳以降は、自動車利用が高く跳ね上がる。ここで以下のことが観察される。第1に、18～20歳までの年齢では、乗用車を除くほとんどすべての他の交通手段は、利用の最低点にある。しかしその年齢以降は、他の交通手段が再び増加する。第2に、22歳以降、自動車はあまり重要ではなくなる。いくらか年長の若者は、それゆえ、自転車と徒歩を徐々に見直すようになる（Tully/Baier, 2006：198ff.）。どのようなプロセスがこの原因か、目下のところ、述べることはできない。

　加えて、別の研究は、乗用車運転免許の取得と結び付いて、交通手段選択における視野が狭まる現象が生じることを証明している。運転免許を取得した若者は、自転車を利用しない。また、彼らは公共交通をめったに利用しない。自動車利用にほとんど罪悪感をもたず、友人が自動車利用に反対するとは考えない（Tully/Baier, 2006：199ff.）。このような感覚は強固に固定されているわけで

第❾章　モビリティの社会化

はない。疑いなく、後の生活の局面で、新しい変化の影響を受けるであろう。しかし同時に、この新しい変化は、確実な安定性が支配しているモビリティのライフスタイルに統合されるという結果になるだろう。それゆえ、運転免許証の取得最低年齢が18歳に定められていることが、それ以下の年齢の若者が、乗用車運転免許を取得し自分で意思決定して移動することをひたすら待ち焦がれる、という状況を導いている。しかし、この交通手段における自立は、高齢になれば、好むと好まざるとにかかわらず、再び断念されるであろう。そして、60～64歳の年齢グループではまた、18～29歳のグループと同様に、乗用車や原付／オートバイを手段としたトリップが高い割合に戻る（MiD, 2008：77）。さらに高齢になれば、徒歩の割合が増加する。

　Flade/Limbourg（1997）の研究が証明したように、乗用車で動きたいという欲求は、18歳になって初めて、または運転免許証を取得して初めて発生するわけではない。低年齢の若年層もまた、将来の自分の交通手段選択をどのように思い描くか質問されたなら、彼らの4割くらいまでは、自分で運転する自動車を求めるであろう。自動車は、独立、気まま、自由を代弁する。そしてそこでは、リスクと危険は完全にフェードアウトはしないものの、明らかに長所の背後に後退する。それにもかかわらず、都市の環境は、子供や若者の自動車指向に影響力を有している。ハンブルクやミュンスターのような自転車都市では、例えばルール地方のように、若者は自動車に執着することはない（同上：74）。確認された限りでは、都市の基本的条件がモビリティのライフスタイルに影響している。

　これに加えて、注目すべきことは男性と女性の間の差異である。**性差**は、年齢よりもさらにモビリティの形成に影響する重要な要素である。青年期には、男性は自動車指向であり、彼らにとって楽しい時間は運転が中心を占めている。それに対して、女性は徒歩をプラスに評価し、自らの交通手段選択では環境的側面を強く尊重する（同上：85ff.）。大人の行動でもこれが反映される。女性は平均的に男性よりもいくらか少なく、そして全体として短いトリップを行う。彼女たちは徒歩が多く、めったに乗用車を使用しない（MiD, 2008：79）。ただしこれはすべての女性に当てはまるわけではないことに、注意すべきである。なぜなら女性は男性よりも子供の教育に責任を負い、家庭を強く指向する。

第Ⅱ部　交通政策の中心的論点

「子供のいない家庭では（…）就労している男性と女性のモビリティは（…）非常に近似した結果となる。」（同上：79）。

　特筆すべき性別による差異は、とりわけ、性差に特有な社会化に起因する。女性は家庭内の活動に没頭することが多く、めったに自転車を使用せず、活動範囲は小さい。女性では、自動車を利用して動く自立の誘因は、おそらく男性よりもわずかしか見い出せない。しかしながらここでもまた、男性と女性のモビリティの社会化が徐々に同化しており、男女の役割の変化が起こっていることは明らかである。

　若者のモビリティの具体的な形成に関しては、年齢や性別と並んで、さらに多くの要素が一定の役割を演じる。ここでまず、**所属する階層**に触れるべきである。家計の状態は、子供や青年のモビリティ行動に影響をもつ。所得の低い家計の子供のトリップは１日わずか2.6トリップに過ぎないが、所得の高い家計の子供は3.1トリップである。これに加えて、所得の高い家計の子供は、乗用車やオートバイ／原付の手段によるトリップの割合が明らかに高い。月あたり可処分所得が4,000ユーロ以上の家計は、ほぼ100％乗用車を保有している。1,500ユーロ以下の家計は、少なくとも1/3が乗用車を保有していない（MiD, 2008：58）。Tully/Baier（2006：188）は、家計予算が増加するに従って、自動車を保有し使用する可能性が上昇するということを示している。これに対して、生徒の**教育水準**は、少なくとも青年期ではあまり重要ではない。比較的高い教育水準の生徒は、自動車指向の傾向は弱く、家計予算を使用する額はやや少ない。額が少ないのは、教育課程にある生徒からであり、高度な教育の果実は大人の年齢になって初めて現れる。

　しかし、具体的なモビリティ行動は、いわゆる人口統計的要素のみに影響を受けるわけではない。心理学的・社会科学的研究は、特定の**考え方**、**好み**、**価値観**がわれわれの行動に影響を及ぼすことをすでに早期に明確にしている。特定の行動の決定は、少なくとも、以下の３つの条件と関連している。すなわち、対象に対する既存の考え方（プラスまたはマイナスの評価）、知覚された行動の管理（目的とする行動を実行に移すことのできる能力）、そして規範的な圧力の程度（定められた行動の実施に対して他の人がどのように考えるか）である。この３つの要素が特定の行動の実施を示唆する場合に、行動計画が形成される。そして、

第9章　モビリティの社会化

外部の事情が実行を妨げない限り、適切な行動が実施される。

　Tully/Baier（2006：185ff.）は、年齢や家計予算と並んで、さまざまな考え方が若者の交通行動を特徴付けている、としている。自動車指向の（自動車に対して積極的な態度で、それに応じた余暇を形成する）若者は、乗用車の運転免許の取得や自動車の所有や運転の割合が大きい。このような自動車指向は、一般に、技術への高い関心と密接に関連している。その反対に、高い環境意識は、自動車利用を減少させるように作用する。

　モビリティ研究の出発点は、モビリティの行動に対する可能性のある多くの影響要因の効果を抽出することではなく、タイプもしくは**ライフスタイル**ごとに束ねることである。これらの手がかりは、ときとして、まったく異なる結果を導くけれども、モビリティの社会化のプロセスの結果を記述するために、目下のところ、最もふさわしいとされる。ライフスタイルの概念は、年齢や教育などのさまざまな具体的な基準と同様に、考え方や価値観などの主観的な基準を付け加えられる。ライフスタイルはある程度の期間は安定している。同時にもちろん一生の間固定しているものではない。しかしながら、ライフスタイルは、大部分、既定の社会的地位の変化が生じた場合にのみ変化する（例えば家族の形成、年金生活に入ること）。

　この概念の長所は、若者はその両親のように自動車に執着するわけではない、ということを明らかにしうることである。たしかに、疑いなく現在は、自動車モビリティの広く普及した文化の近代的な社会の結果として、自動車指向の生活スタイルの支配がまだ存在している。しかし、自らのモビリティを別のやり方ですでに形作っているグループが出てきている。そして、異なる社会的状況の下では、このようなグループの人々は将来さらに増加するであろう。将来、特に都市の空間の中では、自動車指向は後退するかもしれない。この傾向は、まず自動車登録統計と若年者の運転免許の取得においてみられるようになった。

3　結　語

　西ドイツ社会は、1990年代までは「モビリティ社会Ⅰ」タイプの社会と名付けられる（Tully/Baier, 2006：95ff.）。この社会の特徴は、生活が制度によって規

第Ⅱ部　交通政策の中心的論点

則付けられていたことであった。生活と仕事、活動と休息の明らかな分離がみられた。この社会は高度に空間的に分離されており、これはトリップの増大を導いた。距離の克服のために工学的な技術が使用され、そこでは自動車が重要な交通手段であった。

　モビリティ社会Ⅰの多くの特性は、今後のわれわれの社会のデザインをも特徴付けるであろう。しかし同時に、さまざまな制度的な規則は変化するということが示唆されている。教育、仕事、生活、家族は、あらゆる階層の住民にとって、もはや厳格に分離された世界ではない。しかしながらこれは、分化の解消と同列に扱うことはできない。なぜなら、例えば正規の教育制度以外の生涯教育が行われ、そのためには仕事以外にも多くの時間を作らなければならなくなる。この展開は、トリップをさらに1回増加させる。これは一方では、新たなモビリティの目標と目的を生みだす。すなわち、個人ごとに異なるといったいっそうの分化が進展する。他方、国民国家はもはや現実的なモビリティの決定の原点ではなく、地球全体が原点である。モビリティ社会の新しい形態「モビリティ社会Ⅱ」（Tully/Baier, 2006：95f.）が、この諸条件の中で発展するだろう。この社会では、あらゆる場面で自由に移動できないと、モビリティがあるといえない。この場合、自動車モビリティの固定化は不都合である。なぜなら固定化は、自動車以外の特定の選択枝を採ることができないという結果を導くからである。その代わり、マルチモード性が強調される。すべての交通手段は同列と見なされ、目的に応じて使い分けられる。単一の解決策に対して、複数の選択肢のある社会に転じることになる。

　この変化は、新しい情報通信手段の技術を伴っている。一般的にいって、モビリティ行動の変化は技術革新によって引き起こされる。そしてこれは特にモビリティ社会Ⅱにあてはまる。いろいろな情報通信技術の新発明はまた交通の増加を引き起こす。インターネット、携帯電話、その他の近代的な情報通信手段もこの例外ではない。情報通信手段は、一方で新しいモビリティの機会を作り出し、他方ではそれによって従来のモビリティのあり方を再編成するよう促す。とりわけ若者については、情報通信技術によって友人グループへの参加が可能になることが示されている（Tully, 2009）。この技術がトリップを代替するとは確約できない。若者は、電話やショートメッセージの交換に加えて、直接

会うことを放棄していない。携帯電話により「イベント・ホッピング」のような こと、すなわち情報を手に入れてイベントを探すことが可能になった。情報 通信によるトリップの代替が確実に生じるわけではない。そうではなく、会う という約束行動の変更が、より自由に行われるようになるのである。

　社会的状況の変化が、モビリティの社会化の変化を導きうるという最初の指 摘は、すでに確認されている。18〜29歳の年齢では、主として若い男性につい て、乗用車の運転免許証保有率が低下した。都市地域では、これに加えて、今 日若い男性が以前と比べて公共旅客交通と自転車を使用する機会が増えている （MiD, 2008）。自動車モビリティが人間と環境に損害を与えるという自覚が、今 日若い成人においては明白である。これに加えて、徒歩や自転車の利用は自分 のフィットネスに役立つと考えられている。

　これによって、自動車とモビリティとの固定的な関係が薄まることが暗示さ れるとしても、モビリティの社会全体の変化は非常に緩やかであろう。たしか に社会的な変化は、モビリティのスタイルとそれに伴うモビリティの社会化の 質的変化の基礎である。しかし同時に、本論文で描写されたモビリティの社会 化の多層モデルが示すように、さらに多くの諸条件が観察される。加えて、社 会の構造的・文化的諸条件もゆっくりとしか変化しない。その限りで、すでに 獲得されたモビリティスタイルに政策的に影響を与えることは非常に困難であ る。経済的な要因で燃料価格が上昇したが、広い範囲で燃料消費の価格弾力性 が小さいことを知らしめた。そしてこのような価格弾力性は、石油会社によっ て、さらに効果的に検証されている。それゆえ、社会的に規定されたモビリテ ィスタイルの変化のためには、さまざまな主体の協力が不可欠であり、目下の モビリティスタイルの持続的な検証は、もしかすれば、次の次の世代でようや く示されるものといえるかもしれない。

　本論文は、モビリティの多層的な社会的な要因と、各人のモビリティの発展 に関する多層的な要因を示すことを試みた。交通について述べるなら、将来を 見通した様式は交通政策の対象である。なぜなら、これは社会プロセスの体系 的包摂を前提とするからである。交通政策の成功は、技術的な施設整備ではな く、社会的に形成されたモビリティ需要を考慮することの中にある。

第10章　渋滞現象

レギーネ・ゲーリケ

　道路交通の渋滞、過大な運送を行う列車、飛行機の遅れは、多くの人が日々直面する現象である。それは、ストレス、疲労、そして怒りにつながる。約束の時間に対して不正確で信頼できないということになり、余計な時間を予定にいれなければならない。休暇はストレスをもって開始する。移動を先延ばしにせざるを得なかったり、場合によっては取り止めということにもなりかねない。そして最終的には、自動車の費用と環境への影響が増大する。

　渋滞は、日々さまざまな形でわれわれに影響する。時間は、誰にとっても希少資源である。自由で他人に邪魔されない（自動車の）移動は、多くの人にとって生活の質を表現するものだといってもいいが、その移動が制限されることは、個人の自由時間を削るものとして認識される。また、経済がより一層ネットワーク化し、グローバル化することで、信頼でき、価値のある速い移動が求められている。

　交通渋滞は、こうした個々人に係る結果に加え、社会的な次元も合わせもつ。全ての運送人と運送目的は、過負荷の発生に直面する。それはかなりの社会的な費用をもたらすものである。Nash（2003）は、ヨーロッパ諸国にとっての渋滞費用を国内総生産の0.3％（デンマーク）から4.8％（ギリシャ）と述べている。

　渋滞は非常に多くの原因がある。都市部では、とりわけ交差点で混雑現象がみられ、交通流が障害を受ける。高規格の道路網では特に区間の容量がいっぱいになり、さらに、それを越える。また例えば、事故や工事現場のような一時的な事象も渋滞につながる。しかしながら、鉄道、水運、航空といった運送においても過負荷の発生によって遅れが発生する。これらの運送の遅れから発生するコストは、遅延統計を基礎に検証され、経済的生産のロスとして定量化さ

れる（Infras/IWW, 2007）。

　本章では、道路交通に焦点を置く。それは道路交通が交通量で最大のシェアをもち、渋滞というテーマの議論として前面に出るからである。加えて、渋滞の社会経済的な定義は、本章第2節1項で述べるとおり、道路交通においてのみ発生するものであり、交通参加者のそれぞれの調整が必要となるものである。

　これらの議論において、公的主体は、生存配慮あるいは経済的な理由から、交通インフラの計画、資金調達、建設、維持は伝統的に公的主体に帰属させることがふさわしいとして、意義を持つことになる[1]。ここからさらに、公的主体は自由な市民のための自由な走行を保証することに責任を負うという意味にもつながる。さまざまなレベルの国の機関がこの責任の下、交通インフラ容量の拡大とあわせ、例えば交通通信技術によって既存の交通インフラの効率的な利用に、かなりの投資を行う。例えば、2009年に連邦政府が約束した景気対策プログラム120億ユーロの枠組みは、交通路に自由に使えるようになった[2]。

1　本章における渋滞の分析対象

　渋滞というテーマに取り組む理由はさまざまであり、必要とされる情報も、講じられる渋滞対策もさまざまである。

- 渋滞の場所、時間の実際のデータは、交通情報サービスや交通状況見通しにとって、通行やルート選択の決定に用いられる基礎となる。
- 「渋滞箇所」や既存のネットワークにおける一般的な交通流に対する長期的な情報は、インフラの計画や管理にとって必要である。それら情報は、戦略的な空間配置と交通政策的な施策（構想、枠組みの条件、税金あるいは料金水準）にとって、また、さまざまな空間レベル（インフラ建設、交通制御、交通コントロール）での施策の基礎となり、個人や企業の立地決定に影響を与える。
- 交通行動に関する詳細で時間的、空間的にきめ細かく紐解かれたデータは、交通流とそれに伴う環境作用のモデル化にも必要である。これらは交通政策の施策やプログラムの評価の基礎として再度使えるのである。

第Ⅱ部　交通政策の中心的論点

　この章では、道路交通にとっての、渋滞の結果、交通政策的な帰結をマクロ
経済的な視点から議論し、次のような中心的な問いを提示するものである。

　　　・渋滞からどのような結果が引き起こされるか？
　　　・マクロ経済的な視点からこのことはどのように評価されるのか？
　　　・そこから、どのような交通政策の必要な措置が導かれるのか？

　その際、渋滞の程度やこれを完全に除去することの可能性といったことは、
あまり関心事ではない。議論は、むしろ既存のインフラ容量の効率的な利用、
あるいは第2段階として、最適なインフラ容量の効率的な利用に関する課題が
中心である。

　ここでの効率性とは、所与のインプットの下でのアウトプットの最大化（最
大化原理）、あるいは所与のアウトプットをもたらすためのインプットの最小化
（最小化原理）と定義される（Blum, 2004）。交通インフラの効率性は、しばしば
所要時間に基づいて判断される。目的は、人々が最速で目的地に到達すること
である。基本的には、インフラを利用する車両が少ないほど、この目的をうま
く達成できるという議論が根底にある。また、社会経済的な最適均衡において
も、渋滞現象が存在するということも重要である。

　このような点に重きをおきながら、この章では手段（Instrument）の最適化
を検討する。交通需要は、ほとんどの場合、目的地に本来の意義や利用がある
派生需要であり、われわれは、その目的に基づき、活動を行い、需要を満たす
ことができる。効率的なモビリティは、需要の満足度合いと旅行時間、資源、
インフラという所与の前提の下での活動の質と量の最大化として定義できる。
同じ活動はここでは、きわめてさまざまな交通支出を伴って実現される。朝食
のためのミルクは、例えば、街角や普通のお店（個人商店）や近くの衛星都市
のスーパーマーケットで買うことできる。空間計画と交通計画の間の統一的な
調整によって、隣接した周辺のコンパクトな地域において多くの可能な選択肢
をもち、実際に選ぶことができる。これらの人々は、確かに小さな交通量（例
えば移動距離で測られる）であるが、にもかかわらず、実現した活動や満たされ
た欲求としては高い値になるのである。

186

第10章　渋滞現象

活動を行うために必要なトリップの数や長さは、それらトリップのためのインフラが効率的に利用されるということとは本来関係ない。一方、インフラが効率的に利用されなければ、活動のための資源は少なくなるという可能性はある。本章が移動時間とそれに伴う費用の最適化に焦点を当てることで、上記で述べられた効率的なモビリティの上位の定義の問題として、取り組むことになる。それでもって、今日発生している渋滞現象が交通システムの非効率を導き出しているのか、公的主体の介入により効率性を高めうるのか、という問題の議論がなされる。

道路渋滞問題を緩和するには、さまざまな戦略が議論され、適用されている。

- ・インフラの拡張のような計画的、工学的な施策：これは、例えば通信情報の応用によって別の交通手段を提供したり、土地利用計画と交通計画の連携を改善したりすることで、既存インフラを上手に利用することである。
- ・駐車場経営の規制や速度抑制といった規制施策。
- ・情報提供の施策：これは、例えば定期的に発生する渋滞現象の情報のようなもので、そのほかに、代替的な交通手段の提供や実際に渋滞の状況がわかるウェブカメラといった施策もある。
- ・価格による施策：例えば道路利用料金や駐車場のスペース管理のようなものである。

次節では、とりわけ価格施策に焦点を当てる。渋滞料金の根拠になる既存の経済学的な議論を基に、渋滞の外部費用を発生者負担とすることで可能となる、効率性の成果を議論する。続いて、渋滞問題の軽減に向けた交通政策におけるきわめて現実的な戦略として、インフラ容量の拡大を論じる。そこでは、渋滞の軽減に向けた2つの重要な戦略が紹介される。有効で長期にわたる渋滞との戦いにおいては、包括的に挙げられた施策の分類が考慮されるべきである。それは、効率的な交通インフラの利用に加え、施策の転換を十分に受け入れるということを目的とする。

187

第Ⅱ部　交通政策の中心的論点

2　渋滞費用

　渋滞費用に関しては、Small（2007）等で理論的な分析がなされている。渋滞が発生する場合、市場均衡の状態においては、個々の利用者ではなく、交通全体、あるいは社会全体の厚生損失が発生している。こうした損失を回避する手法としてはピグー税[3]が知られ、道路渋滞においては混雑料金として適用される。

（1）渋滞費用は外部費用か

　1つの重要かつ議論のある問題は、社会全体の厚生損失として定義された渋滞の費用が外部費用であるかというものである。この問題は、重要な意味をもつ。というのは、外部費用である場合のみ、公的介入が求められるからである。私的費用は、市場参加者にとっては重要な価格シグナルであり、それによって、各取り引きの費用と便益の重み付けがなされる。例えば外部費用が発生しない完全市場の場合、需要と供給において私的費用と便益を考慮することで、社会的な最適均衡が導かれる。少なくとも他の市場参加者を悪化させることなしに、市場参加者がよりよい状態になることはできない。公的な介入は、この状況を改善できない[4]。これに対して、供給側も需要側も、外部費用は直接の支払いにならないため、考慮の対象にならない。需要される財は、利用者からみれば社会経済的な観点でみるよりもより価値があり、それゆえに、需要され過ぎてしまうのである。

　これまでの文献では、渋滞の発生は外部費用を含んでいるという、幅広いコンセンサスがある（Cerwenka, 2008; Infras/IWW, 2007; Maibach, 2007; Puls, 2009; Schrage, 2005; Small, 2007）。つまり、追加的な交通利用者は、自分だけではなく、当該交通インフラの他のすべての利用者に対しても追加的な費用を発生させる。しかし、こうした外部性が、公的介入の誘因になるかどうかについては、コンセンサスはない。交通事業者の視点からは、渋滞の外部費用のかなりの部分は少なくとも、内部化できると議論するものもいる。なぜなら、それぞれの交通インフラの利用者の仲間（クラブ）内だけで、外部化されているからであ

188

る（Cerwenka, 2008; Puls, 2009）。利用者の「クラブ」は、全体で渋滞の外部費用と私的費用を負っている。

しかし、「クラブ外部性」の場合にも、公的介入が交通参加者のクラブの厚生水準とそれによる社会全体の厚生水準を高めるということが示される。その根拠は、個々の交通利用者にとって渋滞による時間費用は外部費用となるため、そこでは歪んだ誘因がもたらされているからである。すなわち、交通利用者は、自分の私的な時間ロスのみを負うので、過大な交通量が発生し、交通参加者のクラブ全体として、真の費用がみえる状態に比べて悪い状態にとどまってしまう。それこそが、今日われわれがしばしば置かれる状態なのである。われわれは、渋滞に関するあらゆることに怒り、渋滞の下で苦しむ。しかし、われわれ全員が望まない渋滞現象に責任を負っている。その理由は、十分な価格シグナルが作用しないというところにある。

渋滞の外部費用の負荷にかかる料金を課すことで、個人、交通インフラ利用者のクラブ、社会を全体としてよりよい状態にする。料金からの収入は、その分を転用して交通参加者の厚生損失を補償するためには十分である。

この方法の利点は、社会全体の厚生損失を回避するほかに、利用者が断念する移動が、社会的便益の削減を最小限にするものだという点にある。加えて料金が、必要とあれば、インフラ容量の拡張が意味をもつ場合にそのためのファイナンスに当てることができるといったシグナルを与えるものである。重要な点は、国民経済的に最適な渋滞状態が存在するということを考慮することである。渋滞においては、ある一定の時間費用が生じ、それが交通参加者が混雑料金として支払う金額となる。

（2）理論から実践へ──混雑料金の賛否

混雑料金の議論は、まずいわゆる「ファーストベスト解」を導く簡単なモデルに依拠する。これは、価格メカニズムに限界がなく、渋滞の外部性以外の市場の不完全性もないということが前提となっている。このモデルは、渋滞現象の原因と結果に関する基本的な知見を与えているが、モデルの実際の適用は、一方で、現実にはありえない厳しい仮定があるために、限定されることになる。

理念的なモデルから本質的に外れる場合には、交通経済においては、いわゆ

第Ⅱ部　交通政策の中心的論点

る次善の解が求められた。Small（2007）は、次善問題と、例えば価格設定に向けた解決法を概観している。あるネットワークの1つの路線にのみ料金を課すことができる場合、料金差別の可能性が制限されている場合がある。また、さまざまな支払意思の異なる利用者が前提となっている場合、渋滞発生に関する不十分な情報しかなかったり、市場の不完全性があり、別の市場との相互作用が考慮されなければならない場合がある。

　以下では、混雑料金の議論においてとりわけ重要な2つの面をみておこう。

取引コスト

　モデルに沿って混雑料金を課すことは、費用と需要曲線に関する広範な情報を必要とする。これらの情報を所与の前提とする場合、個々人の支払意思と前提となる費用に応じた混雑料金の差別化が、不当に高い技術的な出費を必要とすることになる。実際、混雑料金の差別化は、理論的な要求と実務的な可能性の間の慎重な検討が常に求められる。強く差別的な混雑料金は、利用者から理解されず、結果として考慮もなされないリスクをもたらす（Bonsall, 2007）。既存の理論的、実証的な交通経済学の任務は、さまざまな混雑料金システム、料金の高さについて、長所・短所についての根拠を与えることである。渋滞の外部性がゼロという価格で設定されるならば、今日しばしば渋滞が発生しているとおり、結果的に厚生損失となる。こうした外部性に値付けをすることで、効率性による成果を引き出し、そうした実施に必要な費用を検討という課題がある。こうした検討において費用のコンポーネントとして取引費用が入りうる。実行された混雑料金システムは、費用を考慮したうえで得られる効率性による成果を引き出し、技術的な進歩で取引コストを低下させるということを示す。ともかくも、混雑料金システムは、空間的、時間的条件とその場所に関係した主体と調和しなければならない。

混雑料金の分配機能

　たとえ、社会が全体として混雑料金の導入によって得るものがあったとしても、個々の利用者は、消費者余剰の損失を被る。これが、そうした措置が受け容れられない理由である。混雑料金の分配機能は、収入をしっかりと振り向け

190

ることで決まる。収入は、損失を補償するに十分である。収入の使い方には、さまざまな優先順位が設けられる。例えば、受容性を最大化することで調和させるのか、あるいは、料金によって生じる効果を社会全体の厚生からみて最大化するということもできる。

次善の解の議論を要約すると、そこで得られる解は、理論的なアプローチよりももっと複雑になるということである。理論的な議論からは、進行するプロセスを基本的に理解することができる。実際の経験からは、具体化のための選択肢と適用する際の戦術のヒントが得られる。混雑料金を効率性上昇のツールとして把握し、それでもって交通政策として打ち立てるようにするためには、これらをあわせもって、十分な基礎を打ち立てなければならない。

3　短期と長期の視点——（最適）インフラ容量と渋滞

ここまで既存の交通インフラの最適な利用の問題を議論してきた。長期的には、すべての生産要素変数、交通インフラの質と量が変化しうるものである。短期の最適化問題は、さらに、最適な交通インフラの効率的な利用ということに拡張される。

ここでは、公共部門が交通インフラの（潜在的な）利用者を代表して、その改良、新設、維持、管理を代理者として決断する。こうした決断には、私的あるいは外部効果も含めた費用と便益が考慮される。個々人が、例えば出かけたり、移動の手段を購入したり、やめたりするような行動のため、費用と便益を熟考するように、公的主体は、交通インフラ施策の費用と便益を熟考する。ここでは私的費用に時間費用からそのほかの環境や事故に関する費用も含む外部費用が考慮されなければならない。そこには、インフラの設置や維持の費用のほか、間接効果として、例えば該当地域の経済発展もある。

インフラ利用に対する施策の影響をモデル化するにあたっては、インフラの容量と利用の間のフィードバックとそれに伴う長期と短期の利用のフィードバックシステムが組み込まれる。容量を拡大するための付加的な限界費用が、回避される利用の限界費用と一致する場合、国民経済的な最適交通インフラが存在する。

第Ⅱ部　交通政策の中心的論点

考慮すべき効果が多様、長期かつ複雑であるため、このような最適化とそれによる交通インフラ投資の決断は常に複雑なものとなる。

費用便益分析（CBA）は、決断をきちんと構成し、客観化し、透明にする手段である。CBAの枠組みでは、施策の費用と便益は、これを比較可能にし、例えば費用便益指数のような決定基準を一本化するために、できるかぎり包括的に調査し、貨幣単位に換算する。1より大の費用便益指数は、プロジェクトの社会全体でみた利益があることを表す。すなわち、社会全体の便益が社会全体の費用を上回る。このようなCBAは多くの国で交通投資の評価に適用されている。なぜならば、CBAは、効率性の尺度として、公的資金の投入の経済効果の証拠を示すことができるからである。

ドイツでは連邦が所管する水路、鉄道、道路の交通インフラの投資は、連邦交通路計画（Bundesverkehrswegeplan）［訳注：訳者解説参照］に基づき評価されるが、そのときの核となる要素は費用便益分析である。しかしながら、連邦交通路計画の方法とこれまでの評価結果をみると、そうした理論的に意味のある手法の実務的な問題が明らかとなる。

最も重大な問題は、追加的な交通インフラによってもたらされる誘発交通が十分に考慮されていない点である。地域の空間構造が変わらない場合、道路の供給量が変化する結果、ユーザーが交通手段や、交通の目的を変えるならば、第1次の誘発交通が発生する。このことは、交通供給の変化が行われれば、長期的には地域の空間構造をも変化させることになる。例えば、家計は、住居や職場を変え、企業は立地を変える。こうして追加的に発生する交通は、2次的な誘発交通とされる。長期的かつきわめて複雑な影響関係によって発生するので、それらをモデル化することはデータとモデルに関して高度なものが求められる。

現在の連邦交通路計画では、第1次の誘発交通のみ、しかも道路のわずかな部分に関してのみ考慮されているにすぎない。これは、時間利得にシステマティックな過大評価をもたらしている。つまり、新たなインフラによって交通の負荷を下げ、移動時間、つまり全体のネットワークの費用が低下するというものである。交通の費用がより安価になるということで、追加的な需要が発生し、移動時間と移動費用が動的に高まってしまうということはわずかに考慮されて

いるに過ぎないということになる。実際は、移動時間の短縮による便益は評価の際の便益の大部分を構成しているのである（BMVBS, 2002）。

　要するに、インフラ容量の最適化は、容量の活用の最適化と相反するものではない。容量の最適化は、効率的な交通システムが形成される可能性を広げるが、既存および計画されたインフラの効率的な利用を促すのにふさわしい手段を講じることも依然として必要である。長期的な最適化問題になると、さらに複雑で、インフラも非連続的なものなので、交通政策手段の継続的なモニタリングと事後的な調整がつねに不可欠なのである。

4　混雑料金の実証的、実務的な経験

　渋滞費用に関する研究報告は多い。これらは、渋滞費用の推計にあたりさまざまなアプローチに依拠しており、また、渋滞費用の概念に関するさまざまな定義と区分が用いられている。例えば、以下のような推計である。

- ・自由な交通流に比べ、渋滞による時間のロスから発生する費用
- ・発生外部費用の総計（以下、遅れの費用）
- ・利用料収入（Infras/IWW, 2007; Schrage, 2005）
- ・社会的な厚生損失としての渋滞費用の定義に対する実証結果（以下、厚生損失）（Infras/IWW, 2007）

　Infras/IWW（2007）は、2005年のドイツの場合、遅れの費用は766億ユーロになると報告した。この費用は、99％が道路交通であり、0.95％が鉄道旅客輸送、0.05％が国内旅客航空に帰属するものである。道路交通における遅れの費用のうち、乗用車は56％、貨物自動車は35％を負っている。これらの費用の主たる部分は68％が主な都市高速道路を含む地域間道路において発生し、道路交通による渋滞の費用の32％が市内道路に帰する。渋滞による厚生損失は、196億ユーロである。研究によれば、厚生損失の10倍以上の2,236億ユーロが、課せられる混雑料金として算出される。それぞれのシナリオで考察される混雑料金によって、わずかな需要変化が推量される。

第Ⅱ部　交通政策の中心的論点

　費用の最も重要なコンポーネントは、全体費用の90％を占める時間費用の増加である（Maibach, 2007）。車両の購入・運行費用は車両の消耗や貨物輸送の人的な必要の高まりを含む。Infras/IWW（2007）によれば、渋滞の下でこれらの費用は、約2％増加する。本来の所要時間の延長に加え、渋滞状況の下での所要時間は、邪魔されない通行に比べて約50％高い費用評価となる（Maibach, 2007）。これにより、ストレスや怒りに加え、集中力の必要から疲労が早まり、さらには特に貨物輸送の大きな問題として、時間が信頼できないという状態になる。渋滞状況では、スムーズな通行のときに比べ、温室効果ガスと大気汚染物質の排出、エネルギー消費と事故件数と重大さが明らかに増加する。こうした影響は、全体の渋滞費用の約10％になるが、これらの影響は、通常は、それぞれの影響に割り当てられ、渋滞の費用とはみなされない。

　絶対的な渋滞費用の報告に加え、現状および、国民経済的な最適点における限界的な社会的、外部的な渋滞費用の情報がある。なぜなら、これらが、料金システムの体系の根拠をなすからである。Maibach（2007）は都市地域における限界的な社会の渋滞費用の結果を概観している。それらは、ノーザンプトンの車両キロあたり3.5ユーロからヘルシンキ郊外の0.05ユーロの範囲内である。

　研究結果によれば、国民経済的な最適点における渋滞の平均的な社会的限界費用は、乗用車と貨物自動車、空間的構造と道路の種類で異なる。乗用車の場合、大都市圏における都市内道路ネットワークでは、車両キロ当たり2ユーロ、地方のアウトバーンでは車両キロ当たり0.05ユーロという値の間が、推奨されている（Maibach, 2007）。

　1975年にシンガポールでエリアライセンススキームが導入されて以来、さまざま料金体系が導入された。特に、橋や道路のような独立したインフラ、高規格幹線道路並びに中心市街地に対し、価格付けがなされる。こうしたシステム導入の動機は、交通負荷とそれに伴う環境への影響を減らすことから、インフラの財源まで、常にさまざまである。公的な議論においては、ロンドンとストックホルムの料金システムが特に注目される。両システムとも、導入、制度の形成から結果まで、文献記録がしっかりとしている。全体としては、導入されたシステムは、取引費用、受容、分配問題などの課題を解決できたということを示している。また、実際の交通問題を相当程度和らげるための道具もある。

加えて、さまざまな目的に適用できる収入も生み出された。かなりの経験が適用する課題に対して存在する。ただし、あらゆる知見は、個別具体的で他の地域や時間には限定的にのみ適用できるものである。

5　結　語

　既存の限られた資源を効率的に利用することは、目前の課題としては、差し迫っている。気候変動の保護、減少するエネルギー資源といった問題は、将来ますます重要になっていく。こうしたことを背景に、効率的でかつすべての人にとって生存配慮を保証する交通システムを体系化することは、重要な課題である。

　渋滞現象に対する取り組みは、こうした問題の一部である。ネットワークで過重な負担がかかる部分の交通量を削減し、課金するためには、多様な施策が可能である。こうしたものは、テレマティクスの応用のような工学技術的な解決、あるいは規制による、計画的、空間的な施策から、情報、コミュニケーションまで幅広い。

　本章では、価格による施策が、交通システムの効率性を高めるうえで、重要かつ適切なツールであることを示してきた。これらは、真の交通活動の費用に基づき、例えば時間費用のような外部性のある要素を考慮する。交通参加者は、十分に価格シグナルに向き合う場合にのみ、費用便益の検討において、こうした外部費用の要素を取り込み、国民経済的な意味で最適な均衡を決定することができる。個々人の視点からは渋滞のコストは外部費用であり、その発生源に費用負担を課すことが社会全体をよりよい状態にする。実務的な経験からは、取引費用を考慮することで効率性を獲得することが示されている。

　交通政策の必要性は、さまざまなツールの長所と欠点を慎重に検討し、政策的な目的を達成し、政治的にも財政的にも可能な戦略を策定することにある。

　渋滞現象は、供給側における交通システム及び空間構造と、需要側におけるそれらの利用との間にある複雑な作用の枠組みに埋め込まれている。単独でこの現象を観察することは、意味もないし、不可能である。渋滞がもたらす結果を回避するための戦略は、可能な施策の選択肢の多様性を熟考し、それぞれの

第Ⅱ部　交通政策の中心的論点

目的と条件で、その場にあった施策のパッケージをまとめたものであるべきである。価格は、その際、多くの影響を及ぼす要素の1つである。価格は、さまざまな理由によって上下し、それでもってわれわれの交通行動を変化させる。われわれは、こうした効果を目的にかなって――つまり社会全体の厚生のために――活用すべきである。

　注
　1）　ここでは、公共財としての交通インフラ、交通インフラのネットワーク経済性や間接効果といった議論が行われる。例えば、Small（2007）参照。
　2）　http://www.bundesfinanzministerium.de/zum Bundeshaushalt 2010 を参照（2010年3月25日閲覧）。
　3）　これはアルトゥール・セシル・ピグーの業績に基づき名づけられたもので、環境汚染の防止に、この概念が導入されている。Small（2007）参照。
　4）　アダム・スミスの「見えざる手」のメカニズムとして語られるものである。

第11章	交通安全
	ティナ・ゲーレルト

　個人のモビリティは、今日では社会参加の前提条件として欠くことができないと考えられているが、同時に道路交通事故という形の代償と結び付いている。次頁図11‐1は、道路交通の交通量と交通事故死者を1960年から示している。1970年までは道路交通量と死者数は増加しているが、1970年代初めごろから、シートベルトやエアバッグあるいは道路インフラの整備などの組織的な対応により、減少している。しかしながら事故件数は、死者の減少ほどは減っていない。2008年では、41万3,524人が交通事故にあい、4,477人が死亡、7万644人が重傷、33万8,403人が軽傷となっている（Statistisches Bundesamt, 2009）。

　現在ではＥＵ全体で、「ヴィジョン・ゼロ（Vision Zero)」というスローガンによる取り組みがなされている。交通事故により死亡したり、事故の後遺症などで苦しんだりする人がゼロになるようにという意味合いである。ヴィジョン・ゼロでは、人間は過ちを犯すものであるということを前提として、それが重大な事故につながらないようにすべきであるとしている。法律や規則、数値基準は、遵守を前提とするが人間の能力を考慮すべきである。

　すでにヴィジョン・ゼロの取り組みが進んでいるスウェーデンやオランダ、イギリスとは異なり、ドイツではまだ交通安全運動に関する多くの事例をまとめた取り組みは始まっていないが、本稿ではその実現に向けた現状を紹介する。

1　交通安全分野での活動団体

　交通安全については、さまざまな取り組みがなされている。ＥＵ委員会は、2001年にヨーロッパ交通政策白書を発表したが、その中で2010年までに交通事

第Ⅱ部　交通政策の中心的論点

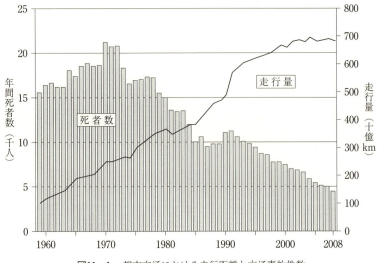

図11-1　都市交通における走行距離と交通事故件数
出典：BASt, StaBu をもとに筆者作成

故による死者を半減するという目標を示している。これが2003年のヨーロッパ道路交通安全アクションプログラムとなったが、EU委員会の規定から、法的な措置は、勧告や、情報提供、事例紹介、あるいはヨーロッパ道路安全憲章やヨーロッパ道路交通安全に関するデータバンクの整備など限定的である。しかし2010年までには拡大EU域内の交通事故死者数は36％減少し、2001年時点のEU15カ国で比較すると42％減少している（ETSC, 2010）。現在はさらに白書やアクションプログラムが検討されている。

ドイツ連邦共和国では、道路、車両、人間の3つの側面での交通システムの安全プログラムを策定している。しかし、政策的な見通しや関与者を動機付けるために必要な数量的目標は設定していない。ドイツでは報告書は2年ごとに発行され、統計上は2009年は2001年と比べて死者数は36％減少し、ヨーロッパ全体の平均付近である（ETSC, 2010）。

各州では警察が重要な役割を果たしている。多くの州で交通取締、学校での交通教育など交通安全プログラムを策定しているが、州ごとに重点施策は異なる。

そのほかにも多くの団体がある。例えばドイツ交通安全推進機構（DVW）は、小学校における自転車教育プログラムのような青少年向けのプログラムや教材を提供している。自動車についてはドイツ技術検査協会（TÜV）やドイツ自動車検査協会（DEKRA）あるいはADACのような自動車クラブなどの多くの団体があり、個人の運転技能の研修や安全研修をしている。自動車賠償責任保険関連の団体、例えばドイツ法定自動車賠償保険や運輸交通職業組合などは、法定の任務や労災について扱っている。事故防止のための調査研究では、連邦道路庁（BaSt）、損害保険事故調査会やさまざまな大学が活動している。これらの団体は社団法人ドイツ交通安全協会が取りまとめており、同協会は独自の活動も行っている。

2　交通行動に影響を与える交通安全対策

道路交通は交通参加者、交通手段、交通インフラの全体的な協調により実施される。ヴィジョン・ゼロでは、交通の参加者とその行動に焦点を当てた交通安全対策を採ろうとしている。そのために、対策を4つのグループに分けている。

　　①教育、コミュニケーション、情報提供
　　②法律上の指示と禁止
　　③交通インフラと車両、ドライバーの相互作用
　　④動機づけと褒賞システム

上記のうちで、③以外の項目は長年実施されてきたものであるが、交通インフラとインフラの相互作用については、ごく近年に行動科学的な基礎に基づいて考察されるようになってきた。以下にその内容と交通行動に与える影響を説明する。

（1）教育、コミュニケーション、情報提供
このカテゴリーでは、交通参加者に道路交通における自らの行動の規則や結

第Ⅱ部　交通政策の中心的論点

果、および考え方の展開や影響についての情報を与え、説明することを扱う。特に幼少期から青少年期は、交通行動が形成される重要な時期である。幼少期には親の影響をうけるが、通学で親が自動車で送迎しているような状況の子供が、交通行動の形成に一番問題がある。自動車に乗る機会が多ければそれだけ危険にさらされるし、自動車を無意識に利用しているため、道路交通に必要な能力などについて訓練されることがなく、十分な心構えができていないからである。

　青少年から成人への第一歩は、運転免許の取得にあるといってよいだろう。この時期には２つの危険性がある。青少年期リスクと初心者リスクである。青少年期リスクはライフスタイルと結び付いていて、大勢での暴走行為、夜間走行、チキンレースのような肝試し、そして自分の能力への過信である。初心者リスクとは、経験の少なさや複雑な交通状況での判断力の不足、十分に成熟していないルーチンワーク、運転における予測能力の欠如などである。そのため、特に男性の若いドライバーは、道路交通で最も危険なグループとなる。

　成年期は、交通への参加の能力は、自然な動作、ルーチンワーク、そして習慣という形に進歩している。若いころから運転している場合には、あまり考えなくても手が動くようになっている。また予測して行動できるようになっている。しかし、習慣が定着しているため、新しい情報の取り入れが上手くいかないことがある。一度形成されたルーチンワークなどを変えるのは難しく、コミュニケーションだけでは限界がある。

　老年期は加齢により、感覚、精神的能力、運転能力が低下し交通行動にも影響が出てくる。例えばとっさの判断ができなかったりする（Schlag, 2008）。加齢がゆっくりと進行するため、こうした衰えの自覚がはないことが多く、個人差も大きい。こうした変化に必要な交通行動やモビリティの適応については、まだ取り組みはない。表11－1は、人生のそれぞれの時期に対応した、情報、コミュニケーション、情報提供に関する対策を示したものである。幼少期や青少年期は、まず両親による影響があり、安全な通学路や自転車の練習あるいは運転に関する教育が、学校や警察で行われる。成人については、キャンペーンやモビリティマネジメントなどの方法がとられる。

　これまでの交通安全教育は、事故防止が中心であったが、現在は包括的なモ

第11章　交通安全

表11‑1　年代別の教育、説明、情報提供

年　代	ポイント	方　策
幼少期	基本的な能力の形成	・家庭における交通・モビリティ教育
少年期	認識と自動車についての能力と処理力	・学校における交通教育 ・通学路の計画と安全 ・自転車教室
青年期	個人的な行動の形成	・自動車運転教育 ・自動二輪教育 ・学校における任意の交通・モビリティ教育
成年期	形成されたルーチンや習慣の変更	・交通安全キャンペーン ・安全訓練 ・モビリティマネジメント
老年期	低下した認識力や運転能力の補償	・安全訓練 ・モビリティマネジメント

出典：筆者作成

ビリティ教育として、環境問題や健康問題にも言及している。学童に通学路を歩かせたり、家庭で安全な運転や自動車以外の交通手段の利用について話し合わせたりしている。

　情報とコミュニケーションには限界があり、現在はショックを与えるような事故のビデオを見せて、危険な交通行動の結果を認知させる。これによりある程度の期間は、運転が注意深くなると考えられているが、国際的な研究では、交通参加者はこうしたショックに対して、安全な交通行動ではなく、拒絶、軽視、揶揄、あるいは危険な運転で反応する場合があるとしている（例えばWitte/Allen, 2000）。この点については、まだ十分に解明されているとはいえない。重要なのは恐怖を駆り立てることではなく、事故の原因となった誤った行動を特定し、どういう行動だったら事故が防げるかを示すことである。

　引越しや転職、定年退職などをきっかけとしたモビリティマネジメントが試行されている。例えばミュンヘン市では、新たな転入者に、公共交通の週間定期を含む「新市民パッケージ（Neubürgerpakets）」を配布し、モビリティと交

201

第Ⅱ部　交通政策の中心的論点

通についての情報を提供している。こうした取り組みは、高齢者の交通安全についても考えられうる。退職時期に、高齢者の感覚や反応が鈍っていることや車の運転の危険性、代替的な交通手段についてのコミュニケーションをとる、といったことである。

（2）法律上の指示と禁止

　道路交通における指示と禁止事項は、道路交通令（StVO）に定められている。しかしすべての交通参加者が、交通ルールを守っているわけではない。アンケートでは自動車の運転者で85％、歩行者で68％。自転車利用者で64％が、交通規則をよく守っているあるいは守っていると答えているに過ぎない（Gehlert, 2009）。そのため例えば2008年では、ドイツにおける交通事故死者の12％が、何らかの形で酒気を帯びた関与者がいる事故によるものである（Statistisches Bundesamt, 2009）。

　例えば Reason（1994）は意図しない不注意や考え違いと、意図した規則違反を区別している。前者は不注意や集中力の欠如、忘却などによって起こるものであり、スピード違反のような意図した違反については、自分や他の交通参加者の安全をそれほど脅かすものだとは考えられていない。時間がないといった状況で、違反が起こるのであり、実際的に負の結果が起きず、時間に間に合ったような場合には、それ以降も違反は繰り返される。スピード違反や車間距離保持違反、信号無視などは、こうした違反の例であり、重大な事故につながりやすい。

　しかし現在では規則を守る人が、交通の流れの中で不利をこうむることが多く、違反への誘因が存在する。

　交通参加者が交通規則を守るように動機付ける、いくつかの方策を表11-2に示す。

　ドイツでも違反ポイント制による免停などの制裁があるが、こうした取り締りの効果は、どれほどの発覚率があるかどうかである（Elvik et al., 2009）。これは主観的なもので、個人が予測する取締りでの捕捉率であり、客観的な取締回数、取締方法、広報活動、個人の体験などによって形成される。ルールを守っている人にとっては、違反者が取り締まりで摘発され、制裁を受けることが

第11章　交通安全

表11-2　交通ルール遵守のための方策

	褒賞的	懲罰的
違反者に対して	**違反のメリットをへらす** 交通管制マネジメント 速度を守らないと作動しないような 　優先信号システム	**違反のデメリットをふやす** 警察による取締りや罰金などの制裁
遵守者に対して	**遵守のメリットをふやす** 褒賞例えば感謝状の付与	**遵守のデメリットをへらす** 警察による取締りや違反者への制裁 を目撃させる

出典：筆者作成

重要である。

　この分野でも新しい取り組みがなされている。制裁だけでなく、褒賞も考慮されるようになったが、それについは第4項で述べる。また、社会的規範や自己責任についても検討されている。交通ルールを守るかどうかは、周囲が守っているかどうかにもよる。その点から、アメリカでの実験では、道路上に速度遵守の状況を掲示し、その割合が大きいとさらに守る人が増えるという結果を得ている。「昨日のスピード遵守状況94％：最高記録94％」というような表示である。

（3）交通インフラと車両、ドライバーの相互作用

　交通インフラと車両、ドライバーの相互作用は、交通安全のために大きな潜在能力をもっている。現在の実験では、道路側や車両側からの行動の提案が、心理面を考慮していないため人間の選好と乖離していることがあげられている。現在では車両やインフラをどうすれば、危険な行為を回避できるかについての研究が進められている。

　この点については、Wilde の「リスクホメオスタシス理論」が適用される。危険を回避するような手段や対策を講じても、安全になった分だけ人間はより大胆な行動をとるようになるため、結果として危険が発生する確率は一定の範囲に保たれる、という理論である。安全の手段が講じられても、個人の行動で

203

第Ⅱ部　交通政策の中心的論点

図11-2　シェアドスペースの事例：左・ドラハテン（オランダ）、右・ケヴェレール（ドイツ）
出典：Gerlach et al.（2009）

はそのメリットが相殺されることになる。いずれにせよ、個人個人が想定する危険の確率やそれによる交通行動は、周囲の環境により影響を受ける。

　この点に関する新しい試みとしては、「シェアドスペース」という考え方である。シェアドスペースとは、都市内の道路インフラについての考え方である。リスクの予測や交通行動に影響を与えるようなインフラを形成する。EUのプロジェクトで2004～2008年にかけて数多くの実証実験が行われた。

　シェアドスペースとは、歩行者、自転車、自動車のスペースの物理的な区分、縁石や高低差、信号や標識などをなくすという考え方であり、交通を交通規則によるシステムではなく社会的システムとしてみている。交通参加者は、注意深く社会的に行動するものとしている。図11-2にその区分の撤廃された道路を示す。こうした交通状態は、混沌としていて主観的には危険だと感じられ、その結果スピードを落として周囲に協調した行動をしなくてはならなくなる。

　この考え方への批判は、ごく限られた条件の下でしか効果を発揮しないことである。低速化するためのインフラへの措置はすでに、交通静穏化の措置や交差点のラウンドアバウトなどで達成しており、危険に対する意識などは必要ないと考えられる。実際に事故の件数をみると、死亡や重傷者の出るような重大な事故は減少したが、軽微な事故や物損事故が増加した事例がいくつかあり、重大な事故数が減少しなかったケースもあった（Gerlach et al., 2009）。現在の

第11章　交通安全

ところ、シェアドスペースのコンセプトが交通安全のために有効かどうかは、まだ不明であり、採用すべきかどうか、採用するためには改善が必要かどうかも明確にはなっていない。

（4）動機付けと褒賞システム

　交通や運転行動の結果に対する外部からの働きかけが、動機付けとなる。プラスの結果は、褒賞であり今後もそれを続けようという動機になる。マイナスの結果は制裁を受け、将来はそうしないようにしようということになる。警察による取り締まりや制裁については第2項で述べた。褒賞などについては、実際に行われており、ここでも議論する。

　行動に影響を与えるために、さまざまなプラスの動機付けが導入されている。分類すれば、以下のようになる。

　　・物質的な褒賞：金銭や賞品
　　・社会的な褒賞：表彰や公表
　　・快適に体験できたり努力できる実習や活動：例えば運転の安全トレーニング
　　・情報上あるいは表面に出ない褒賞：例えば1つの目標の達成体験

　褒賞は、交通参加者に安全な行動をとらせる動機付けとなるべきである。意味がないあるいは適切ではないと感じられた場合には、褒賞がそうした動機付けに結び付かなくなるおそれがある。

　また、褒賞の効果には前提条件がある。褒賞を受けた人物が、自分の行為と褒賞との関連をよく理解できるように、褒賞はそうした行為のすぐ後に、与えられなくてはならない。また物質的な褒賞の場合には、それ自体に努力して獲得する価値がなければならない。

　さらに、特に金銭的な褒賞の場合には、内的な動機を「押し出して」しまうおそれがある。交通参加者は、心の中に注意深く、規則を守り、安全に行動しようという気持ちをもっている。褒賞があることにより、それがなくては安全な行動ができなくなってしまうということがおきる

205

第Ⅱ部　交通政策の中心的論点

　他の分野、例えばリサイクルや節水、あるいはモビリティマネジメントなどでは、褒賞について多くの事例があるが、交通安全についてはほとんどない。1980年代と1990年代に、アメリカでシートベルトの着装率を上げるためのキャンペーンが行われ、賞金、クーポン券、グッズ（Tシャツ、ステッカー）、くじ引きへの参加権などが褒賞として用意された。Hagenzieker et al. (1997) によれば、これにより着装率は短期的には12％。長期的には9.6％上昇したとされる。また、当初の着装率が低ければ、こうしたキャンペーンでの着装率の上昇割合は大きくなる。興味深いのは褒賞の金額は、ほとんど影響がないことである。著者らはそれを方法論的な原因に帰している。

　現在効果を挙げている社会的な褒賞としては、対話型標識とよばれる速度標識である。この標識は、車の速度に反応し、制限速度を守っていれば「ありがとう（Danke）」と表示され（図11-3左）、速度が超過していた場合には「ゆっくり！（Langsam）」と表示される（図11-3右）。Schulze/Gehlert (2010) は、単に速度違反であるという表示と、それを評価した「ありがとう」と「ゆっくり！」という表示とでは、速度に対する選択が変わるかどうかを実験した。その結果、評価を含んだ標識において、平均時速が最も大幅に低下し、その次に速度違反が赤と緑のランプでわかる標識、最後が通常の最高速度が書かれただけの標識であった。

3　結　語

　現在ヴィジョン・ゼロというスローガンの下、交通安全運動に新たなコンセプトが導入されている。この新しいコンセプトは、道路交通を包括的なシステムとしてとらえ、物理的心理的な前提条件と制約をもつ交通参加者を中心に据えている。本論の目的は、そうしたコンセプトにおいて、どのように交通参加者の行動に影響を与えることができるのかということを示すことであった。

　すべての対策は、道路交通と交通行動の全体的な観察から始まることは明らかである。それによって、例えば古典的な交通教育から、包括的なモビリティ教育へと変化、退職や転居などを機に、モビリティマネジメントが行われるようになった。また古典的な賞罰に代えて、対話型標識のような社会的な褒賞に

第11章　交通安全

図11-3　対話型標識、ポジティブな評価（左）とネガティブな評価（右）を表示
出典：筆者作成

より、交通規則の遵守を動機付けようとしている。ヒューマンファクターというキーワードが、人間の感覚についての法規の作成や交通システムの形成に取り入れられるようになってきている。

　ドイツにおいてもヴィジョン・ゼロの取り組みは始まっているが、スウェーデンやオランダ、イギリスのような大きな運動にはなっていない。その背景には、こうした取り組みが心理学、教育学、法学、工学といったさまざまな専門家の協力が必要であり、専門用語や専門的方法、その分野の伝統といった点から、橋渡しが難しいという点がある。例えば、死者や負傷者数の減少といった量的な目標の形で、しっかりした展望を示すことが必要ではないか。量的な目標は、サポートや成果管理に必要なばかりでなく、関与する人々に重要な動機付けとなる。財政的・法的な面でも、より強力なコミュニケーションとなり権威付けるものとなる。ドイツにおけるヴィジョン・ゼロのコンセプトには、す

第Ⅱ部　交通政策の中心的論点

べての関係部署の力を結集し、交通安全の積極的な推進に力を与えるための数
値目標が必要である。

| 第12章 | 公共交通における顧客の権利と顧客サービス |

マーティン・シーフェルブッシュ

　近年の交通政策を巡る議論で注目されていることとして、「乗客の権利」というキーワードがよく知られているといってよいだろう。長年の議論のあとで、鉄道輸送における消費者保護に関するドイツの新しい法律が2009年半ばに[1]、そしてＥＵ規則が同年末に実施された[2]。これに関わるさらなる論争は不要なのだろうか？　おそらくそうではない。第1に、新しい法的基盤はすべての分野をカバーしてはいない。第2に、乗客の権利は公共交通における根本問題の1つが実際に現れている実例として知られており、きわめて重要である。

　本章では、乗客の権利を巡る議論を振り返り、このテーマの概観を示す。法学的側面と法律上の形式的な選択権について細かいところまで描き出すことが目的ではない（Pohar, 2006, 2009; Hilpert, 2009）。「乗客の権利」概念をさらに理解すること、および公共交通における顧客と事業者との関係のコンテキストにおいてそれを考察することが、筆者にとってはより重要だと思われる[3]。

1　背景——力の不平等

　今日の形態での公共旅客交通の発展は、一般的には私的事業者による輸送サービスとして19世紀に始まった。市場経済的活動としては、多くの生産者による自由競争が消費者にとっては好都合であったというのが、公共交通のそのころの歴史であった。数十年ののちに交通サービスは、公的または私的な事業者によって担われており、市場の状況を通じた独占が容認されていた。顧客にとっては、既存の会社のサービスに対する不満を表明するために他の事業者を選ぶという、決定的な潜在的可能性が欠けていた。それで、需要に対応した交通

第Ⅱ部　交通政策の中心的論点

生産の発展に対する重要な刺激が不足していたのである。他の交通手段との競合を通じてのみ、こうした圧力は影響を及ぼし得たのである。それは、しばしば交通政策にとって望ましいものではなく、またどんな場合でも有効であるとは限らなかった。さらに言えば、交通手段を転換する理由はさまざまであるので、公共交通への顧客満足度が低いから他の交通手段に転換するとは限らないことから、交通手段の転換があるかどうかを顧客満足度の指標とするのは不適切である。

　他方、他の多くの産業部門以上に、事業者に対する政策的影響はより強く、広範なものになってきた。それゆえ利用者は、自分たちの意向に沿うように、事業者の所有者または監督者としての政治を通じて、供給に影響させようとすればできただろう［訳注：ドイツでは公共交通事業者の多くを国・州・自治体が保有しているので、住民は政策を決定する議員や自治体の首長の選出を通じて、公共交通事業に対する政府や自治体の政策に影響を与えることができることを指す］。しかしその点で彼らは問題にぶつかった。その方法は、直接的でなく手間のかかる方法をとらなければならず、交通企業所有者としての［訳注：行政が関係を持つ］政治的な利害と折り合いがつかないこともままあった。さらに、公共交通はしばしば、都市の発展、環境、あるいは社会政策的な目的達成のための「道具」であり、ときとして自治体政策の威信をかけた対象であった。

　また交通事業者とその顧客との法的関係は、以下のような指標を通じて形成される。同じく「生存配慮」［訳注：ドイツにおいて行政が公共サービスを提供する理論的根拠となる考え方］といわれる別の領域と同様に、純粋に市場経済的に構成された領域では形式上のものでしかない必要条件が、多くの点で公共交通供給の基底にある。それは例えば、インフラ計画や供給者の公共的義務などである。このことは、第1に、社会が完全に機能するための公共交通の価値、第2に独占力の不可避的な濫用の防止という、2つの指標を明らかにしている（本書第15章参照）。

　とりわけ、起こりうる多様な外部の攪乱要因を考慮して、公共交通事業者はサービスの不足、特に遅延に対する責任から直接に広範囲に免責されている。結果として、乗車券を購入することでは特定のダイヤによる供給を要求する権利はなく、ただ「公共交通の利用について、効力のある範囲で、直行すること

が可能ならばできるという権利[4]」だけがある。これに関して、消費者保護のいろいろな制約がここ数年、以下に詳述するように、より激しく議論されている。同様に歴史的に増大してきた供給者側の独占構造と多様な政治的影響もまた、これらの交通手段の利用者の地位を低下させる要因である。

2 乗客の権利と顧客サービス——何が問題なのか

（1）問題の限定
「乗客の権利」というキーワードは、さまざまな問題領域に含まれている。単なる移動と共に、運賃と賃率の状況、手荷物配送の可能性、および輸送中の万一の事態に対する付加的なサービスを事業者らが提供する場所と時間、といったより広い指標を通じて輸送サービスが特徴付けられる。それに加えて旅行者は当然安全な輸送を期待しており、自分自身や自分の荷物が、けがや破損なく目的地に着くようにさせているのである。より広い捉え方からすれば、サービスの一部には情報や賃率の正確な適用、および差別のないアクセスがある。

　多くのこうした側面は、一般的な、あるいはそのセクターに特化して規定されている規制を通じて認識されている。それはまた、権利と義務との関連で、規制の不遵守があった場合の記述と関連させられている。「乗客の権利に関する議論」の主題は、以下すべての領域にわたる（順不同）。

- ・公共交通機関の遅延や運休による旅行時の（不十分な）意志決定権
- ・［訳注：運行に対する］攪乱が生じた際の事業者からの情報提供や配慮義務
- ・事業者による時刻表や運賃などについての情報提供義務
- ・交通サービスについてバリアや差別のない利用の権利

　すべてのこれらの領域で、サービスは予定通りにはいかず、それゆえ「不完全な供給」になる可能性がある。ある（あるいは法律上の）重大な欠陥によってその価値が減少した場合が、同様にこの議論の一部である。これは、それぞれごとに個人的な心配が異なるというだけでなく、それぞれの状況が異なるとい

第Ⅱ部　交通政策の中心的論点

うことでもある。こうむった被害（目的地に遅れた）やダメージ（例えば期限切れになってしまった劇場のチケット）に**賠償**（Entschädigang）することと、遅れた**サービスへの補償**（Ersatz）を行うことには大きな違いがある。公共交通において「補償」は厳密には不可能である。遅延が生じてしまった交通機関の運行を、もう一度遅延なしに同一の時間に実行することはできない。現実には、すぐに代替的な運行ダイヤによる旅行を可能にすることか、あるいはアドホックに準備した代替交通機関を提供することで、できるかぎり似たようなサービスを提供できる可能性のみがある（本章第4節参照）。

　この議論において、「運休や遅延の責任（旅行者ごとにこうむった時間喪失とそれゆえに生じた損失の関係）」というテーマは、明確な大きな意味をもっており、また以下における焦点である。第1に問題になっているのはサービスの欠陥が非常にしばしば起こることであり、そのほかに顧客の期待と法律の現状との間の大きな不一致も問題である。

（2）制度の範囲

　しかし、「乗客の権利」というテーマはこうした非常に複雑な多様さによるだけでなく、法的な枠組み条件によっても、運輸事業者を区別している。旅客交通においては**乗客の権利**という言葉の意味によって「限定」される4つの中心的なセクターがある。

　　・路面電車、地下鉄、トロリーバス、乗合バス（これらを以下では短く「公共路線旅客交通」と表記する⁵⁾）
　　・鉄道による国内あるいは国際的な旅客運輸（近郊電車Sバーンから超特急ICEまで）
　　・航空運輸
　　・船舶運輸

これまでの議論の論点は以下の点であった。

　　・2005年から、新しい欧州レベルでの乗客の権利が初めて導入されている

第12章　公共交通における顧客の権利と顧客サービス

　　航空輸送運輸

　・2009年から、すでに述べた新しい規制が有効とされている鉄道運輸

　2010年からの意思決定方式のもとにあるバスと船舶については、ＥＵ委員会が同様の指令の案を公表している。そのうえさらに、とりわけ最終的に成立した路面電車、地下鉄やバスによる運輸についての文言がどこまで包括しているのか、あるいは加盟国に対する規制にどこまでゆだねられているのかの詳細はわかっていない。

　以下の内容は鉄道運輸とバスや列車による公共路面旅客交通を参照している。公共的に提供される路線輸送以外、つまり短期旅行、パッケージツアーおよびチャーター運輸といった旅行法規の適用があるものは考慮しない。

（3）法的基盤のシステム

　この限られた考察分野それ自体では、統一された成文の乗客の権利というものはない。乗客と交通事業者の間にはたくさんの法令、政令と業務条件（輸送条件）が定められている。

　交通手段の種類に関係なく、その輸送者ごとの諸条件が、顧客の視点から見た場合、最優先の法的源泉である（次頁表12-1のｃ)参照)。しかし輸送条件は、連邦および国際的な法的枠組みに連動しなければならず、ここでは部門ａ)およびｂ)の範囲で合意されるべきことであり、それについての疑義は排除されなければならない。

　　国際法：ａ)で言及された規則は、拘束力のある国際法である。ＥＣ規則
　　　1371/07の内容は、すでに言及された2009年夏の改革でドイツの法律を
　　　変更させた。鉄道運輸に関する国際協定（COTIF）と国際的な鉄道旅客
　　　運輸についての統一的な法的規制（ER CIV）は鉄道ごとに国境を越える
　　　運行についてのみ適用され、以下で簡潔に説明されている利害関係に
　　　ついては対象としていない。

　　連邦法：乗客と運送事業者との間の契約は、多くの輸送事業者が公的所有
　　　にある場合であっても、民法的な性質をもつ。すべての旅客輸送契約は

第Ⅱ部　交通政策の中心的論点

表12-1　法的指示、公共旅客交通の規定

a）ヨーロッパおよび国際法
・ＥＵ規則（ＥＧ）1371/07：鉄道運輸の乗客についての規定と義務 ・鉄道運輸に関する国際協定（COTIF） ・国際的な鉄道旅客運輸についての統一的な法的規則（ER CIV）
b）連邦法
・民法（BGB） 鉄道運輸に関しては： 　・一般鉄道法（AEG） 　・鉄道運輸規則（EVO） 公共路面旅客交通に関しては： 　・旅客運送法（PBefG） 　・一般運送条件についての政令（VO AllgBefBed）
c）運輸事業者の運送条件

出典：筆者作成

基本的に、交通手段に関わりなく請負契約法と、その他の民法規定に重要な意味がある。例えば民法と一般的な債権法的な決定とを考慮にいれることが、契約締結についての一般的な法的問題（例えば事業者が輸送契約を締結することで他の事業者を代行できるかどうか、あるいは未成年者について有効な定期券の契約が成立するかどうか）である。また例えば、一般的な民法の責任は、輸送契約における情報提供義務違反の責任、あるいは付随義務違反について全面的に適用される。それゆえ、こうした事態において乗客はまた、民法の根拠に基づいて損害賠償請求の権利が当然生じる。

しかし多くの場合民法は例外規定を設けていない。このことからドイツ法においては公共鉄道運輸とバス、トロリーバス、路面電車による路線運輸との間に差異が生じている（本章第5節参照）。近距離交通と遠距離交通との間に非常に大きな違いがある計画や資金調達とは対照的に、長い間乗客の権利は些細な問題でしかなかった。まず2009年夏の改革は、最初に鉄道旅客近距離交通につ

214

いて規制の分離を導入した。それに対して、Ｓバーン［訳注：鉄道旅客近距離交通の一部］と地下鉄［訳注：公共路面旅客交通の一部］については、それらが同一の運輸連合［訳注：訳者解説参照］の一部であったとしても、運行に関して問題が現れるかどうかには違いが生じる。もちろん、それにも関わらず運輸連合は、接続している鉄道旅客近距離交通と公共路面旅客交通に対して共通の輸送条件を示すことができる。

いずれの運輸担当者（鉄道や公共路面旅客交通）に対しても、それぞれについて特別の法的枠組みが法律（AEGまたはPBefG）と規則（EVO、またはＶＯ AllgBefBed）から構成されている。諸法規はさらに、とりわけそのほかの運輸市場への参入、事業者への一般的な要求と義務を規制しており、特に旅客運送法の場合は供給形態を規制している。乗客の権利については、標準的な説明では政令に含まれる。輸送条件と異なり、これらは普通取引約款に関する法律の基準による法的規制ができない。

輸送条件とは、普通取引約款（AGB）である。ドイツ鉄道による運行の場合は「ＢＢ旅客運送」という規定がそれであり、他方、公共路面旅客交通の運行については運輸事業者ないしは運輸連合による拡張された条件が認められている。どちらもその条件はしばしば、一般運送条件についての政令と広く一致するものを含んでいる。輸送条件において、乗客との法的関係は運輸事業者によって一方的に設定され、決定される。ただし、顧客は輸送条件について全く無力なまま放置されるわけではない。もし民法上の義務に違反した場合は無効となる。それゆえ当然に、最初に述べた公共交通についての免責は民法の中心的な規定によって制約される。

輸送条件は、輸送契約の構成要素である。それとともにさらに乗客は、その前提が満たされていれば、輸送条件の中で約束された代替サービスを、訴えて請求することができる。そうした代替サービスは、例えば「顧客憲章」や「品質保証」といった枠組みで示されているような、事業者自身の好意による規程や自発的な保証の宣言とは、法的責任の面から区別されている（本章第5節参照）。これらの宣言は、それが輸送条件と同一でないならば、法的な責任を負

第Ⅱ部　交通政策の中心的論点

っていない。それはなんの責任も導き出さないものである。

3　「顧客の権利をめぐる議論」の発展

（1）当初の状況

　鉄道運輸規則（EVO）はこれまで、消費者政策的な批判の焦点であった。それは運輸事業者の本質的な責任を限定しているというのである。またこの規則が1938年に制定されたことも問題にされる。それはナチスの時代であり、この点では道義的にも議論の対象になるのである。とはいえ実質的な規則はより以前から存在していた。今日の鉄道運輸規則は、「ドイツ鉄道連盟」という組織によって1849年に初めて公布された一般的な輸送条件の前身に、その起源がある。以来2006年半ばまで、同規則の第17条１は、列車の遅延と運休についての乗客の権利を完全に除外していた。それはこのような文面である。

　　「列車の運休および遅延に対しては、補償の責務を負うものではない」

　バスや路面電車による運輸については、多数の一般的規程（サービス保証）はあったにせよ、よく似た文言が重要性をもっている（一般運送条件についての政令 VO AllgBefBed 第16条）。

　2006年７月１日から、鉄道運輸に関する国際協定（COTIF）による新しい規制の結果として、鉄道の乗客が遅延や運休によって、同日中に移動を継続できない場合には、補償の請求が完全には拒絶されないようになっている。請求には旅客の「宿泊や待っている人への通知のために発生する相応な費用」が含まれる（EVO 第17条Ⅰ項２）。この規制は進歩を意味するが、企業の過失によりやむを得ず宿泊を強いられるといったまれな場合にのみ適用できるものとしては、以前にもあったものである。

（2）批判者の根拠

　この規制は、「乗客の権利」を巡る消費者政策についての議論を引き起こした。文献においては一部について強い異議があったとはいえ、その法的な有効

216

性に疑義をはさむものはこれまではなかった（Pohar, 2006）。乗車券は、鉄道利用者団体 Pro Bahn［訳注：「鉄道賛成派」というような意味］の法律の専門家である Rainer Engel が的確にも述べたように「宝くじ」なのである（注４を参照）。このため、定時性の主要なサービス上の特徴は、商品やサービスの供給者が前もって公示された約束を順守しないのであれば、購入者は無料の代替サービスまたは（場合によっては部分的な）代金の払い戻しを要求するという、他のすべての経済分野にはずっと以前からある取り引きの関係性における基礎的な原則を適用しないことにある。鉄道側に原因があって発生した遅延の場合であっても、補償の請求権を発生させることはできない。これについては例えば、旅行者が列車の遅れのために、高い運賃を払った航空便に搭乗して出発することができなかったという事例は、たしかにそれは時折新聞で大見出しになるが、結局のところいかなる変化ももたらさなかった。

　公共交通における次の視点としては、システムに限定されたわずかな選択の自由と、顧客による予定された供給への適応とが付け加わる。公共交通の利用者は自分が輸送されるためにはそもそも、時刻表の形式で供給者が示した仕様に適合させて、場合によってはかなり譲歩して、それぞれの旅行計画を作成しなければならない。それゆえ利用者は、供給者が公示した内容を少なくとも維持することを期待するのである。顧客が旅行計画を絶えず新しく変更する必要に迫られるような、運行に対する攪乱要因も、この観点からすれば大きな問題ではないようにみえる。

　より広範な間接的な影響も見落としてはならない。特に、多くの場合具体的な交通サービスを用意できる代替的な供給者が存在しないような公共交通について述べれば、劣悪なサービスへの補償義務が不十分であることは、よいサービス品質を提供することへのインセンティブが減少していることになる。不適切な管理が、補償の支払いと同時に運賃収入も失うという形での制裁を受けるという脅威にならない場合、短期的な視野と経済的な合理性が原因となって、イレギュラーな事態における信頼性と顧客サービスのためにはわずかしか投資されない、ということは明白である。

　公共的な輸送の供給は、分野ごとの比較では顧客満足の点で長い間末席に甘んじていた[6]。フラストレーションを抱えた顧客は他の輸送手段へと去った。そ

第Ⅱ部　交通政策の中心的論点

れによって、公共交通がその社会的・環境的なモビリティとしての役割の優位
性を常にわずかしか達成できず、またそれらの整備に対しては運賃収入の代替
として、さらにいっそう公共的手段によってその費用が供給されるようになる。
よりよい顧客志向とは、単に消費者保護の視点からだけでなく、運輸、環境そ
して政策目的の達成のための公共的財源の効果的な投入をキーワードとする財
政的な政策基盤からも要求されるのである。

（3）反論の根拠

　もちろん上述の批判に対しては、現状を肯定する立場からの反論がないわけ
ではない。さしあたり**事業者の利害**に関する法的状況は以下のことに直面して
いる。すなわち、顧客を確保し、顧客が提示された価格を支払って持続的に利
用するように動機付けることである。競争から保護された事業者はまた、その
イメージと、個別的あるいは制度的な将来についてのネガティブな反応を長期
にわたって覚悟しなければならない。ともあれ供給者は、しばしば**善意の方法**
で賠償を受け取る可能性があることを示している。状況や事業者の政策、そし
ておそらくは顧客の性格にも左右されて、その都度ごとに、どんな賠償がふさ
わしいのかどうかが新しく意思決定される。

　この方法は、大抵は乗客に対しても以前から公にされてきている。この方法
の欠点は、企業には義務でないことと、意思決定基準に透明性がないことであ
る。それゆえ、問題が発生した場面ごとに、あるいはまた個々の顧客サービス
担当者ごとに、同じような問題に対して異なる補償措置をとることがありうる。
善意にもとづく補償は、大抵特定の要求に対してのみ提供される。

　乗客の権利の拡張に反対する主要な根拠は、昔から**責任問題**である。事業者
を包括的な責任から免除するのは、供給者の影響が及ぶ範囲の外に多くの潜在
的な阻害要因があるためである。非定常的な事態が発生しうる。例えば悪天候、
混雑、ストライキ、自殺、そして他の乗客によるもの（例えば不必要なブレーキ
操作）といったものである。供給者はこうしたさまざまな要素に全く対応でき
ないか、あるいは過度に高いコストをかけることでのみ対応できるのである。
こうした観点からすると、他の分野で行われていることと公共交通のそれとに
は違いがみられる。それゆえ、**事業者の影響が及ぶ範囲の外**で起こることへの

218

責任を事業者が回避しようとするのは、基本的にはもっともなことである。しかし、鉄道運輸規則についての以前の解釈と、またさらに一般運送条件についての政令にも含まれている本質的な部分では、事態の原因について顧慮されない、**完全な責任の免除**という点に、この問題は存在している。この責任についてのテーマは、さらに実情に関連したまた別の観点とも結び付けられている。

- 個々の乗客にとっては、何が定常的でないのかがいつも明確なわけではない。旅行者が適切に情報を提供されなければならないのは、可能な補償サービスがそのことに左右されるからである。これに必要な方法は、まだこれから何倍も発展させられなければならない
- 経験に基づいて、事業者の情報についての公的な信頼が生まれていなければならない。
- 結局のところ、何が不可抗力なのかという問いに対しては、いつも明確な回答ができるとは言えない。例えば2007年はじめの暴風「キリル」の際に鉄道評論家が着目した点がある。ドイツ鉄道がもし、そのメンテナンスにおいて上場適格性を満たすことではなく、ホームの端を覆っている植物をよりよくコントロールし、また枝が落ちるリスクを削減していれば、こうした予防措置によって鉄道の全面運休が回避できたのである。

さらなる根拠は、この調整——特に発生した損失を埋め合わせるかどうか——に強く依存している新しい規制が、**コスト**に焦点をあてていることである。改革の支持者は、他国ではドイツより明らかに少ない金額であると指摘しているが、近年の議論ではそのコストが4.5億ユーロまで上昇するといわれている。さらに、大きくて攪乱にさらされやすい事業者は当然、賠償の要求が大きくなることを予想しており、それゆえドイツ鉄道株式会社は［訳注：こうした賠償への］激しい反対者の一部となっている。しかも、かかった労力に比べてたいした金額ではない賠償は顧客の関心を引かず、またふさわしくもないことから、そこに「つまらない線引き」を行うことには、別な考え方がある。このことは、まず第1に近距離交通に打撃を与える。この論争ではさらに、減少した利益、増大する損失、そして運賃の高騰といったことによって、こうした［訳注：賠

第Ⅱ部　交通政策の中心的論点

償の〕費用が最終的にはすべての旅行者もしくは公的な負担となるということに注意が喚起されている。これは、すべての経済分野で普通のことではあるが。

やや異なった面でみると、鉄道旅客近距離交通では鉄道改革の原則に従って、すでに鉄道運輸事業者と業務発注者との間の契約の中で、品質が基準を満たさない場合に支払いを減額することがすでに組み込まれているという指摘がある。つまり、乗客への賠償は供給者にとって「二重の処罰」になってしまうというのある。しかし、これは非常に限定されたケースである。つまり、複数の契約におけるこうした「減額規定」が徐々に一本化されるかもしれない、ということを別にすれば、こうした支払いは、運行コストのうち業務受託者が負担する部分にのみ関連しているのである。最終消費者（乗客）がその支払いに見合った適切な賠償を与えられるかどうかという問題は、このことと関わってはいない。この支払いは通例、期間を特定した、決められた品質基準をもつ契約と関連しており、個々の阻害要因とは直接的な関連付けがない。

（4）交通政策的な利害関係者とアクター

国はこのテーマでは単に立法者としての役割のみが求められるのではなく、ドイツ鉄道（そして間接的にはその他多くの市町村や地域の運輸事業者）の所有者でもある。この役割を有するために、国は通常、たとえそのことの政策的な問題性の原因について明確に指摘されることがほとんどないからだとしても、〔訳注：賠償が〕事業者の負担や、場合によっては間接的には公的予算の負担となっている現状を転換することにはなんの関心もない。

消費者政策がこうした利害対立における個人および組織への配分についての基盤をなしているのではあるが、ところが長い間公共交通にはほとんど関心をもたれていなかった。それはしばしば発生する流通の分野についてのみの視点でつくりだされていた。このことは、農業または保健を所轄する省庁に付置されていた消費者保護を所轄する省庁や消費者センター、あるいは消費者連盟でも同様にそうみなされていた。

最も「その資格を持つ」アクターである「乗客連盟」の中においてすら、まずは乗客の権利というテーマついての認識を深めなければならなかった。乗客団体はさまざまな組織形態で存在し、最も長いもので30年にわたり中心的に活

動してきた（Jansen, 2009; Schiefelbusch, 2005）。それらはたしかに多様な知識を
もつ人々の中でずっと交通政策の議論に加わってきた。しかし、それらの活動
の焦点は公共交通の供給（路線、時刻表、運賃）と乗客団体自身の交通政策的立
場の改善にあった。供給される品質の欠陥はいつも乗客団体の活動のテーマで
はあり、「乗客の権利」がないことは明確に認識されていたものの、それはた
まに取り上げられる論点でしかなかった。

　鉄道改革の進展で、1994〜1996年にかけて、鉄道はより魅力的になり、豊か
な成果を収めるはずであった。消費者と、そしてまた新しいアクターとして登
場した州からの期待は高まっていた。ICE 路線の建設、広域での列車の等時隔
運行や多数の地方路線の再活性化によって、またしばしば新しい供給者による
強力な参入によっても、鉄道改革はさしあたり成功しているように見えた。他
方、ドイツ鉄道株式会社の新しい企業政策は多数の、しばしば短期志向の緊縮
的な政策であった。特にインフラと運行の余裕部分が犠牲となった。それゆえ
鉄道は攪乱に対する抵抗力が弱まった。それゆえまた世紀転換期のドイツにお
ける鉄道運輸の品質も低下した。不満足は政策的重要課題となり、異なったレ
ベルでの活動へと導いた。

（5）改革のイニシアティブ[7]

　連邦政府は2002年に「公共旅客輸送の品質攻勢」（連邦議会記録 BT-Drs.
14/9671）を展開し、そこでは乗客の権利の改善について原則的に示されている。
連邦政府の「品質攻勢」は、最初2003年の中頃に「公共交通における消費者保
護と顧客の権利」のテーマについての答申の公示があって具体化が始まり、最
終的に2006年には完成した（BT-Drs. 16/1484）[8]。この研究は特に以下のことを
指摘している。すなわち、他のEU諸国では、消費者の視点からみて明らかに
より望ましい法規が存在し、ドイツでも同様の改革が推奨されているというこ
とである。ドイツ鉄道株式会社の所有者としての連邦の利害を巡る上述のよう
な対立は、この点で、最初にドイツ鉄道の子会社の常勤弁護士が力量を発揮で
きるように割り振られた調査業務の区分や、「連邦政府のポジションを明文で
固定することは意図しない」という専門家の意見表明が添付された意見の表明
が公刊されることによって、明確に示されている（BT-Drs. 16/1484：9）。

第Ⅱ部　交通政策の中心的論点

　偶然にもノルトライン＝ヴェストファーレン州では「ノルトライン＝ヴェスト
ファーレン州公共交通仲裁機関」（本章第4節参照）の設置と、市民運動による見
解表明や法案とが同時に動き出した。また国の消費者保護政策も調整され始め
た。その頃新しく指定された消費者保護担当省では、ドイツ鉄道株式会社と
2004年に最初のドイツ鉄道顧客憲章（本章第5節参照）の公表に関する交渉にま
でこぎつけていた。乗客団体はこうした問題についてむろんそれぞればらばら
であった。Pro Bahn がこの論争で消費者の利益代表として明確な立場をとり、
供給者がそれに対して公式に激しく反対している間に、ドイツ鉄道顧客連盟が
第2の全連邦規模の活動的な団体として、ドイツ鉄道との対話の中で改善を達
成することと、改善された乗客の権利によって生じるコストを回避する、また
はさらに財源を確保するために、鉄道会社が供給の悪化や運賃の高騰を起こさ
ないようにするための注意を喚起しようと努力していた。

　EU 委員会はまず2001年に欧州の交通政策についての白書「乗客の権利の確
保」（KOM 2001：125）において経済政策の目標を定めた。鉄道運輸における整
合性の確保の準備は、2001年に、利害団体への聞き取りと最初の構想から始ま
った。乗客の代表者がこの努力を好意的に見ている間に、主にドイツ鉄道株式
会社のもとにある運輸・インフラ事業者はこの提言には非常に批判的で距離を
おいていた（EU委員会、DG TREN 2005）。並行して、EU規則への対案とす
るために、ヨーロッパ全体の鉄道事業者団体である CER（ヨーロッパ鉄道協議
会）では、国境を越える運輸の自発的な補償の調整が仕上げられていた。これ
らはたしかに少なくない国々で改善を示したが、法的な裏付けの明確化は主導
的な諸国（イギリス、スウェーデンおよびオランダ）では置き去りにされた
（EUSG-Konsortium, 2006：91ff）。

　EU委員会の構想は、議論の経過の中で何度も改定された。他方では、EU
議会での議論において、加盟国の国内交通に対する適用範囲の拡大について、
あらかじめ組み込まれている賠償の支払いを考慮して［訳注：乗客への賠償義務
が］緩和された。EU規則は最終的に2007年秋に議会を通過し、2009年12月3
日に施行された。もちろん加盟国は最大15年間発効を延期することができる。

　ドイツはこうした可能性を全く利用しないのではなく、時間的には2009年に
法律の施行を延期し、また内容についてはEUが求める最低水準にとどめた。

222

第12章　公共交通における顧客の権利と顧客サービス

それゆえ、新しく立案された鉄道運輸規則の法に基づいて、法は上級の（特別料金をとる）列車の利用で20分以上の遅れがあった場合に、追加費用部分を償還することを求めた。こうした規制はＥＵ規則では意図されていない。

最後までもめていた点は、どのようにこれの大規模な拡張を行わざるを得ないのか、である。特にキリスト教民主党とキリスト教社会同盟、そして中心的な消費者保護官庁は、このフェーズにおいて乗客に親和的な規制——30分遅れただけでも具体的な賠償——に力を入れていた。しかし社会民主党が主導する運輸および法務管轄当局に対抗してそれを押し通すことはできなかった。そうして、EG-VO では制度化された請求権として60～119分の遅れに対して運賃の25％までの賠償が存続した。それと関連して規則は、2004年のドイツ鉄道顧客憲章と CER における国境を越える運輸についての憲章を基礎としてすでにあった最小限の遅れに応じた償還額の高さを越えたものとなった。さらに最低金額、期限、償還方法と除斥される原因（提供者の責任）は、ＥＵ水準で統一された、あらかじめ示された詳細についての基準文書が新しく、そして全体を包括した消費者に親和的なものに形成された。

4　乗客の権利の実現と裁判外紛争解決手段の可能性

「裁判外紛争解決手段（ADR）」は、異なったコンセプトの上位概念として創り出された。それは、意見の相違を、ギアをニュートラルからサードにいれることで解消しようというものである。ADR 構想の例としては、仲介、仲裁委員会、行政査察官、あるいは利益代表者がある。以下では、仲裁が ADR のより多くの方法のうち１つを意味する場合には、ドイツ語の用語法に相応する包括的な名称として、「仲裁」という概念を優先的に用いる。裁判外紛争解決手段には「控訴審」の規定が考案されており、ある当事者（大抵は消費者）がある問題である事業者やある業務に満足しない場合に、最初にそれが機能することになる。このためそれは、「氷山の一角」に対応することができるだけなので、そのかぎりでは常に付随的な役割を果たしているが、法的手段で明らかにすることに対して、以下のような利点が提供されている。

223

第Ⅱ部　交通政策の中心的論点

・コスト面での優位性と迅速な処理

・司法当局の負担を軽減する

・和解を優先しない（個別には和解になる場合がある）

・内容についての合意形態に非常に大きな裁量の幅をもたせる

・合意の可能性があるから、（業務上の）関係を継続できる

　完全な手続で実際に行われた仲裁事例の数は、いくつかの成果指標のうちの１つとしてみなすことはできる。まず見えてくることは、仲裁手続きが和解をめざす正式の仲裁判定に持ち込まれることは少なくないということである。他方で仲裁機関はまた、しばしば責任範囲外の問題に関与させられている。このような状況では、仲裁判定は最小限の助言ができるか、あるいは問題を転送できるか、である。それに加えて、よりよい顧客サービスの提供によって仲裁機関への苦情申し立てが回避されることも、こうした「上告裁判所」の可能性があることの効果である。

　公共交通においては、その製品の特徴と市場構造を考慮すると、その供給にはそれにみあった特定の需要が存在する。そして、乗客の法的地位という視点では、紛争問題への法的解決をもたらすための、法的基盤または授権がいまだ部分的に不足している。しばしば（経済的に見れば）わずかな訴訟上の価値しかない（にも関わらず大きな不満に到達しうる）ことが、そこに不快感を加える。監督官庁は、一般的な公共性に対してこれまでほとんど登場してこなかった。

　ドイツの乗客は、長い間の運輸事業者との紛争において、もっぱら交渉能力と事業者の好意を頼るしかなかった。だが世紀転換期からは、特定の地域の、交通用具ごとに区分された部分については、それぞれのオンブズパーソンと仲裁機関が設立されるようになった。

・ノルトライン＝ヴェストファレン州近距離交通仲裁機関は2001年に設立されて以来、運輸省と当面は消費者センターをスポンサーとして主導的な役割を果たしてきたが、2007年からは１つの連合組織と事業者、消費者センターに支援されている。それは、ノルトライン＝ヴェストファレン州の鉄道旅客近距離交通と公共旅客近距離交通での紛争に対して活動

第12章　公共交通における顧客の権利と顧客サービス

する。

・2002～2004年の間、**ライプチヒの交通部門のオンブズパーソン**は事業者の乗客の調停者として行動した。

・2004～2009年の間、ドイツ交通クラブ［訳注：市民団体］の**モビリティの仲裁機関**は、鉄道、航空、海運および長距離バス交通についての権限をもっていた。乗客の権利の改革によってそれは、ある交通事業者連盟が維持する**公共旅客輸送仲裁機関**と置き換えられた。消費者の代理人は機関の審議会委員であった。鉄道輸送については、それ以来紛争状況についての仲裁について中立的な機関の設立への責任はドイツ鉄道運輸規則EVO37条に適応した。

・連邦鉄道庁はドイツにおいてＥＵ規則 VO（EG）1371/07の目的を達成するための権限があり、この機能の中で乗客の苦情について活動する部門を設立した。この機関は、「乗客の権利が守られるように保障するための必要不可欠な措置（を講じること）」ができる（VO（EG）1371/07 30条1項）。

・2004～2005年に有名な「**近距離交通オンブズパーソン機関**」がバイエルン州とバーデン＝ヴュルテンベルク州に設立された。それは運輸事業者の連合体であるドイツ交通事業者連盟（VDV）とドイツ連邦乗合バス事業者連盟（BDO）のそれぞれの州の組織が直接に運営している。

・ベルリンでは2007年に**東部近距離交通仲裁機関**の設立が政策的に決定された。その権限はベルリン、ブランデンブルク、およびザクセン＝アンハルト各州の鉄道旅客近距離交通と公共旅客近距離交通を包括していた。また、VDVから資金が提供されてはいたが、独立した仲裁者が業務を行っており、重要な利益グループを代表する審議会を有している。

・2009年末に広範な運輸事業者の連合組織は、ヘッセン、ラインラント＝プファルツおよびザールラントの各州について**中部近距離交通仲裁機関**の基礎をおいた。

上に列挙したように、個々の機関は設立、負担者、業務範囲において大きく異なっており、それゆえ消費者にとっては、それにアクセスする能力と提供さ

第Ⅱ部　交通政策の中心的論点

れているものの利用のいずれもが難しいものになっている。また、個々の機関
の大半では、裁判外紛争解決手段（ADR）が示している（Schiefelbusch, 2007）、
ヨーロッパ水準で定式化された品質基準をほとんど満たしていない。いくつか
の機関の業務が活発であることは一般に知られているが、その他の政策的な利
害が原因でおそらく十分に整備されていない機関については特記すべき公的な
業務があるとはいえない。こうした質の不均等は、ドイツの他分野における
ADR の構造にも見いだされるように、公共交通について連邦の権限が部分的
に分権化されたことに起因している。このことはまた、他のヨーロッパ諸国が
明らかに包括的でよりよい組織構造を提供していることも示している。

　苦情マネジメントの原理からは、不満足な顧客の総数を最小化しようとする
と、他方で苦情を訴える不満足な顧客の負担が最大化されることが示している
（Stauss/Seidel, 2002: 51）。仲裁の整備は、仲裁が提供されているということを
どのように一般に広く知らせ、また仲裁の窓口の敷居を低くする配慮をするよ
う役割を果たさなければならない。不十分で不明瞭な裁判外紛争解決サービス
は、その目的を劣悪に実行しているに過ぎないといえる。

5　サービス保証を通じた乗客の権利の拡張

　サービス保証についての表明は、業務提供者の品質公約に示される。その場
合、2つの項目に分けることができる。まず、企業がそれを満たそうと努力し
ている、品質または**業務履行に関する約束**に基づく代替についての基準があり
うる。それは、事業者の責務を公示することに役立つ。これに加えて、例えば
親切、安心および苦情のマネジメントについての保証があげられる。これらの
約束が満たされなくても、事業者あるいは顧客にとってすぐに重大事ではない。

　それに対してサービス保証においては、サービス提供プロセスにおける規定
された品質基準が同様に顧客への保証として示されており、品質基準の不履行
があった場合に顧客は、金銭的なものかあるいは他の形での代償を受け取る権
利があることから、賠償の履行を期待できる。このため例えば、定時性が約束
されていて遅延が生じた際には顧客に運賃（ときにはその一部）が返還されるこ
とがある。保証の履行の新たな様式として、よく知られた「接続保証」が注目

226

第12章　公共交通における顧客の権利と顧客サービス

される。それは代替輸送手段（大抵はタクシー）で、特定の乗換接続が維持され
なかった場合に、その路線にそって運行されている。個別の代償形式へのアク
セスについての研究が示しているところでは、どのような補償の履行も肯定的
に評価されている（Probst/Bockholt, 2003 ; Rennspieß, 2005）。個々の場合につい
てどのくらい［訳注：保証の範囲が］広いのが妥当であり、顧客の視点から見て
追加的な賠償がなくても済むのかどうかは、その形式次第である。

　業務履行の公約と保証は、大抵いわゆる「顧客憲章」と題されて公示された
1つの文書の中に含められているだろう。この規定は、公式に効力のある表現
として供給者が外部に対して（また内部に対しても）、期待されるサービス水準
と、それに可能なかぎり最大限の義務を負うことを示しているのである。

　上述のことはすでに議論になっている。外形的な責務に関してのサービス保
証は、それが輸送条件の一部分でないかぎり、法的な規定によって達成される
品質ではないのである。これは現在までそう多い事例ではない。他の視角から
見れば、保証制度は乗客の権利の拡張として理解しうる。法的規定の内容が固
定的な間は、保証の形式なら法的規定よりも拡張されることができたであろう
し、またそれゆえ追加的な利益となるものが提供されたのである。この追加的
な利益は、もし保証が法律に基づくものよりもよい弁償の履行を提供するので
あれば、実質的な付加価値でありうる。それだけでなく、乗客の権利がないか
あるいは不十分な場合でも、保証が導入される。事業者にとっては、公的な供
給において業務発注者と政治の双方に対して、品質のよい提供者として名前が
売れることには利益がある。またこのほか、直接的なフィードバックを受け取
り、システムの弱点を特定する機会でもある。このように、サービス保証は品
質保全システムにおけるコントロールのツールになる。

　最後に、公共鉄道旅客輸送については、いまだに乗客の権利として法的に体
系化される見通しがない状況である。この点では、1997年にベルリン交通局が
供給者としてドイツで最も早く顧客保証を導入した。2008年末までに、明示さ
れたサービス標準を顧客に保証しているドイツの交通連合や交通事業者の数は、
約60にのぼっている。そのうえドイツ全域はかなり異なった形に分かれている。
大きな部分はヘッセン、ノルトライン＝ヴェストファーレン、ブランデンブルグ
の各州および都市州のベルリンとブレーメンであり、これらでは近距離輸送事

227

第Ⅱ部　交通政策の中心的論点

業者の品質標準が保証されている。また、シュレスヴィヒ＝ホルスタイン州で
すべての鉄道旅客近距離輸送に有効な定時性保証があることは注目される。こ
れに対して、ハンブルク、ラインラント＝ファルツおよびザールラントの各州
では今日までなんの保証も提供されておらず、バーデン＝ヴュルテンベルク、
バイエルン、メクレンブルク＝フォアポンメルン、ニーダーザクセン、ザクセ
ン、ザクセン＝アンハルトおよびチューリンゲンの各州では、現時点では個別
的な保証の提供だけが存在する。鉄道旅客長距離輸送では、ドイツ鉄道株式会
社が2004年10月から導入された顧客憲章において、各種の品質公約と並んで遅
延時における賠償サービスについても明示している。

　国際的な比較でみれば、ドイツにおいて保証の提供が輸送市場をカバーして
いるのは、上述のような欠陥をもちつつもまずはよい方であるといえる（図12
－1）。ここでの評価基準は、国ごとの基準値によって設定している。スウェー
デン、デンマーク、イギリスは鉄道輸送について、エストニアおよびイタリア
は顧客憲章の普及という観点になっている。内容を整理すると、不均質な図が
生まれる。ドイツの公共旅客近距離輸送にあるいくつかの保証（例えば北部ヘ
ッセン運輸連合やヴェストファリア運輸会社が提供しているもの）は、他の国々の鉄
道旅客近距離輸送と鉄道長距離旅客輸送がより範囲の広い保証の履行を提供し
ているのと比べても、模範的だと見なすことができる（EUSG-konsortium,
2006）。もちろん、この結果についての整理を検討することは、サービス保証
についてのまた新しいテーマに関わる問題である。最初の保証は1990年代中盤
にイギリスとスカンジナビアで導入された。このテーマは、ここ数年のうちに
品質マネジメント、入札競争および消費者保護の基準を引き続き転換していく
うちに、重要性を増すことが期待されている。

6　結　語

　公共交通についての幅広い不満から明らかなことは、おそらく、公共交通を
利用したトリップは個別的なモビリティよりも本質的にはるかに他律的だと言
うことである。例えば時刻表を考慮する必要があり、そのためしばしば必要と
の間で妥協を迫られる。移動の間旅行者は「システム」に身を委ねることにな

第12章　公共交通における顧客の権利と顧客サービス

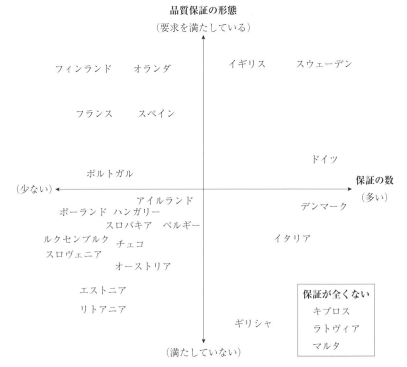

図12-1　ヨーロッパにおける交通事業者のサービス保証：量と質
出典：EUSG/Konsortium（2006: 106）

り、ひどく受動的な立場に縛りつけられる。（知らない）他人と場を共有するトリップでは、交通サービスを経験する際に幅広い「他人からの影響」がある。そして、おそらくは偏りがより大きいことから、公共輸送の供給は感覚的にも現実的にも、収容能力については明らかにより少なく供給されているということが、輸送業務のその他の特徴もまた批判的にみる傾向を強める。少なくとも今日までの認識では、こうした感覚はイレギュラーな事態に際して法的に弱い立場にある場合に生じる。乗客の権利、保証、憲章はそれゆえ、個々のケースにおけるそれぞれの有効性をこえて、「期待形成効果」という重要な機能をもつのである。

　苦情への対応、まして法律上の紛争は通例、事業者の顧客との接点のごく一

部でしかない。乗客の権利と顧客サービスは、それらが苦情や紛争を回避するための規定と構造を創設することによって「再発防止」を形成している。それゆえ、こうしたわずかな事態を回避するためにこれだけたくさんの注意が与えられていることが無意味であるように思われるだろう。だが、こうした考えは短絡的である。苦情は消費での不満足の一部に過ぎず、多くの場合ネガティブな（サービス）経験の影響は満足したサービスよりも大きいのであり、ポジティブなことは注意を引かないだろうと予測するのは簡単である。よくない経験は当事者の記憶に残るだけでなく、むしろ知人はもとより一般大衆にも言いふらされる。そしてまた最大級の関心をそそられたメディアにも。

　ここ数年、消費者保護の改善のために実現した手段は、すべての想定される問題に対して十分ではない。また特に路線というものに縛られた近距離交通では、現在まで自発的な保証の提供によってのみ消費者保護が図られている。しかしそれでもこの問題には明らかな前進がある。これまでの経験によれば、こうした手段は広く問題なく運営され、これまで表明されてきた供給側の懐疑主義は結局否定されている。

　個々の事態に対する有効性について、旅行者による「認識された価値評価」の改善の現在までの到達点が十分であったかどうかは、いまなお評価できる段階にはない。

　さらに検討されるべきなのは、提供された施策の利用が、法的に望ましい活動によって改善された乗客の権利の一部でしかないことである。供給と品質についての政策は、その他の顧客サービスと同様にそれ以外の他の出発点を提供するが、特に旅行者の視点からの影響を考慮して、多くの場合まだ一部しか用いられていないのである。

　注
　1）　ＥＵ議会と理事会が2007年10月23日に制定したＥＵ規則（ＥＧ）1371/2007の鉄道法的規定に適合した、鉄道交通の旅客の権利と義務に関する法律。
　2）　上記のＥＵ規則。
　3）　本稿を読んでコメントをいただいた Michael Pohar に感謝する。
　4）　Pro Bahn の Rainer Engel は異なった見解をもつだろう。

5) より複雑な説明を避けるために、このあとの記述では、多くの場合乗客の権利に関して軌道系交通用具である地下鉄や路面電車の説明を、バスと同じ法的な枠組みに含めて考えることがありうる。とはいえ、長距離路線バスを含まないことは、「公共旅客近距離交通」の説明を混乱させるかもしれない。

6) 最終的には例えばＥＵ委員会消費者保護総局、DG SANCO（2009）を参照。

7) 法的視点からのイニシアティブの議論は、Pohar（2009）を参照。

8) この公示は取り上げられている専門的議論の中ではまた「Progtrans 答申」としても知られている（ProgTrans et al., 2005）。

9) ＥＵ議会と理事会が制定したＥＵ規則に適合した、国境を越える鉄道交通の旅客の権利と義務に関する法律（KOM, 2004：143）。

第13章　都市交通

ティルマン・ブラッハー

　モビリティは、郡・市町村（以下、地方自治体とする）の機能を保障、住民や通勤者、来訪者の経済的な状態と公共的な生活への参加を保障する。都市においてはさまざまな要素が複雑にからみ合っている。歩行者専用ゾーンや緑化された広場は設置されたが、自動車を利用する個人交通は依然として都市の公共空間を占有しているし、駐車が連なる道路、渋滞、環境への負担、交通事故は日常茶飯事である。シュピーゲル誌は、今日よりも自動車利用が半分ほどだった1970年からすでに、「交通の非常事態」や「都市の死」について報道している。自動車への適応、道路への過剰な負担、都市の中心へのアクセス困難、企業や家庭の立地の魅力が減じることなどが、20世紀後半の都市交通に関する主要な議論であった。

　1971年から、連邦政府は地域交通改善助成法（GVFG）により地方自治体の交通を包括的に促進するプログラムを開始し、地方自治体は直面する交通問題に対して、交通サービスの提供を投資により解決しようとし、そして多くの地域でそれはとりあえず成功していた。

　21世紀初頭に、多くの都市は文化・教育・住宅の立地や都市観光におけるルネッサンスを経験した。都市の中心部で、道路や鉄道の連絡そして空港の整備により、さらにアクセスが向上したのに対して、郊外での生活水準は、土地の必要量が大きいことや騒音、排気ガス、事故の危険性、分断効果、公共空間での移動の自由の制約などが、自動車を利用する個人交通によって引き起こされた。それについては、さまざまな年代層や性別、健康状態、教育、収入そして空間的状態によって、便益や被害はさまざまである。

　人口動態の変遷により、新たな課題も出てきている。高齢層の割合が増加し、

第13章　都市交通

交通施設のバリアフリー化や高齢者に適した居住空間や公共空間での休息の場の設置や徒歩での到達可能性などが必要となり、それによって交通サービスの適応や都市の改造が必要となった。

同時に、地球温暖化への対応の圧力も高まっている。ドイツにおいてもCO_2の排出を1990年の水準から大幅に減少させるという面からみると、乗用車はエネルギー節約的な小型車や電気自動車が増加しているのに対して、トラック輸送のCO_2排出量の削減は非常に遅い。また地域交通が大きく変わらない限り、都市交通のCO_2排出を大幅に減少させるのは難しい。

1　交通行動と交通手段の選択

各都市を交通統計で比較すると、地理的な条件や政策による交通手段の選択と交通行動が大きな地域間の差異をもたらしているが、時系列的にみると重要な共通点がみられる。ドレスデン大学が定期的に行っている都市比較調査「抽出による交通アンケートシステム（SrV）」や連邦全体の家計へのアンケート「ドイツのモビリティ」（MiD, 2002, 2008）、毎年の「モビリティパネルデータ」（Ahrens, 2009; Infas/DIW/BMVBS, 2010; Zumkeller, 2009など）が、データ源である。

20世紀末ごろから、ドイツにおける都市交通は、いわゆる輸送実績（人キロ）では増加していないが（次頁図13‐1）、交通手段の選択は変化している。自動車を利用する個人交通（運転者と同乗者）は2002〜2008年にかけてやや減少している（p. 235 図13‐2）。自動車交通が優勢であることは全体として変化していないのに対して、中期的には高齢者と若年層で大きな相違がみられる。高齢者は以前よりも自動車利用が増えているのに対して、若年層では利用は減っている。人口が集積している郡と過疎地域の郡では、自動車交通が、中心都市よりも多く利用されており、一部ではその割合はさらに増加している。それに対して中心都市の住民は、地方の住民よりも、公共交通を明らかに多く利用しており徒歩も多い。都市化（集積や土地利用の多様性）が進行するほど、自動車の利用と保有は少なくなる。2008年の絶対数を2002年と比べると、自転車交通がとりわけ都市で大きく増加し、それに対して自動車を利用する個人交通は停滞してい

233

第Ⅱ部　交通政策の中心的論点

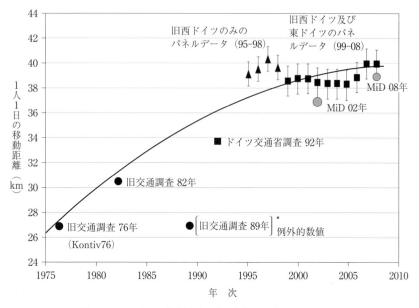

図13-1　ドイツの旅客輸送は飽和状態に到達しているか？
出典：Zumkeller（2009）

る（p. 236 図13-3）。

　p. 237の図13-4に代表的な市町村の住民の交通手段選択の差異が示され、p. 237の図13-5には都市における機関分担率が示されている。特に自動車の割合（運転者として）の差異が大きい。自動車の割合は30～60％の間にあり、他と比べて2倍にもなる地域がある。また自転車の利用も差異が大きく、ほとんど利用されていない都市もあれば、公共交通よりも多い割合で使われ徒歩とあわせると50％を超える都市もある。

　図13-5のグラフは、都市を比較しており、通説となっている自転車対公共交通あるいは自転車対徒歩が直接的な競合関係あるいは補完関係という状況にはなく、さまざまな前提条件による自動車の利用の変動が最も大きい。都市圏においては、例えば駐車場の運営、公共交通のサービスの改善、自転車交通戦略といった交通政策で、自動車の利用を減らそうとしている。地域別の交通調査では、自動車の交通量が都市中心部の道路では停滞あるいは減少していること

第13章　都市交通

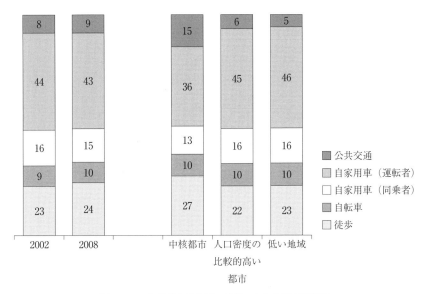

図13-2　時系列と都市圏の規模による主要交通機関
注：自家用車には二輪車を含む。
出典：Infas/DIW/BMVBS（2010: 26）

とを示している。

2　将来の展望

　地方自治体は、数十年のスプロール化（Stadtflucht）を経たのち、ヨーロッパの都市の新たな局面を開いた。都市型居住構造は、郊外に拡散した生活形態を代替するものを提供している。都心に近い場合には自動車を利用しない交通手段あるいは公共交通への収束は、交通が必要とする資源（大気、化石燃料、空間）を将来の世代のために維持する可能性を提供する。
　1970年と比較すると今日では道路の新規建設や整備については論じられていない。先進的な交通制御により、従前の道路網における自動車や歩行者、自転車、公共交通の交通流を改善している。需要が空間的にも時間的にも柔軟なものに変化しているため、ピーク時の平準化や制御の向上などによって、従来の

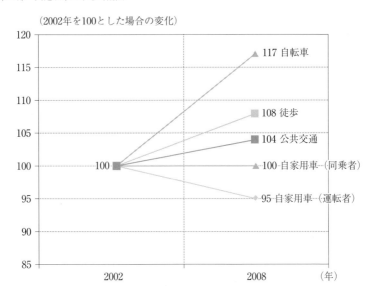

図13-3 自転車と歩行者の大幅な増加
注：自家用車には二輪車を含む。
出典：Infas/DIW/BMVBS（2010: 29）

容量で十分になっている。

　それによって利用できるようになった商業地や交通路用地は、都市の発展において、中心都市の魅力を強化するような発展の新しいコンセプトに用いることができる。地方自治体の交通インフラの新設や拡張の必要性が低下することによって、交通政策上の優先付けを変えることが可能となった。都市においては、交通と環境の負荷はさらに低下し、都市中心部の居住者の社会的地位も上がり、都市における生活の質が向上することにより、「都心回帰」の傾向が明らかになってきた。

　人口減少、移民、高齢化により中都市・大都市における人口流出や都市の中心部における集積が周辺地域や地方に一時的に負担となっている。経済的に疲弊した都市では、転換可能な土地と低下した土地需要により十分な土地の供給が可能となる。人口の減少により都市中心部の土地が利用可能となり、回帰を可能とする。高齢者が魅力的になった都市に回帰し、子供のいる家庭でも都心から離れて緑豊かな地域で暮らしたいとは思わなくなっているという証左が増

第13章 都市交通

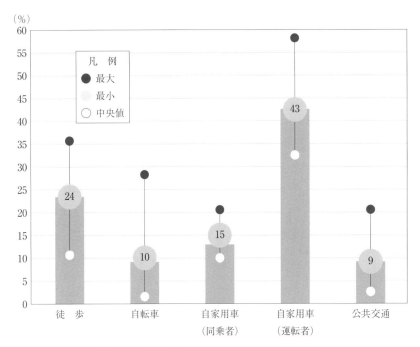

図13-4 調査した市町村における機関分担率の分散
注：自家用車には二輪車を含む。
出典：Infas/DIW/BMVBS（2010: 25）

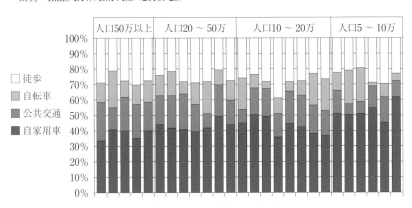

図13-5 都市における交通機関選択（2008年）
注：自家用車には二輪車を含む。
出典：Ahrens（2009）

第Ⅱ部　交通政策の中心的論点

えてきている。道路貨物輸送は依然として増加しているが、トラック輸送は都市を迂回する道路や高速道路、連邦道路を走行しているため都市の中心部はまったく影響を受けない。

　地方自治体では人口構成の変化により、高齢者の住居や住居の周辺、インフラの整備、交通システムなどへの要求が変化している。高齢者の世代で免許保有者が増加しているのにかかわらず、自動車交通は減少している。介護が必要な高齢者は、若者のようには運転しない。また「時限的免許（2013年から）」の導入により、長期的には免許の保有が無条件で認められるとは限らなくなる。それによりライフスタイルも変化する。スプロール化は依然としてみられるが、都心居住というオプションが人々にポジティブに受け止められ、以前よりも郊外の立地がネガティブに受け止められている。郊外の居住者は土地価格の安さを選好しているが、モビリティやエネルギーに関するコストが異常に値上がりし、負担が増加している。

　このことを、大都市において一方では周辺地域に住む住民が重要な意味を獲得し、他方では周辺地域が都市住民の負担軽減のための空間として提供されることであると錯誤してはならない。交通の流れは、都市の境界を越えてはるか遠くに拡大している。通勤輸送は、多くの地域で地方自治体の交通発展における中心的な課題となっている。都市交通と地域交通は密接な相互作用的な関係にあり、都市交通も地域交通といえるのである。

　モビリティと交通の問題が、若年層の家庭にとっても生活環境を規定するものとなっている。地域の交通サービス（例えば自転車交通のネットワークの水準や公共交通のサービスの水準）や道路の状況や住宅の周辺の状況は、子供のいる家庭の日常生活を規定する。多くの家庭で両親による送迎が日常的に行われ、子供は自分ひとりで徒歩や自転車で出かけることをかなり遅くなってから覚える。多くの大人は子供が町で交通事故にあったり誘拐されたりすることを恐れている。アンケートによれば、若年層の家庭が転入している地方自治体は、子供と両親に対してよいモビリティサービスを提供していることが大きな特徴となっている。

　地方自治体は、モビリティを保証し、魅力あるものにし、周辺の状況や環境の質をいいものにし、持続可能性の条件を満たすという課題に直面している。

238

第13章　都市交通

過去数十年において形成された機能的な長距離道路網により、都市は都市間交通から解放され、都市における道路空間の再構築の可能性がもたらされている。交通手段の選択、移動速度、公共空間の配分、排出や機能の配分、自家用車に一方的に依存した空間や活動の構造が変えることができると考えられるようになった。都市の交通空間は基本的には都市の空間であり、都市像や負担可能性や統合の必要性によるものである。地方自治体は自動車での到達可能性を保証し、それによって自動車関連のサービスや業務交通を可能とすべきであり、個人所有の自動車に代わるものや公共空間の価値を向上させなくてはならない。

3　機関別から統合的な交通計画へ

　地方自治体では、交通問題におけるそれぞれの法制や特定の実施方法や財政措置、関係者の構成や制度的な構造が、例えば都市計画、交通計画、経済振興、環境保護などの部門におけるそれぞれの計画の影響を受ける。交通分野の中でも、道路交通と公共交通の組織構造はかなり異なっている。こうした縦割りの取り組みを、統合的な取組方法により結び付け、補完しようとする試みが増えてきている。多くの都市で、道路交通と公共交通の部門別の個別計画を、データに基づいた「全般交通計画」や「総合交通計画」として相互に一致させているが、「道路交通の軽減」や「地方自治体の交通企業による軌道交通」といった伝統的な部門別の目標は、共通の目標としては設定されていないことが多い。
　交通発展計画は、地方自治体の管理による地方の政策分野である。ドイツの地方自治体では、よい事例が多くみられる。例えば交通発展計画の分野や交通分野における州の大気汚染防止計画は都市計画、環境および経済などを、成果を指向して密接に関連付け、総合的に計画設定されている。しかしその実施においては、統一的な基準は全く設けられていない。
　最近では統合的な交通計画は、人口集積地における交通発展を効率的効果的にして、持続可能性の目標の達成を果たし、その他の専門計画と総合的および全体的に適法性や透明性を高めることを強く指向している。中心都市の役割が、周辺地域の住民にとって今後も大きくなるとすれば、公共交通は都市と郊外をつなぐ土台としてさらに意味は大きくなるだろう。統合的な計画には、自転車

239

第Ⅱ部　交通政策の中心的論点

や徒歩のような交通との連携も含まれる。自転車や徒歩交通は、道路交通における十分に意味のある交通機関として配慮される。

　統合の必要性は、土地利用および住宅計画による商業地域と住宅地域の指定にも関わってくる。建設、都市、空間計画により、交通が発生し、またその交通の流れが居住地域やそこに住む人間に影響を与える。人口密集地域には、中心都市や公共交通網を形成する背景となる一貫した居住・立地政策がある。空間的なスプロール化により、隣接の地方自治体との境界を越えた調整が必要である。交通計画の地域における調整は、行政の区切りが居住空間に比べて狭すぎるため、企業や住民（納税者としての）についての地方自治体間の競合をもたらす。地域の調整や統合の事例としては、公共交通のサービスの形成のための運輸連合や、交通や居住の発展のモード間の空間的調整のための地域組合（例えばシュットットガルトやハノーファー、ルールなどの地域組合）がある。運輸連合にもさまざまな規模や範囲がある。

　ＥＵも「都市環境におけるテーマを定めた戦略」として、環境法制による総合的な取り組みを目的としている。ＥＵは「持続可能な都市交通（SUTP）」（COM, 2005）というコンセプトを推奨している。各国の事情にかかわらず、持続可能な都市交通計画において共通した質的指標が追求されなくてはならない。これらの規範的な導入は、加盟国と都市に、現在の実践を目的追求的に、さらに発展向上させることを支援する。「持続可能な都市交通」の目標は以下の通りである。

・市民の到達可能性を利用可能な交通システムで保障すること
・市民とりわけ影響を受けやすい層の健康や安全に対する交通システムの負の効果を最小化すること
・大気汚染や騒音被害、温室効果ガスの排出やエネルギー消費を最小化すること
・外部費用を考慮した、交通の流れの効率と費用効率の最適化
・都市環境および都市景観の魅力や質の向上（Wolfram/Bührmann/Rupprecht HKV, 2009）
・「都市のモビリティアクションプラン」（COM, 2010）によればＥＵは、

地方自治体が持続可能な都市モビリティの計画導入を促進させることを
推奨している

4　道路と道路交通の形成

　地方自治体の道路は、都市の形成や都市の技術、環境、社会、文化に関する
機能をもつ。主要な交通道路は、都市の生活の動脈である。道路と広場の空間
は、重要な公共空間であり、空間的環境の独自性や経験を形成し、市民が公共
的分野を認識するのに役立つ（Heinz, 2010）。都市の生活の質と道路網の水準は、
主要道路によって決定される。公共空間については土地の必要性が大きく、他
のどの部門とも競合している。

　とりわけ、都市においては都市空間へのニーズが競合している。都市が提供
しうる道路や広場が、居住可能性、安全性、横断性、歩行、滞在、および余暇
を実現し、交通による負荷（SPM、騒音、NO_x、事故、土地の占有、分断効果）を
より低くする。都市交通の政策と計画では、以前はインフラの形成——道路網、
駐車場、路面電車や地下鉄、公共交通の路線サービス——が都市の交通政策の
重点であった。能力の高い道路網の形成が、既存の構造物の取り壊しにより行
われ、道路交通の軽減と安全の保証が前面に置かれていた。

　さまざまな用途や利害間の調整過程が、ここでは特に集中して行われた。旧
市街では、都市および局地的な気候を調整するための緑化空間が必要であるた
め、道路は限られた面積になることが多い。都市では広場や駐車施設近辺の道
路は、重要な公共空間である。隣接する建物の使途や通行の頻度にしたがって、
道路は通行のためばかりでなく滞留や公共的な機能をもつ。都市景観は、秩序
だった道路によって距離を保った建造物によって形成される。

　現在の都市道路の規定（RASt 06）は道路空間のすべての要素について、広
範な配慮を求めている。位置、機能、交通量のほかに、土地利用、居住構造、
都市建造の歴史的質、および環境上重要な緑地や空地も含まれている。都市建
設上の理由から、貨物自動車の通行量に対応するための空間が十分でない場合
や、貨物自動車による排出物が周辺に大きな影響を与える場合には、貨物自動
車の交通を特定ルートに制限することが求められうる。さらに、例えば公共空

第Ⅱ部　交通政策の中心的論点

間の外の駐車施設や民間の駐車場がすいているのに公共空間に無料で駐車させることなどにより、都市景観を損なうことも避けなくてはならない。

5　旅客交通における対応分野

交通マネジメント（交通流の円滑化）とモビリティマネジメント（交通の回避と転移による交通需要への影響行使）による交通の制御は、徐々に地方自治体の交通政策の対象となってきている。多くの地方自治体で、トラック輸送に対して都市計画上の措置を講じたり、交通機関の区別（例えば「利用者のメリット」——公共交通の速度向上あるいはカーシェアリングに対する駐車スペースの確保による優遇や、自家用車の締出しや駐車料金の引き上げなどの冷遇）によって影響を与えることが行われ、自転車や徒歩のような交通や公共交通の利用に転移させたり、最適な道路と軌道のネットワークを実現したりするため、可能なかぎり効果を達成しようとすることを課題としている。

幹線交通路の再編成と並んで、自転車交通の効率の向上のための技術的インフラの再編成（自転車道や駐輪場）や、歩行者交通の円滑化や駐車場の設計、交通機関間の接続向上のための公共空間のバリアフリー化が実施される。

自転車交通の促進の可能性は、地域においてより認識されるようになった。長い停滞のあと、全国的な自転車交通計画やその教育プログラム「自転車アカデミー」に基づき、自転車交通は活気ある段階に入った。自転車交通の促進は、多くの地方自治体で高い優先順位にある。多くの都市で、インフラの改良（通路の色分け、駐輪場、一方通行路や今まで自転車を締め出していた空間への自転車の進入容認など）が行われ、自転車交通促進のキャンペーンが支持されている。同時に、多くの地域で自動車指向の構造による逆行的な傾向がまだ残っている（例えば自動車の駐車施設の整備など）。自転車交通の促進を効果的にするためには、競争的な要求に対する手段を講じ、障害や都市計画上の制約を取り除く必要がある。

ベルリンやハンブルクでは20世紀初めごろから、その他の市町村では1970年からの地域交通改善助成法（GVFG）による財源が構築されることにより、良質な公共交通と鉄道旅客近距離輸送について大幅に配慮されるようになった。

とりわけ社会的インフラ（幼稚園、学校、高齢者向き施設など）とネットワーク化され機能の高い交通やサービスインフラを供給し、公共レンタル自転車のような新しいモデルの試行や、電気自動車のような新しい技術の試行をやりやすくし、駐車空間の捻出や革新的なモビリティサービス、交通流の調節、情報提供やアドバイスなどの交通マネジメントやモビリティマネジメントも実施した。

インターモーダル・マルチモーダルといった視点から、効率上の優位さを創出するために、複数の交通機関の利用を一本化、つまり多様な交通手段を一定の時間帯に自由に選択できるようにするために、市町村は新たなあるいは従来の交通サービスを検証し、促進している。公共レンタル自転車や自動車のシェアリングの可能性については、モデル事業で検証された。

化石燃料の有限性やそれによる騒音や大気汚染、都市中心部におけるガソリンやディーゼルエンジン車の使用禁止の可能性などにより、現在は電気自動車が集中的に研究されている。それは市町村や電力供給者のさまざまな関心、公共レンタサイクルやカーシェアリングの車両の駐車場の土地、あるいは電気自動車の充電ステーションなどである。

近距離、地域内、長距離の結節点として、駅が市町村の重要なインフラ施設となるであろう。ドイツ鉄道（DB）の鉄道施設が、子会社のDB駅・サービス会社に所属しているため、市町村の考えを実現するための合意形成に、大いに時間や手間がかかることになる。

地域の交通政策の中心的な課題として、交通行動の変更のための働きかけがあり、交通の技術面での専門家は、自身の主要な業務の他に、コミュニケーションやマーケティングといった課題にも向き合わなくてはならない。たとえばアクションの実行日の設定や学校におけるモビリティマネジメント、環境にやさしい交通のＰＲ（例えば転入者に対して）、などのキャンペーンやコミュニケーションにより、日常的行動を打ち破り、新しいモビリティ像を伝えることができよう。ターゲットにするのは、特に社会的なインフラの中心人物などがふさわしいだろう。行動の変更を実現し政策的な受容を作るために、参加の手段や広報も中期的には市町村の交通計画に含まれる。

大都市・中都市において、都市のモビリティの骨格および自家用車への依存解消を実現するために、密度の高い公共交通機関が必要不可欠である。市町村

第Ⅱ部　交通政策の中心的論点

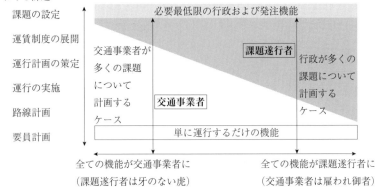

図13-6　公共近距離旅客輸送における行政と交通機関の役割分担の可能性についての模式
出典：Bracher（2004）

にとって公共交通は「生存配慮」の一環であり、自動車を保有したり運転したりすることを抑えたり汚染物質の排出が少ない車両を利用したりする場合でも、環境保護につながる。縮小している地域や過疎地においては、学生・生徒の減少が大いに影響を与えているが、そのほかにもフレックスタイム制、職業訓練の必要性、異動、転職、グローバル化、などにより需要が減少していることが公共交通に対する脅威である。

　州の地域化法およびEUの規定により、組織的な面では交通サービスの提供者（ドイツ交通事業者連盟VDVを上部団体とする公共交通事業者、鉄道近距離旅客事業者、民間の乗り合いバスと公営バス）と交通政策上の課題を遂行しなくてはならない市町村が分けられた。市町村は、現在では公共交通の課題を公的な機能の面からどの程度交通事業者に実施させるべきなのか、あるいは近距離交通計画の課題遂行者として、交通事業者への委託あるいは競争入札と契約によってコントロールすべきかについて決断しなくてはならない。それに反対する立場からすれば、市町村の課題遂行者としての立場は、交通事業者への課題の集中により、牙のない虎になってしまうという議論が出されている。それに対して課題遂行者の提示が、詳細に示されれば、交通事業者は単に運行機能をもつだけとなる（雇われ御者）（図13-6）。

地方自治体が公共旅客輸送にどのような役割をもつべきかという問題は、組織形態と密接に結び付いている。所有者としてであれば、地方自治体は受託した者の利益を優先して守らなくてはならない。会社の経営者の地位をもっている場合には、地域的な利害に有利な政策的な協力を得ることができる。近距離交通計画についての地方自治体の課題遂行者（Aufgabenträger）による公共旅客輸送の運営は、民主的に権限が与えられ、よりよいサービスのための価格競争の機会を利用する。

しかしながら公共旅客輸送の主要な問題は、その財源調達にある。魅力的な公共交通を運賃収入だけでまかなうことができないため、これまでの他の実務部門との連携による内部補助が行われてきたが、それが封印されたため、公共旅客輸送は地方自治体の会計監査や財政状況を担当する州レベルの部局の大きな課題となっている。地方自治体議会は公共旅客輸送のための資金をもったことはなかったし、課題委託の部署は人員的にも非常に弱くほとんど予算がないことが多い。今のところ公共旅客輸送の政策における意味は小さい。住民と比べると、決定権をもつ立場の人は公共旅客輸送の意味をはるかに低く見ている。便利な公共旅客輸送は、都市や企業の立地そして観光にとって魅力的な看板である。

6　業務交通と貨物輸送における政策分野

都市内の業務交通（財やサービスの生産および経済単位からの供給と回収）は、乗用車とトラックの輸送の合計で、都市の状況により異なるが週日の都市のトリップの20〜60％を占める。多くの地域でトラック輸送が大きな負荷となっている。地方自治体では、そのため都市内の貨物輸送を最適化し、交通量や環境への負荷を低下させようとしている。旅客交通とは反対に、現在までそれに関する一般的に認知され適用可能な手段はない。

とりわけトラックによる貨物の輸送実績は2007年の金融危機までは、ＥＵの段階的な拡大により増加し、連邦道路や州道路の混雑をもたらした。中心市街地では、騒音や交通問題は軽減している。トラック輸送の増加により荷主や貨物関係の業務は、以前は都市の中心部に立地していた施設（例えば市街地の貨物

第Ⅱ部　交通政策の中心的論点

駅）を郊外の地域（例えば高速道路との接続のある地域）に移転させ、小口扱い貨物の鉄道や市街地の荷扱いをなくしている。そのために市街地の分野での状況は、特定の問題に集中している。それは、トラックの排気からのSPM、積み替え拠点や積み込み施設の広大な用地の必要性、道路空間に混在する自転車や歩行者との事故の可能性である。

　都市内の貨物輸送に関して、市町村で議論されている対策は、環境負荷の少ない車両や体制を利用するものに対する優遇や、トリップの節約のための企業を超えた協力体制の促進、都市内の業務交通に関する都市計画上の統合および地域にあわせた物流などである（Arndt/Einacker, 2000）。多くの市町村がそれらについてトラックの運行コンセプト（優先経路の設定）、シティロジスティックス（市街地の配送についての調整と地域の限定）、貨物輸送センターの設置、積込ゾーンの設置と騒音や大気汚染を理由とした速度制限、進入禁止などの設定を行っている。

　市場や経済の発展により、大規模な企業は自社の積み替え施設や独自の物流のコンセプトに集中し、それにより貨物輸送のかつての中心施設が、都市内の輸送の解決策として過大評価されるようになった。長距離輸送の大型車両やコンテナから、市内の道路でも受容できる小さな単位への積み替えの可能性への期待は大きかったが、実現しなかった。そのほか類似の事業が貨物輸送センターに集中することは、市内への配送を束ね、余計なトリップを回避し、トラック輸送を協同一貫輸送という意味で鉄道や船舶に転移させ、道路上の長距離貨物輸送を鉄道に置き換え、交通企業（運送会社、倉庫会社）や交通を補完するサービス（車両サービス、コンサルタント）、そして物流産業や流通産業のシナジーを生み出して、魅力的な経済的状況を提供することを目的としていた。

　地方自治体における交通政策上の議論では、業務交通と貨物輸送の関係者、例えば運送業と商工会議所が強い立場にあることが多い。発言は、業務交通について工場などに可能な限り制約が少なく到達できることや、大型トラックが通行できる容量のある道路網といった経済的および立地的な要因から見たものが多い。幹線道路の都市内の区間には、住宅も立地しており、ショッピングセンターに環境負荷が低い形で都合よくアクセスできるための競合もあり、経済活動、住民、環境保護団体のそれぞれ異なる利害を調和させなくてはならない。

246

7 公的部門による財源調達

　過去数十年地方自治体の交通インフラは、促進策により常に整備され、維持管理の負担が大きくなっている。1970年代および1980年代に整備されたインフラは、維持管理がなされていないため、多くの場所で利用できなくなっている。さらに旧東ドイツ、また多くの旧西ドイツの市町村で、歩道や自転車道の状態が悪くなっている。未完成の道路や排水の悪い支線道路、荒廃した広場が都市の風景の汚点となっているのは残念である。

　公共旅客輸送も、公的部門の財政的関与がなくては生き残れない。全体では運賃収入は年間で約90億ユーロ（2008年）になるが、公共旅客輸送の支出の30～40％をカバーするに過ぎない（公共旅客輸送とは、ここではバス、路面電車、LRT、地下鉄、地域鉄道輸送）。地方自治体の生活の質や中心都市への地域を越えた通勤や私用の交通に魅力的な交通は、公共旅客輸送がサービス志向で形成され、閑散時間帯や周辺の地域や郊外との連絡の充実があって初めて可能となる。それらは運賃収入だけではまかなえない。

　地方自治体道は、52万7,000 kmの長さにおよび、ドイツの道路の80％を占めている。20％が連邦道および州道である。特に旧西ドイツの州においては、ここ何年かは既存のインフラを維持するための財源が少なくなってきている。とりわけ自転車道、歩道、公開空地で穴や敷石の欠損などが多く見られ、維持が不足した状態になっている。市町村の年間維持管理必要額は、いわゆる「死に金（Abgänge）」といわれるが、約50億ユーロにも上り、程度の差はあれ、連邦および州道にも当てはまる。連邦と州は、比較的堅実な鉱油税や自動車税による税収とアウトバーンにおけるトラック通行料があるのに対して、地方自治体は公共旅客輸送においては、運賃収入が不足する分については、連邦と州からの財政的助成に依存している。

　地方自治体の公共旅客輸送は、地下鉄362 km、LRT 715 km、路面電車2,000 kmの路線網があり、8,500両の鉄道車両と236,000台のバスを有する。合計約700億ユーロの資産となり、更新や拡張に毎年25億ユーロの資金が必要である。維持および更新の必要経費は、現在のインフラの規模と状態による。

第Ⅱ部　交通政策の中心的論点

土木インフラ——橋梁、トンネル、地上建造物——は30〜100年の寿命があり、長期的に維持されなくてはならないからである。

　地方自治体の段階では、市街の主要な道路および自転車と歩行者交通の向上、公共旅客輸送の運営、喫緊の更新措置の財源の確保などの課題があり、その場合には自転車交通用のインフラや連絡改善の措置の新設や拡張が圧迫される。

　地方自治体の交通の財政問題は現在主要な課題となっている。地方自治体は市町村道の建設の費用負担者であり、公共旅客輸送の多くの分野で直接市町村の自己責任を担う課題責任者である。地方自治体自体は、地方自治体の交通企業の所有者であり、駐車施設、騒音防止設備、交通情報システムおよび交通管理システムの運営者あるいは委託者である。

　都市におけるモビリティの財源についてのテーマは、地方自治体ばかりでなく州や連邦の段階にも当てはまる。連邦の財政的な関与は、連邦長距離道路の建設責任者、人口密集地域での自動車交通および自転車歩行者交通の展開の責任者、ドイツ鉄道株式会社のインフラ所有者といった立場から生じる。連邦は地域交通改善助成法により、1971年から地方自治体の交通投資に重要な寄与をしている。連邦と州の地方自治体における課題や財政的補助の見直しにより、2007年からは、地方自治体がそれらの責任を負うことになった。地方自治体の交通状況の改善のための投資に対する、交通に特化した連邦の補助は、2013年12月31日で終了し、その際の年間総額は14億ユーロであった。それを代替する地域化の財源も、2019年に終了する。

　地方自治体や交通企業で更新が必要なものについては、ごく限られた範囲の減価償却による留保しかない。廃止が検討されている地域交通改善助成法で建造された施設については、全く減価償却や積み立てが行われていないからである。地方自治体当局やその交通企業は、過去数十年にわたる助成により整備・改良されてきた高価な道路や公共旅客輸送の路線網を、今日では財政的に支えられない。

　地方自治体で部分的に解決した問題は、交通の営業費用についてである。自動車利用者はその運行費用を自分で負担し、公共旅客輸送の利用者は乗車券で支払い、地方自治体の道路交通における運行や交通の管理や道路の管理については可視化できる。また自転車交通に関する費用も比較的小さい。解決してい

ないのは、道路、橋梁、公共旅客輸送網、とりわけトンネル（Reidenbach/Bracher et al., 2008）の維持の問題である。また公共旅客輸送の営業費用も保証されていない。公共旅客輸送が重要な公共的課題であるということが、意思決定者の意識の中で十分に根付いているとはいえず、また、毎年不確定な地方自治体の予算に左右されない財源確保の方法はまだない。地方自治体は、交通インフラについての更新や維持そして運営を、助成財源がなければ行えない。これらの課題は、州や連邦が、州道や連邦道の建設責任者あるいは鉄道旅客近距離輸送の課題担当者としてだけではなく、社会経済的な責任として、地域交通改善助成金廃止の後も地方自治体の投資に関する財政的責任を負うことを意味する。

　こうしたジレンマにおいて、国内外の地方自治体は例えば市内での道路課金あるいは駐車料金の引き上げなど新たな収入源を求めている。ロンドンとストックホルムの市内乗入料金は成功例とされる。両市とも市内乗入料金の導入により都心部での自動車交通量が減り、地域交通のための財源を追加し、市内の騒音や SPM、NO$_x$ や交通事故が少なくなったからである。両市において、道路課金は政治的に支援された新たな交通政策のシンボルである。

　ストックホルムやロンドンのような混雑料金が、ドイツに導入できるかについては激しい議論が行われている。渋滞の減少、環境負荷の低下、公的収入の増加というメリットの裏には、都市中心部の衰退、迂回による移動距離の増加、徴収と管理コストの増大というデメリットもある。それによる収入自体は、交通政策の財政問題を解消するための必要な額からははるかに小さく、政治的な犠牲は非常に大きい。例えばその導入が中心部の小売業の衰退を促進するのではないかと恐れられている。

　多くの人は個々の都市や中心市街地で別々の解決法をとるのではなく、アウトバーンのトラック交通にすでに導入されている利用者負担を、市町村道路やトラック以外の車種に拡大すべきだとしている。長期的あるいは財政的な理由により、地方自治体にとってよい解決法とは、すべての道路と車種で、排出物質等級や時間帯、場所、排出量により異なる道路通行料を徴収することである。その収入は例えば環境親和的な交通政策をキーとして、連邦、州、地方自治体に配分することができる。専門家はそのほかにも外国の事例として、例えば連

第Ⅱ部　交通政策の中心的論点

絡や公共近距離旅客輸送への利便性に基づく、固定資産税や事業税のような課
税強化や料金の徴収を議論している。

8　結　語

　目前にせまる交通の破綻や新規建設および整備の実現の圧力から逃れること
によって、地方自治体の交通政策は財政的人材的な余裕を得る。それにより道
路や町の魅力を高め、自動車交通の回避や転移のための新しい戦略を展開し実
施することができる。一方で地方自治体には既存の施設の維持・更新のための
資金が不足している。

　地方自治体は現在、人口上、経済上、環境上のパラダイムの変化のもとで、
交通政策の新しい順位付けのために、都市の再編成を検討するよう求められて
いる。それは多岐にわたり、住民、通勤者、来訪者の利用可能性、住民と企業
のコンタクトの密度、比較的人口密度の低い地域において用地、資源、交通に
かかる費用など（住民1人当たりの面積、1次エネルギー消費量、輸送実績）の指数
の効率化、多くの都市機能の集結化によるトリップ長の短縮、徒歩や自転車な
どの交通手段の利用可能性の向上などである。

　都市における交通計画において早急に対応すべき課題は、住宅地の魅力を高
め、歩行者としての子供や高齢者のために歩道、広場および道路環境を改善し、
自転車交通の価値を高め、公共道路空間からの駐車施設の移転や削減、目標を
もった促進策を可能とするための公共近距離旅客輸送や公共地域旅客輸送、公
共長距離輸送の健全化と都市を持続可能なものに再構成することである。

　州および連邦には、改革の措置や交通調整の促進スキームを拡張することが
求められる。連邦の市町村のプロジェクトに対する直接の助成が大幅に低下し
ているため、交通インフラ分野における助成に依存する地方自治体を広範に支
援するスキームの新たな作成が必要である。

| 第14章 | 余暇における交通行動と余暇交通 |

トーマス・W・ツェングラー

　余暇交通は、その輸送量がドイツ国内で年間4億人キロを上回ることに加えて、その構造のあいまいさのため、交通政策のみならず計画・調査・学術研究にとっても興味深い領域である。余暇交通は、余暇中の人々の活動によって生まれ、旅客交通全体の1/3を占め、旅客交通に大きな影響を与えている。余暇交通は、その複雑性と多様性のために、20世紀末まで交通統計上十分解明されておらず、基本的に「その他」の項目として扱われてきた。余暇における交通行動の記述、説明、さらには改善のために、社会科学的観点からさまざまな類型化が必要である。「余暇における交通行動」という領域は、以前よりも増して、交通統計と交通計画に多くの意味をもつようになった。

　本章は、長期的なバカンスを除く日常の余暇交通とその動機に考察を限定している。第1に、「余暇」「日常」「交通行動」「動機」として理解されている事柄が定義される。その後、余暇交通を描写したモデルが展開される。続いて、余暇交通に関して収集された情報によって方法論が提示され、そして最後に若干の成果が示される。本研究の基本的な部分はZänger（2000）の学位論文に負っている。同論文は、実証部分に「モビリティ'97（Mobilität '97）」のデータを使用しているが、可能な範囲で直近の交通統計の成果によって補完されている。

　本章ではまず初めに、いわゆる「交通の目的」としての余暇の概念的定義を示し、余暇活動の他の活動に対する関係を論ずる。余暇における交通行動を明示できれば、余暇のさまざまな諸活動を考察することができ、その構造の考察に専念できる。

第Ⅱ部　交通政策の中心的論点

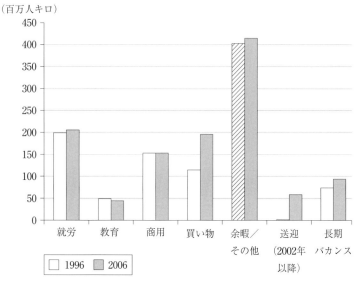

図14‐1　交通目的別の交通量
出典：BMVBS（2008: 208）より作成

1　余暇交通——交通統計上の「その他」か、あるいは交通政策上の挑戦か

（1）余暇活動とその他の諸活動

　20世紀末にいたるまで、ドイツ交通省発行の「数字で見る交通（Verkehr in Zahlen）」では、以下のように、余暇活動はたんに「その他」として定義されていた。「余暇交通の中には、別に定義された5つの交通目的に分類されない残りすべての交通が含まれる。」5つの交通目的とは、通勤、通学、商用／公務、買い物、長期バカンスである。図14‐1は、交通目的ごとの量的な重要性を示している。一般に「その他」は僅かな比率を占める要素と考えられるが、数量的に多い余暇をその他に分類することは、不適切であろう。

　このような量的問題と並んで質的問題も存在する。消去法的な定義によれば、例えばボランティア労働や非公式の社会的支援（介護）はひとまとめに余暇に分類される。とくに子供の送迎は分類があいまいであった。これまでの定義で

は、明らかになんら余暇の特徴を有していない一連の諸活動が余暇に分類されていた。後に送迎は、ウエイトが増加したために、独立した項目となっている。

　長期バカンスは議論の余地なく余暇の特徴を示しているが、交通統計は恣意的に「日帰りの余暇交通および短期旅行」と「長期バカンス」を区別しているので、交通政策および交通計画上の議論においては、「長期バカンスを含む余暇」なのか「含まない余暇」なのかを常に明確にしなければならない。

（２）余暇交通の構成

　余暇交通に対する交通政策上の主張は、しばしば量的な構造を考慮することなく行われる。関心の重点は、例えば大規模なイベントや近郊のレクリエーション地域に向けられている。なぜなら、経路の「ラストマイル」がこれらの余暇の目的地に集中するからである。余暇交通のこの種の問題は地域的で、そのため公共交通の供給計画（臨時列車や増発バス）や自家用車に対する交通規制、駐車場管理といったような地方自治体の挑戦的計画が策定される場合がある。余暇交通の「ホット・スポット」に対するこのような有意義な取り組みが行われているが、分散した目的地への公共的なアクセス手段維持といった余暇交通のあいまいな部分をおろそかにすることはできない。分散した目的地とは、例えば個人の住宅、宿泊施設、あるいは野外の自然である。この分野で問題が生じることは少ないが（例えば休日の交通における混雑や渋滞など）、二酸化炭素の総排出量は当該の距離・交通手段選択・運転の仕方に大きく依存している。これを解明するためには、余暇交通の量と構造の解明が重要である。

2　概念とその定義

（１）余暇

　余暇は、１日のうちで労働を行っていない時間である。余暇の定義は、労働の定義によって左右される。本章においては、家計内での私的な家事、教育、看護、ボランティア労働は、余暇とは別の項目として扱われる。そして結果的に、労働の定義は拡大し、それに伴い余暇の定義は制限される（この場合、余暇は例えば訪問、私的電話、社交、読書、テレビ、遊び、コンピュータ、スポーツ、音

第Ⅱ部 交通政策の中心的論点

楽、何もしないでぼんやりしていることなどである）。

　余暇の特徴を有する行動で、自宅外での4泊以上の宿泊は「長期バカンス」と呼ばれる。そして、交通統計においても同様に独自のカテゴリーに分類されるが、とくに考察は加えられない。「日常」の概念には、余暇と長期バカンスに該当しないすべての活動が包含される。そのため、すべての余暇は1日の中では一時的であり、むしろ、終日の活動の中に埋没している。

　したがって、余暇を狭く定義し、余暇活動を他の活動とは十分区別して観察することが、余暇交通の理解のために重要である。ドイツの生活時間調査も参照されたい（Ehling/v. Schweizer, 1991, 207f., 281-283）。

（2）移動と交通

　「移動」は、人間または物財の、地理的空間の中での、一定の期間中の、種類と量に応じた、潜在的あるいは現実の場所の変更である。それゆえ、「移動」は、**移動する単位から見た空間内の移動の考察である**（Zängler, 2000：19-22）。これ以降は、以下の指標に含まれる現実の移動のみが考察される。これらの指標は、本研究が対象とする実証的な移動データの研究の基礎である。

　　例：
　　①非集計モデル
　　・トリップ比率（経路数）
　　・目的地での活動の種類
　　・経路の距離
　　・経路の所要時間
　　・特定の人
　　・特定の日
　　②集計モデル
　　・移動の比率
　　・目的地での活動の種類
　　・経路の距離
　　・経路の所要時間

第14章　余暇における交通行動と余暇交通

・ドイツの居住者数

・2010年

　個人による交通手段の利用の組み合わせは、「モーダルミックス」と呼ばれ、個人がどのように既存の交通資源の組み合わせを使用するかによって示される。量的な指標を示すことは、移動のための消費にかかわるものについて供述することに他ならない。大きな距離を移動する可能性をもつ人が、ただちに移動者になるわけではない。一方、居住地の周辺に多くの目的地をもつ人は、わずかしか消費しないためであっても頻繁に移動することがありうる。なぜなら彼らは、所与の財政的時間的予算の下で、多くの移動可能性が利用できるからである。

　それに対して、「交通」は移動の時間的空間的帰結である。交通は、特定の交通経路（区間）または地理的空間での、交通手段ないしは交通を行う人の流動量として計測される。それゆえ、交通は空間的観点から観察される。

　例：

　　①非集計モデル

　　・数

　　・距離

　　・通行時間および滞在時間

　　・交通手段

　　・特定の区間（交通セル）

　　・特定日の8～9時の間

　　・すべての経路について、または目的、終着地および目的地に応じて異なる経路について

　　②集計モデル

　　・交通の発生（経路数）

　　・交通サービス（距離）

　　・交通分野（例：余暇交通）に応じて

　　・2010年、ドイツ国内で

255

第Ⅱ部　交通政策の中心的論点

地理的空間の中での交通手段の利用の組み合わせは**モーダル・スプリット**（輸送機関分担）といわれ、どのように交通資源を**配分**するかによって示される。

つまり**余暇交通**は、余暇活動の実施を伴う状況において、自宅外での個々人の移動によって生じる空間的現象である。

3　余暇における移動をどのように把握するか？──１つのモデル

以下では、移動に関する社会経済モデル（SMM）が提示される（図14-2）。このモデルは、本論において余暇における移動の現実における複雑さを単純化する。そしてこのモデルは、現実の複雑さを統計的に把握可能にするだけでなく、現実の複雑さの分析のために適切に再現するであろう。このモデルは、後述の交通行動の計画、実施、実証的調査の評価のための基礎を形成する。

人々の**動機**から個々の家計の**目的**が導き出される。動機は、非物質的要求と物質的要求に区分される。物質的要求に関係する目的は、その直接的な充足である。物質的要求がまず需要という形で具体化される。需要が確定した後に、目的がサービスおよび物財市場での調達を通じて充足される。そして中長期的には、できる限りの家計の要求の充足を確実にするというもう１つの目的が存在している。これはすなわち、家計の構成員の現在の要求が充足されるとともに、将来の要求充足も保障されるということである（例えば教育を通じて）。図14-2では、垂直方向の矢が恒常的な新しい目的の発生（上向きの矢）を表し、また目的の達成とそれに結び付いた要求充足を表している（下向きの矢）。

家計が自由に使用できる**資源**が、目標達成のために投入される。直接的な要求達成並びに需要充足のための資源として、家計は自由財（例えば空気）と希少財を使用することができる。希少財は公的な財（例えばインフラ）と私的な財から成り立っている。希少財は、それぞれの家計の人的資源（すなわち個々の家計の構成員の能力と個人的な時間）、物的資産および金融資産を含んでいる。目的の場合と同様に、図14-2では資源についての変化も垂直の矢印で表わされる。資源は、貨幣、時間、知識の形態で投入され（上向きの矢）、貨幣および時間の場合は消費される（下向きの矢）。

余暇における交通**行動**は非常に多岐にわたりうるが、個人あるいは家計の人

第14章　余暇における交通行動と余暇交通

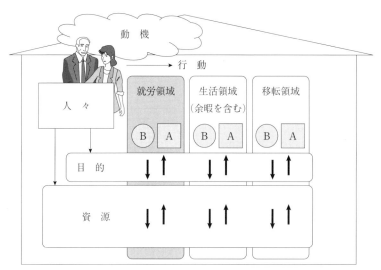

図14 - 2　交通行動に関する社会経済モデルにおける余暇と余暇の交通行動の関係
（B：空間内での移動、A：目的地での行動）
出典：筆者作成

的、財政的、時間的前提条件（資源）の制約をうける。交通手段あるいは特定の移動方法の顕示的な利用は、それ自体、動機の充足に役立ちうる。しかし、交通機能もまた重要であり、これは目的地での動機の充足をまず可能にする。両者は、とくに余暇交通にとって重要である。

　個人の行動は、当該個人が属している私的な家計の中の3つの行動領域に分類される。これらは、就労領域、生活領域、そして移転領域である。

　就労領域は、現在と将来の所得の獲得に役立つあらゆる行動を含んでいる。

　生活領域は、中心的な行動領域を示しており、家計の構成員の生活に役立つ行動を含んでいる。ここでは個別的に、情報、調達、生産、消費、そして廃棄物処理の活動グループを区別する。余暇の活動は消費に分類される。なぜなら他の活動グループは、余暇の狭い定義と相容れないからである。

　移転領域は、積極的または消極的に、サービス、貨幣、財の移転に役立つ行動を包括している。このような移転の終点は、例えば他の家計、町内会、協会、政党、教会である。この領域の諸活動は、表面的な観察によれば、ひとまとめ

第Ⅱ部　交通政策の中心的論点

にして余暇に分類される（しかし例えば、ボランティアの労働を余暇に分類すること自体が矛盾している）。

　家計外で行われる諸活動（A：例えば友人への訪問）にかぎれば、このような活動は空間のなかでの動き（B：例えば自転車で行くこと）を必要とし、交通を生みだす。これによって、就労交通、生活交通、移転交通が区別される。余暇交通は、この文脈において、個々の家計の生活交通の主要な部分である。

　交通行動の背後にある動機は直接計測することができない。そうではなく、実行された行動が計測される。これによって、動機の種類と強さが推量される。ある人が、なんらかの要求をもつなら、その実現のための（時間、距離、費用の）消費から、動機の強さに関する証拠を導き出すことができる。現実化されない動機は、このモデルでは把握されない。モデルに、より多くの変数が導入されればされるほど、余暇における移動の動機の本質についてさらに多くの証拠が認められる。この変数は、例えば、交通手段選択、トリップの利便性、あるいは目的地での活動の緊急性と定時性の主観的な判断の記述である。

4　現実をどのように数字で把握するか？——方法論

　基本的な考察に続いて、本項では余暇における交通行動を、実証的かつ詳細に把握し分析することができる実証的方法が提示される（Zänger, 2000）。ここでは、長期バカンスを除く交通行動全体についての、個々の家計とその構成員の記述式のアンケートを用いる。交通行動についての質問は、交通行動の社会経済モデルに直接結び付いており、交通行動の記録に記されている（図14-3）。洗練されたレイアウトにより、空間の中での移動と、それぞれの目的地での活動の把握を、意図的に区分している。それぞれのトリップは諸活動を可能にするか、ないしは諸活動を促進する。交通行動記録の内容の一部は、2002年以降、ドイツにおける交通行動の全国調査（MiD）の中に見出される（例えば、交通目的の区分ごとの把握）。そして、著者の知る限り、主観的な質問（図14-3における3、4、7）は、ここ以外の量的な調査においては取り上げられていない（p. 266 図14-6で、主観的な質問への回答が分析されている）。

　交通行動記録では、トリップごとに、以下の指標について以下の項目が質問

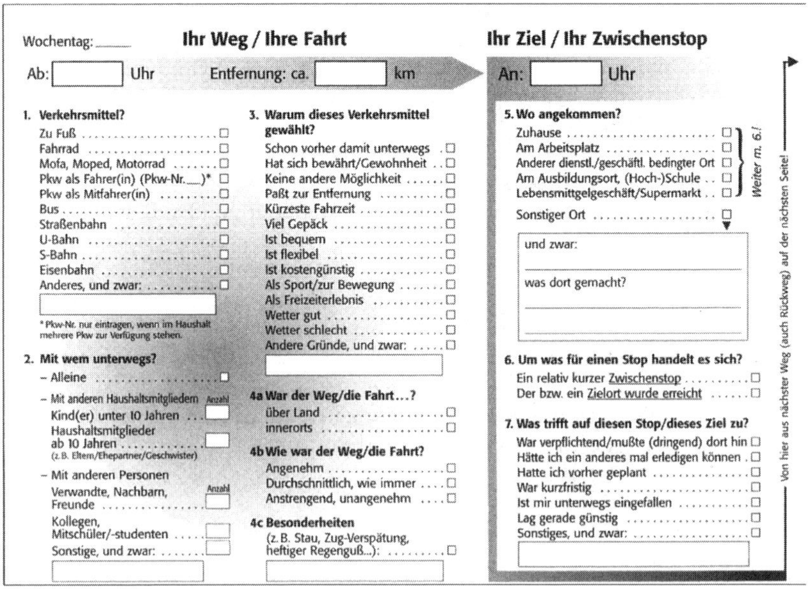

第14章　余暇における交通行動と余暇交通

Wochentag: _____ **Ihr Weg / Ihre Fahrt**　　　　**Ihr Ziel / Ihr Zwischenstop**

Ab: [　　] Uhr　　Entfernung: ca. [　　] km　　An: [　　] Uhr

1. Verkehrsmittel?
Zu Fuß .... □
Fahrrad .... □
Mofa, Moped, Motorrad .... □
Pkw als Fahrer(in) (Pkw-Nr.___)* □
Pkw als Mitfahrer(in) .... □
Bus .... □
Straßenbahn .... □
U-Bahn .... □
S-Bahn .... □
Eisenbahn .... □
Anderes, und zwar: .... □
[　　　　　　　　]

* Pkw-Nr. nur eintragen, wenn im Haushalt
mehrere Pkw zur Verfügung stehen.

2. Mit wem unterwegs?
– Alleine .... □
– Mit anderen Haushaltsmitgliedern Anzahl
　Kind(er) unter 10 Jahren .. [　]
　Haushaltsmitglieder
　ab 10 Jahren [　]
　(z. B. Eltern/Ehepartner/Geschwister)
– Mit anderen Personen
　Verwandte, Nachbarn,　　Anzahl
　Freunde [　]
　Kollegen,
　Mitschüler/-studenten [　]
　Sonstige, und zwar: .... [　]
[　　　　　　　]

3. Warum dieses Verkehrsmittel gewählt?
Schon vorher damit unterwegs .... □
Hat sich bewährt/Gewohnheit .. □
Keine andere Möglichkeit ...... □
Paßt zur Entfernung .... □
Kürzeste Fahrzeit .... □
Viel Gepäck .... □
Ist bequem .... □
Ist flexibel .... □
Ist kostengünstig .... □
Als Sport/zur Bewegung ...... □
Als Freizeiterlebnis .... □
Wetter gut .... □
Wetter schlecht .... □
Andere Gründe, und zwar: ...... □

4a War der Weg/die Fahrt...?
über Land .... □
innerorts .... □

4b Wie war der Weg/die Fahrt?
Angenehm .... □
Durchschnittlich, wie immer .... □
Anstrengend, unangenehm .... □

4c Besonderheiten
(z. B. Stau, Zug-Verspätung,
heftiger Regenguß...): .... □

5. Wo angekommen?
Zuhause .... □
Am Arbeitsplatz .... □
Anderer dienstl./geschäftl. bedingter Ort □
Am Ausbildungsort, (Hoch-)Schule .. □
Lebensmittelgeschäft/Supermarkt .. □
Sonstiger Ort .... □
[
und zwar:

was dort gemacht?
]

Weiter m. 6!

6. Um was für einen Stop handelt es sich?
Ein relativ kurzer Zwischenstop .... □
Der bzw. ein Zielort wurde erreicht .... □

7. Was trifft auf diesen Stop/dieses Ziel zu?
War verpflichtend/mußte (dringend) dort hin □
Hätte ich ein anderes mal erledigen können .. □
Hatte ich vorher geplant .... □
War kurzfristig .... □
Ist mir unterwegs eingefallen .... □
Lag gerade günstig .... □
Sonstiges, und zwar: .... □

Von hier aus nächster Weg (auch Rückweg) auf der nächsten Seite!

図14-3　交通行動記録による交通行動の把握（トリップと活動）：アンケート用紙例
出典：Zängler（2000）

される。

- ・時間的な順序
- ・利用交通手段
- ・一緒に外出した人数と属性
- ・交通手段選択の理由
- ・トリップの主観的な感想

それぞれの活動と目的地について以下の項目が質問される。

- ・時間的な順序
- ・実行した活動の内容
- ・目的地の種類

259

第Ⅱ部　交通政策の中心的論点

・活動の主観的な緊急性と定期性

　以上に加えて、それぞれのアンケート用紙において、個人および家計の指標が質問される。

　調査の母集団は、1997年のバイエルン州の家計の10歳以上のドイツ語を話す住民である。電話回線の設置された家計から調査対象が選択された。[2]　季節的な影響を反映するために、１年以上調査を継続した。無作為抽出数は986家計の2,167人で、あらかじめ定められた延べ5,023回の調査日について、合計21,474トリップのデータが回収された。

5　余暇における交通行動と余暇交通の構造と背景——成果

　本節では、まず交通全体の枠組みの中で、余暇がどのような意味をもつかが示される。その後、余暇における交通行動は、さらに個々の活動グループに区分される。最後に、現実の行動から、余暇における交通行動についての動機が導き出される。動機を示すものは、空間内での動きと目的地での活動についての主観的な変数の分析によって補完される。他に記載のない限り、ここで示されている成果は Zänger（2000）からの引用である。

（1）余暇における交通行動の構造

　交通行動を示す変数として、トリップごとの距離が使用される。すべての行動領域のすべての交通機関についての積算された距離が、人キロで計測された。図14-4は、１つの家計のさまざまな交通領域の数量の比率を、図14-3の質問における順序で、右回りに示している。労働（職業）へのトリップを伴う就労領域と、学校（大学）へのトリップを伴う生活領域は、トリップの1/3の割合を占めている。積算された距離の60％近くが、生活領域に含まれる。そこに含まれる余暇交通は、就労領域でカバーされる全行程同様の35％という高い値を有している。移転領域は距離の約５％を占めている。本図から、「その他」である余暇は、それ以外のトリップ目的に対して量的に高い比率を示しており、いっそうの細分化が必要である。

第14章　余暇における交通行動と余暇交通

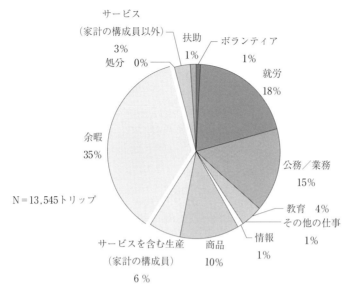

図14-4　諸活動ごとの移動距離（帰宅を除く）
出典：筆者作成

　以下では、人々が余暇にどのような活動のために移動するか、そしてどのような目的で動くのかが示される。
　図14-5より、以下のことが把握される。余暇活動は、基本的な社会的関係（例えば、親戚・友人とのコンタクト、家族との食事、パーティ）および、副次的な社会的関係（例えば、スポーツをすること、文化的な催しの利用）と結び付いた諸活動に区分することができる。基本的な社会的関係に伴う活動は、活動のグラフの右半分に並べられている。これは、余暇トリップの50％以上を生み出している。それゆえ余暇における移動は、まず社会共同体の接合剤として役立っているといえる。その他の機能はこの背後に隠れている。社会的関係は、私たちの生活の本質的な構成要素であることを考慮すれば、余暇トリップの半分は社会的関係と強く結び付いており、社会共同体のために不可欠である。
　さらに、図14-5は、余暇における目的地を示している。目的地は、私的度合いの高い順に並べられている。目的地のタイプについて、個人の住居・土地が1/3を占めていることが注目される。そして飲食店などが16％を占め、余暇

第Ⅱ部　交通政策の中心的論点

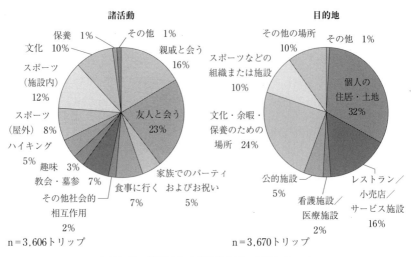

図14-5　諸活動および目的地別の余暇トリップ

出典：筆者作成

の古典的な目的である保養・文化は24％を占めている。

ここから、余暇における交通全体としては、特定の余暇施設に集約されるのではなく、数百万の住居の場所と多様な飲食店の中に、分散して配分されていることが示される。目的地カテゴリーを57区分にいっそう再分化することが、Zängler（2000：216ff.）において行われている。

当時のドイツ交通・建設・住宅省（BMVBW）から委託された旅客交通についての家計調査「ドイツのモビリティ（MiD）」は、2002年以来、1970年代以降に「交通行動の継続調査（Kontiv）」が実施してきたのと同じトリップ目的の区分によって実施されている（BMVBS, 2008：225）[3]。この調査でも、トリップ目的の割合について同様の結果が得られた（表14-1）。ただし、距離についてのデータは「数字で見る交通（Verkehr in Zahlen）」では公開されていない。残念ながら、トリップ目的とトリップ場所が混合しており、図14-5における区分に追加的な知見を提供しているにすぎない。

表14-1に挙げられた余暇活動のうちMiDに準じたものは、著者によって太字で強調されている。表の最後の行から、余暇活動は、全体としては、トリップの31％を占めていることと、全活動の平均では約53％以上を占めている自

表14‑1　目的および主要な交通手段ごとのトリップ（単位：千トリップ）

トリップの目的	徒　歩	自転車	自家用乗用車（運転者）a)	自家用乗用車（同乗者）a)	公共交通b)	計	自家用乗用車の割合
仕事へのトリップ	1.810	1.875	13.869	1.065	2.409	21.028	71,0
仕事からのトリップ	1.518	1.750	12.673	1.073	2.017	19.031	72,2
学校／保育所／幼稚園へのトリップ	2.462	1.121	900	1.865	2.614	8.962	30,9
学校／保育所／幼稚園からのトリップ	2.329	1.078	796	1.593	2.417	8.212	29,1
規則的な業務上のトリップ	595	310	15.642	0	1.104	17.651	88,6
その他の業務／公務のトリップ	280	138	2.327	258	247	3.250	79,5
個人の送り迎え	2.411	732	10.016	2.096	260	15.515	78,1
子供の付添	424	55	162	205	19	865	42,5
付添の大人	1.834	311	42	4.419	171	6.778	65,8
医者へ行く	1.682	447	3.679	1.476	935	8.220	62,7
官庁／銀行（ATM）／郵便局	1.581	545	1.837	436	270	4.669	48,7
他の人のための代行	550	197	1.448	396	100	2.692	68,5
代　行	1.450	527	3.326	1.283	475	7.061	65,3
日々の必要品の買い物	11.208	3.870	15.948	5.006	1.216	37.247	56,3
その他の買い物	1.165	449	3.716	1.694	485	7.509	72,0
特別な商品の買い物	1.417	289	1.877	1.283	929	5.794	54,5
サービス	672	262	1.701	425	150	3.211	66,2
その他買い物トリップ	887	303	1.257	556	181	3.183	57,0
訪問または会合	5.793	2.869	10.847	6.297	1.545	27.352	62,7
文化的施設の訪問	424	110	783	690	378	2.385	61,8
催事への参加	926	226	1.167	1.255	367	3.939	61,5
スポーツ（自分自身が行う）	1.359	1.390	3.812	1.830	313	8.703	64,8
生涯学習	70	90	259	98	105	613	56,6
食　事	2.294	406	2.267	2.042	414	7.422	58,1
賃貸小菜園／週末別荘	509	346	665	352	30	1.901	53,5
日帰りハイキング、1泊以上の旅行	99	82	460	524	260	1.425	69,0
5日以上のバカンス	32	0	28	42	24	125	55,9
散歩、ドライブ	5.976	1.340	995	729	221	9.261	18,6
犬の散歩	3.302	137	246	87	11	3.784	8,8
ジョギング、インラインスケート等	278	39	157	68	2	545	41,3
教会、墓参	1.900	569	1.498	997	216	5.180	48,2
名誉職	287	123	594	126	49	1.179	61,1
アルバイト	55	46	76	33	5	214	50,9
趣　味	616	422	1.348	698	140	3.224	63,5
遊び場／街路での遊び	681	262	39	24	0	1.006	6,3
その他の余暇活動	1.742	638	2.519	2.372	513	7.783	62,8
目的の記載なし	995	399	2.305	1.227	402	5.328	66,3
計	61.608	23.751	121.281	44.610	20.994	272.245	60,9
うち、余暇活動	25.897	8.835	26.803	17.965	4.410	83.910	53,4
余暇活動の割合	42,0	37,2	22,1	40,3	21,0	30,8	

注：a）自動二輪を含む。

　　b）航空輸送を含まない。

出典：BMVBS（2008: 225）および独自推計による

資料：MiD（2002）、結果はウエイト付けされ再計算されている。

第Ⅱ部　交通政策の中心的論点

家用車の比率が、余暇活動では平均以下の数値しか占めておらず、就労目的のトリップ（自家用車の比率は71～89％）とは明らかに異なっていることがわかる。

（2）余暇における交通行動とその動機——あるいは、何が私たちを動かすのか？

　結局、余暇の活動の種類と目的地並びに経験的な頻度から、余暇における交通行動の具体的な目的が以下の表14‐2のイメージであることが判明した。

　Murray は、人間の行動について一般的に、（したがって交通行動に焦点を当ててではなく）人間を行動へと動かす動機のさまざまな区分を提示した（Heckhausen/Heckhausen, 2006; Murray, 1938）。

　表14‐2では、MiD の研究から実証的に集計された余暇行動が使用され、Murray の動機区分に準じて分類されている。諸関係を明白にするために、動機区分に特に強い関係をもつ諸活動は、著者によって太字で強調されている。この分類を参考にすることで、量的な調査だけでは深く把握されない余暇における交通行動の質的な重要性が明らかになる。さらに、トリップの目的がさまざまな動機を充足することができるかが（逆もまた同様）、明らかになる。これは、交通行動のレベルに重点を置く、純粋に量的な調査の限界を示している。

　個々のトリップの直接的な理由付けについて、リストに挙げられた動機によって実証的に証明されなくても、Murray の動機区分は問題なく行動全体から交通行動に転用される。Murray の動機区分は交通行動にもよく当てはまる。

　p. 266の図14‐6では、「Mobilität'97」調査の調査対象者が、余暇活動と余暇トリップをどのように主観的に評価したかが示される。これは動機の階層化と関連して、余暇トリップの開始前の動機についての表明となる。回答者の主観的な評価においては、事後の余暇行動および余暇トリップに関する表明が重要である。

　ここでは、余暇行動は、予期されるとおり、他の活動と比較すれば緊急性が低いと評価されることが明らかとなった。もちろん、余暇における交通行動は、行動発生の任意性について、ひとまとめに語ることはできないということの重要性も示された。緊急と考えられる余暇行動の割合は限定的であろう。時間的に自由であるために（「私は別の機会に行くことができただろう」）、余暇活動の主

第14章　余暇における交通行動と余暇交通

表14-2　Murray による動機の分類と余暇における交通行動

Murray による動機区分	MiD による交通行動
直接的な人とのコンタクト、親密な関係、性愛に対する要求	訪問または会合[4]、食事、ハイキング、短期休暇
人々の中にありたいという要求、社会的な交際への要求	訪問または会合、文化的施設への訪問、集会への参加、（自分自身が行う）スポーツ、食事、賃貸小菜園／週末別荘、ハイキング、短期休暇、教会、遊び場／街路での遊び
文化的、宗教的行為への要求	訪問または会合、文化的施設への訪問、集会への参加、教会
威信、社会的承認、自己表現	訪問または会合、文化的施設への訪問、集会への参加、（自分自身が行う）スポーツ、ジョギング、インライン・スケートなど
環境の変化	訪問または会合、文化的施設への訪問、集会への参加、（自分自身が行う）スポーツ、賃貸小菜園／週末別荘、ハイキング、短期休暇
贅沢／倹約	文化的施設への訪問、食事、ハイキング、短期休暇、ドライブ
肉体的機能	（自分自身が行う）スポーツ、ジョギング／インラインスケートなど、賃貸小菜園／週末別荘、犬の散歩
独　立	賃貸小菜園／週末別荘、ハイキング、短期休暇
思いやり	訪問または会合、食事、犬の散歩
労苦の回避	訪問または会合、食事、散歩、ジョギング／インラインスケートなど（健康的な生活様式の意味で病気予防）
知識欲	文化的施設への訪問、集会への参加

出典：Murray の動機区分により筆者作成および MiD（2002）

観的評価では、余暇における交通行動は明らかにそれ自体は時間的にずらすことは望ましくないと考えられている。

　余暇活動は自律的であるため、設問の際には予期されなかった結果が出ている。余暇活動は計画性という面で、あらゆる活動の平均を明白に上回っている（61％）。短い期間での決定は、14％という割合であるが予測を上回っている。

第Ⅱ部　交通政策の中心的論点

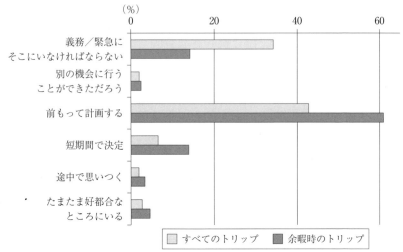

n=21.474トリップ、うちn=3.674が余暇時のトリップ（帰路を含まない）

図14‐6　諸トリップの主観的な評価

出典：筆者作成

このことは、さらに2つの事柄（「途中で思いつく」と「たまたま好都合なところにいる」）にも当てはまる。

　余暇行動の突発性ないしは計画性の主観的な評価を分析すれば、以下の図式が生み出される。活動が実施される目的に関して、それぞれの活動グループについて、突発的または計画的と評価されたトリップの割合が示される（図14‐7）。ここで顕著なことは、余暇活動についての主観的な評価は他の交通行動とは大きく異なっていることである。また他の人と一緒に行われる活動は、一面では他の場合よりも突発的と感じられることが知られている。場所と時間の取り決めについての重要性は、他方では、高い計画性の割合の原因となる。全体としては、以下の図式が得られる。すなわち、余暇における移動は、社会的な制約が高い割合を示す。余暇の定義は、社会的義務からの自由を前提としているが、この観点からはそれゆえ定義にあてはまらない。

　図14‐8は、余暇トリップがどのように知覚されるかを示している。余暇トリップの50％以上が、せいぜい平均的と評価されていることが注目される[5]。しかしながら、全トリップと比較すれば、予期された通り、快適なトリップが平

第14章　余暇における交通行動と余暇交通

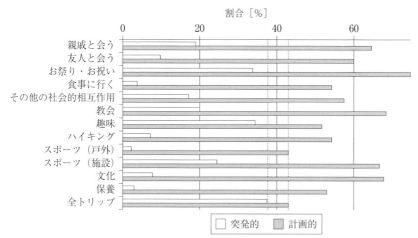

n=21,474トリップ、うちn=3,674が余暇時のトリップ

図14-7　諸活動の突発性・計画性についての主観的な評価

出典：筆者作成

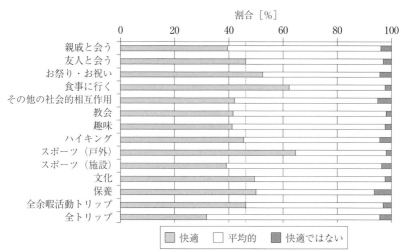

n=21,474トリップ、うちn=3,414が余暇時のトリップ（帰路をのぞく）

図14-8　余暇におけるトリップの主観的感覚

出典：筆者作成

第Ⅱ部　交通政策の中心的論点

均を上回る高い割合を示している。ここでとくに、「自然の中でのスポーツ」が高い快適さを示している。なぜなら、そこでは空間のなかでの運動自体が自然の生活だからである。快適ではないとした割合は小さく、トリップまたは状況に固有の理由に基づくものであろう。

6　結　語

　本章では、余暇交通の背景を解明するために、細部に立ち入り、特に交通政策における余暇交通の量的な重要性と多様性を取り扱った。そのために、余暇における交通行動を描写するためのモデルが提示された。その際、空間内での移動における個々人の余暇における交通行動と、目的地での活動が区分された。日常生活の中に埋め込まれた余暇における交通行動についても考慮された。

　余暇における交通行動と余暇交通の概念の明白な定義上の区分が、特に重要である。交通行動については、人間とその移動の視点から観察され、それに対して交通は空間の中での数量化可能な移動の結果を示したものである。

　とりわけ、従前は交通政策の議論の中で「その他」として理解され、基本的に自由意志に関連した余暇における交通行動について、本章では詳細に区分してモデル化された。本質的に、余暇とはされない諸活動（例えば、家族の世話、ボランティア、随行）は、もはや研究や統計では、余暇行動とは分類されない。

　本モデルは、実証的なアンケート調査でも明らかになった。余暇における交通行動記録では、空間内での移動を固定的な諸活動から分離している。レイアウトは、視覚上、この一連の結果に適合している。個々のトリップについての主観的な基準が把握された。重要なのは余暇における交通行動だけを分離して把握することであり、それにより余暇における交通行動の分析が可能になる。

　主たる成果として、以下のことが確認された。余暇活動の分類により、人間同士の社会的な相互作用が強く影響を与えていることが明らかになった。余暇のトリップと移動距離の半分以上が、まず他の人々との直接のコンタクトを維持することに使用される。余暇における交通行動は、個人主義的な社会の中で、社会的な相互作用を確保し、いろいろな形で、社会的な接合剤として機能する。残りの諸活動については、それとは別の機能をもつ活動（例えば、スポーツ、文

化）が重要である。しかしながら、これもまた社会的なコンタクトと結び付けることができる。まとめてみれば、余暇における交通行動は、Murray による動機区分との対応によって示されることができ、人間の他の行動の動機と同様なものに基づいている。

余暇活動は自由と自発性に強く結び付いているという思い込みに反して、調査では、余暇活動は基本的に前もって計画され、その実行は他の人と容易に一緒に行いうることが示された。もっぱら経験に基づいて動機付けられるイメージは、任意の余暇における交通行動には当てはまらない。余暇の交通機関選択は、活動が多様であることや場所、期間を考慮すれば、通勤などよりも多様であり、自家用乗用車の割合はおそらく平均以下であろう。

余暇における交通行動は、量的のみならず質的な分析を行えば、多様なトリップの目的のために、計画、調査、学術教育にとって、興味深い分野である。余暇における交通行動を、持続性の意味において道理に適う展開に導いていくことが、これからの交通政策および環境政策の重要な目的となる。

注
1）　自転車ツアーや遊覧蒸気船のような活動的な余暇活動の場合は曖昧になる。この場合、この行動について、現実的な取り扱いのために、余暇活動の目的が全体としてトリップそのものに依拠するか、それとも目的地での活動に依拠するのかを決定しなければならない（Zängler, 2000: 41f.）。
2）　無作為抽出にとって決定的に重要なことは、自治体あたりの私的な家計の分布、ないしは、コントロールの目的に応じた私的な家計の数のコントロールで、電話設備を有する家計の分布ではない。調査期間中で、電話を有する家計数は、旧西ドイツでは約97％以上である。
3）　「Kontiv：交通行動の継続調査（Kontinuierliche Erhebungen zum Verkehrsverhalten）」は、ドイツ交通省の委託により、1976年、1982年、1989年に実施された。MiD は、これまでのところ、2002年と2008年に実施されている。
4）　訪問には墓参も含む。亡くなった人物との関係を偲ぶ場合という意味で。
5）　快適と判断されたトリップは、多くの場合自家用車を用いた場合であり、徒歩でも快適としている場合が多い。すべての交通手段において、快適でなかったという回答はほとんどなかった。

第15章　公共交通

カトリン・ジーカン

　本章の第1の目的は公共交通とは何かについての理解を紹介することである。それに加えて本章では次のような問題に重点をおいている。なぜ公共交通は本来あるべき姿になっていないのか、そして交通政策上、公共交通には現在および将来にわたってどのような課題が待ち受けているのか、である。

　公共交通とは何だろうか?　人々がその本来のトリップの目的地へ公共交通のバスや鉄道で行くといえば、ちょうど好都合な時刻ではなかったり、選んだわけでもない他人と一緒であったり、トリップの本来の目的地ではないバスや電車の乗り場へ行ったりすることになる。

　しかし、ドイツでバスや鉄道は、より長い道のりを移動するのには最も安全な方法である。2007年にドイツでは乗用車の事故で2,600人以上が死亡したが、バスの乗客はわずか26人である(ドイツ政府統計局2009年12月11日発表)。道路交通事故全体では毎年約4,500人の死者がでている。歩行者、自転車、トラック運転手などを含んでおり、けが人はその数百倍である。鉄道はさらに安全で、自動車の42倍安全である。

　公共交通は環境同盟[訳注:環境を重視するさまざまな主体の全体をさす]の一部でもあり、とりわけ大都市部では、公共交通の能力が十分に活用され、資源が適切に使われるならば、マイカーに対抗する環境保護的な対案としてみなされることが可能である(本書第3章参照)。

　また、経済的にも公共交通部門は大きな要素である。ドイツ交通事業者連盟(VDV)は「公共交通企業は年間120億ユーロを設備投資と先行投資にあてている。この90%はドイツ経済に貢献しており、例えば車両工業と公共交通のインフラおよびサービス部門では直接間接に約40万人の雇用をうみだしている」と

第15章　公共交通

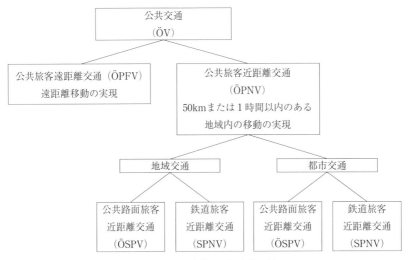

図15-1　公共交通の細分化の例

出典：筆者作成

いっている（VDV/VDB, 2010）。さらに、サービス提供の場所と直接に結び付いた雇用は外国へ移転できないことが、この国に住む人々にとっては特別のメリットとなっている。

　ドイツの駅、乗り場、停留所では毎日約2,800万人が公共交通を利用している（ドイツ政府統計局、同上）。乗客たちは、1つの共通の交通機関を、それぞれ異なるよく似た通路、あるいは一部が他の部分の通路を構成する経路で利用する。こうした交通需要の束が、公共旅客交通の基礎である。

　公共交通という場合には公共旅客遠距離交通（ÖPFV）と公共旅客近距離交通（ÖPNV）を区別できる（図15-1）。

　ドイツでは公共旅客交通の輸送サービスのうちおよそ1/3が旅客長距離交通で、これに対して2/3は公共旅客近距離交通が提供している。公共旅客近距離交通の方がより法的・政策的に規制されているので、これを本章の焦点としなければならない。

　公共旅客近距離交通は、一般的な端末旅客輸送であり、都市高速鉄道、路面電車、鉄道、バス、トロリーバス、タクシーおよび船舶による、大半が距離でおよそ50km未満、時間は乗り換えを含まずにおよそ1時間の、通常と臨時の

第Ⅱ部　交通政策の中心的論点

路線系統による輸送をさす（旅客輸送法 PBefG、一般鉄道法 AEG、地域化法 RegG による）。

　公共旅客近距離交通によって提供される交通サービスは、下記の5つに要約できる義務を負っている。

　　・路線義務：あらかじめ定められ固定されており、かつ接続のある路線が
　　　　運行されなければならない。
　　・営業義務：たまたま乗客がいない場合でも運行されなければならない。
　　・時刻表義務：時刻表が存在し、この時刻表にしたがって運行されなけれ
　　　　ばならない。
　　・輸送義務：運賃を支払う者は誰でも運送しなければならない。
　　・運賃表義務：乗客がそのサービスに対して支払う運賃表が固定されてい
　　　　なくてはならない。

　最初の3つの点には例外がある。例えば要求に応じて時間的・空間的にフレキシブルな運行形態をとるものである。

　公共旅客近距離交通の定義をしたので、次節では若干の運営上の観点に時間をさくことにしよう。公共旅客近距離交通は本来、どのように機能するものであり、何にそして誰に責任を負うもので、誰が支払うのか、である。

1　公共旅客近距離交通はいかに機能するのか

（1）公共旅客近距離交通の交通手段

　輸送サービスの提供のために、種々の交通手段または交通機関が設置されている。最もよく知られているのはバス、路面電車、都市鉄道、地下鉄である。また他の特殊な形態としてトロリーバス、ケーブルカー、ロープウェイ、モノレールがある。

　標準的なバスは形式により50〜200人の乗客を輸送できる。バスは固定的な設備インフラ（例えば線路のようなもの）を必要とせず、通常の道路に投入できるという柔軟性がある。トラムとも呼ばれる路面電車は、最近世界的にルネッ

第**15**章 公共交通

表15‐1 公共旅客近距離輸送における主な交通手段の特徴

		理論上の時間あたり輸送人数(人)	乗り場間隔(m)	乗り場の徒歩圏(m)	乗り場までの歩行時間(分)	旅行速度(km/h)
バ ス	通常型	6,000	300‐500	200‐300	4‐6	10‐15
	連接車	8,400				
路面電車	1ユニット	5,600	400‐600	300‐400	5‐8	15‐20
	2ユニット	11,200				
都市鉄道	1ユニット	7,200	500‐800	400‐500	8	20‐30
	3ユニット	21,600				
地下鉄	1ユニット	10,400	600‐1,000	750‐1,000	8‐10	40‐50
	3ユニット	31,200				
近郊鉄道	1ユニット	22,400	1,000‐3,000	600‐1,000	10‐15	40‐60
	3ユニット	67,200				

出典：Müller/Korda（1999: 271）

サンスを迎えており、1日に5,000〜90,000人を輸送できる。路面電車のインフラ（例えば線路や架線）に必要な建設コストは、地下鉄よりはるかに好条件であり、経験的には路面電車10 kmの建設費がおよそ地下鉄1 kmに相当する。さらに、維持費も路面電車の方が安いと言われている。表15‐1は公共旅客近距離輸送における主要な交通手段とその特徴を示している。

交通手段ごとに輸送能力が異なっているので、一列車に多数の乗客がいる場合は鉄道の費用対効果が高くなる可能性がある。おおざっぱな印象を伝えるために、交通手段の投資にかかる費用を示すとするならば、標準的なバスが1台あたりで25〜30万ユーロ、路面電車では同じく250〜300万ユーロと約10倍になる。ただし、バスはおよそ10〜15年しか運用できないのに対して、路面電車は20年以上になる。調達コストとともに、事業を継続するためのコスト、すなわち維持費や修理費にも注意が必要である。これについても同様に、交通手段ごとに異なる。一般的にいって、鉄道よりバスの方が安上がりで、およその運行費用はバスで1.5〜2.5ユーロ/km、鉄道で7〜12ユーロ/kmである。コスト

第Ⅱ部　交通政策の中心的論点

の大きな違いは、バスとは対照的に鉄道では走行インフラに関するコストの全額を資金として投入しなければならないことにも起因している。

（2）ドイツにおける公共旅客近距離交通の組織と資金調達
発注者－提供者－運輸連合

　公的資金による追加資金調達がなければ公共交通は運営できないため、公共交通を供給することは政治的な基本要求であることから、公共交通の財源保証はいわゆる地域化法で決められている。公共旅客近距離交通を委託するのは州の責任である。他方、公共旅客近距離交通に関する諸法規においては、こうした公共旅客近距離交通の「課題遂行者」［訳注：公共交通の計画策定主体］としては個々の州自身が責任をもつか、あるいはさらに自治体へとそれを委任するかのいずれかであると定められている。公共路面旅客交通（ÖSPV）［訳注：主にバス、路面電車、地下鉄をさす］についての委託が自治体ごとに行われているのに対して、鉄道旅客近距離輸送（SPNV）についての委託の一部はそのうえの州レベルで行われる。地域化法および公共旅客近距離交通に関する法規は必要な財源も定めている。同様に、公共旅客近距離交通に関する法規の規定では、課題遂行者は近距離交通計画に基づいて委託を実施しなければならない（同法2.2.2参照）。

　課題遂行者の資金保証は、特に公共路面旅客交通については非常に大きく異なった形でコントロールされている。しばしば委託は業務を全部まとめて、資金もひとまとめにして基礎自治体か民間事業者に丸投げされる。透明性、公正性、そして結局は乗客の利益にとって最良の考慮を払っているモデルとして、発注者［訳注：実際の運行業務を事業者に委託する主体。課題遂行者と同一の場合もある］－提供者原則が現われていたのである。

　発注者と輸送業務を提供する「提供者」のレベルの間には基本的な違いがある（図15－2）。発注者のレベルでは、どのような輸送サービスをどのような品質で求めるのかは政策的に決定される。例えばA－B間を走る列車にはどのくらいの座席数を確保し、どのくらいの頻度で清掃を実施するのかも同様である。これらについての供給基準は、課題遂行者の責任となるものである。しばしば郡［訳注：ドイツの郡は実態のある自治体である］や独立市［訳注：郡に属さない市］

274

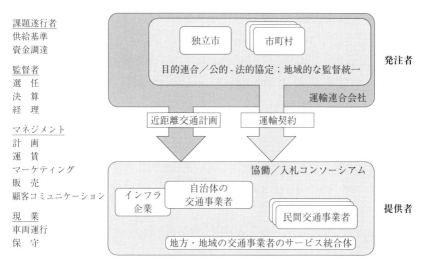

図15-2 任務の分担:近距離旅客公共交通組織および運輸連合の構造
出典:筆者作成

は目的連合［訳注:自治体の共同事業体］を、共同の連合企業体として設立しており、この目的連合は、行政の発注、決算、および輸送サービスの監理業務を受託している。さきほどのA-B間の列車の例で言えば、特定の委託された運行について輸送業務の「提供者」、例えばABC列車会社にこの連合から委託されるのである。この会社は輸送契約を獲得したことから、A-B間において、定められた期間の間、明記された諸条件のもとで列車を運行することができ、また運行業務とサービスを提供することができ、そして「発注者」から資金を受け取ることができる。運行計画、運賃、マーケティング、利用者とのコミュニケーションの手段のマネジメントは異なった機関が連携して実施できる。これは、例えば近距離輸送計画と輸送契約を通じて調整される。

多くの場合、公共旅客近距離交通は運輸連合として組織化されている。特に、もともと事業者の境界を越えた共通運賃、共通の時刻表、および共通の市場対応をめざして設立された組織が、発注者-提供者-運輸連合の原則に行政レベルで統合された場合にも、連合の形で示される。さらに、ドイツの運輸連合は、それぞれ異なった形態で組織されている。政策、とりわけ州や自治体のレベルでの政策は、運輸連合の設立と調整について決定的に重要な役割を演じている。

第Ⅱ部　交通政策の中心的論点

　事業者の連合と課題遂行者の連合という2つの連合の間に違いはある。事業者の連合は事業者のみによって支えられており、共通の運賃、計画、宣伝にのみ関係している。それに対して課題遂行者の連合は課題遂行者によってのみ組織されており、発注者－提供者原理の考え方では、業務の発注について事業者との契約を結ぶことができる。そして、事業者と課題遂行者によって形成される、いわゆる2者の連合といわれる組織では、事業者と課題遂行者が2つの連合それぞれと同様に組織されており、通例は事業者連合と同様の機能を有する。

　以下に、ドイツ最大の面積を有する運輸連合であるベルリン－ブランデンブルク運輸連合（VBB）を例として簡単に示してみよう。

　1999年4月にベルリン市とブランデンブルク州では地域交通の運賃が統合され、1枚の乗車券ですべての交通手段を利用できるようになった。VBB有限会社は、ベルリン市とブランデンブルク州およびブランデンブルク州内の郡と独立市（したがって課題遂行者連合を含む）によって所有されている。系統の設定、時刻表および接続の設定は連合の内部で調整される。とはいえVBBによる計画の管轄は、鉄道旅客近距離交通と一部の地域の枠を越えたバス連絡のみである。連合は42の交通事業者と協働しており、1,000以上の路線と13,000カ所以上の停留所、666の駅がある。毎日340万人の乗客がVBB域内のバスと鉄道を利用している。ベルリン市とブランデンブルク州からの委託で、VBBは鉄道旅客近距離交通についても広範囲な近距離交通サービスを公募している。VBBの品質マネジメントは、列車の運休、それに加えて年2回の利用者アンケートと恒常的な350の品質スコアを報告している。公共交通は常に私的交通との競争にさらされているのであるから、サービス品質の向上と保全に対する恒常的な努力は重要である。政策が運輸連合の設立とともに枠組み条件を決めている。ベルリンとブランデンブルクでは乗車券（連合運賃）が統一されており、輸送サービス提供の調整と計画化（時刻表と接続関連）、統一された連合のマーケティング、利用者への情報、販売の調整が実施され、さらにまたVBBを通じた交通事業者への収入配分の実施がなされる。

　鉄道旅客近距離交通課題遂行者協会（www.bag-spnv.de）は、ドイツの鉄道近距離輸送における発注者組織の上部団体であり、目的連合や運輸連合、課題遂行者組織に代わって公共旅客近距離交通のために共同のロビー活動をしてい

第**15**章　公共交通

る。さらに欧州レベルでの公共交通課題遂行者を統合したネットワーク組織として欧州大都市交通協会（www.emta.com）がある。

近距離交通計画

　国家の保証任務（基本法20条原則１、地域化法１条１項）によれば、公共旅客近距離交通の輸送サービスを全住民に対して十分に確保することは、生存配慮の任務としてみなされなければならない（本書第８章参照）。十分なサービスとは何かということは課題遂行者が規定する。公共旅客近距離交通はモビリティの欲求を充たすだけでなく、構造的、社会的そして環境政策的な機能をも実現する。政策と運営は「どれくらい」公共旅客近距離交通を課題遂行者が求めるのかによって決定されなければならない。これは大抵、公共旅客近距離交通において良好な提供、良好なサービスへ到達するための努力と財政力量との間でのバランスで決まってくる。政策レベル、管理レベル、そして提供者レベルの間での結合とネットワークを形成すること、また正式の基盤のうえにそれをおくことによって近距離交通計画は仕上げられる。近距離交通計画編成の責任は課題遂行者にある。

　近距離交通計画には、例えば以下のような内容を含む。

・交通事業者のインフラ構造とサービス供給能力の現状

・乗客数（現状と予測される成長）

・ネットワークの発展

・系統・路線の運行関連の今後の標準に関する枠組み

・事業マネジメントと運賃

・乗客の安全

・車両および整備中の施設

・投資需要、営業費用、事業収入

・委託のための路線網

・資金調達のコンセプト

　近距離交通計画は、公共旅客近距離交通の整備、特に交通についての許認可

277

第Ⅱ部　交通政策の中心的論点

と「計画委託」に関する基礎である。計画は、一定の周期で、新しい発展・変化に関して公共近距離交通計画の下で補正されることが可能である。例えば最近は、地方部ないしは交通需要の少ない地域でのモビリティのための新しい交通モードとして、乗合タクシー、デマンドバス、住民ボランティアバスあるいは路線タクシーが、従来型の路線バスの対案となっている。近距離交通計画の作成や改定に際しての現在および将来の焦点は、例えば公共旅客近距離交通の高速化、乗車のための労力の軽減、乗り換え地点における乗客に優しい接続、情報と接続の安全などである。

資金調達

　公共旅客近距離交通は運賃収入だけでまかなっているわけではない（図15-3）。通常、運賃収入はコストをカバーするのには十分ではない。公共旅客近距離交通は公的な委託であるとみなされているので、連邦、州および自治体から資金を供給される。したがって地域交通改善助成法（GVFG）は、特に投資への支援、例えば近距離交通施設の建設や公共旅客近距離交通の接続の改善を、検討に組み込んでいる。そのほかに連邦や州からの投資補助（例えば新車両の調達に対する）も自由に利用できる。公共旅客近距離交通で活動している事業者は、特定の輸送（例えば生徒や職業訓練生の輸送や、身体障害者の無償輸送）における欠損に対して運営費補助（州の補償費支給）をうける。さらに、運輸事業者はその他の収益もやりくりすることができる。例えば広告スペースの貸出による収入などが考えられる。最後には、課題遂行者による欠損補助がある。

　ドイツでどれだけの資金が現在、公共旅客近距離交通に費やされているのかを一般的に述べるのは難しい。具体的な例をあげると、ザクセン＝アンハルト州では、約3億5,000万ユーロの公共旅客近距離交通財源が利用できた。このうち、約2億6,000万ユーロは鉄道旅客近距離交通の発注に、残りは自治体のもとで公共鉄道旅客交通のメンテナンスおよび鉄道旅客近距離交通と公共路面旅客交通への投資に支出されている。

　コスト補償の度合いが示しているのは、公共旅客近距離交通事業者の交通サービスについて総コストのうちどれほどの部分が運賃収入とほかの収入源でまかなわれているのかということである。公共旅客近距離交通事業者は近年、資

図15-3　公共旅客近距離交通の財源調達構造
出典：筆者作成

金の減額にもかかわらず自身の経営効率を強力に改善している。こうした費用回収率が2000年の平均69％から2008年の約77％へとあがっている（2010年5月12日、VDVの報道発表資料）。ただ、事業者ごとでこの値は大きく異なっている。例えばブランデンブルク州では、費用回収率35～60％の間にある。高い費用回収率は追求するに値する。なぜなら、このことは損失補填のために費やさなければならない税金がより少ないことを意味するからである。公共路面近距離交通ではこうした費用回収率の水準がしばしば60～70％に達するのに対して、鉄道旅客近距離交通では30％となっているのである。

ＥＵの政策と競争

　ＥＵの政策は、交通事業の委託に関して、あらゆる事業者に平等の機会を与え、事業のＥＵ内枠組み条件の統一を実現するために、枠組み条件を定めている。ＥＵ委員会指令は各国の法律に優先する。ＥＵ委員会指令が公布されれば、

それと適合しない国内法は適合するようされなければならない。このため、すべてのアクターが新しい前提条件への準備ができるように、かなり長期にわたる暫定的な移行措置がたびたびとられた。

　ヨーロッパ・レベルでは長らく、1969年6月26日のＥＣ規則1191/69が公共近距離交通事業の実施について規定していた。この指令の内容と、なかんずくその法的解釈は、ドイツにおいては文字通り大きな議論を引き起こしていた。2007年10月23日に新しいＥＵ議会およびＥＵ委員会規則1370/2007が公布された。この指令は、一般競争入札義務または一般競争入札法令をおくことを意味しているが、ただし、例えば公共旅客近距離交通の輸送サービスのいわゆる内部契約、あるいは鉄道旅客近距離交通のいわゆる直接契約について例外は認められている［訳注：訳者解説参照］。原理的には、輸送サービスの供給に対して応札者が応募できるといわれている。これについての例をあげよう。例えばある運輸連合は、Ａ-Ｂ間の列車の輸送サービスを次の15年間にわたって供給する者を公募し、最小限のサービスと最低限の供給のレベルを提示する。そこへＡ社、Ｂ社、Ｃ社が応札する。この運輸連合は提案を精査し、公募条件に最も適合し費用面でも妥当なものを選択する。落札者Ｃ社は世界中で活動する企業集団が所有する交通企業である。こうして同社が15年間Ａ-Ｂ間で列車を運行することと、契約で定められた委託の補助金を受け取ることが決まる。

　構成が明快でわかりやすい輸送契約には、ふつう正確な品質基準と品質が不足した場合の取り決めが含まれている。この場合はその規模に応じて契約不履行の違約金が課されるので、事業者には品質が予想の範囲を下回ることを回避しようとする誘因が働く。

　いわゆる市場の自由化は、多くの批判を巻き起こした。国際的なコンツェルンが地域にもともとある市営事業者と競争するのはよいことか？　利用者の利益になるのか？　競争はサービス品質にどう影響するのか？　もっとイノベーションや効率化がうまれるのか？　従業員にはどんな影響が？　この議論は長い間、多くの法律家や経営者のみならず、労組や利用者団体の関心もよんだ。

　一般的な結論はまだ下されておらず、それぞれ個々の場合ごとに異なってはいるが、にもかかわらず全体としては競争が顧客の利益にはなったといえる。プラス・マイナスを総計するとより多くのサービスがより少ない税金でまかな

えている。それ以上に、競争によってこのビジネスはさらに活気付いた。新し
い応札者は、公共旅客近距離交通のより多くの利用者に対してイノベーティブ
なコンセプトを提供することを確立するために努力している。

　ブリュッセル［訳注：比喩的にＥＵ委員会を指す］はベルリン［訳注：ドイツ連
邦政府を指す］より重要である。このしばしば引用される原則はまた、交通政
策においても正当性がある。しかし、求められるサービスの決定についての責
任は、依然として地方政治家にある。政治家たちは住民に対して公共旅客近距
離交通の品質がどのようにあるべきなのか（そしてその費用が負担可能か）、を決
定しなければならない。即ち、国際化、グローバル化の進展にもかかわらず、
公共旅客近距離交通は地方政治が決定する案件のままなのである。

計画と事業

　どのような交通システムを導入するかは、主に地域の大きさと予測されうる
潜在需要の大きさ（また、現在は失われているがもしかするとその路線にまとまって
戻ってくるかもしれない、理論的には最小限の人口）によって規定される。表15－
2は、その一覧である。人口1万人以下の町では、大抵の場合効率的な公共交
通の供給を実施することは不可能である。住民の必要と要求に応じた移動を、
限られた車両によって提供できるほどには交通流動を集約することができない
のである。小さな町での費用回収率は、しばしば大都市のそれよりは小さい。
これに対して、同じ時間に同じルートを多くの人が通行する大都市では、自由
な利用に応じることのできるよりよい供給が行われる。そしてそのことは、都
市圏で公共交通が魅力的であることに寄与する。

　いわゆる鉄道の優位性について述べよう。多くの場合、バスから路面電車へ
の転換（同一の移動時間、路線および運行間隔で）によって乗客は増えることが観
察されている。この効果についてのありうるべき理由として、研究者は、鉄道
には例えば主観的な経験に基づく快適性や大きな行動の自由度があることを指
摘している。さらに進んだ契機もありうる。それは、その路線で沿線の風景が
よく記憶に残りやすいことや、信頼がおけるものとして認識されていることで
ある（Megel, 2001, Scherer, 2010）。

　公共旅客近距離交通が、一般的な輸送分担率の決定要素において優位性をも

第Ⅱ部　交通政策の中心的論点

表15-2　都市の規模に応じた異なる公共交通手段の典型的な利用についての概観

都市規模（人口）	基礎的な交通手段	補助的なもの
10,000まで	独自の交通はなく、地域バス、場合によってはデマンドバス、住民ボランティアバス、デマンド乗合バスのようなフレキシブルなサービス形態	鉄道旅客近距離交通の駅
10,000-100,000	独自のバス交通	地域バス
50,000以上	個々の都市ごとの路面電車	
50,000-500,000	路面電車または都市鉄道［訳注：LRTなど］	都市鉄道や鉄道旅客近距離交通の支線としてのバス
500,000-100万	都市鉄道が、都心部では地下鉄に	路面電車、バス、郊外では鉄道旅客近距離交通
100万以上	地下鉄またはSバーン［訳注：都市高速鉄道］、鉄道旅客近距離交通	路面電車、バス、郊外では鉄道旅客近距離交通

出典：Müller（1999: 275）に基づく

つのは、古典的な3TすなわちTempo, Tarif, Takt［訳注：速度、運賃、運行間隔］である。つまり、日常語的に表現すると、どれだけ速く、どれだけ安く、そしてどれだけ信頼できかつ簡単に自分の目的地に着けるか、である。速度あるいは移動時間も、しばしば交通手段の選択において決定的である。運賃は利用者の移動中に生じる経済的な費用を内容とする。これには、例えば片道乗車券や時間制乗車券の代金をあげることができる。第3のT、つまり運行間隔は要するに、公共旅客近距離交通におけるサービスの頻度と定期的な運行として示される。重要なことは、人が運行間隔を覚えることができること（例えば、AからBまでの列車は毎時0分と30分に運行されるなど）と、交通手段ができるだけ頻繁に運行されることである。最後に、定時性と信頼性は重要な構成要素である。遅れはもちろんよくないことであり、早発も乗客にはショックである。これらは将来バスや鉄道を選択しないことにつながる。

　したがって、移動時間の短縮はより多くの乗客を獲得するよいチャンスである。例えばベルリン中央駅から60分だったのが34分になったエバースヴァルデ

第**15**章　公共交通

（Eberswalde）線では40％も乗客が増加した（VBB の記者発表資料、2007年2月8日）。

　速度、運賃や運行間隔についての古典的な見方を越えて、モビリティ文化の違いもまた存在しうる。例えばフライブルクやベルリンのように、伝統的に公共旅客近距離交通が輸送分担率において高い比重をもっている都市がある。

　公共旅客近距離交通の事業には、交通サービス自体の提供だけでなく、乗車券の販売も含まれる。窓口での従業員による古典的な販売も行われうるが、第三者例えば新聞スタンドもありうるし、直接車内で（例えばバス運転手から）ということもありうる。自動券売機は人的販売にとって代わり、さらに現金で支払う運輸・輸送を削減している。さらに、電子チケット、携帯電話チケットやその他のアプリが、デジタル・モビリティ・カードやスマート・カードの方向へと発展している。

（3）公共旅客近距離交通における関係者の配置

　公共旅客近距離交通における関係者の配置は、多様な業務の配置に対応している。次頁図15‐4では、概要を提供することを試みている。このドイツにおける関係者の配置図は、完全であるなどと自負するものではなく、単にその構造を描写するとともに、それぞれの利害にもとづく異なった関係者を明らかにするものである。関係者とは乗客、政治家、運輸連合、運輸事業者、利益共同体、研究教育機関、そして産業である。

　国際的には、欧州乗客連盟（www.epf.eu）が存在し、同様に国際的な運輸事業者のネットワークであり、特に公共交通についてのロビー活動を行っているUITP-国際公共交通協会（www.uitp.org）がある。

2　公共交通の今後の挑戦

　持続的なモビリティに対する政策についての、欧州およびドイツにおけるリップサービスを観察すれば、それは理想的なものにならざるをえない。つまり、準備された、魅力的な公共旅客近距離交通の供給が大都市部はもちろん地方部にも存在するということになる。サービスは低コストで、誰にとってもアクセスしやすく、大部分のモビリティ需要が充たされるものである。ほぼすべての

283

第Ⅱ部　交通政策の中心的論点

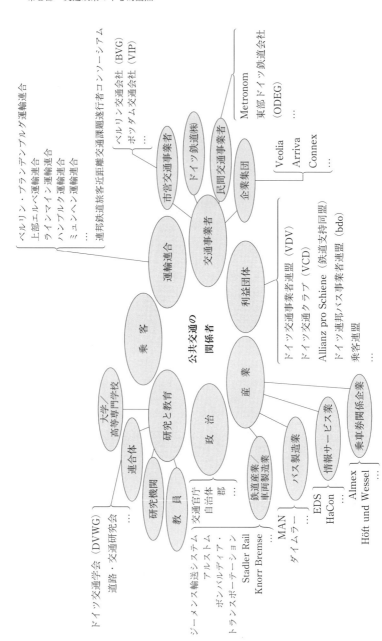

図15-4　任務の分担：近距離旅客公共交通組織および連合の構造

出典：筆者作成

人々が1つまたは複数の公共旅客近距離交通を利用することになる。

とはいえ現実には、ドイツにおける公共旅客近距離交通の分担率は9％にすぎず（Infras/DLR, 2010）、公共交通は人口の大部分にとって最初に選択されるモビリティの選択肢ではない。なぜそうなっているのかについての使い古された答えは、簡単に見つけることができないというものである。そこで以下に2、3の状況を切り取ってみるが、これは同時に公共旅客近距離交通に関する交通政策の、今後の挑戦を素描するものである。

（1）公共交通のイメージ

十分なバスや鉄道の供給がその場所で調達できないとき、人は移動のための別な手段を必要に迫られて求めるのは理解できるが、実際にそれが利用できるときでも、なぜ必ずしもすべての人々が公共交通を利用しないのか？　この質問に対する簡単な回答は、「公共交通には『貧困者、老人、外国人または学生』、すなわち『キャプティブな〔訳注：他の移動手段を利用できないために公共交通に拘束されている〕利用者』だけがバスや鉄道を利用しているというよくないイメージがあるからだ」である。大都市部にはかなりの比率でいわゆる「自由に選択できる」層の乗客がいる。自覚的にたびたび公共旅客近距離交通の利用を決める人は、それによる利点の方が大きいからである。すなわち、公共旅客近距離交通は、しばしばマイカーより全体でのコストが安く、自分で運転しなくてもよく、時間を他の有意義なことに利用でき、加えて他の人と逢うことができるのである。「自由に選択できる」層を増やすことには未来への挑戦、つまり公共旅客近距離交通において絶え間ない品質向上と供給の改善を実現することが必要である。そうすることだけが、公共旅客近距離輸送を自動車との競争力をつけるか、あるいは競争できる状態を維持することである。さらに、やむを得ず利用する利用者の部分は将来、人口動態によって激しく減少するので、交通事業者は経済的理由から、ただちに自由選択層へ注力する必要がある。

この面では、すでに多くのことがなされてきた。焦点として、以前には「輸送対象」といわれていたものが、今日では「顧客」とされている。利用者にはたくさんの抵抗感がある。Dziekan, Schlag/Jünger（2004）は、公共旅客近距離交通にも一般的に応用させることができる、鉄道利用に際してのバリア・モ

第Ⅱ部　交通政策の中心的論点

デルを作成している。そこで描写されている人にとってのバリアは、乗換・乗り継ぎのトリップの連続性のバリアと、経験またはすでにある経験から遡及的に行われる評価のバリアである。連続性のバリアは、通常個々の公共旅客近距離交通の供給者が直接に影響しており、ドイツ工業規格の品質標準 EN13816 にそって下記の項目に示されている。

　　①頻度
　　②アクセシビリティ
　　③情報
　　④時間
　　⑤顧客サポート
　　⑥快適性
　　⑦安全性
　　⑧環境への影響

　いつも存在する問題が品質標準に相応した期待と現実への評価との矛盾である。現実の評価は顧客の満足度を規定するからである。顧客の期待を充たすかまたは上回ることで、顧客はリピートするであろうし、もしかするとさらにまわりに薦めてくれるかもしれない。そのことは公共旅客近距離交通のポジティブなイメージに寄与する。逆にサービス品質基準が満たされないと、イメージの損失になり、これを取り戻すのは難しい。それゆえ、部門全体がユーザーフレンドリーな公共旅客近距離交通の実現をめざして努力すべきである。

（2）ユーザーフレンドリーな公共旅客近距離交通
　人々が公共旅客近距離交通に対してもっている期待やイメージが実情と一致していないことが多い。例えば、自動車の運転者がうちの方に来るバスは1時間に1本くらいだと思っていても、実際にそのバス停では10分おきにサービスがあったりする。公共旅客近距離交通の供給に対する過小評価——特にあまりバスや鉄道を利用しない人にとっては——はいつものことで、それはしばしば資料によって裏付けられている。ボタンの掛け違いのような期待とサービスの

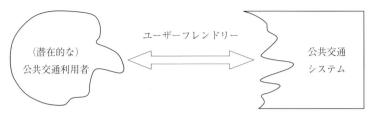

図15-5　システムと利用者の視点
出典：筆者作成

不一致は全く別方向へ行ったりすることも起こる。いつもは公共旅客近距離交通の利用者である人が他の大都市に行くと、新しいよく知らないシステムを間違わないで利用するのに大いに緊張する。突然、停留所も時刻表も全く違うように見え、乗り場に向かうのも非常に負担のかかるもので、そして切符を買うのも大きなバリアである。

図15-5に示したような、利用者の視点とシステムの視点の合致が望ましい。ユーザーフレンドリーな公共旅客近距離交通について述べることができるのはそれからである（Dziekan, 2008）。公共旅客近距離交通におけるユーザーフレンドリー性の向上は、経験に基づく利用者の視点を認知することと、人々が頭で理解することの法則性を理解し適用することによって、可能になる。例えば、利用者がさらに簡単に系統を覚えることができるか、または再認識できるか、である。Dziekan（2008）によれば、3つの要素が指摘されている。

　①路線と駅舎の可視化
　②運行ルートの明確化
　③デザイン（マーキング、ラベリング、標識の反復）

特に、「メトロバス」[訳注：路線を幹線と支線に分けるなどわかりやすく構成したバス]のコンセプトの確立で、構成要素を簡潔に利用するのはよい。それはもっとシンプルにすれば、路面電車や都市高速鉄道のようなイメージを定着させる。この道路系交通手段に対する軌道系交通手段の心理的な長所は、「心理的なレイルボーナス」とよばれる（Megel, 2001）。

第Ⅱ部 交通政策の中心的論点

ユーザーフレンドリーに関するもう１つの中心的なポイントは、全移動過程で、つまり乗車前、乗車中、そして乗車後に一貫した信頼できる情報を提供することである。わかりやすい地図は基本であり、さらに乗り場での追加的なリアルタイムの出発表示がユーザーフレンドリー性を向上させる。乗客向け情報は、動的で個別化する情報の形態において公共近距離旅客輸送の重要な将来の発展領域である。ただし、この分野の科学技術のあらゆる発展について利用者が中心であると考えるべきである。多くの新しいアプリケーションにおいて疑問が残るのは、技術の進歩は乗客の利用よりも技術発展そのものに多くの関心があるのではないかと思われることである。

ユーザーフレンドリーに関する最後の重要課題は、乗車券の販売だと言われる。とにかくわかりやすい運賃表と公正な運賃設定のバランスが発見されなければならない。利用者は自分に都合のよい運賃と同時にわかりやすい料金システムを求めるが、これはしばしば正反対の要求でありうる。乗車券を片道券、週定期券、月定期券の３種のみに絞れば、単純な視点からはよいようにみえる。しかし複数人でのトリップのような場合、割り引きがないことが受け入れられるべきだろうか。また、年金生活者用や学生用の乗車券が実際に廃止されるだろうか。３停留所分の短区間に、きっちりと乗車１時間分と同じだけ支払わなければならないだろうか。こうした例は、わかりやすさと公平さを同時にもつ運賃表の考案が難しいことをはっきりと示している。さらに、個々の交通事業者は利用に応じて収入が分配されるので、運輸連合においては収入配分の諸問題が生じる。この問題で期待される解決策はＥチケット、またはＩＣカードである。利用者は全くフレキシブルにいつも最適の運賃表から請求され、利用者が輸送されると、交通事業者は自動的に確定された運賃収入を受け取る。

（3）補論──公共旅客近距離交通のバリアフリー化

バリアフリーはユーザーフレンドリーの一局面である。障がい者平等法（2004年成立）および2009年１月のドイツにおける国連障がい者の権利条約の発効は、公共旅客近距離交通のバリアフリー化についても、重大な衝撃を与えた。こうした法的な枠組みに、次に影響する要因は人口統計的な変化である。将来、より多くの運転免許をもつ高齢者がいることになる。こうした高齢者は、圧倒

第**15**章　公共交通

的多数が外出時に車を利用できるだろうし、余暇や休日の活動も活発化し、し
ばしば高齢に至るまで行動するだろう。今日、ドイツでは80歳以上の人口が約
360万人だが、2020年にはおよそ600万人、2050年にはさらに1千万人に達する
とみられている。高齢者では、重度障がい者の増加もおこるであろう。現在ド
イツでは670万人が重度障がい状態にある（www.destatis.de、2009年12月11日閲
覧）。将来、障がい者と高齢者の割合は引き続き増加するだろう。それゆえ交
通システムにおけるバリアフリー化は「ユニバーサル・デザイン」の意味で重
要な意義をもつことになる（本書第5章参照）。

　「ユニバーサル・デザイン」の原則は、最終利用者をデザイン過程の全般に
含めると言うことである。その際同時に、人間の多様性が考慮されなければな
らない。このことを示すために、幅のあるモビリティの制約について短く説明
しておくこととする。身体障がい（例えば歩行障がいや視覚障がい）と精神的／
心理的障がい（例えば言語障がいや強迫神経症）は狭い意味で障がいとみなさ
れる。全体としてみると、このグループはモビリティの制約が非常に不均等であ
り、しばしばいくつもの障がいが重複して生じている。狭い意味での障がいと
並んで、移動の制約には文字通り誰もが一度は該当するようなより広い意味も
ある。すなわち、ギプスをはめているとか、荷物をもっているとか、子連れで
あるとか、妊娠しているとかである。

　バリアフリーなモビリティとは、建築構造から見た環境だけでなく、すべて
の人々が他人の助けや特別な努力なしに利用しうる交通システムをも意味する
（プロジェクト・イージー・ゴーイングも参照のこと。www.easy.going-network.de）。

　公共近距離旅客交通の関係者は、すべての人々にバリアフリーなモビリティ
を可能にするためにすでに多くのことに着手している。例えば低床車両の導入
である（VDV, 2003）。だがあちこちでまだ着手されたばかりで、すべての人々
にバリアフリーなモビリティを可能にするには、さらなる拡張が必要である。

（4）政治家に公共旅客近距離交通への関心を持たせること

　ありとあらゆる政治的なリップサービスにもかかわらず、公共交通の要求は
多くの場合一貫性のあるものとしては全く実現されてはいない。例えば緑の党
の Michael Cramer のような敬意に値する個々の事例を別にすれば、政治家で

289

第Ⅱ部　交通政策の中心的論点

公共交通を使う者はほとんどいない。格式高い人々は、いまだに自分の運転手付リムジンか、少なくとも「大型の」公用車を使っている。たしかに、自身のモビリティのルーティンからして、政治家の認知地図は歪曲している。公共交通の短所とともにその長所や発展可能性は自身の経験した世界によって認識されたり信用されたりすることはない。望ましいのは、政治家が社会の模範として、これまでの彼らの生活のあり方から実際に持続的なモビリティのあり方を機能させること、すなわち公共交通を利用することである。

　特に、自動車産業が有力な地位をもつドイツでは、自動車メーカーによるロビー活動が強力である。公共旅客近距離交通を要求するためにも、消費者センターや利益グループによるロビー活動を強化し、自動車に対抗的なプロパガンダを行うことは意義深いことである。喫煙の有害性に関して、政治は例えばたばこの宣伝の制限や生産量の割り当てなどを最終的には実現してきたのである。すべての自動車の広告に警告、例えばタバコのような「自動車は依存性があり、ドイツにおいて毎年5万人を早死にさせている」をつけるといったことは今日まだ考えられない。

　持続的なモビリティという分野での意思決定に対する政治家の重要性を裏付けるヨーロッパでの実例を引き合いに出すとすれば、CIVITAS（CIty-VITAli-ty-Sustainability）イニシアティブがあげられる（www.civitas-initiative.org）［訳注：EU駐日代表部ウェブサイトに解説記事がある。http://eumag.jp/spotlight/e0813/］。このプロジェクトはEUとの資金協力によって、ヨーロッパの都市が地方レベルでの転換を行うものである。特に、公共旅客近距離交通の改善のためには他にもたくさんのよいアイデアがある。これまでCIVITASプロジェクトにおいて明らかになったことは、地方政治の意思決定が施策の成功への転換であったことである。それゆえ現在、CIVITAS PLUSプロジェクトは、MIMOSAと呼ばれているが、政治家を現場で積極的に束ねる活動パッケージに力をいれている。このプロジェクトではまた、選挙を通じた政治的転換が都市における持続的なモビリティのための政策の成否を分けているとしている。それゆえ、例えば新しい市長の政策路線が適合しなかったときには、施策が取り消されうる。

　プロジェクトでは、最終的に施策の一貫した評価についての役割に注意を促すだろう。理想をいえば、評価は独立した第3者が科学的に実施すべきである。

数量と事実は、特定の交通施策に意義があるか、もしくは目標達成にいたらなかったかを裏付けるものであり、高い価値をもち信頼できる意思決定と論証を助けるものとして政策に提供される。「よい事例」はまた、説得力のある評価を受けていることであり、ときには他の都市や地域にも転用される。

（5）安全感とテロリズム

　公共旅客近距離交通における主観的な安全感は、交通手段の選択に際して快適性と同様の意思決定要素である。全体の移動行程に目配りするのはもちろん重要なことである。公共近距離旅客交通の乗り場への、また乗り場からの道が実際には最も安心できない。しばしば経路途中の暗い部分に不安が積み重なることによって公共旅客近距離交通の利用は手控えられる。

　車内でさえも、（そして部分的にはすでに駅や乗り場から）カメラによる監視が安全感を高めることに寄与する。カメラの主要効果はとりわけ車内暴力の予防そして解明に現れる。政治はここでは、個人の潔白さを保護するために必要なデータ保護法制の枠組みを形成する。

　地下鉄で爆弾、近郊列車で爆発、といった恐ろしい事態は、テロリズム防止というテーマを公共旅客近距離交通の日常業務において最高課題にしている。非常に多くの人々に対してAからBまでの区間で長期間の遅延や運休を行うことなしに同時に対テロ安全システムを作り出すことは、大きな挑戦的課題である。もちろん技術的な解決策には限界がある。その場合、安全およびテロリズムとの戦いは社会全体の問題として考えることになる。

（6）公共旅客近距離交通の財源調達

　多くの場合、高度に整備された公共旅客近距離交通の供給が見いだされる都市集積地域では、利用者は増加傾向にある。2008〜2009年の間に全国で3.5％増と確定し公表されている（VDV, 2010）。それゆえ現在の供給がより利用されるならば、乗客の増加は通常収入の増加でもある。

　それに対して地方部では供給の減少と同じく乗客数も減少している。この傾向の1つの原因は学生、生徒および職業訓練校生の減少による収入の減少である。新しい公共旅客近距離交通のサービス形態、例えばデマンドバスやボラン

第Ⅱ部　交通政策の中心的論点

ティアによる住民運行バス、デマンド路線タクシーといったものが、需要依存型サービスの供給を確保し、走行キロは削減し、そして同水準のコストで同一価格のサービス供給を可能にしている。これらは、再び需要を増加させ、より多くの運賃収入を生み出している。

　魅力的な公共旅客近距離交通を提供するためには、通常、運賃収入に加えてより多様な財源が必要である。考え得る可能性としては、例えば自家用車税による現金基金も、自動車に外部費用を負担させることを通じて公共旅客近距離交通の改善にまわす仕組みである。これらは外国の大都市、例えばロンドンやストックホルムで実績がある。

　公共旅客近距離交通の財源調達はまた、今後の政策上の課題である。今日の公財政の危機と過度な負担は、公共旅客近距離交通と他の重要なセクター、例えば教育や保健との競合を生み出さざるを得ない。それゆえこれからの挑戦は、同等あるいはより少額の資金によって、乗客を維持し、より多くの顧客による公共旅客近距離交通の利用を勝ちとるために、魅力的で競争力のある供給を創り出すことである。解決策としては、反自動車同盟が全体として魅力的に形成されるために、統合された交通コンセプトを促進することがありうるだろう。

（7）統合された交通コンセプトと公共旅客近距離交通

　公共旅客近距離交通とその他の交通事業または移動手段との統合は次なる挑戦である。例えば、短い区間について自転車は自動車に対する非常に良好な対案である。公共旅客近距離交通への連絡交通手段として用いることができるよう、自転車の列車やバスへの持ち込みがいくつかの都市で許可されている。ただし、過負荷の状態になるといつも混乱を招く。そこで相互に結合された自転車と公共旅客近距離交通の新しい取り組みは、公共自転車である。これは現在、いくつかのパイロット調査（例えばベルリンの都市自転車）が試行されている。公共近距離旅客交通の乗車券があれば、公共近距離旅客交通の乗り場への往復に自転車を使うことができる。自転車は乗り場と直結されたステーションで貸し出されており、自由に使うことができる。このシステムは、組み合わせが容易であるので、列車やバスに自転車を持ち込む数を減らし、ひょっとするとより多くの公共近距離旅客交通の利用者を惹きつける可能性がある。これまでの

貸し自転車のようなコンセプト、例えばパリの成功している Vélib-System は、常に反自動車同盟（環境連合）のパートナーと共同のものとして理解できる。

公共旅客近距離交通を一部とする全行程の、ある一定部分はほとんど常に、徒歩に残されている。歩行と公共近距離旅客交通は良好な結合状態にあると考えることができるかもしれない。とはいえ、停車場や物的接続施設を見ると、交通計画上の統合がここでなお可能性をもっていることは明らかである。しばしば人を落胆させるのは、幅広い道路の自動信号、狭い歩道、歩行者用信号待ち、歩行者用休息施設のない単調な道である。今後は、自治体の政策を通じても、特に都市部では考え方を根本的に変え、歩行者に優しい環境という意味での計画に転換されなければならない。

公共旅客近距離交通とカーシェアリングとは今日まで成功してきた統合だと認められる。例えば大きな荷物を運ばなければならないときに、あるいは移動の目的地が公共旅客近距離交通の範囲外にあるときに、カーシェアリングは私的自動車に対する環境に優しい代替案となる。多数の運輸事業者と運輸連合がカーシェアリング提供者と提携しており、彼らの顧客に対してモビリティ供給のすきまをうめている。

最後になお、駅や停留所、乗り場における対称な結節点が指摘されるであろう。結節点の計画化と転換は、次の諸課題を内容とする。すなわちパーク＆ライド、自転車＆ライド、そしてキス＆ライド（［訳注：運転者以外の］１人ないしはそれ以上の人が車から降り、それから公共旅客近距離交通に乗り継ぐ）などである。特に注目すべきは交差点のデザインにある。駅、停留所、乗り場が自治体の中心点として、公共旅客近距離交通の掲示板として機能できるようにするためである。招き入れられ、かつ利用が容易であると、もっと多くの人々がバスや列車の利用を選択するであろう。

3　結　語

それでもやはり、車で移動しない場合の公共旅客近距離交通の不利を緩和するためには、マルチモーダルなモビリティ文化へむけた望ましい発展が期待される。「マルチモーダル」である人々は、多様なモビリティ手段を利用してい

第Ⅱ部　交通政策の中心的論点

る（徒歩、自転車、公共近距離交通の利用、自動車の利用が可能である）。自分たちにとって最良と思われる交通手段を、それぞれの状況に応じて決めるような人々がいるようになるだろう。

マルチモーダル化とは、広義には、可能な単一の交通手段による行動パターンを覆すことである。例えば、それに慣れてしまっているのでこれまで自動車をいつも使っているというケースである。マルチモーダルの方法は、目的地と行程に応じて最適な交通手段を用いる。場合によって、短い区間ではむしろ早くなる自転車を、都市内の中距離の区間には公共近距離交通を、という形である。

マルチモーダル化は持続的なモビリティへの機会を提供する。こうしたフレキシブルな交通手段の使用は健全でもあろうし、個人にはより広い選択の余地さえも与えられているといえるだろう。むろん、マルチモーダル化は、単に定型化された日常の行動の転換あるいは適応としての意味だけではなく、新しいモビリティの形を学ぶという意味もある。例えば、カーシェアリングはどのように機能し、どのような供給を公共交通が行い、どのようにして貸し自転車を利用するのか、である。異なったオプションを知ったときに、モビリティの機会が拡大可能となる。より広い可能性があるときに、モビリティの選択はよりフレキシブルになり、単一の交通手段だけの定型行動に陥らない。反自動車同盟の一員であり、共同的交通（本書第１章参照）の重要な構成員である公共旅客近距離交通は、マルチモーダル的なモビリティ文化への転換で利得を得るであろう。もしかすると、バスや鉄道の利点についてもっと多くの人々が納得したなら、近距離公共交通を利用するのかもしれない。これで運賃収入が増加し、もしかすると供給とサービスの改善が始められるかもしれない。政策の目的は単一の交通手段に自動的に適合させてしまうことをなくし、マルチモーダルなモビリティ文化を追い求めることである。

政策は、すべてのレベルで責任を負わなければならず、かつ環境に優しく、安全で社会に優しいモビリティへのオルタナティブである公共旅客近距離交通の維持とさらなる発展に、大きな役割をもたなければならない。

第16章	自動車と自動車信仰

ゲルト・シュミット

　くるま（Auto）は、Carl Benz（1883）［訳注：世界初の自動車メーカーである Benz 社の創業年］あるいは Gottlieb Daimler（1894）［訳注：この年から本格的に自動車生産に取り組んだ］の発明ではない。16世紀にはすでに注目すべき先駆的な乗り物の開発があったが、19世紀に増大する移動性志向および個人化する社会の発展のために大きな技術的成果として登場したのは近代的な自動車（Automobil）であり、彼らや Henry Ford の伝説的なモデルは、市場の要求に適合し、新しく、さらに都市内はもちろん、とりわけ遠く離れた地点の間でこそさまざまな役に立つことが明白な移動手段であった。

　同様に、**自動車信仰**（Automobilismus）という、自動車を社会的、文化的に社会関係としての生活に組み込むことが形成され、空間や移動についての文学やアートの中のよく知られた幻想やフィクションと結び付いている[1]。

　経済学者は、いわゆる先進的社会の平均的家庭では、自動車の購入および維持費は、家計の履歴において耐久財への多額の出費としては、住宅に次ぐものであることは明白だとしている。社会・人文科学者の視点では、生活世界の形成に対する意義という視点では、自動車と比べうる他の耐久財はほとんどないと主張することが可能である。自動車の購入についての意思決定は、その使用と同じく合理的な取得と使用についての考慮であるにも関わらず、社会的な高い評価や耽美的な嗜好による評価にウェイトをおいた基準が伴う。

　自動車は、合理的に取り扱われ経済的に計算される単に技術的な乗り物や物件というだけでなく、本質的に社会的文化的に刻印付けられたものである。とりわけ自動車と自動車信仰の達成という社会的な事実は、政策、つまり社会関係としての利害の錯綜と権力と支配の構造という対象についてのテーマである。

295

第Ⅱ部　交通政策の中心的論点

経済的および社会関係的な政策は、単に**交通政策**という意味だけでなく、**くるま政策**という狭い意味にも含まれる多様な形態である。

1　自動車と自動車信仰についての社会科学的「位置付け」について

　社会科学者は、くるまを「他の方法で」観察する。それは、技術者あるいは文化史学者にとってのくるまとは別なものである。

　交通用具（Verkehrsmittel）、および交通手段としてのくるまは、**自動車信仰**という言葉に端的に示される、社会的、文化的状況のコンテキストにおいて社会科学者の関心をひいている。このことは、単に自動車が多いというだけでなく、国の経済指標にとって自動車生産の重要性が大きいことを示している。この言葉の中には、仕事や生活の場から、個人または集団での活動や社会的指向性から、社会が階層化された状況から、そして審美的・倫理的な価値の有効性から、日常・非日常を問わず社会的・文化的に自動車が浸透していることが含まれている。自動車信仰の概念は、特定の制度的用語から、自動車の購入、使用、社会的安全確保（税制、保険、免許など）までを含んでいる。自動車信仰は非常に多彩な社会的文化的状況である。それは、自動車の能力を自由にできること（免許取得）への社会的・一般的な期待であり、就職、教育水準、そして収入の社会的指標であり、性的差別の変化についてのテーマであり、さらに文学や絵画における暗喩にいたるまで示されている。

　多くの社会科学的に重要な現象について、自動車と自動車信仰が何らかの方法で結び付いていることを2段階の整理で示すことができる。

　　①自動車は、社会学、社会心理学などの観察対象としては、**小さな技術システム**である。ここでは、部品の組み合わせ（ギア、クラッチ、歯車、ライトなど）である単一の乗り物と考えられる。しかし、この小さな技術システムを少し観察すると、たくさんの社会科学的、経済学的、人文科学的な疑問が生じる。このことは、中心的な品質つまり輸送力、そして騒音、さらにまた色彩感覚や嗅覚、結合された社会的知覚のモデルおよび価値のある印象といった部分を形成することに関係する。ドイツ標準

規格（DIN）、自動車工業会（SAE）あるいは国際標準規格（ISO）でいえば小さな技術システムである自動車は、**政策的**な言葉でいえば、とりわけ各種の技術標準に照らした安全と環境負荷にかかわっている。

②自動車は**大きな技術システム**である。空間におけるこうした乗り物の運動が調整されて定着しているように、運動する個々の乗り物や車両の集合体について昔風の感覚で言えば、自動車は大きな技術システム（道路網、自動車走行支援システム──ガソリンスタンド、修理工場、信号など）によって構成されている。経済学的・社会科学的な問題提起、および同様に政策的意思決定モデルがここでもっともらしく列挙していることには疑いはない。すなわち、すべての職務（交通警察、交通医学、専門弁護士事務所など）は、注目すべき財政プロセス（税収）と多くの産業部門（建設・交通経済、流通ネットワークなど）について論じられていることに関わっているのである。エネルギーの調達や分配の問題と同様に、資源保護（金属ゴミの利用やリサイクル）こそが論点であるべきである。自動車の大きな技術システムは、道路上にこうした範疇の大量の乗り物が出現して以来、交通**政策**のテーマである。それには運転免許、車両の所有と利用についての課税、道路建設の財源調達、および交通関連立法（駐車禁止、速度制限、飲酒運転の制限など）などがある。

　これに対するアナロジーとしては、技術社会学において導入されている細分化、つまり自動車をその文化的意味合いによって２つに区分することで把握できる。

③自動車は**小さな文化システム**である。それは、自動車の利用や取り扱いについての、社会的承認の欲求や希望についての、社会的差異の享受についてのテーマであり、美学的、あるいはまたさらに道徳的な高い評価を特定の個人またはグループに与える機会である。文化・社会科学ではシステマティックな論題が与えられる理由がある。それは、固定化された行動様式、例えば購入の意思決定や利用（階級的な視点で）と地位の状態、特定の年齢層、民族的背景、社会的差異の表現としての自動車など

第Ⅱ部　交通政策の中心的論点

である。特にジェンダーについての論点は大きな意味をもつ。

　政策は、かなり重要な基準において、小さな文化システムとしての自動車のその時々の社会関係の形成という側面に関わりがある。排気量あるいは消費量による課税と同様に、「個別の移動性の権利」についての観念的価値に対する政策的裏付けは、文化的に価値あるものとしてくるまを取り扱う政策的枠組みの一部である。

④自動車は大きな文化システムである。それは、現代文化と移動の契機であり、自然を支配するサインであり、一般的な文化的スタンダードに埋め込まれており、そして社会的なレベル——例えば進歩についての信念と個人主義——における価値創造が議論される部分である。社会・人文科学はこれについて広く豊かな研究分野を擁する。

　大きな文化システムとしての自動車の基本的規定は、多様かつ具体的に説明できる。くるまと言葉（日常語の形態と特殊な芸術的・専門的な用語）とは、自動車、さらに言えばくるまによる移動性に適合していた。自動車はまた美術や文学の分野における注目すべき事例ともなった。自動車はついには音楽とも結合した。特定のテキストや特別のリズムを無理につくりだす視点だけでなく、くるまで走るときのお供としてふさわしいような特色をもった一連の音楽もつくられた。まだ言及されずに残っているのは、広告の中の豊かな視覚素材としての自動車についてくらいである！

　また、大きな文化システムとしての自動車は、経済的・社会的・教育的・学術的政策（自動車信仰の政策的形態は、エネルギー税、鉱油税、学校の指導要領さらには州の補助金についてのモビリティ政策的な研究内容でもある）について、多様な方法で情報や特色をもつテーマであることも、疑いの余地はない。

　全体として見れば、発展した現代芸術に対して文学的で高い視点から観察されたメッセージとしては、Erich Kästner の "Die Zeit fährt Auto"［訳注：1927年発表の詩、「時は自動車を駆る」］がわれわれの文化の間違いなく重要な代表例である。

第16章　自動車と自動車信仰

2　ドイツにおけるモータリゼーションの歴史の概観

　21世紀の初めでは、個別的な大衆輸送の乗り物としての自動車は、実用化されてからおよそ100年の歴史がある。そして技術と同様に経済的および社会的にも持続的に自動車が取り入れられていた。すでに1920年代の終わりには、特にアメリカでは自動車信仰が進展していた。第1次世界大戦までのドイツの経済的状況は、個別的な大衆輸送の乗り物としての自動車の普及を、アメリカだけでなくフランス、イギリスと比べても遅らせていた。さしあたり、動力化〔訳注：原語 Motorisierung は、特に軍事用語で「機械化」と訳されることが多いが、本来ドイツ語の Motor は内燃機関など人工動力をさすので、ここではこのように訳す〕された移動性のより安価な変種として、ここでは他のどこよりも強く、バイクがその存在を誇示していた。単にくるまのメーカーがつけた元値が高いからだけではなく、交通政策（特にくるまの取得と使用に厳しい課税を通じた）もドイツのモータリゼーションにブレーキをかけていた。しかし、世界的な車両生産の状況が明白に示しているのは、1920年代〜1932年にかけてはドイツの自動車生産は英仏の後塵を拝していたが、先の大戦前の1938年にはフランスをぬいて、イギリスに次ぐ欧州第2位となったということである。この発展は、ナチス政府の的を絞ったくるまに優しい課税政策だけでなく、強行的な産業育成策の影響である。

　もちろん表に出る数字がすべてではない。1933年以来、全般的な経済の回復を背景に、動力の大衆化をひたすら志向する中産階級がはずみをつけて、ドイツにおいて動力化への発展があった。時間的にはより以前に、他の政策的枠組みのもとにではあるが、イギリスやフランスでもこれと同レベルの推進力があった。1933年からドイツでは国家社会主義的な「旗」のもとにモータリゼーションが拡大した。強行的なモータリゼーションにおいて重要な要素であったのは制度的および組織的な政策である。自動車クラブと自動車連盟が異なった形に育成され、イベント、特にカーレースがナチス政権の成果の証として巧みに演出された。[2)]

299

第Ⅱ部　交通政策の中心的論点

3　第2次世界大戦以降の現代的自動車社会の発展

　第1次世界大戦同様、第2次世界大戦も一般的な（そして同様にくるまによる）移動性を大規模に推進する力に結び付けられている。空間的移動の戦争指導は地上とともに第3次元（航空輸送）にも要求され、動力化運動のプロジェクトと幻想の現実化が推進された（Möser, 2002：171ff.）。

　1945年以降、自動車による動力化が生活態度の現代化のメルクマールとしての地位を固めた。ドイツに特別の道はなかったが、西独部ではモータリゼーションが特にすばやく進んだ。戦後、イギリス以外の欧州では重要な自動車生産は最初、1940年代末から始まった。欧州の近隣諸国に対して明らかに再開が遅れたにもかかわらず、西ドイツの自動車およびバイクの生産は1947年にイタリア、1953年にフランス、さらに56年にイギリスさえも追い抜き、その後これに関しては長年にわたりアメリカに次ぐ世界第2位である。同時に、1950年代末～1960年代には、西ドイツは重要な自動車およびバイクの輸出国であるとともに、他の欧州諸国からの車両輸入国でもあった。西ドイツにおける迅速なモータリゼーションは、欧州の他の戦後社会と同様、アメリカというモデルの後を追いつつ、それ自身と政策的な側面からの支援によって市場経済的な成長のダイナミクスを進行させた。それとともに、「対立的な階級社会」を克服した後いわゆる「平等な中産階級社会（Helmut Schelsky）」の発生であるとして、多数の専門的な観察者が強く注意を喚起しているような社会構造の発展が生じた。1950～60年代にかけて、経済的不平等は縮小というより増大していた（Bolte et. al., 1974）ので、マクロ経済データは平等というテーゼとは明らかに矛盾していたが、特に1950年代末から、社会の広範囲でのモータリゼーションが意思決定の前提条件となり、中レベル所得層の車両購入がめざましく増加した。このモータリゼーションは、くるま利用者の社会的構成の視点だけでなく、バイクや自動車の保有数の視点とによって示されている。1960年代末に労働者の家庭は、急速に成長するくるま社会と非常な広がりで関わりをもっていた。そして、そもそもすでに1950年代の中盤にはバイクよりマイカーの数の方が多くなっていたのである。公共交通での移動がくるまにとってかわられるようになっ

300

た。

　西ドイツの異常な経済的モータリゼーションは、政治的に強く支えられており、また文化的なモータリゼーションもそれに伴っていた。自動車の所有と利用に関しては、生産と輸出の総体的で集団的な社会的水準の全体と同様に、隠喩的に述べることが許されるならば、個々人の雰囲気や行動の指向性と意思決定の水準についても前進していたことを西ドイツ国家は自ら明らかに示している。

　Pamela Finley はその研究によって次のようなことを的確につきとめた。すなわち「くるまは豊かさと高い生活水準のシンボルとして、広範な動力化を通じた、個々人が普遍性をもった地位の目標として目指すために努力する、社会的な差異化プロセスの目標であった。1950年代は、限られた狭い範囲での個別的で洗練された消費への始まりとして重要であるとみなされている」（Finley, 1999：12）。

　日常的なモータリゼーションは強力である。自動車は、業務用車両と同じようにすばやく家庭の、行楽の、余暇の乗り物（余暇交通については、本書第14章参照）として重要性を増した。1960年代中盤は自動車への転換が図られた。こうした転換は、道路建設の強行（特に高速道路網）を通じた、また他の欧州諸国と同じく自動車の所有・利用への課税抑制を通じた促進的な交通政策によって、まぎれもなくモータリゼーションとして演出された。重要な社会構造と文化の動きとしては、自動車移動における女性の参加の増大がある。それには、単に交通サービス（運転手としての女性）や車両購入（自分でくるまを買う人としての女性）だけでなく、能動的な意思決定主体としての家族の一員としての女性に重要性がある。また、1950〜1960年代には自動車購入者の年齢構成がより若く変化していった。

　最後の論点として、西ドイツのモータリゼーションでは、とりわけ東西対決の論点でイデオロギー的に正当とされたシステムが重要になったことがある。東ドイツのメーカーの製品は1960年代には技術的に西欧の車両に遅れをとっていたのではあるが、すでに1950年代中盤、車両の保有量と密度がめざましい違いを示していた。西ドイツでは千人あたり50台のくるまがあったのに対して東ドイツでは14台であった。

第Ⅱ部　交通政策の中心的論点

　東ドイツでも同様の成長はあったが、羨望と使用、および社会的承認と個人
的な所有（カスタマイズ）への努力という視点からは、それでも西欧同様の自
動車信仰文化と構造上全く似たような形態が、東独社会の制限された政治経済
的な枠組みに適合させられていた。むろん私経済的な商品としての自動車の異
常な不足が、かなり特別な行動様式と利用実態（メンテナンスの面倒さ、中古車
価格の高さ、西側からの贈り物としての自動車の取得、トラバント・ジョーク［訳注：
「トラバント」は旧東ドイツ製の大衆車。あまりに簡素なつくりと性能の低さによって
しばしば嘲笑された]）を引き起こし、西欧、とりわけ隣人である西ドイツと比
べて全体的な不足という問題をかかえた政権を存続させていた。

　第3帝国における自動車信仰の伝統と、戦争の発生を経て自動車の存在感が
強まったことによって、第2次世界大戦へ向かう数年間にアメリカ・モデルの
受容は非常に強化された。それは、社会関係の**アメリカ風**の近代化の採用とそ
れへの転換である。このアメリカ的生活様式の運び‐こみ（この分かち書きに大
きな意味がある！）は欧州において戦後の（新規または継続的な）再建の中で密か
にプログラムされたのである。そして自動車信仰は、アメリカ的現在の印象的
な表現として、疑いもなく欧州全体の望ましい生活価値、とりわけ消費価値の
一部としてみなされている。自動車信仰はその際——抽象的に述べるが——単
に自動車の数だけでなく、物質的・精神的な生活価値、つまり居住形態、社会
関係で一般的に認められている基準、そして行動とシンボルについての集団的
で有効な儀式といったことを意味する。

　社会的に差異化を指向する大量消費は、1920年代末のアメリカにおいてフォ
ードに対抗するGMの成長に始まった。第2次世界大戦後の1920年間で、アメ
リカのくるまはとりわけデザインに関連する基準となった。

　しかし、アメリカ指向にはまぎれもなく、早くから特別な製品へのプライド
を表現するために、流通と差別化が意識されていた。大型車では車両の本体と
8気筒の純粋な［訳注：排気量の］大きさとともに、同様に相対的に価格にふさ
わしい快適性をもつ欧州車として、特にドイツ車では、スポーツカー並みの走
行特性、有効なブレーキとよりよい経済性がアメリカ市場向けにアピールされ
ていた。ドイツの専門家性とエンジニアリングの業績が自動車と緊密に結び付
いていることが世界的に引き続き高く評価されているという主張に、ほとんど

第16章　自動車と自動車信仰

誇張はない。

　化学と機械工業と並んでくるまについては、「メイド・イン・ジャーマニー」のイメージと信頼を提供するものとして、1950年代初頭から西ドイツ経済の輸出を事実上担っていた。特にフォルクスワーゲンのビートルは、さっそくイメージの担い手になった。

　また、国内へ向けて、つまりイデオロギー的にドイツの人々が自らを奮い立たせるうえで、フォルクスワーゲン、BMV、メルセデス・ベンツは刻印されたポジティブなシグナルとなった。ドイツの自動車メーカーの輸出の成果に（特に例のアメリカで）イメージの育成が演じた役割は大きい。

　国内のくるま文化は、1950年代にかけて社会的に異なった消費文化として急速に拡大した（それぞれの社会経済階層に応じた自動車で！）。戦争直後のみじめな状態から長く持続的に経済的に上昇していくことは、くるまの所有によって隣人より上昇し差異化することをも促進した。まずバイク、そして最初はロイドやBMWイセッタ、マイコといった小型車が、国民的自動車への重要なパスポートであった。そして自動車について野心は急速に"We made it"〔訳注：「それ、俺たちが作ったんだ！（広告のキャッチフレーズ）」〕のフォルクスワーゲンへとむけられた。次いでフォード・タウヌス、オペル・オリンピアやボルグヴァルト・イザベラが新しい中間的な購買力をもつ階層へのジャンプを示していた。大型のラグジュアリー車種——つまりオペル・カピタン、BMW501/502、メルセデス300——はそれとは反対に、多くの人にとって次の、手が届かないがそこにある移動手段へと位置付けられることで成功した。

　"Das Auto ist des Deutschen Liebstes Kind"〔訳注：「くるまは、ドイツ人の最も愛すべき子ども（またはおもちゃ）である」〕というしゃれた決まり文句は、「西ドイツ奇跡の経済成長」におけるくるま熱を示している。それはとりわけ急速に拡大し続ける多様な自動車についてのドキュメントが描き出しているように、本や雑誌、さらには日刊・週刊新聞の見出しにいたるまで及んでいる。

　労働界の視点では、ドイツにおけるくるまは要するに特別な方法で特徴付けられている。各州の雇用の相当な部分が直接間接に自動車産業に依存していたからだけでなく、労働団体の要求と労働政策上の課題としても自動車産業の状況について議論されており、闘争されることもまれではなかった。1950年代ま

303

第Ⅱ部　交通政策の中心的論点

では労働研究や労働政策の中心は重工業――炭鉱や製鉄――だったが、1960年代始めまでには自動車産業がリーディング産業としての地位を奪った。むろん、ドイツにおける自動車製造の巨大に増大した意義からして、経済政策もくるまとの結合を拡大した。20世紀末には、ドイツでは「善かれ悪しかれ」他の産業化した国々にはないほど経済政策が強く自動車産業と結び付けられたのである！

　最後に、自動車文化について述べよう。1950～1960年代にかけて、若者にとって自動車産業の仕事はとても象徴的な役割をもっていた。例えば自動車整備工は多くの男の子にとってあこがれの仕事だった。若者向けのくるま本は読み物の重要な一分野だった。くるまをテーマとする雑誌もかなりの部数にのぼった。洗練されたスタイルのくるまのおもちゃや模型（ライトがあり、メカニカルでリモコン付、など）も、かつての鉄道からクリスマスの贈り物の地位を奪った。ディーラーや自動車サロンが都心で最高のショーウィンドーになった。

　表16‐1は1960年代以降のドイツにおける自動車信仰の展開を明白に示している（2000年からは全ドイツ。それ以前は西ドイツのみ）。それはまだ終わりを迎えてはおらず、まだ飽和状態は示されていない。すでに第2次世界大戦後25年の時点で、登録台数、広範な社会経済的階層を越えた自動車所有の分布、インフラの建設、政治や経済における自動車ロビーの影響などによって、自動車の保有に基づいたくるま社会の構造が十分に発達していることが指摘されていたにもかかわらず、である。

　やがて、くるまの所有と自動車使用の拡大から、モータリゼーションの否定的側面も認識されるようになった。例えば交通事故、有害物質や騒音、同様に渋滞と土地利用は西ドイツにおいて全体的、社会関係的に多様で専門的な論点となった。モータリゼーションの経済的社会的および文化的な帰結は、問題として認識されるようになり、そして公の議論および政治の形態をとるテーマとなった[3]。

　とりわけ文学や絵画にも文化的なモータリゼーションが飛躍的に現れている。Harro Segeberg の "Technik in der Literatur"（1987）［訳注：『文学における技術』］に掲載されている、Jürgen Link と Siegfried Reinecke の "Autofahren ist wie das Leben ― Metamorphosen des Autosymbols in der deutschen

第16章　自動車と自動車信仰

表16‑1　自動車保有

（単位：千台）

年	登録を義務づけられた自動車				
	総　計	数　　量			
		乗用車	自動二輪車	バス・トロリーバス	トラック
1950	2,021	540	930	15	385
1960	8,004	4,489	1,892	33	681
1970	16,783	13,941	229	47	1,028
1980	27,116	23,192	738	70	1,277
1990	35,748	30,685	1,414	70	1,389
2000	50,726	42,423	3,179	85	2,491
2001	52,487	43,772	3,410	87	2,611
2002	53,306	44,383	3,557	86	2,649
2003	53,656	44,657	3,657	86	2,619
2004	54,082	45,023	3,745	86	2,586
2005	54,520	45,376	3,828	86	2,572

注：1990年までは旧西ドイツ地域。1950年まではザールラントと西ベルリ
　　ンを含まない。2000年以降はドイツ全域。1990年から1.7倍、2000年
　　からでも1.1倍である。連邦自動車交通局データ。

出典：Bundeszentrale für Politische Bildung（2006）

Literatur"［訳注：『くるまに乗ることは生きること——ドイツ文学における象徴とし
てのくるまの変容』］では次のように書かれている。「われわれの文化においてく
るまが他を圧するシンボルとなる最終的な『突破口』は、第2次世界大戦後に
最初におこった。そのことの西ドイツ初期における文芸的な証は、すでに他の、
正常な社会的関係形態における選択としてのくるまの原理的な価値について技術
的・社会的な発展に異議が申し立てられていたのと同時に、個人的な移動の幸
せが詐欺的な国民車貯蓄によって幻滅させられたことについてのドキュメント
であった［訳注：ナチスはマイカー保有を公約し、自動車購入費用のための積立金制

305

第Ⅱ部　交通政策の中心的論点

度を創設し奨励したが、積立金は戦費に消えた]。フォルクスワーゲンの工場と生産拠点は民主的に再生されたドイツの代表的なシンボルとして様式化され、設計者と労働者はドイツ再建の意思を示す2つの典型的なキャラクターとなった。フォルクスワーゲンは、独創的なエンジニアリングを達成したという役割を自ら演じ、（中略［訳注：原著による]）ファシストの本来の用途を倒錯させた。イデオロギー的な独占から解放され、技術的人工物としてのくるまは——しかもまた神が創造の開始を考えたのと同様に自然なこととして——好戦的（ファシスト的）で非人間的なものから、平和的で幸せなくるま的人間（Auto-Menschen）への変容を遂げたのである」（Link/Reinecke, 1987：114）。

　Wolfgang Koeppen は、"Amerikafahrt"（1959）［訳注『アメリカ旅行』]のある章で1950～60年代のヨーロッパにおける教養ある中産階級がアメリカと自動車移動の結合について広く流布してきたアンビバレントな経験をしていることを描いている。「私が見るところでは、この国の、まだ人の手が入っていない森で土地の線引きがされ、無理矢理奪った庭である荒野に自動車が人よりたくさんいるようにみえる。車両は土地を支配し、家々の前に群れをなしており、森林サービスのところでキャンプし、川辺を散歩しており、ドライブイン・レストランや広い野原のドライブイン・シネマ、彼ら自身のホテルや彼らの巨大でメランコリックな墓地がある。時折2台の車両がいて、孤独な自然の中で会話を理解しているかのようで、人間ではなく自動車が大陸の主人であるようでも、逢い引きの約束をしているようでもある」（Koeppen, 1959：45）。

　文化批評と理論的なうるさ型の社会批評においても、人の行動と願望におけるくるまとその影響については好んで取り上げられた。彼らはくるまへの熱狂についての視点から、現代に組み込まれたアンビバレントさに注目している。そこでは物質的な財と社会的な推進力が、経済的差別化において人間と自然の再生を無視した形で結合されている。1970年代はじめにはきたるべき自動車信仰についての論争が用意されていた。くるまへの欲望とくるまの悪夢との対決である。[4]

4 くるまを巡る闘争──自動車信仰と合理主義

現代的な自動車信仰の先史あるいは初期史時代には、乗り物と呼ばれた将来のくるまの機能と実用性を巡る**技術的**問題の視点での努力が刻印されている。自動車を巡る緻密で専門的な議論、つまり制御可能性、制動能力、火災および機械（連動棹やチェーンなど）の破損の予防については、新しい機械に支援された**自己移動性**に対する技術的な理性的解決が提供されることで制御される。これについていえば、技術に由来するテーマは、自動車というものに対する一般社会的な認識と期待を信頼性、速度、安全性といった必ず関心をひくことに押し込めるのである！　これについての解決策はすぐに認識される。つまりエンジニアリングの成果を手段とした技術的解決が、経済的および私的（また特殊には軍事的）に使用する新しい輸送技術を可能にするのである。「Freude am Fahren」[訳注：BMVのキャッチフレーズ、日本では「駆け抜ける喜び」になっている]と車両所有の喜びは、初期のくるま時代にはわずかしか社会的に知覚されなかった。つまり、新しい移動手段の生産と使用の経済的および環境的な結果についてと同じ程度に、現実を動かすような社会的議論はわずかだった。現代的な自動車が社会的に保護された期間であった時代は長くはなかった。つまり、**技術的合理性**をもつ新しい製品の使用である公共空間へのくるまの登場が、非技術的な**非理性的な**判断を激しく誘発するのである。すなわち、調整された実際的な価値と生活環境の構造について、くるまの利用の結果、非理性的なだけでなく、危険あるいは全く「非人間的な」という焼き印が押されることになる。身についた生活環境と自然との連関の中で、単独の、そしてすぐに大量になった動力車両による直接的な心理的身体的対応としては、くるまと運転者や“ドライブ趣味者”についての評論のテーマに、騒音、渋滞、事故の危険が示された。

モータリゼーションの新しい挑戦に対する人間の順応への抵抗は、合理性の名の下に活発化した。もちろん、合理性（の側）は同時に自動車による利益も求めた。それはコストの節約、時間的優位性、新しい自由、生きる喜び、つまり自動車がこのように理性的に演じることを通じて生活環境の形態がより広範

第Ⅱ部　交通政策の中心的論点

な可能性をもつこと、である。20年にわたって自動車は一般に認められているように、いわゆる「第2の自然（Dieter Claessens）」の要素として成功してきた。くるまは生活世界に対してもはや対立しない——現代的生活世界の統合された構成要素なのである。

　現代の創り出された（自己）理解では、単に空間および時間をよりよく使いこなすための目的適合的な道具としての自動車の受容、つまりくるまを個別的に利用することは正当であるとすることだけでなく、自動車を社会的な感情に訴え審美的に議論されるものとすることが当然とされる。それは、欲求充足の表現としてくるまの所有と自動車利用を形成することであり、流行の展開であり、そして社会的格差と多様な形態での社会 - 文化的差別化の形成である。現代の正常な状態に関しては、自動車と生活世界の融合、または生活世界のモータリゼーションはまた、現実化した車による移動性についての質的に新しい評論のテーマを必要としている。環境負荷の問題と並んで、例えばくるまで移動する社会では、人には平等な機会はなく、物質的・社会的な差別的状況がくるまによって移動性が確保できない人にとって存在するのはは事実である。日常的文化のモータリゼーションは特に、利害の衝突と権力関係を結び付ける。自動車は移動の自由と拡大をもたらしただけでなく、特殊な移動と移動の制限の強要ももたらした。

　自動車が包摂されるプロセスは、くるまによる移動性についての合理性対非合理性の議論を、根底から新しい質的な位置付けへと向かわせた。技術的合理性の基準は製品としてのくるまの経済関係（商品としての性格）と社会文化的分析によって補足される。それは商品としての自動車が社会に包摂されることによって、生活世界の経験と判断に対する経済的（つまり資本家的）関係形成の圧力が増加し、また同様に製品としての自動車については理性的なくるまという言葉がその位置を確保する際に、である。自動車の利益（利用）についての合理的な疑問は、自動車信仰の論点では、自然で伝統的な社会的生活環境は情報から自由になるのかということである。差別化された消費社会の展開は、明らかに非常に非合理的らしい満足と経済的成果とに場をつくりだしたのである。

　合理的であることは、社会関係において多元的で不安定な議論のテーマとして現れる。合理的であること、合理的であるとみなされることは、インテリの

小言と経済的利害が支配的な言説との間で見失われるようである。他の社会関係的な行為と人工物の実体との関係、例えば建築、ファッションのモード、休暇のときの行動と同様に、自動車という物質についての視点から、合理主義と非合理主義の対立軸がいかにして最も創造的に止揚されるのか。合理的な自動車は特別なものになる。資本家的生産方式と現代的大量消費文化からの解放は、このテーマではニュートラルにはなりえない、合理主義に基づく強い主張を相対化し、純化した。合理的なくるまというトポスと、合理的なくるまによる移動性の未来像は、可能な他の、あるいは「よりよい」世界の明確な機会を利用し尽くす、批判的で持続的な理性的判断として、高度なモータリゼーションにさらされている日常世界において保持されてきたのである。

5　21世紀初頭のドイツにおける自動車信仰の状況についての観察

　くるま文化の差異化と多元化が観察されている。いわゆるニッチ市場は重要性を増している！　地域開発、騒音や有害物質の負荷、とりわけ変動するコストへの対応といった否定的な認識を背景として、自動車は差別化された力と独占について移動性の若干の領域を失った。

　次頁図16-1は、ドイツにおけるくるまによる移動性が3倍化していることを示している。乗用車1台あたりの走行キロの減少と、同じく1台あたりでの燃料消費の減少は、車両登録台数のめざましい増加と対をなしている。

　疑いもなく、移動に関して自動車は経済的にだけではなく文化的にも存在し続ける。すなわち自動車信仰は、ずっと新しい地域でも、またすでにモータリゼーションが拡大している国々でも現れている。おおざっぱな予測ではあるが、経済的に成長している地域を合計すると、大衆の個別的な移動性と自動車による交通の成長は近年なおめざましく拡大している。われわれ、つまりそれはやっかいな特権を与えられた地域である北米、日本、西欧から見たところでは、多くの前兆がある。それは、発展的な生活態度が求める自動車と自動車信仰のさらなる成長が、はっきりと、しかしドラマティックではなく進行するだろうということである。これに加えて、いかにして一定の生活環境の範囲から自動車を抑制するか、有害物質の負荷をいかにして削減するか、能動的・受動的に

第Ⅱ部　交通政策の中心的論点

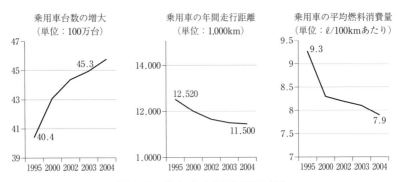

図16-1　ドイツにおける乗用車の増大

出典：Aral（2005）

運転や事故からの安全をいかに高めるか、そして効果的な交通誘導システムやブレーキ支援システムをどのように発展させるかなどが、課題に含まれる。また、都市化を質的改良にむけて努力することを背景にした公共交通手段の増加の重要性は予測可能である（公共交通については、本書第15章を参照）。さらに、環境技術が改善されたくるまと、多くを約束されて高価で購入した交通誘導システムや自動車利用についての新しい社会形態と教育は、カーシェアリング、精妙なリースの形態、および交通計画とともに記録にとどめておいてよいだろう。それゆえ、今後のモータリゼーションはわれわれによって目的意識的にかなり穏健に、漸次的に改造されて、抑制されることがのぞましい。これに応えて、ミュンヘンの技術史家である Ulrich Wengenroth は、どのようなくるまをわれわれは必要とするのかを答えている。

①最小限のエネルギー消費で走るくるま
②われわれの副次的／社会的な欲求を満たすくるま

①と②の間には対立があり、普通われわれは②を選ぶ。妥協的な戦略は下記のとおり。

　　a．われわれは①を有利に扱う。公共交通機関をつくり、不要なくるまや

第16章　自動車と自動車信仰

表16-2　自動車保有のトレンド予測：1995～2015年

（単位：百万台）

	1995	プロジェクト2015
世　界	663	1,000以上
西　欧	190	230
北　米	229	295
日　本	66.8	76.8
韓　国	8.5	22.1
その他アジア	32.7	138.1
東　欧	52	99.2
中央・南アフリカ	35.5	22.5
その他	30	49.1

出典：OECD（1996）

不要な走行を禁じる。

ｂ．われわれは、大都市の生活様式のモデルとして、くるまのための社会資本を徐々に弱体化させる（「くるまは俗物的だ」）。

ｃ．われわれは、動力で動くものに不利なように、くるまの電子的に観察され区別された特徴をコンピューターや携帯電話などのモデルとして研究する（Wengenroth, 2007）。

　もちろん、こうした穏健でゆるやかな自動車の発展シナリオは、世界の中でまだ産業化が進んでいない地域がモータリゼーションに結び付けているめざましく劇的な期待値とは真逆のものである。

　表16-2は、「（くるまによる）移動性の世界的な未来」を考えることへの関心を起こさせるものである。

　自動車工業国であるドイツは世紀転換期に、あるアンビバレントな状況にあったことが認識されている。一方で、ドイツの乗用車は技術とデザインに関しては飽きられておらず、特にいわゆるプレミアム部門では主導的な地位を維持

311

第Ⅱ部　交通政策の中心的論点

している。むしろ、依然勝者であり続けている。他方で、個々の家計支出に対するエネルギーコストの上昇、重要な欧州市場における社会経済的面での二極分化の傾向、および自動車の所有と利用についてゆっくりと変化する集団的に強められた体制を背景として、世界的なモータリゼーションと高度産業化社会における社会構造、および移動性文化の進展が、広範な市民の階層におけるモータリゼーションについての新しい経済的・文化的枠組みを予告している。また、この10年来、ドイツ内外での自動車信仰に対する確かな表現と発展のモデルは経済・技術政策の強力な挑戦を意味している（キーワードはハイブリッドエンジンや電気動力という新しい駆動装置の意義、小型自動車の新しい魅力、新しい安価な自動車の成功、そして予測の難しいいわゆる成長市場の推進力）。

6　結　語

本章の記述から言えることは、以下の2点である。

①「これまでも、これからも」モータリゼーションという課題は長続きさせられない。

②自動車の廃止は、——少なくとも短中期的には！——望めないし、追求するに値しない。くるま批判は、そこに組み込まれた主張の形を「くるま反対」から「くるまとともに」へとはっきりと認識できるよう転換する。

歴史的プロジェクトとしての自動車は、まだ終わっていない。「くるまを所有することの誇り」と「駆け抜ける喜び」はまだ将来もあり続ける。モータリゼーションの多様な影響への批判は、合理主義と自動車信仰の名において個々の、そして社会的な生活環境について形づくられた交通政策を持続させなければならない。

注

1）　例えば、ウィキペディアで見出し語 "Automobil" を参照されたい。

2）　スポーツに関連付けた愛国主義と技術的熱狂はさながら自然発生的な合意であるかのように国家社会主義的イデオロギーによって効果的に転換された。1934年から世界のレースを制した、アウト・ウニオン［訳注：現在のアウディの前身］

とメルセデス・ベンツという2つのドイツの自動車メーカーによって生産された
スポーツカーである「銀色の矢」の歴史は、また国家社会主義的なドイツの政策
の歴史でもある。ドイツでは、ナチス政権がモータリゼーションを社会に要求し
たのである。表向きは徹頭徹尾アメリカ社会のモデルを志向しながら、モータリ
ゼーションを通じた移動性は単に技術的な事実や経済の上だけではなく、イデオ
ロギー的にも統合されなければならないのであった。空間的なモータリゼーショ
ン、とりわけ私有自動車のそれは、乗り物がイデオロギー的な動員によるもので
なければならないのである。祖国の「経験」は民族的な動員に非常に効果的に埋
めこまれている。

3) 以下の批判的議論が注目される。第1に、個別の、および共同体において積み
重なった事故とコストの視点からは、個々のドライバーへの影響力の行使は、都
市部での速度制限やメディアでの啓蒙キャンペーン、また厳しい制裁と技術的な
取締予測の利用が重要な位置を占めている。新しい改良された交通コントロール
(車両優先の道路建設——交差点のないアウトバーンの結節点など)や改良され
た事故処理組織(専門の病院部門、救急車、ヘリコプターなど)の努力もさらに
付け加えられる。第2に、自動車それ自体への要求が存在する——能動的・受動
的な安全装備である(可能性あるいは現実性のある事故への交通用具の側の準備
として、まずはブレーキ性能、道路状態などに、ついで衝突事故における車両内
部の形態とボディーのデザインの可塑性——キーワードは衝撃緩和車体——に左
右される)。そして、3つの部分の1つが最終的にモータリゼーション、つまり
自動車に依存した集団的および個別的な移動性の保持についての存在理由である。

4) 今日なお一読に値するのは、包括的な、マルクス主義的批評の現代的継承であ
る政治経済学にふさわしい研究、"Zur sozio-ökonomischen Bedeutung des Au-
tomobils" [訳注:「自動車の社会経済的意義」]である(Krämer-Badoni et. al.,
1971)。

5) エネルギー問題についての学問的・技術的発展は基盤的なくるま批評の中立化
に寄与する。かつて多くの不安をあおる主張がその根拠として、「自動車信仰は
石油枯渇で終わる」と脅かしてきたが、もうとうていこれ以上はそんなことはで
きない。燃料電池のコンセプトや、バイオエネルギーの使用その他の期待できる
もの、とりわけ電気駆動というテーマの最近のめざましい復活は、石油時代がい
つまでであろうと絶え間なくくるまによる移動性を受容するきっかけとなる!

313

第17章	徒歩と自転車交通
	——柔軟で、モダンで、化石燃料後の交通手段

ユッタ・デフナー

　徒歩と自転車交通の促進の意義については、今日では誰も異論をはさまない
だろう。歩くことと自転車を使うことは、物理的なモビリティを持続可能なも
のにするために、重要な意味を持つ。徒歩や自転車のような交通は、環境や温
暖化といった視点からばかりでなく、大きな役割を果たしている。

　徒歩と自転車は、また社会的経済的に持続可能であるということができる。
この２つの移動手段は、すべての国民層の手が届くものである。公共空間の魅
力や滞留可能性は、少なからず歩行者や自転車利用者の割合に負うところがあ
る。一方、歩行者や自転車利用者は、自動車利用者よりも食料品などを頻繁に
少量で購入している。

　徒歩と自転車利用の健康面の利点も、以下の数値で示すことができる。
WHOの調査報告では、先進国で運動量の少ないグループは、喫煙に次いで健
康上のリスクが大きく、循環器系のような生活習慣病の要因の１つとなる。
WHOは2002年に、スイスだけでも運動量の少ないグループで140万件の疾病
件数があり、年間2,000人の死亡が見られ、約1,800万ユーロのコストとなって
いるとしている。

　徒歩と自転車利用は、自立的であり子供の活動空間の拡大に資する。自転車
の利用は自立したモビリティの発展の基本となるだけでなく、心理的な能力と
空間の想像力の拡大に大きな意味を持つ。

　徒歩は人間が移動する元来の姿である。自転車は、機械の助けを借りた最初
の交通手段として生まれたが、外部からのエネルギーの供給は必要ない。本章
では、徒歩と自転車利用（ノンモータライズド）交通の意義と将来像について述
べる。前提としては、個々人におけるその必要性と計画経済的な周辺条件があ

314

る。

1　徒歩と自転車交通についての議論

　徒歩と自転車利用はヨーロッパの多くの国で、この15〜20年の間に評価を高めている。問題はその際にどのような変化が起こったかということである。世論の受け止め方、意識、促進戦略あるいは機関別分担率の実際の増加などについてである。

　徒歩と自転車交通の環境負荷軽減の可能性は高く、同時によりよい条件のための投資コストは比較的小さい。そのためにこの10年において、徒歩と自転車交通を地域、国内あるいは国際的に促進しようとする政策的なコンセンサスがみられる。これは政党を超えたコンセンサスであるが、まだ流れの転換をもたらしてはいない。その前提の議論には、細部に盲点がある。質が高く密度のあるインフラやサービスを創出するためには、利用者の必要性や要望を詳しく知る必要がある。さらに、インフラやサービスだけではなくコミュニケーションの課題も含めた、統合的な計画が必要という面もある。

　徒歩と自転車利用の意義が狭められているもう１つの理由は、徒歩と自転車交通の利用が長い間、いわゆる**声なきグループ**（子供、若者、高齢者、女性）によるものであったためである、と批判的な交通経済学の側からは指摘されている。つまり、それはさほど重要でないものとして扱われ、徒歩については依然としてそのままだというのである。

2　徒歩と自転車交通の交通計画上のパラダイムの転換

　西欧における1960〜1970年代にかけての自動車交通の大衆化により、調査研究は自動車交通の技術的必要性に応じたものに集中した。都市や国土を自動車向けに形成するため、多くの建設工事がなされた。計画の実施には、十分な道路容量を示すための交通経済学の更なる発展が必要であった。その当時は徒歩や自転車交通には全くそうしたことは起こらなかった。

第Ⅱ部　交通政策の中心的論点

（1）徒歩と自転車によるモビリティの発展と現状[1]

　徒歩と自転車利用は、馬の利用や馬車による移動を除けば、長い間個人のモビリティの主要な手段であった。自転車は大衆的交通手段として、工業製品として誰でもが手の届くものになった時期に、その最盛期をむかえている（図17‑1）。

　徒歩と自転車交通の重要性は、1960年代から特に徒歩のシェアの低下によって小さくなっていった[2]。自転車利用と徒歩は、この時期新たに生まれた自動車指向の構造において、時代に合わず快適でないとみなされた。1990年代まで、一部は今日でも、計画策定者や政治家は、徒歩と自転車交通の経済的な意味について認めていなかった。交通機関別分担率で、徒歩が大幅に減少し自転車は低い水準にとどまっていたのは、こうした動向によるものである。自転車の割合の減少は1950年代からはじまり、1960年代には本格的に減少していった（図17‑1）。ドイツではここ10年くらいで初めて、徒歩と自転車輸送は再度評価されるようになった（図17‑2）。

　Røe（2000：102）はこうした動向には、政策、社会的および調査手法的な要因があるとしている。徒歩と自転車交通は、すでに言及した声なき層が主に利用している。モータリゼーションによる乗用車輸送の発展と計画は、ほとんどが男性によって行われている。こうした不均衡と、多くの投資や調査研究が、自動車による交通の部門で行われてきたことにつながっている。Røe は、交通経済学は1990年代まで、ほとんどが標準化された方法で行われてきたとしている。こうした数理統計的な調査方法は、自動車交通の分析には適しているかもしれないが、徒歩や自転車については充分ではない。

　1日のトリップにおける徒歩の交通量は、現在24％であり、自転車は10％であるのに対して、公共交通は自転車より少なく、自動車交通は同乗者を含めると58％であった。全体で2億8,100万トリップであり、その半分は3km以下のトリップであった。自動車を利用するトリップも1/4は3km以下であり、1/2は5km以下であった。ここに転換の可能性がある。徒歩の場合、85％が3km以下であり、自転車では75％が3km以下であった。都市部では短い距離の割合はもっと大きい[3]。

　ドイツ国民の20％は毎日あるいはほぼ毎日自転車を使っている。さらに20％

第17章　徒歩と自転車交通

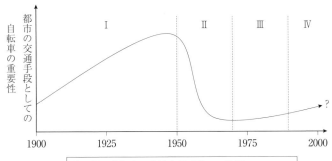

第Ⅰ期：自転車の大量交通手段への発展
第Ⅱ期：自転車の大量交通手段としての意義の低下
第Ⅲ期：再評価の方向性
第Ⅳ期：都市の交通手段としての自転車の再発見？

図17-1　交通手段としての自転車の意味の変遷

出典：Gather et al.（2008）

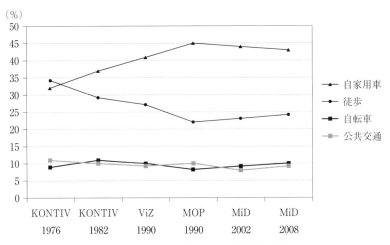

図17-2　1976～2008年までの機関別分担率

出典：Infas/DLR（2010）

第Ⅱ部　交通政策の中心的論点

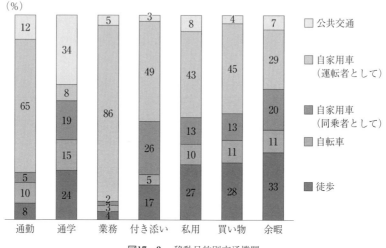

図17-3　移動目的別交通機関

出典：Infas/DLR（2010）

　が週に1日から3日自転車を使っている。地方では、自転車の利用率は人口密集地よりも多くなっている。学生・生徒や自動車を保有しない勤労者は、自転車を利用する層であり、毎日使う人は学生・生徒で36％、勤労者で37％である。大部分が高齢者である非就労者は最も自転車を使わない層である。

　ドイツの世帯で自動車を保有していないのは18％である。大都市ではこの割合は明らかに大きくなる。車を保有しない勤労者においては、マルチモーダルの組み合わせが、最も大きな割合となっている。トリップのうちの44％が徒歩で、25％が公共交通で、17％が自転車で行われ、自動車は14％に過ぎない。公共交通と自転車の組み合わせも5％程度である。公共交通の利用には必ず徒歩を伴っている。すべての移動の多くには、徒歩の区間が含まれる[4]。

　徒歩と自転車利用は、余暇や買い物、通学および私用において割合が大きくなっている（図17-3）。

　買い物目的の例では、近隣や都市の中心部に行く際に徒歩や自転車を利用するというのが明らかである。近隣へは44％が徒歩、12％が自転車となっている。

　機関別分担率における徒歩の割合は、近年ゆっくりであるが減少してきている。計画実務や調査研究においては、徒歩交通は常に隅に追いやられている。

歩道や公共空間の高質な計画は、必要性が主張されているが、ぜいたくである
として切り詰められている。歩道のネットワークは市街地に集中し、島のよう
に孤立している。ベルリン州は例外で、2010年にヨーロッパの都市として初め
て歩行者交通戦略が策定され、案はすでに作られている。しかし国全体での徒
歩交通計画やマスタープランはない[5]。交通を利用する側も、徒歩は重要でない
と考えている。「歩行者である」という自意識はほとんどない。交通手段につ
いて尋ねられた場合も、ほとんどの場合徒歩のことは忘れている。

　徒歩と自転車交通についてのこうした意識の齟齬は、どこから来たのだろう
か。道路交通の利用者においては、それらを下位におく傾向が自意識の中にま
ず形成されているのだろう。徒歩と自転車交通は輸送実績においては、移動距
離の面から意義が小さいと考えられがちである。それについては次頁図17 - 4
に示す。

　徒歩と自転車利用は、多くの場合道路交通においてかなりの危険を伴ってい
る。防護のない移動は、直接的な環境をダイレクトに体験する。近年交通事故
における死者も負傷者も減少傾向にある（2009年：負傷者約40万人、死者4,100人）。
連邦統計庁の事故統計を見ると、歩行者の負傷者や死者の数は一貫して減少し
ている（2008年：負傷者3万2,800人、死者592人）。自転車利用者では負傷者は増
加している（2009年：7万8,967人）。自転車利用者の死者は2007年には過去最低
の425人だったが、再びやや増加している（2009年：462人）。

　都市における自転車の利用割合の増加が、例えば事故の増加につながるので
はないかという点についていくつかの調査がある。実務家や研究者は自転車輸
送の増加により自転車同士の事故が増加するとしている。自転車の密度が高く
なると、自転車同士の軋轢も増加する。そのために統合的な計画の目標として、
都市あるいは都市内の交通において、自動車交通と徒歩と自転車交通の間の事
故が重大なものにならないようにするべきである（本節第5項参照）。

（2）他国の自転車交通についての動向

　ＥＵ内ではとりわけイギリス（Department for Transport, 1996）、デンマーク、
オランダ（Directoraat Generaal Personenvroer, 1998）、スイスなどが自転車交通
促進のための戦略に取り組んでいる。スイスではスローな交通の規範の中に、

第Ⅱ部　交通政策の中心的論点

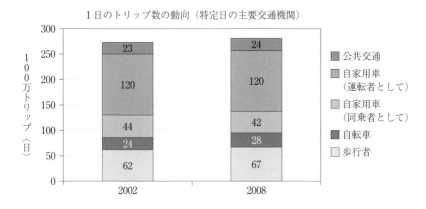

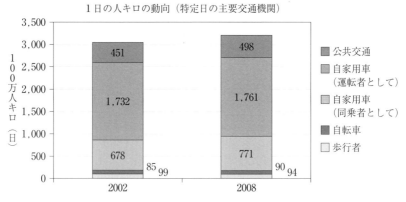

図17-4　徒歩と自転車交通の割合：トリップ数（上図）と人キロ（下図）
出典：Infas/DLR（2010）

徒歩交通を明示している。イギリスやスウェーデンのような「歩くバス（walking busses）」のような動きや、グルノーブルやコペンハーゲンにおける徒歩の促進も同様である。環境負荷軽減の可能性のほかに、健康政策上の目標があることが多い。

　イギリスやオーストリア、フィンランド、ノルウェーもドイツと同様、主な交通手段として徒歩の割合が大きい。オランダは自転車の割合が非常に高いため、徒歩の割合はやや低い（BMVBW/PGV, 2005）。スイス国民は、移動のうちの40％を徒歩で行い、ヨーロッパでは最も高い割合となっているが、調査手法

が異なることも要因であろう。次頁表17‐1は、ヨーロッパの国々や先進的な取り組みをしている都市の自転車交通の割合である。

　実際の自転車利用とは別に近年フランス（パリのVelLib［ヴェリヴ］）やスペイン（バルセロナのbiciBarcelona［ビチバルセロナ］）のように、自転車政策に特にてこ入れしている国がある。アメリカでも徒歩は9％、自転車は1％以下であるが（2001年）、デーヴィスやフィラデルフィアのように、徒歩と自転車交通の促進に努めている都市もある。ラテンアメリカの国でもブラジルやコロンビア、ニカラグアでは、自転車交通を維持あるいは増加させよういう地域的な努力がみられる。例えば2005年にリオデジャネイロで、初めて自転車利用のメリットや自転車のための既存のインフラ、遵守すべき交通規則についての広報が行われた。ブラジルのフロリアノポリスやニカラグアのレオンのような都市では、歴史的な背景から自転車の割合は高い。このことの交通政策上の意味が、最近の5〜10年くらいの間に知られるようになってきた。国際協力の形で、こうした都市はEUによって援助されている。

（3）徒歩と自転車交通による温暖化対策および環境保護

　ドイツでは、年間1億5,000万tのCO_2排出が交通部門からなされ、全排出量の20％に当たっている（Infas/DLR, 2010）。交通部門はこれまでCO_2の排出量の削減が最も小さな部門となっている。これは交通量の増加によるものである。増加傾向が続くかぎり、CO_2排出量の大幅な減少は見込めない。2020年までの連邦政府の温暖化対策の目標を達成するためには交通からの排出を4,000万t減少させなくてはならない（UBA, 2010）。

　自転車交通や徒歩がそれに対してどの程度貢献できるかどうかは、これまで推定するのが難しかった。しかし連邦環境庁は、その推計を試みている。その際には以下のような自転車利用の条件を前提としている。実際の交通量調査に基づき、乗用車のトリップ50％が5km以下である都市においては、徒歩と自転車交通への転移が可能とみなせるとしている。2020年までには削減可能な数値は500万tになると推定されている（現状の傾向と比較して）。他の手段と比較するとこの数値は小さい（例えばエネルギー税増税だと950万t）。しかし同時に、交通分野における大きな変化（例えばケロシン税の導入のような経済的なもの）は

第Ⅱ部　交通政策の中心的論点

表17‐1　ヨーロッパの国と都市の自転車交通の割合

国／都市	自転車の割合
オランダ	**26%**
ズヴォレ	36%
ヴェーネンダール	32%
エシェデ	31%
アムステルダム	28%
デンマーク	**15-20%**
コペンハーゲン	32%
オーデンセ	26%
スイス	**11%**
ヴィンターツール	20%
バーゼル	17%
ベルン	15%
ドイツ	**10%**
ミュンスター	36%
フライブルク	22%
オーストリア	**9%**
ザルツブルク	19%
グラーツ	14%
ベルギー	**8%**
ゲント	17%
スウェーデン	**7%**
ヴェステロース	33%
ルント、マルメ	20%
フランス	**5%**
ストラスブール	12%
アヴィニヨン	10%
イタリア	**5%**
フェッレラ	30%
フィレンツェ	20%
パルマ	15%
アイルランド	**4%**
ダブリン	5%
イギリス	**2%**
ケンブリッジ、オックスフォード	20%
フル、ヨーク	11%
チェコ	**＜5%**
プロステジョフ	20%
オストラヴァ、オルムック、ブデジョヴィス	5-10%

出典：Fietsberead（2009）

めったに実現できないことを考えなくてはならない。各々の手段を合計して初めて大幅な削減の可能性が生まれるのである。そのほか、徒歩と自転車交通の促進の費用対効果は非常に大きい。上記の4,000万tの削減の必要量を前提とすると、500万tの削減は12.5%となる。

さらに徒歩と自転車交通の促進は、騒音の削減、NO_2やPM10のような有害物質排出量の削減など、環境負荷の軽減にもつながることを考慮すべきである。さらに道路面積の減少のような環境に対する効果にも言及すべきであろう。

（4）徒歩と自転車交通の促進戦略

政策上は自転車交通の促進は、全国的レベルで認められるようになってきた。これを強調しているのは、すでに述べた2002～2012年の全国自転車交通計画（NRVP）である。それ以前には連邦政府レベルでの主な施策は、連邦道に自転車道を付置する分野だけであった。州の地方自治体に対する財政交付の重点は、自転車道建設にはほとんど向けられていなかった。地方自治の範囲内で、どの程度徒歩と自転車交通に支出するかは、地方自治体の裁量とされていた。

2007年まで地域交通改善助成法（GVFG）が地方自治体の徒歩と自転車交通の建設措置についての、連邦政府の重要な財政手段であった。これが地方自治体の課題と解消法に変更を加えて引き継がれている。地方自治体などが作成する交通発展計画は現在までのところ、徒歩と自転車交通の目標について、都市政策上確かなものにするための、最も一般的な手段である。さらに多くの都市では、特に自転車交通、まれに徒歩交通のコンセプトが策定されているが、拘束力のあるものではない。

ヨーロッパ全体の促進プログラムから国全体あるいはモデル都市／地域において、施策への促進財源が投入されるようになってきている（Interreg プロジェクトなど）。

道路交通令（StvO）の改正により、法律的にも自転車交通促進が図られている（例えば一方通行路の開設、自転車道利用の義務付け、自転車道の基準、自転車道の建設など）。

特に自転車交通では、連邦、州および市町村のさまざまな部門の担当者の調整促進のため、インターネットにおける情報と作業のプラットホームを共有し

第Ⅱ部 交通政策の中心的論点

た関心のある作業グループや連邦政府の交通建設省の「自転車交通作業グループ」による教育機関が生まれている。徒歩については、そうした動きは地方自治体レベルにしかない。

（5）徒歩と自転車交通の研究

多くの研究成果は、計画ハンドブックや指針として現れている。この分野ではEUの他の国、例えばオランダ、スイス、オーストリアやスカンジナビア諸国で、徒歩や自転車交通に適したインフラやサービスについてのハンドブックや指針が作成されている。自転車交通については、連邦政府も全国自転車交通計画で、施策の実施の面からその課題を見据えていることを示している。そこでは政府は、法律や規則、推奨や専門的問題、この分野の最適化、例えば道路上やターミナルでの自転車交通の制御や自転車についての専門知識の伝達について、今後の発展に向けた調査が必要であるとしている。特別な利用者グループの問題や複合的な交通手段の利用が、そうした課題の1つとして挙げられている。

現在まで、自転車利用者や歩行者の行動についての法律遵守の面からの分析はほとんどなされていない。Knoflacher（1995）のような著者が、交通計画上の必要性という面から自転車利用者や歩行者の行動についてアプローチしている。周辺の環境やインフラの質のような主体的な側面が、自転車や徒歩を交通手段とする場合にどのような影響を与えるかについての研究はほとんどない（BMVBW/PGV, 2005; Blumenstein et al., 2002）。

3　徒歩を忌避する、あるいは自転車を好むのはなぜかについての理解

社会心理学および経済学においては個人の交通行動や交通機関選択を明らかにするための数多くのモデルや前提が展開されている。そういったモデルは、交通行動が持続可能なものとなるような施策を開発するために参考にされている。こうしたモデルの多くは、交通機関選択においては、客観的で合理的な行動をとるということを前提としている（合理的選択の前提）。

社会学では、交通行動のような意識された行動は、結果の関連性を追求する

第**17**章　徒歩と自転車交通

のではなく、全体的な意味付けの理解に影響を受けるとしている。全体的意味付けの理解には個人の行動の客観的で合理的な面ばかりでなく、感情的象徴的な側面もみなくてはならない。

交通行動の分野でそうした客観的物質的および主観的象徴的な影響因子を研究する可能性として、モビリティのスタイルの分析がある（Deffner/Götz, 2007）。社会的な日常のコンテクストにおいて、モビリティについての評価や選好と忌避、ポジティブあるいはネガティブな感情、権威付けの必要性や象徴的な意味が定まり、いわゆる「モビリティについての指向」が形成され、交通手段への関わり方に大きな影響を与える。

こうした全体的なモビリティの類型の他に、徒歩と自転車交通の行動のような分野でも、類型学が適用できる。それによって徒歩と自転車交通の行動における物質的な所与の条件（インフラや周辺環境など）と象徴的な評価（利用者の行動を引き起こした要因は何か、何が連想されるのか）の相互作用がより明確に構成される。こうした前提により交通政策の決定を行う計画策定者や決定者に対して、目標とする国民層に合わせた計画や、コミュニケーションのきっかけを提供することができ、徒歩と自転車交通促進の加速化を図ることができる。

以下の項ではそうしたモビリティの分析のために、方法論的な仮定や基本となるモビリテイについての理解や実際に把握されたスタイルについて、短く述べる。

（1）方法論

社会・経験的に形成された質的な類型学により、個人の交通行動の動機についての理解が得られる。個人の生活観や社会経済的な状況、実際の交通行動並びに地域空間の状況や構成についての認識、インフラの所与の状況などについて把握する。モビリティのスタイルの描写に適した経験的な前提により他の学問分野（生活スタイルの研究、市場研究、交通行動の研究など）を参考にして、方法が確立される。

ここで紹介する徒歩と自転車交通の類型についての研究は、ベルリンで実施された、社会・経験的な質的調査に基づいている（Deffner, 2009)[6]。

ベルリンの３つの典型的な居住環境において、住民に交通行動についての30

第Ⅱ部　交通政策の中心的論点

の問題を中心にしたインタビューを行い、被質問者は、自分の日常のトリップについての写真または日誌を追加的に提出している。そこから地域の地図の作成と専門家のインタビューにより、客観的な次元が形成される。作成された類型の重点は周辺の建造物や地形についての条件に対する被質問者の認識と実際の姿を対比することである。

（2）基本となるモビリティについての理解

　モビリティは人間の基本的欲求であり、認識の発展の前提条件である。交通（交通機関とインフラ）は、物理的な意味でモビリティを可能とする手段である。交通調査において、交通機関の助けを借りた空間的な到達可能性の度合いが、長い間主に観察されてきた。さらに拡張した理解が必要で（Jahn/Wehling, 1999）、そこでは各々の社会的グループの到達可能性の度合いの計測や、交通機関の主要な選択理由と個人のモビリティ経験や価値や交通支出に依存する（Ahrend, 2002：58）ということなどが扱われる。モビリティは多種の組み合わせによる行動として理解されるべきで、自動車に限定されるべきではない。個人的な認識において、社会的なモビリティ規範が定着し、経験的に行動を決定することができる。モビリティについての社会的発展要素は、そのためさまざまな社会的階層のモビリティスタイルという面を反映している。このことは徒歩と自転車交通のスタイルにも当てはまる。

（3）徒歩と自転車交通の主観的象徴的行動思考的な類型の例

　ここで示す類型は、徒歩と自転車利用のモビリティについてのスタイルである。直接的な周辺環境の認識が、徒歩や自転車利用者に他の交通手段よりも強い影響を与えている。このことは周辺環境の質と個人的な認識の相互的な影響に現れる。スタイルはさまざまな周辺環境に対する感応性を示している（図17－5）。

（4）徒歩と自転車交通の類型についての概説

　「都市に魅了」タイプは、毎日の行動において柔軟さを重視し、他から拘束されたくないという考えを尊重している。このタイプは、都市交通機関をマル

第17章　徒歩と自転車交通

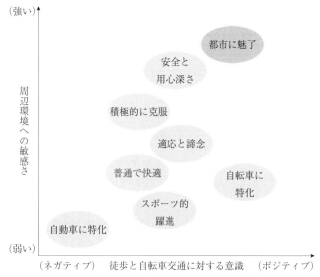

図17-5　徒歩と自転車モビリティのスタイル
出典：Deffner（2009：206）

チモーダルに使うことと、都市空間を積極的に活用することで実現する。特に徒歩と自転車交通を強く指向する特徴があり、それに肯定的な認識をもち、よく利用することを表明している。徒歩と自転車交通の利用と、社会的物理的な都市空間について非常に特異な認識をもっていることは対応している。都市空間は強く意識され、それが重要であり、肯定的に強化する効果につながる。「都市に魅了」された人は、25〜45歳の年代で一部は子供がいる。自己保有の乗用車をもつ人は一部で、昔からの建造物が残る地区に住んでいる。比較的高い教育水準にあり、物質文明後世代に属している。経済的には不安定である。

「交通手段に同一化」タイプ（図17-5では「自動車に特化」と「自転車に特化」と表記）、個人的な交通手段に強く同化している。大量交通手段と徒歩については、拒絶的な態度を示す。自転車派と自動車派に分かれていて、各手段を非常に密に利用するだけでなく、車両への関心が強く、技術やインフラ、経路選択などについても関心が強い。居住地区については特定できない。ここに属するのは20〜40歳の男性で、家族状況はさまざまである。中程度の教育修了者で、

第Ⅱ部　交通政策の中心的論点

さまざまな収入源をもっている。自動車か自転車を一台保有している。このタイプは近代的な消費指向が強い層に属する。

「安全と用心深さ」タイプは公共空間の主観的な安全や交通安全、予見可能性を生活の基本としている。これは、直接的に徒歩と自転車交通による移動に関係する。自転車は余暇に郊外で乗るだけである。徒歩については公共空間の安全性が大きな影響をもち、どのようなルートを取るか、あるいは徒歩で行くかどうかを検討する。このタイプは公共交通機関をよく利用し、徒歩の移動も多い。また同乗者として車に乗ることもある。このタイプに属する人は、雑然としていない清潔な都市像を評価する。このグループは20歳以下あるいは50〜65歳の女性が主である。50歳以上の人の家族状況は、子供が成人しているか、すでに同居していない。中程度の教育水準の修了者で、所得階層も中程度である。ほとんどが免許証を持たない（しかし世帯には車が１台ある）。このグループは伝統的で大衆的な層に属する。

「普通で快適」タイプは、モビリティや交通手段について特に決まった考えはもっていない。このタイプは、無関心といってよい。徒歩と自転車交通を利用するにしても、特に愛着や傾倒はない。ほとんど自転車には乗らないが、徒歩は利用する。外出することは多いが、交通手段に対して特定の意識はしていない。日常的な利用ルートについても、考えや経験があるわけではない。このタイプにとって、モビリティやその周辺状況については、まったく重要な関心事ではない。都市空間を敬遠する傾向がある。このタイプに属するのは結婚している層（30〜60歳）で、家庭があるか子供が独立している。所得水準は中から高水準である。一戸建てや二軒長屋タイプあるいは高層の団地に住む。このタイプは近代的で市民的伝統的な層に分類される。ほとんどがマイカーを保有している。

「積極的に克服」タイプは、身体的あるいは経済的な制約が日常のモビリティの形成を特徴付けている。自分のマイナス面の克服が創造的であり、自立的であると考えている。この層はたびたび外出し、長距離のことも多く、徒歩と公共交通を組み合わせている。しかし、はっきりとした考えはもっていない。徒歩についてもこの層は気にとめていない。このタイプは40〜65歳で、やや低い所得水準である。もはや自動車には乗らない。核家族向けか二世帯住宅地域、

あるいは旧市街地に住んでいる。このグループでは、一部は確立された高水準の文化層に属し、他方伝統的大衆的な層に属している人もいる。

「適応と諦念」タイプでも、身体的経済的制約がモビリティ行動の決め手となる。特にこのグループは、移動については家族あるいは自分の知り合いの誰かに依存して同乗者として行っている。家の外での活動は、主に車の同乗者として行っており、このことは主に行動の関連性の無さにつながる。またやりたいと思ったことを、あきらめることも多い。徒歩と自転車交通やその環境について肯定／否定両面の考えをもっているが、特に意見はない。50〜65歳の老年期の大人が属している。独居で配偶者をなくしているか、子供が成人した後である。かなりつつましく暮らしていて、中あるいは低教育水準であり、稼得労働は行っていない。自動車の運転はできない。このタイプは伝統的大衆的な層に属する。

若年層が成人する間の移行的時期の状況として、「スポーツ的躍進」のタイプがある。すべての交通手段についてオープンな態度で接している。従属しないことへの欲求や、スポーティであるという側面から、徒歩と自転車交通を好んでいる。都市の様相について特にこだわりは見られない。また、個別交通手段への同一化やスリルへの選好もみられない。このタイプは明確ではないが、たいがい若年層で、免許を持てず、両親と同居しているといえる。「スポーツ的躍進」タイプは、近代的で消費指向の層に属する。

（5）周辺環境への敏感さの差異

周辺環境に対する開かれた関係は、周辺環境に関心を向けた関係につながる。各タイプとも都市の空間を、経験や知識の習得のためのプールとして、更なる思考の材料として必要としている。周辺環境との閉じられた関係においては、在宅指向が強く自転車利用について無関心な意見をもつことになる。

徒歩と自転車交通のすべてのスタイルが、周辺環境に対して同様の反応を示すわけではない。図17‐5で示したように、環境やそれに対する認識が、徒歩と自転車交通を利用するかどうか、どのように利用するかについて重要であるタイプもある。他のタイプにとっては、周辺環境は徒歩と自転車交通を使うかどうかについての判断材料にはならない。周辺環境に対する敏感さは、徒歩や

第Ⅱ部　交通政策の中心的論点

自転車を使うかどうかについての決定的な要素ではなく、その人物がどのような要因に影響を受けるかを示すものである。しかし、周辺環境に対して反応が鈍い人物が肯定的な認識をもった場合には、徒歩や自転車の利用は増加する。自転車に同化するタイプは例外で、周辺環境に反応するタイプを比べると、認識が異なるが徒歩と自転車交通利用の動機をもっている。

　まとめれば周辺環境と利用の間には相互対応的な影響のある関係がある、といえよう。

（6）調査についてのまとめ

　これまで述べた類型は、徒歩と自転車交通に影響を与える要因とそれによって生まれる差異について、モビリティの扱いに関する全体的な観察に基づくものである。徒歩と自転車利用への視点は、全体的な行動から、この手段を取り出して考察するという意味では行われなかった。焦点は、該当するディテールの度合いを分析的に扱うことであった。核となる質問について表明されたタイプが、どのように都市における自転車や徒歩の利用の大きさや小ささに結び付くかである。この表明されたタイプの解明に、類型学のやり方が有用な助けとなった。交通政策的な決定や都市計画や交通計画にとってそれはどのような意味をもつのか。ここに関連する3つの分野を示す。

　①利用者の必要性に関する細部にわたる知識が、徒歩と自転車交通の促進
　　戦略の開発に大きな影響を与える。これがインフラや公共空間の利用者
　　指向的な計画やデザインを促す。

　②徒歩と自転車交通のさまざまな嗜好や行動のタイプという面からは、交
　　通面、組織面および都市計画面での措置を考えなくてはならない（第4
　　節1項の分野を参照）

　③モビリティ行動の動機と条件についての成果は、対象となるグループご
　　との計画形成に役立てることができる。例えば、周辺環境に対する敏感
　　さへの配慮やインフラへの要望などである。一部ではもうすでにそうし
　　た面が、計画策定のプロセスに組み入れられている。しかしながら実際
　　には、多様な欠落やさまざまな必要性をどう扱うかについては解明され

ていない。

　以上のうち、③は徒歩および自転車交通政策においても、対象とするグループにインフラやデザイン面でさまざまなサービスや行政サービスをつくりだせることを前面に押し出すべきであることを示している。それによって歩行者や自転車利用者に、利用する誘因と理由への刺激が与えられるようにできるはずである。例えばどのような点が図17‐5でみた徒歩と自転車交通のスタイルから導き出されるかを次頁表17‐2に示している。インフラの形成やデザイン、サービス、それにコミュニケーションツールについても示している[7]。その際にはすべてのグループに同様な潜在性があるわけではないこと、徒歩や自転車による移動に一律にいざなうことができるわけではないことに注意したい。より多くの利用のポテンシャルを持っているグループの誘因となるものを考えるべきである。

4　大きな構想を──単純な自転車促進策から新たなモビリティ構造のための戦略へ

　徒歩と自転車交通への統合的な戦略は、どのようなコンセプトを基礎におくべきか。徒歩と自転車利用の部門ごとの促進政策にはそれなりに正当性はあるが、すでに示されたように限界もある。徒歩交通は片隅に追いやられがちであるため、全体的に統合されたコンセプトがよりよく示されるべきであろう。持続可能なモビリティの構造というコンセプトは、とりわけ徒歩と自転車交通手段に役立つ、交通計画上、交通政策上の手がかりとなるだろう。

（1）モビリティ文化
　モビリティのスタイルの拡張は、モビリティ文化の社会‐経済的コンセプトである。それは、空間的組織的文脈、例えば都市について、物質的象徴的なプロセスによる相互作用的な関係を意識して変えることである。それには、日常指向的および関与者指向的な定義がある。モビリティの文化は、移動すること／前進することに関して、物質的象徴的に有効な実際の形態の全体像を含む。

331

第Ⅱ部　交通政策の中心的論点

表17 - 2　目標グループごとの誘因

タイプ	徒歩と自転車交通行動の動機とテーマ	計画上の誘因
都市に魅了	・先駆者としての地位 ・都市との関係 ・行　動 ・先取り精神 ・質の高いインフラ ・価格に敏感 ・子供を考慮した周辺環　境	・近隣の利便性が高い ・近隣の空間が変化に富む ・自転車：主要ルートに簡単にアクセスできる ・徒歩：密度が高く通過可能な歩道のネットワーク ・余暇のモビリティ：自転車と公共交通の便利な組み合わせ ・コミュニケーション：イメージの確立と強化
交通機関に同一化	・車両への同一化 ・プライベートを尊重 ・技術に興味 ・走行の経験と楽しみ	・コミュニケーション：自転車の分野ではイメージキャンペーンによる技術への興味を利用 ・コミュニケーション：自転車についての技術的興味を高める ・自転車―利用：自転車交通へのアクセスの強化 ・自転車技術におけるサービスとお試し企画（差別化の視点から） ・自動車に特化しているグループは、働きかけが難しい
安全と用心深さ	・清潔さ ・維持管理、整理整頓 ・都市のサブカルチャー的なものとは距離をとる ・安全の必要性 ・価格に敏感	・自転車：非幹線道でも安全な自転車インフラ（日中のみ、夕方や夜間は可能性なし） ・徒歩：夕方も利用可能な歩道網（街路樹の管理と街路灯） ・近隣、とりわけ日用品の調達について変化に富む構成 ・公共空間と公共交通：清潔さと質の高い、頑健なだけではなく、きれいな停留所や滞在スペースの形成 ・コミュニケーション：交通についての安全性や新しいインフラについての情報提供、トレーニングや経路設定のサービス
普通で快適	・こだわりがない ・インフラは建設的技術的に整然とあるべき ・慣れた決まった行動と利便性	・自転車：場合によっては反応の可能性あり、例えば余暇での自転車利用など（余暇の決まった行動／余暇の冒険的行動） ・徒歩：静かな緑の歩道網、公共空間や公共交通機関の清潔で質の高い様相 ・コミュニケーション：近隣への近道の情報（近所に何があるか） ・どちらかといえば潜在性は低い

第**17**章　徒歩と自転車交通

積極的に克服	・身体的なモビリティの制約 ・自律的で活動的 ・日常生活の決まった行動が非常に重要 ・価格に敏感	・徒歩：歩行関連のインフラは技術的なバリアフリーが重要（構造物、歩道の幅、横断歩道、さらに休息の場も） ・値ごろな近隣の施設、とりわけ日常的な必需品 ・コミュニケーション：自立的で値ごろなモビリティのための徒歩と公共交通の可能性についての情報 ・公共交通の簡単で利用可能な乗継ぎと必要に対応したシステムの提供 ・重点：徒歩移動を可能／維持することと公共交通を支持すること
適応と諦念	・徒歩については二次的意味、牧歌的生活を求める ・こだわらない ・他者に依存したモビリティの形成	・近隣の安全と活性化 ・どちらかといえば潜在性は低い
スポーツ的躍進	・新しい可能性について試したがり、オープンである ・独　立 ・速　度 ・余暇の目的地への到達可能性が重要	・運転免許の取得後も自転車利用の維持の支援 ・好奇心を利用した、例えばグループ化や技術的な新製品（ｅ-チケットやｅ-自転車などの）試行への参加 ・スポーツ好きの側面を利用：都市内の余暇の目的地への速いルート

出典：Deffner（2009：233）から作成

このことは、交通インフラや都市デザイン、規範像、交通政策的な論争、行動、交通参加者そしてその背景にあるモビリティ指向性や生活スタイルの嗜好性を含むものである。都市における関与者やインフラ、技術の相互作用のプロセスを前提とした社会‐技術的なシステムとして示すことができる（次頁図17‐6）。

　都市／地域のモビリティ文化を変えるべきというコンセプトでは、利用者の視点から交通機関やサービスへの要望やその形式を考えなくてはならない。交通機関全般について、ドア・ツー・ドアの視点から、目標とする層に向けて取り組むべきである。とりわけ多くのサービスにおいて、持続可能なモビリティを試してみたいと思わせるべきである。持続可能なモビリティ文化を避けたり、後退であると受け止めることがないようにすべきである。「かしこいモビリテ

333

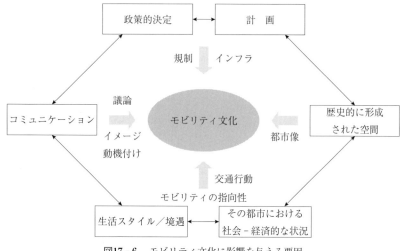

図17-6 モビリティ文化に影響を与える要因
出典：Götz/Deffner（2009）

ィ」というスローガンは、まさに前へ進ませるものであり、非常に巧妙に、乗らないわけにはいかない、という気にさせるものである。こうした「雰囲気づくり」は各々のグループごとに異なったものになるだろう。

さらにコンセプトの計画実務上の次元では、統合的なコミュニケーションの意義も関連がある。計画上のインフラ関連の措置や計画やコンセプトの実現には4つの異なったコミュニケーション分野について配慮しなくてはならない。

- 知識や要望、意識を知ることができるフィードバックや意見聴取という意味での市民とのコミュニケーション（公的な市民の参加のプロセスの他に、例えば直接的な市民との対話など）。ここではそうした計画策定上の文化が今日すぐに実現できるわけではなく、ゆっくりと継続的に双方が学ばなくてはならないということに留意しなければならない。
- 新しいインフラや行政サービスや建造物の企画やデザイン、例えば駐輪スタンド、都市地図、道路標識などの場合には、新規のものの機能と並んで受容可能性や感情などについても、マーケティング的なコミュニケーションの原則が当てはまる。工業デザイン、例えば高い価値のエクス

第17章　徒歩と自転車交通

テリアや実施方法もここに含まれるだろう。その際にはターゲットとする層の特性に留意しなくてはならない。どのようなインフラやサービスが、特にどんなターゲット層に訴えるのか、そのターゲット層はどのようなコミュニケーションツールや場所を好むのか、といった点である。それについては、ここで示した類型が重要なヒントとなる。

・公共的空間における自主的な組織という意味での、交通利用者の相互コミュニケーションと規制の撤回（例えば対面ゾーンやシェアドスペースなど）［訳注：例えば歩道と車道、自転車道の境界をなくすような措置　それによって自動車がより慎重になるとされる。本書第11章参照］。

・組織内という意味での、計画や実施担当者の内部での関係と、交通政策的な目標についての内部的なコミュニケーション。

　こうした上位にあるコンセプトが、徒歩や自転車交通を都市交通や地域交通において、他の交通機関と対等な立場にする助けとなる。

（2）結　語

　実際の研究によるとモータリゼーションのモデルとしての意味合いは、特に都市部で減少している（Infas/DLR, 2010）。将来の世代は、ヴァーチャルな世界でマルチモーダルなナビゲーターとなっている。デジタル文化の人間も、物理的な移動も行う。そのためにはカーシェアリングやCar2go［訳注：乗り捨て可のカーシェアリングサービス］、スマートフォンによる同乗者探しのような柔軟な交通手段の提供と共に、鉄道も同様な役割を果たす。こうしたグループには、徒歩と自転車交通も、象徴的実際的な意味がある。モータリゼーションのモデルが、どれくらいの速さでマルチモーダルなモビリティ文化へ移行するかは、まだ明らかでない。そのために、青年や若い成人層に対象を絞った情報提供をすることは、その傾向をつかんだり、ある場合には支持するために必要である。ここでは、徒歩と自転車交通と先進的なコミュニケーションツール（スマートフォン、レンタルサイクルへのGPS機能設置、駐輪場の位置情報）との組み合わせや、自転車と鉄道の組み合わせ、とりわけ若年層に訴えたり、利用の障害を取り除くこと（例えば近距離輸送における自転車用乗車券など）により、可能性がで

335

第Ⅱ部　交通政策の中心的論点

てくる。余暇イベントは、徒歩と自転車交通と公共交通のコンビネーションを提供できるだろう（例えば、自転車利用での入場料割引や管理者付の駐輪場など）。若い人たちを徒歩にいざない、近距離のモビリティへのやる気を出させるには、音楽を聴きながら行うまち歩きやイベントによる散歩の企画があるだろう。

　徒歩と自転車交通に関わる計画や政策の推進に必要なものとして、以下の3つの中心的テーマがある。

①移民のバックグラウンドをもつ青少年のモビリティ

　これまで持続可能なモビリティについての外国人の市民に対する外国語によるインフォメーションの提供は、限られていた。柔軟で健康的で、価格も妥当な個人のモビリティの促進という面では、移民のバックグラウンドをもつ青少年は見過ごされてきた。今まで多くの地域（ベルリンやブラウンシュバイク）で、移民の女性の自転車教室は行われてきたが、青少年向けの同様のサービスは見当たらない。交通手段の印象や利用は、幼児期や青少年期の経験により強く影響を受けるため、こうした層への働きかけは重要である。これはモビリティの社会化であり、家の外での動きとして徒歩や自転車に乗ることを学ぶことは、日常的なモビリティのレパートリーとして重要な部分となる。家族や社会的ネットワークが、日常生活習慣の形成に影響を与え、徒歩や自転車利用についても同様である。多くの子供が、今では自転車の乗り方を習っていない。にもかかわらずドイツでは10〜17歳の青少年は平均的には自転車愛好グループである。

　徒歩と自転車交通によるモビリティというテーマにおいては、移民の青少年の交通行動についての学術的な基礎がほとんどない。さらにこのグループに徒歩と自転車交通を動機付けるために、ぴったりと当てはまるような促進措置を、コミュニケーション上うまく、（スポーツ）教育上ふさわしく、実際的に働きかけることも欠けている。

②電動モーターの利用

　今後20〜40年の個人交通における電動モーターの利用は、自動車に限定されるわけではない。すでにいくつかの電動アシスト自転車が販売されている。セグウェイのような乗り物のコンセプトも、早暁拡大するだろう。

336

第**17**章　徒歩と自転車交通

目的に合わせたデザインという意味の新しくてまったく別な車両コンセプト（電気軽自動車や街乗り自動車）も、今日より多く街で見かけるようになるだろう。電動モータによるモビリティが、古典的、近代的な徒歩と自転車交通手段（自転車、徒歩、キックボード／足踏みスクーター、インライナー）にどのような効果があるかという、新たな問いかけが出てくるだろう。

③人口動態の変化

　さまざまな交通研究がこの間示してきたように、高齢社会の交通負担は増加している。今日や将来のシニア世代は、10年前よりも盛んに移動している。高齢世代は均質でなはく、モビリティの必要性や要求も一様ではない。多様化と個人化の進行は、年齢における生活設計や生活スタイルの多様化にも現れている。モビリティに直接関係してくる（「積極的に克服」か「適応と諦念」の２つのタイプ）。現在まで、年齢による生活スタイルの変化についての研究はほとんどない。

　これからの交通サービスの提供は、高齢化する社会への適応だけですむわけではない。それよりも、財政的に弱い高齢の国民層に手がとどく範囲で交通サービスへのアクセスをどのように可能にするかが、問題である。国の社会保障システムでは、将来すべての高齢者に十分な収入を保障できるわけではないからである。同時に特に高齢者に適応した公共交通システムは、高い費用になると予測される。

　交通政策の役割は、持続可能なモビリティ文化の価値を取り入れ、すべての人のためのモビリティを可能にすることである。この点から、徒歩と自転車交通の役割を定め、促進するべきである。持続可能なモビリティの基礎として、すべての市民に質が高く整った歩行者用インフラや自転車用インフラへのアクセスが容易になるようにすべきである。国の資源を効率的に利用し、経済的に高度な持続可能性をもたらし、社会的に適正な交通システムの基礎として、徒歩と自転車交通を促進——人口集積地では優先——すべきである。目的は、徒歩と自転車交通を感情的にも象徴的にもメリットを直接体験できるようにすることである。そうすれば「積極的に克服」タイプのように、できるだけ多くの人が「社会に参加する」ことができるようになるだろう。

337

第Ⅱ部　交通政策の中心的論点

注

1 ）　特に注記しないかぎり、交通行動に関するデータは infas/DLR（2010）を出典
　　としている。

2 ）　重要なのは輸送実績（1 日の人キロ）と輸送量（1 日のトリップ数）の機関別
　　分担率の差異である。

3 ）　infas/DLR（2010）。

4 ）　トリップはいくつかの区間から構成され、1 種類以上の交通機関が利用されて
　　いる。

5 ）　連邦レベルでは2000年に発表された SRL（都市・地域・州計画協会）と FUSS
　　e. V.（ドイツ徒歩交通専門協会）の作業チームによる徒歩交通の促進のための
　　提言があるだけである。

6 ）　質的な社会調査の基礎については Strauss（1994）や Flick（2000）を参照され
　　たい。質的な社会調査は通常少ないケース数で行われ、評価方法として解釈学的
　　−発見的手続きが用いられ、統計的な評価は行わない。質的な研究では、国民に
　　おける各グループの大きさなどについては明言することはできない。

7 ）　更なるステップとして、こうした誘因についてそのコミュニケーション効果や
　　形態について明確にしていかなくてはならない。

第Ⅲ部

交通政策の展望

第18章 交通政策と未来研究
―― 「将来のためのモビリティ」を考えるために

インゴ・コロッシェ

　日常生活におけるモビリティの問題は、社会的な性別役割分担や家族関係の変遷の原因ともなっており、それに対する圧力が次第に強まっている。仕事の場や家庭における包摂や排除のゆらぎと並んで、日常生活におけるさまざまな状況の変化にさらに適応を迫られている。子育ての時期においても、モビリティ行動のルーチンの変更が余儀なくされる。両親の仕事の時間が同じだと、子供の世話（保育園、学校、特別な課外活動）に応じて、家庭内でのモビリティのマネジメントの必要性が増大する。さまざまなモビリティの必要性が、同時に発生することによって問題が起こる。

　社会学的にみると、若い年齢層の家庭における日常的な問題は以下のようである。ダイナミックに変化し、不確実で複雑で見通しのきかない社会と時代に生きる、というのがこの間の基本的な考えの主流である。確立されている知識と確定した取り扱いの選択肢群は、適応する分野には耐えうるが、正当性や耐用期間は減少しつつある。これは近代的な社会の重要な特徴によるものである。そういった社会の中で、啓発的な意見で自己を形成・管理し、より高い権力や思想あるいは中央集権的な支配システムなどには従わないという態度をとるとすれば、方向のないプロセスとか相互依存という意味となり、未来は不確定なものとなる。大幅な変化のプロセスは、社会学によれば、政治的、社会的、経済的、技術的、環境的な視点から、社会的な変遷と表現される。政策学や社会学の歴史では、基本的な理論が進展する分化プロセスが示されている。20世紀後半の始めごろ、近代化理論のような大きな理論が主流であったが、世紀末になると、そうした理論のカバーする範囲は縮小化している。理論の平均的な蓋然性とミクロ分析的な事例研究が、理論的な分野を決定付けている。これが近

代社会の不確実性についての、社会学的な考察である。

　気候変動のもたらす、未来に起こりうる予測不能な変化は、特別な課題を提示している。一方でそれは、地球という惑星の存立とその上に生活する人類の生き方を脅かす。他方で気候変動の複雑で相互依存的なプロセスがたどる、不確定性の源泉となる。交通政策の分野では、化石燃料に依存した交通システムの限界についての議論に集中している。しかし交通システムは、社会、文化、経済、生態、政治などの構造や過程の中に組み込まれ、単なる化石燃料後の交通システムの可能性ばかりでなく、その波及についても考える必要がある。交通政策を、化石燃料後のモビリティ政策へ転換することが課題である（本書第1章参照）。

　その際、課題は新しいコンセプトや技術的解決法を開発するばかりでなく、隠喩的な意味で、「新しい心理的な地図」（Schindler u. a., 2009）をどのようにつくりだせるかが問題であり、狭い意味での交通政策の境界を越えたところまで行かなくてはならない。モビリティの前提、価値判断、そして考え方の地図は、モビリティシステムと交通システムの技術的、政治的な解決の重要な前提条件となる。

　しかしながら、事実上および方法論上の不確実性が際立つ状況で、同時に未来を示すような決定を求めることができるのだろうか。どのような学問分野や研究の方法が、こうしたジレンマをむかえる交通政策を支えるのだろうか。

　科学的な意味でまだ年の浅い未来研究が、交通計画やそこから発生する交通政策上の問題設定や課題についての適切で十分なパートナーとなろう。

　未来研究は、複雑でダイナミックなシステムの未来についての記述を、長期的な時点まで可能とし、ある時期の指向性を示すことや計画上の意図に合っている。さらに、未来研究は指針や文脈、政治的な戦略の参加的形成を可能にする。そして例えばシナリオが、方向を示す助けとなったり、新しい心理的な地図を考えたりする材料となる。

　未来の不確実性について、変動性の範囲内で未来研究とその方法論を借りることが助けとなる。例として電気自動車（電動モビリティ）をテーマにした具体的なシナリオで、「心理的な地図」の新たな形成のプロセスのシナリオが方法論的に支援されているかを示す。同時に、交通計画上の視点を供給側からのも

第Ⅲ部　交通政策の展望

のから需要側のものに転換するという重要な考え方が示される。さらに、未来
研究は、認知学的あるいは方法論的な視点を示す。結論では、シナリオ作成過
程で得られた成果に言及し、「化石燃料後のモビリティ文化」というテーマに
関して議論する。

1　未来研究とは

　以下の説明は、未来研究の歴史的な分析の必要条件を示すものではなく、認
知学的な基礎と方法論的な専門知識のアウトラインを示している。これは、未
来研究と交通政策について本稿で示す関連性に必要であるばかりでなく、未来
研究の特別な立場の基本として必要なのである。

　未来研究の特殊性は、少なくとも2つの重要な論点で示される。第1に、古
典的実証的な意味とは関係なく、現象と事実の取り扱いから始まる、というこ
とである。未来研究はまず、すでにあるものを取り扱うのである。つまり、過
去あるいは現在の事実と経験の上に立ち、この時系列における経験的な基本を
みる。第2に、未来研究は不安定な立場にあるということである。科学史的に
いえば、未来研究は少なくとも制度的には非常に若い学問である。確立された
社会科学に与えられているような、承認と正当性はもっていない。これは未来
研究の信憑性や信頼性を揺るがせるものである。それでもなお、ダイナミック
な点や複雑性や不確実性が混在した現状から、可能な未来について示してほし
いという要望があり、同時に未来研究の真剣さや潜在性や科学性への疑問も生
まれている。未来研究は、認知度や正当性や評価を確保するために、他の学問
分野と比較してより強く、認知理論上および方法論上の基本を確保しなくては
ならない。

（1）認知理論上の前置き——不測の事態と現代社会

　まず、未来研究が認知すべき対象への関心がある。それは未来それ自体でも
あり、そのために未来研究は、未来に起きるべき事象についての漠然とした期
待にとどまっている。方法論的にコントロールした記述が基本である。未来研
究が手がかりとする経験的な素材と知識の水準は、過去および現在のデータの

第18章　交通政策と未来研究

形でしか存在しない。未来研究の分析は、そこから始まり、過去および現在の分析の認知学的な問題に直面する。

　本章の冒頭で、現代社会の特別な構造について言及した。未来が不安定であるということは、社会的な世界が、それぞれの人にとって意味のある場を得られるような、秩序や限界があるものとしては成立していないということで、数十年間科学と人々の日常生活におけるさまざまな価値の分化、異なった経験や相違の知識や感覚を確立してきた。分化は現実の世界では断続的な職歴や断片的な人間関係の形、社会国家の保障の消滅に現れている。近代の初めには、進歩思想に基づき、未来への信頼があった。「技術の面でも、人間の心の中にも、社会的な未来のプロジェクトが描かれていた。」（Luhmann, 1992 : 133）。この未来に対する信頼は、思想的、政治的および経済的な発展と、20世紀の変遷などさまざまな要素によって実効性を失っている。現代社会の複雑性の急激な拡大と、社会的なシステムの加速は、構造や基盤の欠落、意味の空白化と「不定性のロジック」（Holzinger, 2007 : 12）につながっている。発達した現在の社会は、知識の水準に基づき、未来への視点を調整する。現代社会のこうした意味や特性は「偶発性」という用語に集約される。偶発理論上の観察は、人間の人生経験と未来への期待の相対性、可能性、不確実性に基づいている。「偶発が、必要でもなく不可能でもないすべてである。」（Luhmann, 1992 : 96）。未来研究の対象は強制的なプロセスの実現でもなく、ユートピア的な現実でもない。認知理論と方法論は、原理的な非固定性を意味し、未来の展開の分析については、単純な因果関係や現在の状況の延長による線形関数的な思考や原理を否定するものである。

　偶発性と未来研究は、表裏の関係にある。偶発性は未来が定まっていないことにより、洞察できないものとなっているということである。未来は前もってみることができず、計画できない。知ることができないのである！　未来は現象的にみた場合、大きな可能性をもった範囲である。未来についてのわれわれの経験の範囲は、期待という形式で記述できるだけである（Liessmann, 2007）。可能な他の範囲において、所与のものが経験され評価される。思想の終焉や社会的な実験、並びに複雑性や偶発性の増大があり、未来を想定する可能性が消えてしまった。われわれは未来の閉塞ということから始めなくてはならない。

343

第Ⅲ部　交通政策の展望

未来を知ることはできないが、例えばシナリオのような構造的なコミュニケーションによって、望ましい未来像を示すことができるだろう。将来がどのようになるのかは、現在のわれわれの選択によるということを考えて、計画が策定されなくてはならない。それを難しくしているのは、過去と未来の継続性の断絶の影響である。未来は、突然現れるものではなく、虚無からの創造でもなく、特定の源があるものである。しかし「われわれは、過去のものとして思い出す何かが未来にそのままありうるか、というようなことについて、確信が持てないということしか確信できない。」(Luhmann, 1992：136)

　認知理論により、未来研究の前提を以下のように示すことができる。

　　・**単一**の未来は、記述できない。未来は、複数ケースや代替的なものとして記述される。
　　・未来は、期待の反映であり、各々の未来の意味論は、それが生まれる社会による。
　　・このような扱い方や複数のケースの記述によって未来を表現する。

（2）認知の形態と方法論

　このような前提を基礎として、未来をどのように考察できるだろうか？　偶発的な世界の知識経済という文脈で、どのような方向付けが得られるのか。Nobert Bolz が強調するように、「暗闇の飛行」で未来へ向かっていくということなのか、政治的な組織や企業あるいは科学は、前もって見たり述べたりできないものへの対応を形成することができるのか。

　正確に言うと、どのような認知の形態で未来を分析し、示すことができるのか、どのような方法や手段、用具でできるのかということを考えなくてはならないということである。

　未来についての4つの類型論について、記述可能な認知の形態を短く紹介し、さらに方法論的にも基礎付ける。

　「未来の認識」については、第1に「類型的、恒常的な知識について他の条件が一定ならば」(Knoblauch/Schnettler, 2005：32ff.) がある。過去の事象や現在観察されていることや経験や理論は、未来にはさらに書き進められる。線形的

な傾向の進行（社会の高齢化による人口動態の展開）や因果関係（夜になると暗くなる）が、このモデルの基礎となっている。人間の実践的な生活の営みは、こうした未来の認識に合致する。それに加えて、第2の認識がある。それは、人間が現在の仮説的な結論を、他のものに当てはめようとするといったものである。現在の延長ではなく、ある分野の経験的な認識（例えばソフトウエアの開発）を、他の生活分野（例えば家庭用ロボット、神経系統における人間の能力の最適化）に援用することである。未来認識の第3は、アンビバレントであり厳密な意味では科学的ではないものではあるが、超越的な経験という意味での非日常的な経験であり、個々人と社会の限界的な経験 - 予言や外観のようなものである。一般的で伝統的なこうした物語はＳＦと呼ばれるが、また予言的な発言もそれに含まれる。第4は科学的な予測である。未来を方法論的にコントロールして記述する試みであり、そこにシナリオも含まれる。

　現在における研究対象を非常に広範囲に観察しなくてはならないことと、未来という対象の現実的社会的時間的な大きさから、未来研究は学際性やさまざまな専門システムの協力に依存している。さらに行動指向の科学として、物質的基準と並んで科学的な調査全体も規範的な要素となる。「柔軟に取り扱う調査戦略」（Popp, 2009：132）は限定的な適用範囲でしかない。統計的な連関モデルや実験でさえも、強く規定されコントロールされた前提条件に基づく未来像が得られるに過ぎない。未来研究の特性として最も大きなものは、複雑性の大きさと各テーマ分野のダイナミックなシステム信頼性である。そのかぎりにおいては強いコントロールの必要性は現実的でない。なぜなら未来研究のプロセス自体が複雑でダイナミックで、多重の要素があるからである。そのために、未来研究には特別な価値観をもつ研究のルールがある。一方こうした特殊性にもかかわらず、科学的な実践の基準を義務付けられている。ここに、いくつかの限界や他の分野との差異がある。

　時間的および方法論的な観点から、未来研究は古典的な計画や予測の用具からは一線を画している。予測や計画のプロジェクトは、多くは短期あるいは中期的な目標しかもたないのに対し、未来研究は10〜30年の長期的なものを基本としている。かなり多くの場合、未来研究は代替的な動向を考慮しない単純なプロジェクト（景気予測）と混合されている。こうしたプロジェクトは、多く

第Ⅲ部　交通政策の展望

の場合排他的で、加えるべき要素の入る余地はほとんどない。結果として、一方では複雑さを伴い、他方では決定や戦略のための基本となる未来あるいは未来像が出てくることになる。交通計画ではこうした手順は、当該者の選好が混交された供給サイドの計画となる。

　未来研究の方法論は専門書の中でさまざまにシステム化されているが、基本となる共通する部分がある。それはドイツにおける未来研究の祖 Rolf Kreibich が示したシステムである（Kreibich, 2006）。

　①「実験的経験分析の過程」

　　この過程は量だけでなく質についても行われ、正確で厳密に定義された仮説と前提から出発し、アルゴリズムを用い統計的に未来に投影される（未来の知識）。傾向を延長する形での時系列的な展開は、よく用いられる手段である。そして交通量の予測はこうした技術で行われる。短期から中期的な方向性を得るには、前提となる条件を一定にしなくてはならない。こうした条件は、プロジェクトの範囲や複雑性の度合いを明らかに狭めるものとなる。ここでは展開について条件が一定であるという形で観察を扱い、代替的な余地を認めていないからである。

　②「規範的過程」

　　ここでは望ましい未来像やそれを作り出すための措置や手段、政策上の転換を構造的に生み出すことが扱われる。そのような未来に関する作業の目標設定は、一定の価値観に基づいた所与の状況並びに未来の発展に対する評価を実施の本質とする。こうした作業の実践は——社会的な分野での未来の形成という意味で——規範的な要素を形成する。想像力と創造的な技術は、こうしたアプローチの重要な部分を占めている。未来研究の工房は参加的な要素（市民参加）の他に、規範的な要素（例えば学校や幼稚園の近辺での交通の静穏化）などを考慮する。前もって望まれ、定義された未来の状況（学校や幼稚園の近辺での安全の向上や事故の減少）について、未来研究的な道筋と実現可能性を示すものとなる。

　③「計画的なプロジェクト化過程」

　　このアプローチは、戦略上の案の作成と十分なデータや資料に基づいた

裏付けのある決定を見出すことを目標としている。数理的なモデルとコンピュータシミュレーション並びに決定モデルは、そのようなプロセスに用いられる。この過程の最も有名な事例として、ローマクラブの「成長の限界」がある。そこで基礎となるのは、社会的にダイナミックな方法論である。複雑でダイナミックなシステム――この場合は地球――の全体的な分析とシミュレーションは、地球上の人類の未来の動向に関してであり、政治的、経済的、社会的そしてとりわけ環境面の過程へ持続的な影響がある。未来研究の知見から、規範、戦略そして未来の過程が導出され展開される。

④「コミュニケーションによる参加過程」

このアプローチの前提や方法は、未来像や未来の展開の時間的な次元ばかりでなく、結果の不確定性が大きいという点で、他の過程と異なっている。この過程の核心は、社会的な実践分野でのさまざまな関係者やエキスパートが明確に関与し、扱う未来のテーマについて専門的な知識に基づいて関与し、未来に関する決定や、結果についての対応を行うようにすることである。ここでは過去のアプローチの要素や技術が取り入れられる。分析的な探査、叙述、創造、規範の要素はこの前提に含まれる。中期的な応用として、高感度モデルが適している。そこでは、参加者が反復的に複雑なシステムを全体として把握し、さまざまな展望を示す。そして地域の発展や計画で、そうした過程を一定の促進プログラムを実施する際に応用できる。その際に規範的な条件（地域の発展の目標設定）は計画上、企画実施上の要素（どのようにしてどのような方策で計画目標に到達できるか）とともに、全体のシステムの中にどう組み込まれるのか、その相互依存はどうなるかが観察される。こうしたプロセスをマネジメントするという意味で、実践的な未来研究の形態は、研究者間の対話による未来像の形成という形式で、専門家による学際性と"当該の"参加者を巻き込んで実施される。

（3）シナリオ技術について

採用する「対話型エキスパートシステム」（Klein, 2009：293）には、その前提

347

第Ⅲ部　交通政策の展望

としてシナリオ技術が必要である。シナリオ技術は未来研究で中心的に幅広く用いられている方法である。その中には、長期間の展望とともに、いくつかの方法的な構成が含まれている。高感度モデルと同様にシナリオ技術はプロセスへの参加者が、シナリオの変化に合わせて変化するという参加的要素がある。1950年代の軍事的な戦略計画の中で、この技術が開発され、1970年代にはシェル社のエネルギーシナリオの確立に用いられた。世間に広く知られたのは、ローマクラブの「成長の限界」（1972年）におけるコンピュータシミュレーション（シミュレーションモデル）である。現在の適用分野は、都市計画や交通計画の企業における戦略的計画から、地球全体のエネルギーや気候のシナリオまで広がっている。

　未来研究の他の方法と同様に、シナリオ技術は構造化されたシナリオのプロセスである。未来シナリオの長い期間（10～30年）と複雑なシステム（シナリオの対象）の動向のため、潜在的な不確実性およびさまざまな関与者が多くいることが、シナリオ作成の必要条件である。その際には未来についての正確な知識を生み出すことではなく、問題の基本的な理解と可能な発展の筋道とその限界について扱う。シナリオは真実を示すものではない。また、取り扱いについての具体的な指針もシナリオの直接的な成果ではない。対象に応じ問題意識に合わせた情報の収集とシステマティックな問題構造に基づき、外部からの影響と発展のいくつかの方向性を加味し、さまざまな未来像の文脈の中で、取り扱いのオプションの結果について議論される。こうしたことを基礎にして決定がなされ、内容的に基礎付けられ、評価され、最終的に選択される。それによってシナリオ過程は情報やデータやありうる発展の方向性の形で高度な複雑性をまずつくりだし、情報や発展の方向性を凝縮してそぎ落とすことにより、一覧可能なシナリオにしていく。その際には未来の状況を、反復的なプロセスでつくりだし、何が起こりうるかを示す（Becker/List, 1997）。

　シナリオは未来の状況をそこにいたるプロセスを含めて示すものである。この提示は「仮想的構成」（Kosow/Gaßner, 2008：10）を未来に延長するという考え方を基本としている。仮定は時間的空間的に限定され、漏斗が未来に開いているように、可能性の範囲を示している（同上：13）。

　シナリオ技術の方法論的な前提は、可能な未来あるいはオルタナティブな未

第18章　交通政策と未来研究

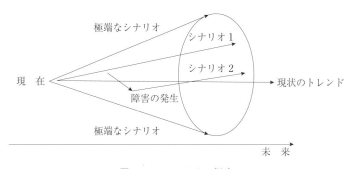

図18-1　シナリオの漏斗
出典：ベルリン工科大学総合交通計画部門

来であり、本章の冒頭に説明した未来研究の認知理論的な基本的前提に合致している。

　シナリオの導入可能性は多様である。機能的な観点から4つの典型的な機能に分けることができる（以下、同上：14ff.）。第1にシナリオの**探査的な知識**の機能は、現在の状況や展開の理解をシステマティックに深めることであり、特に相互関連や相互影響やダイナミックさによって、オルタナティブな発展の可能性の基礎を示すものである。この機能の重要な要素は、分析におけるいわゆる「隠された手がかり」をたどり、観察することである。それは、予期し得ないような事象（いわゆるワイルドカード）や紛争や矛盾を意味する。**対話機能**は、未来研究における**コミュニケーション**参加型の手順という文脈で説明される。シナリオ過程においては、参加者は対象となる分野、原因およびきっかけなどについて断片的な理解に基づいて作業をする。この内的なコミュニケーション機能は、参加者の対話を支援するだけでなく、制度的な文脈から専門的な知識や経験並びにそれぞれに異なる関心により生まれるさまざまな視点を統合してまとめるのに役立つ。同時にそうした機能は、シナリオの第3段階を促進する。シナリオへの参加者やターゲットとするグループは自らの目標設定から支援を受ける。可能な未来像に関する企業や政治的組織あるいは個々の参加者の位置付けによる**目標形成機能**が助けとなる。その上に具体的な活動や取り扱いの結果となる決定や戦略を開発できる。シナリオの枠内で、これらが判断され評価され、その効果や負担の可能性が検証される。ここで、シナリオ過程の概要を

349

第Ⅲ部 交通政策の展望

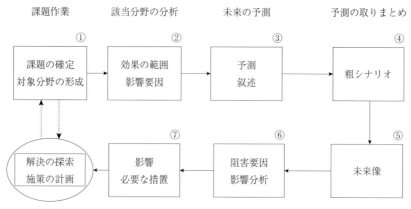

図18-2 シナリオ作業の7つの段階
出典：Becker/List（1997）により筆者作成

示す。それは7つの段階に分かれている（図18-2）。

シナリオ過程の第1段階は、明確ですべての参加者により定義付けられたシナリオの設定を結果として生むことができるような、課題設定と問題分析である。同時にシナリオの対象分野を事象、時期、空間の面から確定しなくてはならない。次に第2段階としてシナリオの問題提起とシナリオの対象分野に影響を与えるすべての関連する影響要因を収集して経験的なデータとともに準備する。これは各々のテーマや問題あるいは課題設定についての専門家によって行われることが望ましい。影響要因は、相互作用の分析において、お互いに関係付けられ、影響の強さと不確実性について評価される。こうした構造化は、プロジェクトの次の作業段階である。影響要因から得られた記述や主要な要因（全体のシステムに最も強く影響を与え、同時にその展開が不明確な要因）がシナリオ分野を代表する。それは未来の展開という視点から取り扱われる。現在の状態の分析から出発して、特徴の定義と予測が行われる。第4段階では、複数の予測がお互いに関連付けられ、首尾一貫性が検証され、さらに矛盾のない予測の一群、いわゆる粗シナリオが作られる。これはシナリオの基本となり、さらに書き進められる。大部分は文書の形であり、図表で補足される。作成される物語は、限界がほとんど設けられないため、映像の形で示すこともできる。第5段階では、シナリオに解釈が加えられ、一貫性、蓋然性、無矛盾であることな

第18章　交通政策と未来研究

どが検証される。影響の分析の前に、阻害要因についての分析が行われる。ワイルドカード分析といわれる作業段階により、非現実的な阻害要因や時系列的な傾向の断絶あるいは前もって予測し得ないような偶然的な事象を視野に入れて、それぞれのシナリオに与える影響の可能性が検討される。これによりシナリオが追加されることもあるし、取り扱いのオプションの影響に関する感度も高まる。7つ目、つまり最後の段階では、問題に対するシナリオの影響が分析され、取扱いのオプションやモデル、あるいは戦略が導出される。

　引き続き、シナリオの基本的な形式の具体化が行われる（以下、Gausemeier et al., 1996）。それによって、シナリオ分析の重要な第一歩が、再度開始されなくてはならない。課題の分析は課題や問題の設定の定義付けばかりでなくシナリオ過程がどういう形態をとるべきか、どのシナリオ技術が適用されるべきかということも含まれる。それに付随して、3つのシナリオの基本形がある。全体的状況のシナリオ、決定あるいは形式シナリオ、システムシナリオである。シナリオ過程は「操作不能な外部的影響の大きさのみに」（同上：106）基づき、決定者に影響されないものを周辺状況のシナリオとしている。決定あるいは形式シナリオは、決定者が影響を与えることが可能な操作の度合いを示すもので、決定者が決定することを可能とする。その2つを混合したものが、システムシナリオである。ここでは影響を与えることができない全体的状況の変数と並んで変化を与える操作の幅が考慮される。そこからさらに、各々の分野——プロジェクト、技術、グローバルのシナリオに分化する。

（4）定義と限界

　未来研究には、不確実な未来に関して意味のある知識をつくりだすという課題がある。その目標は1つには、科学的なオリエンテーリングの知識を得ることであり、もう1つは政治、経済、生態、および科学といった社会システムにおいて計画プロセスや戦略プロセスそして決定プロセスへの具体的なアドバイスと支援をすることである。

　しかし、過去と現在を参照しているだけでは、過去と現在の所与のものを再構成しているに過ぎない。未来研究はシステマティックなプロセスとして理解され、多角的で複数のテーマに関わり、学問分野を越えたものとして利用され

351

第Ⅲ部　交通政策の展望

なくてはならない。

　Kreibich による未来研究の定義では、未来研究は「ありうべき、真実らしく、望ましい未来の発展とその構成のオプションについての科学的な把握であり、その前提条件を過去や現在にもつものである」(Kreibich, 2007：181)。未来研究は、分析的、叙述的そして規範的構成要素を持ち、未来を展望したコミュニケーションや形成の要素をもつ。未来についての知識は、特別な形でのコミュニケーションによる。特にシナリオ技術のようなコミュニケーションによる参加という枠組みがふさわしい。

　他の科学領域と同様に、未来研究もすべての方法論的な努力と水準のチェック項目を基礎にしているが、誤った期待や認識の過ちに留意しなくてはならない。科学的な基礎付けがあっても未来研究は計画上信頼できる未来予測を示すことはできない。一定の発展に阻害事象あるいは決定の結果について早期に気付くという意味での感受性を高めるのがせいぜいである。こうした早期の気付きにも情報の欠落があり、解釈の余地もある。推測的な要素や組織に依拠する利害、規範的な傾向は未来研究では常に考慮され、「失敗の観察」に組み入れられる。

2　未来研究は交通政策と交通計画について何ができるか
　　──電気自動車の例

　交通政策は交通の分析と予測の方法論と手段をもち、未来志向性を含んでいる。交通機関の縦割りを超えた統合的な交通計画は、交通、国土の構造、環境、技術、経済そして社会構造の相互作用をまとめたものである。交通計画の古典的な方法ややり方から脱却し、未来研究の方法論に組み込まなくてはならない。時系列的な分析とデルファイ法と並んで未来研究のシナリオが重要な役割を果たす。モビリティと交通の発展についてのシナリオは、すでに交通計画の策定過程において導入されている (BMVBS, 2006)。シナリオ法は、方法論的にコントロールされた未来像を生成し、ありうるべき未来像をいきいきと描き出すだけでなく、戦略的な決定の探索への基礎をつくりだす。政策的、技術的、経済的に複雑で偶発的な環境において、未来研究は複雑性をそぎ落とし、戦略を形

成するために十分に役立つ手段となる。

　化石によるエネルギー源の枯渇と依然として増加する交通量による温暖化ガス排出の増加により、新たな駆動技術や革新的なモビリティのコンセプトの重要性は高まっている。この分野で希望の星は、電気自動車の利用である。政策的な目標は、ドイツにこの10年で電気自動車を導入することである。

　交通政策としては、電気自動車の導入は大きな挑戦である。そこにはモビリティの手段を変えるべきか、変えるとしたらどう変えるか、ということや、交通インフラにどのような必要が生じるかについての答えは出ていない。モビリティ、特に今まで数十年慣れてきた自動車を利用したモビリティが変化しようとしている。予測されている気候の変動の問題、化石燃料の枯渇そして交通政策上の挑戦が行われている。都市化により、日常的なモビリティのやり方ばかりでなく交通計画においても行動の変更が必要とされる。

　変更のプロセスのインジケーターは、現在展開されている電気自動車によるモビリティをめぐる議論である。電気自動車を用いたモビリティは、中期的には都市の人口集中地域で導入される予定であり、最初のパイロットプロジェクトとそれについての科学的な調査が、8つのモデル地域で行われている。ベルリン―ポツダムもその1つである。CO_2 排出量の減少が期待されているが、旅客のモビリティの分野や業務交通とマルチモーダルなモビリティのコンセプトの変化が望まれている。

　2009年の連邦政府の「全国電気自動車導入計画」は、2020年までに電池式電気自動車を市場に拡大導入することを目標としている。この計画によって、モビリティの未来への切り替えがなされる。電気自動車は大変大きなチャレンジである。性能の高い燃料電池、革新的な駆動のコンセプト、ネットワークの集約そしてそれに対応した業務モデルなどが、近い将来解決しなくてはならない課題分野である。

　連邦経済技術省において進められている「ICT を基盤とした将来のネットワークへの電気自動車の組み込み」は、ベルリン工科大学の統合交通計画部門で、電気自動車の利用者の行動の分析や地域のインフラの計画に貢献する。その一部を供給主導型の計画から需要主導型計画への視点の転換に役立てたいと考えられている。

第Ⅲ部　交通政策の展望

　プロジェクトの目的の実現のために、第1歩として方法論的にコントロールされたシナリオ過程が導入された。この2025年のベルリンにおける電気自動車についての地域的なシナリオは、長期的な電気自動車の影響の検討に用いられた。ベルリン都市圏の電気自動車利用のいくつかの将来像が示されている。

　状況についてのシナリオ過程の目標は、ベルリンにおける電気自動車の主要な空間条件と影響や状況の要素をシステマティックに分析して、利用者の未来の交通行動への影響の可能性と連続性のある未来像と電気自動車の発展を包括的に叙述することである。シナリオ分析の時間的展望は2025年である。分析はドイツ国内の他の類似した地域にも、一部の要素が当てはめられるよう期待されている。

　ベルリンにおいて、経済、技術、社会、環境、並びに都市の発展の分野から、すべての関連する影響要因について十分な状況分析がなされた後、23の要因について相互関連的な分析が行われ、影響マトリックスによって影響の強さが調査された。強い影響力をもつ13の要因が、シナリオの前提となるキーファクターとして採用された。キーファクターは、2025年の未来像を描くオルタナティブとして、専門家によって順序付けられた。十分な整合性の分析の後に、どのような表現が整合的な未来像の組み合わせとなるかが検証された。EDIOS ソフトを用い、最も整合的な組が抽出され、そこで初めて粗シナリオが作り出される。これらは、更なる専門家の検討によってバリエーションがつけられ、さらに作業が行われた。

　すべてのシナリオは、さらに2025年までに起こりうる展開（例えば人口についての変化）については、それぞれのシナリオが参照する共通の基盤としている。これは、すべてのシナリオが展開する範囲を定めることになる。シナリオの精査に続いて、限定要因分析が行われ、ワイルドカードや傾向の断絶について定義される（例えば燃料電池車のコストが、エンジン車と同等になるなど）。各々のシナリオについての影響が検討され、堅牢性についてのテストが行われる。

　最終的には以下の3つのシナリオが残ったが、未来のすべての可能性を網羅しているわけではない。

（1）シナリオ1：現状維持

　電気自動車は、ニッチとしての自動車にとどまる。電気自動車は特定の分野にのみ存在する。電気バッテリーの価格が高いため、通常のエンジン車との競争に負けている。ベルリンの路上では望ましい動力源の車両やハイブリット車は彩りを添えているに過ぎない。費用の問題が決定的な要因となっている。モビリティ行動における望まれた変化は起こらないままである。2010年に導入された電気自動車による新たなカーシェアリングモデルは、需要不足により上手くいかなかった。燃料電池で動く乗用車は、高所得の家計でセカンドカーとして用いられ、意識の高い技術的パイオニアとしてのステータスシンボルと化している。

（2）シナリオ2：電気マイクロモビリティ

　電気自動車はベルリンでの地位を確立した。しかしながら、従来のエンジン車を置き換えるまでにはいたっていない。一方モビリティ行動や交通の変化は、より深い次元のものであった。個人のモビリティは、主に多様でモード間の連携を利用したものとなり、さまざまなモビリティサービスの提供に基づいている。電気小型自動車やマイクロ自動車はベルリンの路上で主要な役割を果たしている。インテリジェントで IT の支援を受けた、交通機関のネットワーク化により、電気自動車は都市交通に統合されている。こうした発展の要因は、燃料電池の価格の低下ばかりでなく、政治や市の積極的でシステマティックな促進等によるものである。それに加えて、必ずしも自動車の保有が必要ではない、というコンセプトがつくりだされている。ベルリン市の統合的で持続可能なモビリティの政策、モビリティにおける選好の変更や電気自動車の多様なサービスなどが、ベルリンを電気自動車についてのパイオニア都市とし、他の大都市圏にもポジティブな影響を与えている。

（3）シナリオ3：物流も電気自動車へ

　電気自動車は、物流にまで浸透する。公的な側からの供給と需要促進によりこのプロセスが進められた。財政的優遇とシステマティックな業務用車両の電気自動車化が、この展開の重要な変換の引き金となった。ベルリンの都市計画

第Ⅲ部　交通政策の展望

図18-3　シナリオ2：電気マイクロモビリティのイメージ
出典：筆者作成

政策も、持続的な効果をもっている。交通のマスタープランを実施するにあたって、大型トラックは市中心部からは締め出され、業務の旅客輸送と物流は電気自動車やそれを利用する運輸業者に置き換わった。このプロセスは、ベルリンの経済的発展によりよい効果をもたらした。この途上で、私的な個人交通にとっても、電気自動車は目に見えるものになっただけでなく、魅力的なものになった。

（4）まとめ

現在の電気自動車を巡る議論の広がりに対して、ここで示したシナリオにより明確な像が示された。シナリオは少なくとも自動車の個人的保有を前提とした電気自動車の包括的な拡散を議論の前提とし、自動車の世界は今までのようにあり続けるということも前提となっている。シナリオでは、複雑で差異がある関連性ばかりでなく、この議論の一面的な見方を修正している。どのシナリ

オも、伝統的な論理に基づき2025年にベルリンにおいて電気自動車が完全に普及しているとはしてない。電気自動車というテーマが試験的な要素をもっているという意味で、掘り下げられているばかりでなく、他の交通機関やシステムと結び付いたさらに広範囲な部分にまで展開している。直感的なものに過ぎないと考えられていた展開が、システマティックに分析され、追加の条件が示されたのである。

さらに、参加のプロセスによる学習効果もあった。遠い未来についての伝統的な考え方は、電気自動車の議論の主流を離れて、シナリオ策定のプロセスにおいて参加者の考え方や視点によって変化した。プロセスの始めには業務関連の交通については、電気自動車はごくわずかな役割しか考えられていなかった。シナリオを構築する際の相互作用によりこのテーマが、前面に出てきた。その意味では参加者の「心理的な地図」が、シナリオプロセスにより変わってきたのである。

全体像としては、電気自動車は化石燃料後のモビリティの1つの要素であるが、拡散の経路の多くにおいては、以前はそう考えられていなかった。交通政策においてこのことは、1つには計画的な施策の可能性のオプションを広げると同時に、このプロセスで交通参加者のモビリティに対する嗜好を入れたため、需要指向的な方向性を取り入れている。政治、経済および科学からの多様な参加者によるシナリオについての対話において、心理的な地図の変更も行われ、「化石燃料後のモビリティの文化」についての新たな方向性が踏み出され、持続可能な未来の形成が実現したのである。

3　結　語

ここで示されたシナリオ過程は、交通計画と未来研究の協力の手はじめとして成功した事例である。シナリオ技術の試行錯誤的なツールを用いることにより、複雑な世界において未来像を決定することが可能である。未来像と並んで、プロセスそのものに参加しているアクターに持続的に作用し、交通政策において決定するための内容的にも、コミュニケーション参加の基本が理解され、コミュニケーションが促進され、適宜性や対象となる社会的なアクターの取り込

第Ⅲ部　交通政策の展望

みの決定や取り扱いの妥当性を高めている。

　行政官庁やその他の政治的な組織のコンテクストにおいても、シナリオ技術は透明性があり（さまざまな参加者の見方を参照しているという意味で）、全体として取り組んだシナリオの分担と責任、並びに中期的長期的な戦略を準備する学習効果などを提供する。それによって、すべての側面で促進されていた「ネットワーク化された思考」という概念に具体的な姿が与えられる。シナリオは、持続可能な交通政策および統合的な交通政策（本書序章参照）についても、価値観や規範をプロセスにおいて集約することを可能とする。未来が計画不能であることを入り口として形成された仮定、という点からは、パラドックス的に聞こえるかもしれないが、未来研究の方法は交通政策について理解に基づく計画や像を示すものである。政策や決定について、分野横断的で事実に基づいた未来を示す手はじめとなろう。

第19章	将来のためのモビリティ

ルドルフ・ペーターゼン

　現在のモビリティは持続可能ではない。もしわれわれと同じくらい世界
中の人々が自動車に乗るならば、地球は堪えることができない

Horst Köhler（前ドイツ連邦大統領）

　モビリティに関する行動様式は20世紀、特に裕福な国では根本的に変化した。
推進力は富、交通とコミュニケーションのイノベーション、そして空間構造の
変化であった。ヒトの移動もモノの輸送も変化した。本章は、活動地点の間の
物理的な移動という形のモビリティを実現する交通を主として取り上げる。

　モビリティに関する行動様式には大きな社会的差異がある。その差異は交通
手段選択や1人当たりの移動距離で見えてくる。基本的には、より多くのお金
がある人はより遠くのところへより快適に旅して、そのときにより多くのエネ
ルギーを消費し、より多くの地球温暖化ガスを排出している。家計所得と交通
エネルギー消費は相関しており、それはドイツの社会だけではなく、国家間や
地域間の比較においても当てはまる。本章では主に旅客輸送について述べ、幹
線道路の整備の推進源となっている貨物輸送は必要に応じて言及する。

　モビリティとは、人々が、自分の望みや需要を満たせる場所に到達できるこ
とである。空間構造が厄介（地理的な状況あるいは社会的な不便）であればあるほ
ど、より多くの交通のモビリティレベルが必要となる。われわれのモビリティ
は自動車交通に依存してきたし、現在もそうである。この依存は、法律とイン
フラ投資によって車社会を作った政治的な決定の結果である。また、自動車交
通の基礎は、安価な石油である。時折石油危機が発生したが、豊かな国は石油
を手に入れ、石油価格の上昇にも対応することができた[1]。

第Ⅲ部　交通政策の展望

　石油は有限の資源である。数十年間前から、新たに発見される量よりも多くの量が消費されており[2]、この資源を巡っては、古典的な富裕国（アメリカ、日本、ＥＵ諸国）と並んで人口爆発大国（中国、インド）が競争している。石油はしばらくの間確実に存在するとしても、より高いコストで、そしてより高いリスクが伴うであろう[3]。持続可能な発展では、希少エネルギー資源の消費を大幅に削減することが求められる。

　石油は、自動車交通で最も多く消費されていて、それはドイツでもグローバルにもいえることである。自動車を運転することは、石油調達における政治的・社会的な影響だけではなく、環境保護の理由から、持続可能な発展を危うくする。石油（又は石炭）を燃焼することで人間の生活条件も危険にさらす。自動車排気ガスの直接的な健康被害は粒子状物質除去装置や触媒コンバーターのような技術、あるいはより純度の高いガソリンとディーゼル燃料によって回避できるが、温室効果ガス排出を回避するフィルターはない。

　モータリゼーションが進んだモビリティ・システムはさらに別の問題を引き起こす。例えば土地利用と社会的な格差の拡大である（本書第8章参照）。また、財政悪化は指摘されなければならない。過度な道路の新設・延伸の影響のほか、現在の道路ネットワークを維持するための資金調達の難しさもある。さらなる道路建設が都市の郊外で高価な居住を促進する一方、縮小社会における福祉サービス、廃棄物の処理、電力の供給、学校の供給、その他多数の社会施設などの負担を増やすことにもなる。

1　持続可能なモビリティのための枠組み──エネルギーと気候の目標

　交通分野における各交通手段（乗用車、トラックなど）の消費量と排気ガス量の詳しいデータはここでは述べない。地域別や産業構造上の区分毎に──例えば、運行業務のみか、あるいはインフラの建設、メンテナンスも考慮するかで、──違うデータが出てくる。大まかにいえば、ドイツでは、温室効果ガス排出の約1/4は交通が原因になっている。

　地球温暖化の危機を止めるために、学界および政界に、温室効果ガス排出の

量——主に二酸化炭素——を大幅に削減しなければならないというコンセンサスはある。「大幅」とは2050年までに世界で最低50％減という意味である。それは全体量であって、各地域各部門（交通、企業、家庭等）が同じ幅で削減する必要はないが、交通の重要性と削減目標の量に鑑みれば、交通は多大な貢献をしなければならない。特に多くの排出量がある裕福な国は、貧困国に比べて大幅な縮小が必要である。

　気候変動に関する国際会議は排出権と削減義務を配分する課題について取り組んでいる。いかなる人にも純粋に計算上同じ排出権を付与するのか。その場合、各国の排出量は収れんしなければならないのか。このコンセプトはメルケル首相が2007年に京都で講演した。

　　　１人当たりの排出量が同じになるときがくるだろう。なぜなら、先進国の
　　　１人当たりの二酸化炭素排出量は減っていき、そして新興工業国の１人当
　　　たりの二酸化炭素排出量はゆっくり増加している。

　１人当たりの排出許容量の理論値は比較的簡単に数値化することができる。気象研究者とＥＵが表明した目標（地球の気温上昇を２度未満に抑える）を達成するためには2050年までに地球の二酸化炭素排出量を半分にする必要がある。地球の人口に換算すると、１人あたりの二酸化炭素等価物の排出量の限界は約２ｔである。

　アメリカのような、非常に排出量の多い国々（１人当たりの二酸化炭素の排出量が20ｔ以上）は90％以上の削減が必要である。ドイツなどのほとんどのヨーロッパの国々は約10ｔで、相対的に有利であるが、排出量を約80％削減しなければならない。約３ｔ以上の中国のような国も行動が必要だが、インド、バングラデシュとほとんどのアフリカの国々は化石燃料の消費を増やすことができる。それはその国の社会的・経済的な発達のために必要なのである。排出権の取り引きによってグローバルな均衡の過程があると容易に想定される。排出の多い国は貧しい国の排出権を買うことができるだろう。買おうと思えば買えるのである。

　交通分野では先進工業国、新興工業国、発展途上国の間に強い結び付きがあ

361

第Ⅲ部　交通政策の展望

る。乗用車、貨物自動車の自動車交通は電力発電や住宅の暖房設備などに比べ統一されている。なぜなら、非常に似通った基準で製造された自動車が世界中のどこでも運転されているからである。しかし、自動車と自動車のために作られたインフラだけではない。モビリティの理想像と豊かな社会像もまた、アメリカやヨーロッパによって世界中の方針が決められている。

2　交通政策と持続可能なモビリティ

交通政策と交通計画は以前より、経済的利害とドライバー目線での消費と厚生を均等にバランスにさせて方針が決められている。環境や気候変動の目標は交通にほとんど影響しない、技術的な規準（排気ガスと騒音の制限値）は自動車開発を妨げないように設定されたし、現在もそうである。さらに、ＥＵの燃料消費目標と二酸化炭素削減目標は、特に小型自動車の販売を推進し、燃費の悪い自動車の購入と利用を食い止めていない。

「持続可能性」の概念はよく主張されているがほとんど実現されていない。それはドイツの現連邦政府もそうだろう。例えば2009年の連立協約（CDU, CSU, FDP）の第４章２項などでは「持続可能性の原則はわれわれの政策の特徴である」あるいは「地球の気温上昇を２度未満に抑えることはわれわれの目標である」と書いてあるが、目標達成に向けた行動はとられていない［訳注：2013年の連立協約（CDU, CSU, SPD）の第１章４項では、地球の気温上昇については何も書かれていない。温室効果ガスの排出量は2020年までに40％を削減したい（1990年をベースとして）、と書いてある］。事実、他の優先事項（逆の優先事項）がある。この立場は研究者から「政治的な股裂き状態」とよばれる（Luhmann, 2010）。

政界と経済界では「持続可能性」の概念が「中身のない決まり文句」になったことを、ドイツの持続可能性審議会（Geschäftsstelle Des deutschen Nachhaltigkeitrates）で判断している。これで利害対立は表面上消失する。1987年のブルントラント報告書（「Our Common Future」）と1992年の環境と開発に関する国際連合会議（リオデジャネイロ会議）では「環境」と「開発」の対立している利害について述べた。ドイツではこの２つの対立軸から３本柱のモデルを立てた。持続可能性は環境と社会の部門だけではなく、３つ目の柱として経済の

362

部門を加えている。2002年のドイツ環境問題専門審議会（Sachverständigenrat für Umweltfragen）は答申書で次のように明言した。

> 研究プロジェクトの結果とそのコンセプトの政治的な取扱いは、三本柱の
> モデルがウィッシュリストに成り下がった。各主体は自分に重要と思われ
> ることを登録する。そのコンセプトは次第に任意の決断に都合のよいもの
> になっている（SRU 2002: 21）。

　実際に社会にかかる費用を外部化してしまうことで、従来の自然資源を浪費する経済システムは、利益と物質的な豊かさをもたらすので、環境面での持続可能性を目指す政策を採ると、経済主体に問題を提起することになる。このジレンマの出口は、環境的に問題の無い商品と生産方式で賄われる将来の「グリーン・エコノミー」である。この希望はドイツの連立政府を結び付けているだけでなく、確固たる期待としてすべての政治パンフレット、産業連盟、労働組合、環境協会、再生可能エネルギーのロビイストの書類にも書いてある。

　ドイツでは昔から自動車産業の利害が政策によって重視されている。それはいろいろな課題（高速道路の無速度制限、2009年の廃車奨励金など）で見られる。ここでは自動車部門と他の部門の経済的な課題を議論しない。持続可能なモビリティの政策はドイツの自動車産業（代表はドイツ自動車工業会）の利害と必ず対立するだろう。もう１つのよく組織された主体は、1,700万人の会員がいるドイツ自動車連盟（ADAC）である。ADACにとって、モビリティはイコール車のことである。ただし、安価で制限なしに車を運転することが危険にさらされないならば、ADACは環境に寄り添う。

　これまでドイツ政府は、自動車指向でない交通政策を概念化しようとしなかった。今日持続可能と言われつつも、実態は事業経費の削減という経済的な観点が大方のところである。これに対して環境と健康の被害の国民経済的費用は計算されない[4]。

　人、物をより速くより安く、そしてより遠距離で輸送を推進しようという交通政策は持続可能ではない。石油不足と温室効果にもかかわらず、最初から道路建設を優先する決定をし、将来のテクノロジーに望みをつないでいる。政策

第Ⅲ部　交通政策の展望

的な成功は道路建設や他の供給サイドのプロジェクトの予算で測られるが、達成した効果は計測されることはない[5]。

「道路の建設でボトルネックを解消する」というスローガンは今でも信じられている。しかしどの大都市圏でも渋滞のない現状を達成できなかった、12車線の高速道路（例えばロサンゼルス）でもできなかった。その希望を持つ人は渋滞の原因を理解していない、又は交通供給と交通需要（本書第10章参照）の関係が分かっていない[6]。大都市近郊の道路も同じである（von Winning, 2009）。

3　発展経路

石油の消費量と交通分野の温室効果ガスの排出量にとって決定的な交通手段は、排出量の多い順に(a)乗用車、(b)トラック、(c)航空と海上交通である。このうち(a)乗用車、(b)トラックの順番は、ドイツ、ＥＵおよびグローバル規模においても明確であるが、個別の国に目を向けると、(c)航空と海上は異なる順になる場合がある。さらに、航空が上空で排出する水蒸気と窒素酸化物の排出量の割合も重要な問題である。

まず、以下では乗用車交通に焦点を当ててみよう。むろん、その内容は他の交通手段にもあてはまる。

持続可能な発展の前提は、今日までの過ちが継続されないことである。交通のエネルギー消費と二酸化炭素排出は次の要因が決定的である。

　　・交通消費：トリップ数
　　・交通手段の選択：特に自動車の利用
　　・自動車の技術：コンセプト（大きさ、質量など）、（低）エンジン効率
　　・燃料あるいはエネルギー源：全生産過程及び利用過程を考慮
　　・交通規則：運転手に環境に悪い運転方法を誘発または強制する規則
　　・インフラ：交通ネットワークの構造と状態、活動の空間的な条件

「インフラ」という項目は交通政策と交通計画の範囲を逸脱している。なぜなら、インフラは交通施設だけではなく、すべての空間構造を意味するからで

364

ある。交通の出発地と目的地、住宅地、職場、買い物と余暇の施設、学校など
の空間的な配置は、交通量とさまざまな交通手段の適性に影響を与えている。
立地がもたらす交通の影響を把握するために、空間計画と交通計画の間の徹底
的な調整が必要である。そのこと自体は、本来新しい話ではない。交通と空間
計画と都市計画は、ドイツの省（連邦レベルも州レベルも）で同じ省であること
も理由がないわけではない。しかし、実際には道路建設は独自に行われ、拡散
的な空間利用を推進する。このことがトリップの距離を増やし、回遊行動（ト
リップチェーン）を妨げることになる。また、道路の新増設は自動車のモビリ
ティを促進し、これで可能になった空間開発が他の交通手段の利用を阻害する。
稠密で混在する空間構造がなければ、公共近距離旅客輸送の営業費は増加し、
徒歩や自転車交通は魅力を失うのである。

　良好な空間計画は、少ない交通消費で持続可能なモビリティを可能にする。
こうした考え方は、いわゆる第三世界で急速に成長する都市にとっては特に今
日的な課題である（Petersen, 2002）。しかし人口が停滞あるいは減少する裕福
な国においても、より交通節約的計画を立て、整備すべきであろう。自動車向
けの道路建設と交通法によって、交通政策は、近さという利点を、費用と時間
の節約に腐心して空間問題を克服することで変えてきた。さらに税制面で優遇
措置をとれば、政府が直接・間接の補助金で自動車交通を伸ばすが、これはマ
イナスの効果をもたらすことになる。

　この関係は長期間審議会で議論されて、統合的計画と交通節約構造の必要性
が繰り返し叫ばれたが、今までは政策的な行動に浸透しなかった。更に、以前
はCDU主導の連邦政府が、責任あるモビリティ政策に不可欠な要素として
「交通回避」と「交通転移」を挙げたが、現在は技術的な解決について語るの
みである[7]。

　本論文は将来の持続可能なモビリティとそのために必要な政策的な前提の考
察を概観するだけではあるが、３つのシナリオで可能な将来経路を明確にする。
その際、３つの対象期間がある。**短期**は５年までである、その期間で、例えば
交通法を根本的に変えるという政策決定を行い、通達によって実行に移すこと
ができる。**中期**は10〜20年間、長くとも2030年までである。この期間では、例
えば全ての車両を全面的に更新できる。**長期**は2050年までである。この期間で

第Ⅲ部　交通政策の展望

は、例えばインフラ部分を大きく変化させることができる。

　3つのシナリオは、モデル計算を含まないが、異なる将来像を示す。シナリオ1（「現状維持」）は現在のドイツの交通政策がベースである。その政策は基本的に従来からの政策の継続で、道路インフラの建設を推進している。貨物輸送の需要が特に増加するという研究に基づくと、そのために道路の容量を増やすことが必要なのである。

　シナリオ2は交通需要と交通政策についてはシナリオ1と基本的に同じであるが、「気候保護」と「石油不足」を拡張した将来像である。相反する目標は自動車技術とエネルギー部門（「グリーン・テクノロジー」）のイノベーションで解決するはずである。

　シナリオ3は、技術革新だけではエネルギー需要と気候保全への要求を満たすことができない、という前提がある。交通政策は基本的な転換が必要であろう。交通政策以外の対策で、交通成長を制限し、環境にやさしい交通手段の利用の増加が実現できるということはない。

4　シナリオ1──現状維持

　短期及び中期、すなわち2030年ごろまでの一定期間は、最も蓋然性が高いのは従来のトレンドの延長である。それは旅客輸送にとって以下のことを意味する。

- ・個々人のモビリティではマイカーの重要性がさらに増し、自動車交通が増加する
- ・特定の市場では公共交通の鉄道とバスが安定している
- ・余暇、ビジネスの両面での航空の限りない増加

　なお、エネルギーコストの上昇はこのトレンドを妨げず、この現状維持シナリオのための政治的な枠組みがEUで変更されないことが仮定されている。また、こうした条件は連邦交通省が想定するシナリオの中でも、定期的に刊行されたシェル研究［訳注：石油企業ドイツ・シェル株式会社が発行する乗用車シナリオ

研究。最新版は第26回（2014年）である］の中でも、他の研究所でも仮定されている。低い輸送費がドイツ経済の生産性とＥＵ加盟国のネットワークのさらなる緊密化を支えている——連邦政府に示された見通しでは、貨物輸送の莫大な量の増加と距離増加は不可避のものされている（ProgTrans 2007）。

　交通量の増加はとりわけ道路上のトラック交通で発生する。モデルでは、鉄道貨物輸送は平均以上の増加率を見せるが、絶対水準ではトラック輸送の増加量の方が著しく大きい。これらは連邦交通省の考え方の転換を促すことはなく、むしろ「ドイツとヨーロッパでは最善の分業と貨物供給を保証するために[8]」さらなる交通投資の必要性を支えている。この補助金の依存体質は、とりわけ運輸業界や大型チェーン店や生産者にとっては最適の条件であるということも付け加えておこう。

　2006年に連邦交通省が発表した「旅客モビリティ2050」に関する研究は、これまで、政策分野で十分検討されなかった（TRAMP, 2006）。この研究は「動態的適応」という言葉で表される展開に重点が置かれている。そこでは、自動車利用費が購買力の２倍上昇すると自動車交通量は増えず、むしろ緩やかに減ると予測している。政策は——理論的には——能動的といえよう。「交通量、交通手段選択、居住立地への影響のための制御手段は早めに変更するか又は新しく導入する」。しかし、連邦交通省が具体的な活動を今まで行わなかったことも、その研究が理由かもしれない。「それがどの政策手段であるか、ここでは全ての細部を解明できないし、すべきでもないだろう」（同上：78）。

　自動車交通が交通量と交通距離にどのような影響を与えうるかについて、上記の委託研究は何も言及していない。見通しは過去のトレンド延長線上である。そのような連続性は安定しているかもしれないが、その見通しは疑いもなくドイツとＥＵの気候保全目標と対立している[9]。二酸化炭素の削減目標は交通分野に特別な関係があるわけではないが、強力な二酸化炭素削減なくして、地球規模の課題とＥＵの目標を達成することはできない。それにもかかわらずドイツの交通政策はシナリオ１に沿っている。そこでは資源危機や気候保全の危機に対応するアプローチを、中期的（2020〜2030年のモデルを参考）にも、長期的（2050年）にも持っていないのである。

第Ⅲ部　交通政策の展望

5　シナリオ2——グリーン・テクノロジーが問題を解決する

　シナリオ1では、交通政策と交通計画が気候政策の課題と石油不足の帰結を考慮しないものとなっているが、シナリオ2では重要な基本的要件である。主役は交通政策担当者や建設業界から、環境・研究政策と自動車産業となる。シナリオ1で仮定された交通需要とインフラの発展は、ここでは交通の将来が技術革新（「緑の技術」）によって安定する枠組みを形成する。シナリオ2でも、交通回避（Verkehrsvermeidung）や環境にやさしい交通手段へのシフトを見込んでいない。その点でこのシナリオは連邦政府の政策——現在は特に「エレクトロモビリティ」に焦点を当てる政策——の描写になっている。

　気候保全と将来の石油不足関連の課題に対して、連邦政府は重視している。ドイツは国として又はEU連合として、気候保全の目標に義務を負い、数年前から省エネルギーと代替エネルギーを推進している。この分野での成果は多いが、それにもかかわらず第2章で述べた中長期的（2020年／2030年あるいは2050年）な目標値ははるかに高い。シナリオ1に沿った交通動向を考えると——連邦政府は気候目標があるにもかかわらず賛成しているが——どのような技術的解決策で達成できるのか、疑問が残る。[10]

　10〜15年前ごろに水素燃料電池自動車は2005年から生産が始まると予測された。ほとんどの政治家は燃料電池自動車で資源と気候問題が解決されるという見通しがあった。しかし、今は誰もその話をしない。その後、バイオ燃料が課題となった。まずは税額の軽減が引き起こしたナタネ油から作ったメチルエステル（「バイオディーゼル」）のブームがあった。次にバイオ燃料の「第2世代」という幻想が生まれた。それはあらゆる植物から人工的に合成される燃料である。一方で、土地面積当たりの収穫量が上がり、他方で低価値の土地利用が可能になることで、食品生産との対立も回避されるはずだった。

　しかし、今では（2010年）世論がそうした展開に否定的である。経済面および環境面において、バイオマスは動力用燃料として使うより発電所で電力や熱エネルギー生産に使う方が効率的であるようである。「エレクトロモビリティ」の概念では今日、電気（電池）自動車にすべての期待がかけられているが、電

気を公共の電力網から得るとき、環境影響評価は重要な問題である。「ハイブリッド自動車」などのコンセプトは内燃機関の自動車の省エネ版にすぎない。今後、再生可能エネルギー（風力、太陽光）だけになるのであれば、公共の電力網をエネルギー源とする電気自動車は、一般論として肯定できるものである。その時は排出ガスなしで車を運転することができるだろう。

　もっとも、詳しくみると、モビリティの将来が、電気自動車であるかどうかは大いに疑わしい（Friedrich/Peterson 2009）。全てとは言わないまでも、かなりの部分の電気を再生可能エネルギーから作るには、未だ長い道のりが必要である。2009年のドイツ発電割合では風力は6.3％と太陽光は1.0％である。この２つの発電方法はかなり期待されているが、それ以外の再生可能エネルギー（水力とバイオマス）の潜在能力は限られている。2008年の連邦環境省の研究によると、2020年までにドイツの発電では再生可能エネルギーの割合は30％達成可能とのことである［訳注：2018年のドイツ発電割合では40.2％は再生可能エネルギーである。詳細は風力発電の割合は20.4％、太陽光発電の割合は8.4％である］（Nitsch, 2008）。

　電気自動車は支持者によって再生可能エネルギーと関連付けられているが、2030年まで、新たな需要に対する十分な風力と太陽光の発電エネルギーを作れないだろう。国の補助金は都市型電気自動車（Batterie-Stadtauto）の需要を煽り、自動車メーカーと電力業界にとっては有難い話になるかもしれないが、これでは、石油の輸入も二酸化炭素排出量も削減しない。インターネットの検索で「電気自動車　都市交通」のキーワードを入力すると、10万ページ以上の夢物語を見ることができる。例えば、電気自動車は都市の中心で、場合によっては郊外までも運転できるようになる。その場合、従来の平均的サイズの乗用車を取り替えず、走行距離の短い小型セカンドカーを電気自動車に取り替えるだろうといった具合である。

　燃料節約と気候保全のためによいことは何もない。ドイツでは乗用車による燃料消費の割合は地域交通では30％未満である。2010年8月に発行された「ドイツ連邦政府のエネルギーシナリオ」では発電の割合の20～30％は石炭である（現在は40％である）。どのシナリオを詳しく計算しても、電気自動車はエネルギー収支と気候のための利点がない。

第Ⅲ部　交通政策の展望

さらに、この針路はコストが高い。新しいテクノロジーのために充電スタンドのネットワークが整備されなければならない。スタンドの数と電気自動車ごとのコストは自動車の所在地と走行ルート次第である。充電の電圧と時間の基準は定まっていないが、短時間充電のために大電流が必要である。その充電スタンドの建設費は4,000ユーロ（約55万円）であるが、電気の販売量は少ないだろうから、その程度のための充電スタンドのネットワークの建設は採算が合うものではない。

バッテリー費用は1kWh当たり1,000ユーロ以上であるため、乗用車の購入者にとっても経済性が不透明である。100kmを走行するために20kWhの容量が必要であろう。小型自動車の場合は2万ユーロの増加である。

これまでの研究（McKinsey, 2007）によると、燃料節約と二酸化炭素排出ガスの削減のための電気自動車の支援は、国民経済的な観点からは、経済合理的な戦略ではない。更に、地方政治家が無料駐車場などの利点で街の中心にまで電気自動車を誘導したり（実際ロンドンで実施された）、通勤で公共交通や自転車から電気自動車に乗り換えたりする人が現れると、環境会計上もマイナスになる。

6　シナリオ3——持続可能なモビリティ

シナリオ3の将来像の起点はシナリオ2と同じく、石油への依存を減らし、気候保全の必要条件を達成することである。シナリオ3では、効率の改善と新しい動力のための顕著なイノベーションに加え、交通構造をより持続可能的に作り変えることが前提となっている。自動車交通を今後見通される量で現在の方法のまま、すなわち今日と同様な重量の貨物自動車を高速で使用でき、持続可能な形にするには、再生可能エネルギーが、当面十数年の間に足りないということも予測されている。

モビリティ・システムのエネルギー消費は交通量と人キロあるいはトンキロでみたエネルギー消費量で定められている。交通量を増やす原動力は社会発展と空間構造の変化などで、それぞれは相互に関連付いている。さらに実際の推進力は家計所得と輸送コストで、それによって交通主体にとっては他の選択肢

（交通行動をとらないという選択肢を含む）よりも交通行動をとることが有利に見えるのである[11]。

　交通需要の規模はここでは議論の中心に置かない。輸送費用、建築計画規則と建設規則の変更の効果も触れない。所与の交通量の下で、エネルギー収支において最も重要な要素は車両自体の燃費と利用率である。このシナリオ3は車両と運転という行動様式を扱う。ドイツの法律の中では、それらは道路運送車両法（Straßenverkehrs-Zulassungsordnung）と道路交通法（Straßenverkehrs-Ordnung）で定められている。人キロごとのエネルギー消費は2050年までに80％を減らすことが目標である。この消費レベルに達するならば、非化石燃料、すなわち再生可能燃料で十分であろう。

　シナリオ3では、今日の乗用車による交通量は、短・中期的には（つまり現在の空間構造の下では）限られた範囲のみでしか、環境により優しい交通手段に取り替えることはできない、という前提がある[12]。公共交通の供給はどんなに良いサービスであっても、個人所有の車ほどの長所はない。その結果、「環境に悪い」自動車は「環境に優しい」自動車に取り替えるべきだということになる。

　運転に必要なエネルギー需要（つまり運行にかかる機械作業）は基本的に、車両の質量、運転速度、加減速の仕方によって決まる（von Winning, 2009）。車両の質量、転がり抵抗や空気抵抗のような技術的なパラメーターはもちろんいつでも最善の状態になるが、速度や加減速という運転士の行動に関しては、さらなる節約の余地がある。例えば、速度を80 km/h から120 km/h に（50％）上げると、運転抵抗と燃料消費は100％上がる。

　高速運転や急加速への願望に固執しなければ、これまで想定してこなかった技術的な最適化が可能になる。それによって運転のための必要な力学的な仕事を減らすことができ、エンジン効率も改善する。もし乗用車を100 km/h の最高速度に設計すれば、より小さな排気量のエンジンで、単に軽いだけではなくて、都市内外で燃費が大きく改善される（Petersen/Diaz-Bone, 1998）。より軽い車体と動力部品で製造され、転がり抵抗の小さな細いタイヤで十分であろう。高速運転では空気抵抗を減らすためにフロントガラスが平らになったが、そのため、カーエアコンがなければ直射日光に耐えることができなくなる。速度が低くなれば、空気抵抗はさほど重要性でなくなり、乗る人のスペースは屋根の

第Ⅲ部　交通政策の展望

高いよりゆったりとしたものになり[13]全体として自動車をより短く、軽くすることができるだろう。それが技術的な諸側面である。

　行動様式については、次のような論点がある。将来自動車を運転するときは高速を断念しなければならない。今日的な観点からは、「100-80-30」［訳注：最高速度は高速道路で100km/h、非市街地で80km/h、市街地で30km/hの意］が推奨される。高速道路の最高速度は時速100km/hが適切であろう。その場合でも乗用車はトラックを追い越すことができる[14]。高速道路は相対的にも絶対的にも消費量と排出量が一番高いので、エネルギー節約も最大である。

　低速運転に合わせた技術で実際に低速で運転するということを組み合わせれば、本当に燃費の80％の削減が達成できるだろうか。高速道路と非市街地の幹線道路の実際の速度の統計がないため、事前には確かな計算はできない。ちなみに、「1992年には高速道路で乗用車の平均速度は時速120kmであった」と連邦交通省は連邦議会の質問に対して2007年に報告している。

　制限速度の遵守率が高い場合、燃費削減能力も高い、ということが基本的に成り立つ（Offen/van Essen 2010）。完全な速度遵守は技術的な制限を課すしかない、つまりスピードリミッターを強制的に着用させることである。道路交通法上の制限速度以外に、道路運送車両法でもそれに応じた条件が必要である。他の技術的な基準と同様にこの条件をEU内で調和させなければならない。どのような技術を使うかは——排気ガスや安全の基準と同様に——自動車メーカーに一任されることになろう。EUは製造方法ではなく、効果を規定している。GPS付きカーナビによる速度制限を実施するというのはすぐに思い付くやり方である。それによって、警察のスピード違反の取り締まりが不用になり、交通標識の数が減る。

　効果についても若干考えておこう。100-80-30の減速によって、現在の自動車全体で約40％の燃料節約が可能になる。不必要な加減速をしないことで、節約ができる。交通流を均一化させることで交通量の多い道路の渋滞を回避し、燃料消費の削減に貢献し得る。低速運転戦略による技術的な潜在能力で5割以上の節約になると思われる。

　最後に、自動車走行距離の一部は消滅するという効果が見込める。例えば高速運転を楽しむドライブである。あるいは「時間制約」の下、移動時間の延長

372

第19章　将来のためのモビリティ

をトリップの距離の削減で相殺するということもあるだろう。

　このことは、道路運送車両法と道路交通法の考え方の変化によって今日の運転距離における移動時間がどの程度延びるかという問いを投げかける。高速道路では20％、それ以外の非市街地の道路では10％未満、市街地の道路では５％未満が大まかな見積もりだろう。2008年の高速道路と連邦道路の乗用車の走行距離は約3,300億 km であった。制限速度100 km の場合はそれが30億時間の運転時間である。このシナリオでは10％の運転時間増の場合は、３億時間の運転時間増であろうことが明白である。しかし、交通統計によると交通の半分は休暇と余暇のトリップであるので、その時間はどのように評価するかについて、ここでは深入りしない。また、燃料消費の節約と排出ガスの削減がどの程度の量になるかもここでは述べない。

　確かなことは、このシナリオ３の技術的な速度削減は、今までの自動車運転の自由との別れだということである。私的交通としての自動車モビリティの主な長所である運転時間の自由と方向の自由はもちろん維持するが、個別の自動車の速度は調整されることになるのである。

7　結　語

　数十年前から、研究者は「モビリティ」と「交通」を区別している。モビリティは社会活動に必要であるが、できる限り少ない交通量で達成されるべきであるということが強調されている。伝統的に「交通量」と呼ばれる支出にはプラスの価値がない、重要なことは輸送人キロと輸送トンキロを減らすことである。住居を暖める際に高いエネルギー消費が望ましくないのと同じく、交通量も少ない方が経済的に望ましい。シナリオ１で描かれた将来経路では、交通量のさらなる増加が想定される中、あらゆる持続可能性がその必要性からはかけ離れて下位に置かれ、エコロジーとエコノミーの紛争を劇化させることになる。

　シナリオ２では、交通の消費や交通ビジネスを維持できるように、「グリーン・テクノロジー」が準備されるという経済界と政界の夢が描かれている。クルマ社会を変更することは必要でなく、「自動車交通」の問題が「自動車のモビリティ」に名称変更することで解消されそうだというものである。機械化さ

373

第Ⅲ部　交通政策の展望

れた道路交通は、「エレクトロモビリティ」として、環境に優しく、持続可能な形で将来を導くようにみえる。しかし、いずれにしてもこの願望は全く地に足がついていない。

　シナリオ3では、持続可能なモビリティは、計測不能な技術革新や願望にすぎないコスト削減に頼らず、社会的なイノベーションと現にある低コストの製品の適用に依拠する。つまり、少ない資本投下で、失敗しても傷の浅い戦略、それに社会的な学習過程を描いている。数十年後に、低速の自動車のほとんどが電気モーターであるかどうか、電池が電力供給網から充電されるかどうかは重要な課題ではない。長距離運転のために必要な残りの燃料需要がバイオガソリンかバイオディーゼルで満たされるかどうかも重要ではない。自動車のエネルギー需要を例えば80％削減した場合、この代替物のために環境と社会に優しい資源が十分にあるかどうか、随時改めて考えればよいのである。

　シナリオ3では連邦交通省の予算の大掛かりな再配分はない。あるのは、新たな道路建設を完全に中止すべきという暗黙の要請である。モットーは次のようなものであろう。騒音防止と道路メンテナンスにより多くの資金を投入し（道路メンテナンスが騒音削減を助ける）、それ以外はよりよい学校を作るために市町村に与えるがよい。

　公共交通手段の環境面での重要性を強調しないこと、鉄道の倍増や地方鉄道の建設、新しい路面電車ネットワークを要求しないことに失望する者もいるだろう。もちろん近距離公共交通の利用者も交通費を払わなければならないので、公共交通の無料化もしない。より多くよりよい自転車道の要求もしない――この環境に優しい交通手段は明白に不利に扱われているにもかかわらず。ここにはインフラの建設と改築の提案もない。

　自動車交通のみに目をやることこそ、問題の核心なのである、代替の交通手段と補助金だけで問題に対処するというのは幻想であろう。よりよい近距離公共交通（例えばスイスで）あるいは自転車交通のためのよりよい状況（例えばオランダで）が、実体として自動車利用を減らしているという証拠はない。確かにオランダではより多くの人は自転車に乗り、スイスではより多くの鉄道利用者がいる。そしてほとんどの市内の近距離公共交通はドイツよりはよりよい。しかし、なぜ1人当たりの自動車交通のエネルギー消費はドイツに比べてほと

374

第19章　将来のためのモビリティ

んど低くならないのであろうか。

　シナリオ3が描くような施策が実現した後でも、短期的には、交通手段選択
と乗用車の走行距離の大きな変化は期待できない。モビリティ全体にとって、
自家用車は今後も長きわたり高い位置の価値を保つだろう。既存の自動車イン
フラと空間構造では、自動車利用が最も適している。この構造は、短期的では
なくて、中長期においてのみ変化しうるので、より環境に優しくより持続可能
なモビリティを実現するためには、自動車運転の経済的・法的な優遇を減らし、
自動車の利用を人間的にする道しか残っていない。日常のモビリティのために
最も効率的な将来の自動車は、今日の自動車とは別の指標をもつことを示さな
ければならない。それは低速度、軽量、均一運行速度である。

　最高速度の削減により、まずは長距離のトリップと大都市間において、他の
モビリティの選択肢がより魅力的な候補となるであろう。500kmの自動車運
転が1時間長くかかるとしても、鉄道に切り替える人は多くないだろう。自動
車の法律的な再定義に、さらにこれまでと違う価値感が広がることで初めて、
自動車という呪物で成り立つ日常生活の魅力が弱まるであろう。自動車に合わ
せる、自動車の必要性に沿った空間構造がなくなれば、密度の高い都市が持つ
モビリティ上の構造的な利点が再認識され、市場でも受け入れられるであろう。
後世の人はおそらく次のような問いを一度は発するであろう。「なぜ昔の生活
は全面的に『ブリキの箱』に合わせたのか？」と。

　注

　1）　石油価格の上昇（例えば2008年7月は1バレルは140ドル以上）の影響で世界経
　　　済危機を懸念したが、起こらなかった。2008年末の本当の危機は銀行の投機で引
　　　き起こされた。

　2）　天然ガスにも同じことがいえるが、今日のレベルでは現在は石油ほど深刻では
　　　ない。

　3）　キーワードは戦争及び間接的干渉、又は採掘と輸送の際の破壊と自然の生息空
　　　間破壊である。環境と社会の被害の例として、2010年メキシコ湾原油流出事故が
　　　ある。

　4）　排気ガスと騒音被害以外にも、例えば、増加する肥満や子どもの成長の障害も
　　　ある。

第Ⅲ部　交通政策の展望

5）　ドイツでは交通プロジェクトの事後評価は通常行われないが、スイスでは行われる（ARE, 2007）。

6）　ドイツの高速道路ネットワークの渋滞原因は過度の交通量（39％）、工事（35％）と事故（26％）である（Deutscher Bundestag Drucksache 16/6131 16. Wahlperiode 24. 07. 2007）。

7）　「交通回避と交通転移は環境を損なわないモビリティの確保のために断念できない」当時環境大臣であった A. Merkel の発言、1998年1月29日。

8）　http://www.bmvbs.de/-,2828.999442/Abschaetzung-der-Gueterverkehr.htm（ドイツ連邦交通・建設・都市開発省：貨物交通の予測）。

9）　2008年12月のＥＵの目標は温室効果ガスの排出を20％削減する義務を負った。

10）　温室効果ガスは1990年をベースにすると、2020年までに40％を削減すべきだとされていたが、2008年までに21.9％の削減を達成している。

11）　この要因はシナリオ1の交通量の増加（2030年と2050年の予測）である。

12）　これは、従来空間を占有してきた自動車と近距離公共交通や自転車、徒歩交通の間に争いがなくなるという意味ではない。

13）　従来カーエアコンのエネルギー需要は燃費測定方法で考慮していない。

14）　しかし、アメリカのようにすべての自動車が同じ速度で運転する場合、交通の流れはよくなるということも考慮しなければならない。

引用・参考文献

Ahrend, Christine (2002): Mobilitätsstrategien zehnjähriger Jungen und Mädchen als Grundlage städtischer Verkehrsplanung. Münster.

Ahrens, Gerd-Axel (2009): Ergebnisse und Erkenntnisse zur Mobilität in Städten aus der Haushaltsbefragung SrV 2008. Präsentation Abschlusskonferenz SrV 2008. Dresden, Folie 17.

Altenburg, Sven/Philine Gaffron/Carsten Gertz (2009): Teilhabe ermöglichen bedeutet Mobilität zu ermöglichen — Mobilität sozial gestalten. In: WISO Diskurs der Friedrich-Ebert-Stiftung, Bonn.

Aral (2005): Aral-Daten-Heft.

ARE (2007): Räumliche Auswirkungen der Verkehrsinfrastrukturen — Lernen aus der Vergangenheit — für die Zukunft. Synthesebericht. www.are.admin. ch/the men/raumplanung/.../index.html

Arndt, Wulf-Holger/lngo Einacker et al. (2000): Erprobung von Maßnahmen zur Umweltschonenden Abwicklung des städtischen Wirtschaftsverkehrs = Umweltbundesamt, Texte 57/00. Berlin.

Aschauer, D. A. (1989): Is Public Expenditure Productive? In: Journal of Monetary Economics, Vol. 23, pp. 177-200.

Baar, Lothar/Dietmar Petzina (Hrsg.) (1999): Deutsch-Deutsche Wirtschaft 1945 bis 1990: Strukturveränderungen, Innovationen und regionaler Wandel. Ein Vergleich. Berlin.

Bamberg, Sebastian/Guido Möser (2007): Twenty years after Hines, Hungerford, and Tomera: A new meta-analysis of psycho-social determinants of proenvironmental behaviour. In: Journal of Environmental Psychology, 27, pp. 14-25.

Bandelow, Nils C. (2007): Unwissen als Problem politischer Steuerung in der Verkehrspolitik. In: Bandelow, Nils C./Wilhelm Bleek (Hrsg.): Einzelinteressen und kollektives Handeln in modernen Demokratien. Wiesbaden, pp. 139-162.

Bauer, Reinhold (2006): Gescheiterte Innovationen. Fehlschläge und technologischer Wandel. Frankfurt/Main.

Becker, Axel/Stefan List (1997): Die Zukunft gestalten mit Szenarien. In: Michael P. Zerres/Ingrid Zerres (Hrsg.): Unternehmensplanung — Erfahrungsberichte aus der Praxis. Frankfurt, pp. 36-55.

Becker, Udo/Andreas Rau (2004): Neue Ziele für Verkehrsplanungen. In: Handbuch der kommunalen Verkehrsplanung, Kapitel 3.2.10.3, Konzepte einer nachhaltigen Verkehrsplanung. Heidelberg.

Becker, Udo/Elke Eisel (1999): Mobilität. In: Breuel, B. (Hrsg.): Agenda 21, Vision: Nachhaltige Entwicklung, pp. 200-208. Frankfurt M./New York.

Becker, Udo/Juliane Böhmer/Regine Gerike/et al. (2008a): How to Define and Measure Access and Need Satisfaction in Transport — Papers from the ESF-Exploratory Workshop, Dresden; DIW-Heft 7. Dresden.

Becker, Udo/Torsten Belter/Regine Gerike et al. (2008b): Perspektiven der deutschen Verkehrsplanung — Dokumentation eines Expertenworkshops am 15.11.2007; UBATexte Nr. 45. Dessau.

Becker, Udo/Regine Gerike/Matthias Winter et al. (2009): Grundwissen Verkehrsökologie, DIVU — Heft 8. Dresden.

Bertenrath, Roman/Michael Thöne/Christoph Walter (2006): Wachstumswirksamkeit von Verkehrsinvestitionen in Deutschland, FiFo-Berichte Nr. 7, Köln.

Beyme von, Klaus (2007): Verkehrspolitik als Feld der Staatstätigkeit — ein Aufriss. In: Oliver Schöller/Weert Canzler/Andreas Knie (Hrsg.): Handbuch Verkehrspolitik, Wiesbaden.

Blum, Ulrich (2004): Volkswirtschaftslehre. Studienhandbuch. 4., völlig überarb. und erw. Aufl. München.

Blumenstein, Andreas/Verena Häberli/Martin Wälti (2002): Maßnahmen zur Erhöhung der Akzeptanz längerer Fuss-und Velostrecken. Burgdorf.

BMVBS (Hrsg.) (2006): Mobilitätsentwicklung 2050. Berlin.

BMVBS — Bundesministerium für Verkehr, Bau-und Stadtentwicklung (2008): Verkehr in Zahlen 2008/2009. Hamburg.

BMVBW — Bundesministerium für Verkehr, Bau-und Wohnungswesen (2000): Verkehr in Zahlen 2000/2001. Hamburg.

BMVBW — Bundesministerium für Verkehr, Bau-und Wohnungswesen (2002): Grundzüge der gesamtwirtschaftlichen Bewertungsmethodik Bundesverkehrswegeplan 2003. Berlin.

引用・参考文献

BMVBW—Bundesministerium für Verkehr, Bau und Wohnungswesen (Hrsg.) (2005): Nachhaltige Raum-und Verkehrsplanung—Beispiele und Handlungsempfehlungen: In Schriftenreihe direkt, Heft 60/2005. (FOPSNr.: 73. 314/2001, BMVBW 2005).

BMVBW/PGV (2005): Chancen und Optimierungspotenziale des nicht-motorisierten Verkehrs. Hannover.

Böhret, Carl/Werner Jann/Eva Kronenwett (1988): Innenpolitik und Politische Theorie. Opladen.

Bolte, Karl M/Dieter Kappe/Friedrich Neidhardt (1974): Soziale Ungleichheit. Opladen.

Bonsall Peter/Jeremy Shires/Dong Ngoduy/Heike Link/Anna Becker/Panos Papaioannou/Panagiotis Xanthopoulos (2007): Optimal Complexity of Prices for Transport Infrastructure, Deliverable 6 of GRACE (Generalisation of Research on Accounts and Cost Estimation), Funded by Sixth Framework Programme. ITS, University of Leeds, Leeds. 2007, http://www.grace-eu.org/deliverables. htm, 23. 3. 2010.

Bracher, Tilman/Volker Eichmann et al. (2004): ÖPMV im Wettbewerb (=Difu-Beiträge zur Stadtforschung, Bd. 39). Berlin.

Bronfenbrenner, Urie (1993): Die Ökologie der menschlichen Entwicklung. Frankfurt/M.

Bundesagentur für Arbeit (Hrsg.) (2009): Grundsicherung für Arbeitssuchende in Zahlen. Nürnberg. p. 3.

Bundesministerium der Finanzen (2008): Finanzplan des Bundes 2008-2012, Berlin.

Bundesministerium für Verkehr (Hrsg.) (1991): Verkehr in Zahlen. Berlin.

Bundeszentrale für Politische Bildung (2006): Datenreport. Bonn.

Bundeszentrale für Politische Bildung (2008) Datenreport: Ein Sozialbericht für die Bundesrepublik Deutschland. Bonn. pp. 145.

Burckhart, Martin (1997): Metamorphosen von Raum und Zeit. Eine Geschichte der Wahrnehmung. Frankfurt am Main, New York.

Canzler, Weert/Andreas Knie (2007): Radikales Umdenken im öffentlichen Landverkehr, Berlin.

Carlowitz, Hannß Carl, von (1713): Sylvicultura oeconomica oder Haußwirtschaftliche Nachricht und naturgemäße Anweisung zur wilden Baum-Zucht. Leipzig

(Reprint: TU Bergakademie Freiberg, Universitätsbibliothek, Nr. 135, Freiberg 2000).

Cerwenka, Peter/Olaf Meyer-Rühle (2008): Sind Staukosten externe Kosten. Versuch einer terminologischen Flurbereinigung. In: Internationales Verkehrswesen, Jg. 60, H. 10, pp. 391-396.

Chlond, Bastian/Wilko Manz/Dirk Zumkeller (2002): Stagnation der Verkehrsnachfrage — Sättigung oder Episode? Internationales Verkehrswesen 54(9)2002, pp. 396-400.

Cialdini, Robert B. (2001): Influence: Science and practice (4th ed.). Boston.

Claessens, Dieter/Jochen Fuhrmann/Günter Hartfiel/Otto Stammer (1959) Angestellte und Arbeiter in der Betriebspyramide eine empirisch-soziologische Studie, Berlin.

Deffner, Jutta (2009): Zu Fuß und mit dem Rad in der Stadt. Mobilitätstypen am Beispiel Berlins. Dortmunder Beiträge zur Raumplanung: Verkehr. Band 7.

Deffner, Jutta/Konrad Götz (2007): Mobilitätsstile: Ein sozial-ökologisches Forschungskonzept und seine planerischen Bezüge. In: Tilman Bracher/Helmut Holzapfel/Folkert Kiepe (Hrsg.): Handbuch der kommunalen Verkehrsplanung. Kapitel 2. 2. 1. 8. Heidelberg.

DiClemente, R. J./L. F. Salazar/R. A. Crosby (2007): Review of STD/HIV Preventive Interventions for Adolescents: Sustaining Effects Using an Ecological Approach. In: Journal of Pediatric Psychology, 32, pp. 888-906.

Die Linke im Bundestag (Hrsg.) (2008): Leitfaden Sozialticket, Berlin.

Dienel, Hans-Liudger (2005): Konkurrenz und Kooperation von Verkehrssystemen. In: Bettina Gundler/Michael Hascher/Helmuth Trischler (Hrsg.): Unterwegs und mobil. Verkehrswelten im Museum. Frankfurt M., pp. 111-129.

DIW — Deutsches Institut für Wirtschaftsforschung (2009): Verkehr in Zahlen, div. Jahrgänge, hrsg. v. BMVBS. Berlin.

Dziekan, Katrin (2008): Ease-of-Use in Public Transportation — A User Perspective on Information and Orientation Aspects. School of Architecture and The Built Environment, Department of Transportation and Economics, Division Transport and Logistics. PhD Thesis. Royal Institute of Technology. Stockholm.

Dziekan, Katrin/Bernhard Schlag/Igor Jünger (2004): Barrieren der Bahnnutzung

引用・参考文献

—Mobilitätshemmnisse und Mobilitätsbedürfnisse. In: Bernhard Schlag (Hrsg.): Verkehrspsychologie. Mobilität — Verkehrssicherheit — Fahrerassistenz. Lengerich, pp. 63-81.

Ehling, Manfred/Rosemarie v. Schweitzer (1991): Zeitbudgeterhebung der amtlichen Statistik. Beiträge zur Arbeitstagung vom 30. April 1991. Wiesbaden.

Elder, R. W./R. A. Shults/D. A. Sleet/J. L. Nichols/R. S. Thompson/W. Rajab (2004): Effectiveness of Mass Media Campaigns for Reducing Drinking and Driving and Alcohol-Involved Crashes — A Systematic Review. In: American Journal of Preventive Medicine, 27, pp. 57-65.

Elder, R. W./J. L. Nichols/R. A. Shults/D. A. Sleet/L. C. Barrios/R. Compton (2005): Effectiveness of School-Based Programs for Reducing Drinking and Driving and Riding With Drinking Drivers. In: American Journal of Preventive Medicine, 28, pp. 288-297.

Elhance, A. p./T. R. Lakshmanan (1988): Infrastructure-Production System Dynamics in National and Regional Systems; An Econometric Study of the Indian Economy. In: Regional Science and Urban Economics, 18, pp. 513-531.

ETSC — European Transport Safety Council (2010): 4rd Road Safety PIN Report 2010. Brussels.

EU Kommission, DG SANCO (2009): The Consumer Markets Scoreboard. Luxemburg: Büro f. amtliche Veröffentlichungen.

EUSG-Konsortium (2006): Evaluation and monitoring of trends with regard to passenger needs on the level of service and treatment of passengers. Final Report December 2006. Berlin.

Fehr, Ernst/Urs Fischbacher (2004): Social norms and human cooperation. In: Trends in Cognitive Sciences, 8, pp. 185-190.

FES — Friedrich Ebert Stiftung (Hrsg.) (2009): Teilhabe zu ermöglichen bedeutet Mobilität zu ermöglichen, von Sven Altenburg, Philine Gaffron, Carsten Geertz, Bonn.

FGSV — Forschungsgesellschaft für Straßen- und Verkehrswesen (Hrsg.) (2006): Hinweise zu regionalen Siedlungs- und Verkehrskonzepten. Köln.

Fietsberaad (2009): Bicycle policies of the European principals: continuous and integral. Fietsberaad Publication number 7. Utrecht.

Finley, Pamela (1999): Der Einfluss des Automobils auf das Reiseverhalten seit der Epochengrenze zur motorisierten Gesellschaft. Eine Seminararbeit im Rahmen der Forschungsgruppe Automobil und Kultur am Institut für Soziologie der Universität Erlangen-Nürnberg.

Flade, Antje/Christian Achnitz (1991): Der alltägliche Lebensraum von Kindern. Ergebnisse und eine Untersuchung zum home range. Darmstadt: Institut Wohnen und Umwelt.

Flade, Antje/Maria Limbourg (1997): Das Hineinwachsen in die motorisierte Gesellschaft. Darmstadt.

Flick, Uwe/Kardorff, Ernst v./Steinke, Ines (Eds.) (2000). Qualitative Forschung- Ein Handbuch, Rowohlt, Reinbek bei Hamburg.

Föbker, Stefanie et al. (2007): Zuzug, Fortzug, Umzug — die Stadtregion Bonn in Bewegung. In: Raumforschung und Raumordnung, Heft 3/2007, 65. Jg., pp. 195 -212.

Franke, Sassa (2001): Car Sharing: Vom Ökoprojekt zur Dienstleistung. Berlin.

Friedrich, Axel/Rudolf Petersen (2009): Der Beitrag des Elektroautos zum Klimaschutz — Wunsch und Realität. Gutachten im Auftrag der Delegation DIE LINKE im Europäischen Parlament. www.dielinke-europa.eu/fileadmin/PDF/MEP Materialien/Gutachten.pdf

Gather, Matthias/Andreas Kagermeier/Martin Lanzendorf (2008): Geographische Mobilitäts- und Verkehrsforschung. Studienbücher der Geographie. Berlin/ Stuttgart.

Gausemeier, Jürgen/Alexander Fink/Oliver Schlake (1996): Szenario-Management: Planen und Führen mit Szenarien. München.

Gehlert, Tina (2009): Verkehrsklima in Deutschland 2008. Unfallforschung der Versicherer im Gesamtverband der Deutschen Versicherungswirtschaft e. V. Berlin.

Gerlach, Jürgen/Jörg Ortlepp/Heiko Voß (2009): Shared Space. Eine neue Gestaltungs-philosophie für Innenstädte? Beispiele und Empfehlungen für die Praxis. Unfallfor-schung der Versicherer im Gesamtverband der Deutschen Versicherungswirtschaft e. V. Berlin.

Gorr, Harald (1997): Die Logik der individuellen Verkehrsmittelwahl. Gießen.

Götz, Konrad/Jutta Deffner (2009): Eine neue Mobilitätskultur in der Stadt - praktische Schritte zur Veränderung. In: BVBS (Hrsg.): Urbane Mobilität.

Verkehrsforschung des Bundes für die kommunale Praxis. direkt 65. Bonn.

Grober, Ulrich (2010): Die Entdeckung der Nachhaltigkeit. Kulturgeschichte eines Begriffs. München.

Gullberg, Anders/Katarina Isaksson/Jonas Eliasson/Greger Henriksson (2009): Congestion Taxes in City Traffic: Lessons Learnt from the Stockholm Trial. Lund.

Gundler, Bettina/Sylvia Hladky (Hrsg.) (2009): Deutsches Museum, Verkehrszentrum ein Führer durch die Ausstellungen. München.

Hagenzieker, Marjan P./Frits D. Bijleveld/Ragnhild J. Davidse (1997): Effects of incentive programs to stimulate safety belt use: A meta-analysis. In: Accident Analysis & Prevention 29, pp. 759-777.

Harlander, Tilman (Hrsg.) (2001): Villa und Eigenheim — suburbaner Städtebau in Deutschland. Stuttgart.

Hauff, Volker (Hrsg.) (1987): Unsere gemeinsame Zukunft — Der Brundtland-Bericht der Weltkommission für Umwelt und Entwicklung. Greven.

Heckhausen, Jutta/Heinz Heckhausen (2006): Motivation und Handeln. Heidelberg.

Heinz, Harald (2010): Straßenraumgestaltung: Ziele, Inhalte, Verfahren. In: Bracher, Tilman, Haag, Martin, u. a.: Handbuch der kommunalen Verkehrsplanung, 58. Ergänzungslieferung. Berlin.

Hickling Corporation (1994): Measuring the Relationship between Freight Transportation and Industry Productivity. National Cooperative Research Program, Transportation Research Board, Washington D. C.

Hickling, Lewis/Brod Inc. (1995): Measuring the Relationship between Freight Transportation and Industry Productivity. Final report, NCHRP 2-17(4), Transportation Research Board, National Research Council, Washington D. C.

Hilpert, Thomas (2009): MDR-Arbeitshilfe—Neue zusätzliche Fahrgastrechte im Eisenbahnverkehr in Deutschland. In: Monatsschrift für Deutsches Recht.

Holzinger, Markus (2007): Kontingenz in der Gegenwartsgesellschaft. Dimensionen eines Leitbegriffs moderner Sozialtheorie. Bielefeld.

Holz-Rau, Christian/Birgit Kasper/Steffi Schubert (2009): Die Mobilität Älterer verbessern — mit dem PatenTicket. Empfehlungsmarketing für die Generation 60+ erfolgreich getestet. In: Der Nahverkehr, Heft 1/2/2009, pp. 29-33.

Holz-Rau, Christian/Ute Jansen (2006): Verkehrsinfrastruktur fördern — Möglichkeiten und Bedarf. In: der städtetag 03/2006, pp. 25-30.

HSV — Hessische Straßen- und Verkehrsverwaltung (Hrsg.) (2006): Leitfaden — Unbehinderte Mobilität. Heft 54. 12/2006.

Hunsicker, Frank/Carsten Sommer (2009): Mobilitätskosten 2030: Autofahren und ÖPNV-Nutzung werden teurer. In: Internationales Verkehrswesen (61) 10/2009, pp. 367-376.

Hüttenmoser, Marco (1994). Auswirkungen des Straßenverkehrs auf die Entwicklung der Kinder und den Alltag junger Familien. In: Antje Flade (Hrsg.): Mobilitätsverhalten. Weinheim, pp. 171-181.

Infas/DLR (2010): MID2008. Ergebnisbericht und Abschlusspräsentation. Im Auftrag des Bundesministeriums für Verkehr, Bau und Stadtentwicklung. Berlin.

Infas/DLR (2010): MID 2008 - Mobilität in Deutschland 2008 — Ergebnisbericht. Bonn und Berlin. Bundesministerium für Verkehr, Bau und Stadtentwicklung.

Infas/DIW/BMVBS (Hrsg.) (2010): MiD 2008. Alltagsverkehr in Deutschland. Anwenderworkshop am 2. September 2009 in Berlin, Neue Version März 2010.

Infras/IWW (2007): Externe Kosten des Verkehrs in Deutschland. Aufdatierung 2005, Zürich.

Internationale Energie-Agentur (IEA) (2007): World Energy Outlook 2007. Paris.

Jahn, Thomas/Peter Wehling (1999): Das mehrdimensionale Mobilitätskonzept — Ein theoretischer Rahmen für die stadtökologische Mobilitätsforschung. In: Jürgen Friedrichs/Kirsten Hollaender (Hrsg.): Stadtökologische Forschung. Theorien und Anwendungen. Berlin, pp. 127-142.

Jann, Werner/Kai Wegrich (2009): Phasenmodelle und Politikprozesse: Der Policy Cycle. In: Klaus Schubert/Nils C. Bandelow (Hrsg.): Lehrbuch der Politikfeldanalyse 2.0. München, pp. 75-113.

Jansen, Holger (2009): Fahrgastverbände in Deutschland. In: Schiefelbusch, Martin/Hans-Liudger Dienel (Hrsg.): Kundeninteressen im öffentlichen Verkehr. Berlin, pp. 201-209.

Johansson, B. (1993): Infrastructure, Accessibility and Economic Growth. In: International Journal of Transport Economics XX, 2, pp. 131-156.

Johansson, Börje/Rune Wigren (1996), Production Milieu and Competitive Advantages, in Batten, David F. & Charlie Karlsson (eds), Infrastructure and the Complexity of Economic Development.

Keeler, T. E./J. S. Ying (1988): Measuring the Benefits of a Large Public Investment; The Case of the U. S. Federal Aid Highway System. In: Journal of Public Economics, vol 36, pp. 69-85.

Kingdon, John W. (2003): Agendas, Alternatives, and Public Policies. New York.

Klein, Gereon (2009): Zirkuläre, kooperative Entscheidungsvorbereitung für mittelfristige Planungsvorhaben. In: Reinhold Popp/Elmar Schüll (Hrsg.): Zukunftsforschung und Zukunftsgestaltung. Beiträge aus Wissenschaft und Praxis. Berlin Heidelberg, pp. 293-303.

Knoblauch, Hubert/Bernt Schnettler (2005): Prophetie und Prognose. Zur Konstitution und Kommunikation von Zukunftswissen. In: Ronald Hitzler/Michaela Pfadenhauer (Hrsg): Gegenwärtige Zukünfte. Wiesbaden, pp. 23-44.

KOM — Europäische Kommission (2005): Mitteilung der Kommission an den Rat und das Parlament über eine thematische Strategie für die städtische Umwelt. KOM/2005/0718 endg. Brüssel.

KOM — Europäische Kommission (2010): Aktionsplan urbane Mobilität. KOM/2009/ 490 endg. 2 Brüssel.

KOM (2009): Eine nachhaltige Zukunft für den Verkehr. Wege zu einem integrierten, technologieorientierten und nutzerfreundlichen System. Brüssel.

Kosow, Hannah/Robert Gaßner (2008): Methoden der Zukunfts- und Szenarioanalyse, Überblick, Bewertung und Auswahlkriterien. Berlin.

Krämer-Badoni, Thomas/Herbert Grymer/Marianne Rodenstein (1971): Zur sozio-ökonomischen Bedeutung des Automobils. Frankfurt/M.

Kreibich, Rolf (2006): Zukunftsforschung. Berlin.

Krugman, Paul (1993): On the Relationship between Trade Theory and Location Theory. In: Review of International Economics(I)2, pp. 110-122.

Lakshmanan, T. R./William P. Anderson (2002): Transportation Infrastructure, Freight Services Sector and Economic Growth. White Paper prepared for the U. S. Department of Transportation, Federal Highway Administration, Boston.

Leggewie, Claus/Harald Welzer (2009): Das Ende der Welt wie wir sie kannten. Klima, Zukunft und die Chancen der Demokratie. Frankfurt am Main.

Lehmkuhl, Dirk (2006): ,,...und sie bewegt sich doch'. Der späte Bruch mit verkehrspolitischen Pfadabhängigkeiten durch europäische Integration und nationalen Reformdruck. In: Manfred G. Schmidt/Reimut Zohlnhöfer (Hrsg.): Regieren in der Bundesrepublik Deutschland. Innen-und Außenpolitik seit 1949. Wiesbaden, pp. 363-484.

Liessmann, Konrad Paul (2007): Zukunft kommt. Wien.

Limbourg, Maria/Antje Flade/Jörg A. Schönharting (2000): Mobilität im Kindes- und Jugendalter. Opladen.

Link, Jürgen/Siegfried Reinecke (1987): Autofahren ist wie das leben-Metamor- phosen des Autosymbols in der deutschen Literatur. In: Harro Segeberg (Hrsg.): Technik in der Literatur. Frankfurt/M.

Link, Heike/Louise Helen Stewart/Claus Doll/Peter Bickel/Stephan Schmid/Rainer Friedrich/Roland Krüger/Bert Droste-Franke/Wolfgang Krewitz (2002): The Pilot Account for Germany, Annex 1 to Deliverable 5 des UNITE (Unification of Accounts and Marginal Costs for Transport Efficiency) Projektes, gefördert durch die EU im Rahmen des Fifth Framework Programme. Berlin.

Luhmann, Hans-Jochen (2010): Der dreidimensionale Ansatz in der Politik von USA und EU auf dem Weg zur post-fossilen Industriegesellschaft (oder: Die Synergie von, 'Müllkippe schließen' und zugleich, 'Bergbau einstellen'). In: In- ternationale Politik und Gesellschaft (IPG), Nr. 2/2010.

Luhmann, Niklas (1992): Beobachtungen der Moderne. Opladen.

Luks, Fred (2010): Endlich im Endlichen. Oder: Warum die Rettung der Welt Iro- nie und Großzügigkeit erfordert. Marburg.

Mäcke, Paul A. (1964): Das Prognoseverfahren in der Straßenverkehrsplanung, Berlin.

Maddison, Angus (2001): The World Economy: A Millennial Perspective. OECD. Paris.

Maibach, M./Schreyer, C./Sutter, D./van Essen, H./Boon, B. H./Smokers, R. et al. (2007): Handbook on estimation of external cost in the transport sector. Inter- nalisation Measures and Policies for All external Cost of Transport (IM- PACT). CE Delft. Delft.

McKinnon, Alan C./Allan Woodburn (1996): Logistical Restructuring and Road Freight Traffic Growth: An Empirical Assessment. In: Transportation, 23, pp. 141-161.

McKinsey (2007): Kosten und Potentiale der Vermeidung von Treibhausgasemis- sionen in Deutschland. Berlin.

引用・参考文献

Megel, Katrin (2001): Schienenbonus: Nur ein Mythos? Bus oder Bahn im Regionalverkehr — Schemata und Präferenzen. In: Der Nahverkehr 19(6), pp. 20-23.

Meinshausen, Malte et al. (2009): Greenhouse-gas emission targets for limiting global warming to 2℃. Nature 458, pp. 1158-1162. Siehe auch http://www. nature.com/nature/journal/v458/n7242/full/nature08017.html

MiD (2008): Mobilität in Deutschland 2008. Ergebnisbericht. Struktur — Aufkommen — Emissionen — Trends. www.mobilitaet-in-deutschland.de/pdf/MiD2008 Absch lussbericht_l.pdf

Mienert, Malte (2003): Entwicklungsaufgabe Automobilität. Psychische Funktion des PKW-Führerscheins für Jugendliche ins Erwachsenenalter. Zeitschrift für Verkehrssicherheit 49: Heft 1-4.

Mönnich, Horst (1951): Die Autostadt. München.

Möser, Kurt (2002): Geschichte des Autos. Frankfurt/New York.

Müller, Wolfgang/Martin Korda (1999): Städtebau. Stuttgart/Leipzig.

Murray, Henry (1938): Explorationsin in Personality, New York.

Nadiri, Ishaq/T. P. Mamuneas (1996): Constitution of Highway Capital to Industry and National Productivity Groups. Report prepared for FHWA, Office of Policy Development.

Nash, Chris (2003) Marginal cost and other pricing principles for user charging in transport A comment, Transport Policy, 10(4), pp. 345-348.

Neugebauer, Nancy (2009): Servicegarantien und Kundenzufriedenheit. In: Schiefelbusch, Martin/Hans-Liudger Dienel (Hrsg.): Kundeninteressen im öffentlichen Verkehr. Berlin, pp. 56-74.

Nilsen, Per (2006): The theory of community based health and safety programs: a critical examination. In: Injury Prevention, 12, pp. 140-145.

Nitsch, J. (2008): "Leitstudie 2008". Weiterentwicklung der "Ausbaustrategie Erneuerbare Energien" vor dem Hintergrund der aktuellen Klimaschutzziele Deutschlands und Europas. Untersuchung im Auftrag des Bundesministeriums für Umwelt, Naturschutz und Reaktorsicherheit. in Zusammenarbeit mit der Abteilung "Systemanalyse und Technikbewertung" des DLR Instituts für Technische Thermodynamik. Stuttgart. www.erneuerbare-energien.de/files/ pdfs/allgemein/.../leitstudie2008.pdf

OECD (1997a): Proceedings Towards Sustainable Transportation. The Vancouver

387

conference, Vancouver 24.-27. March 1996, Vancouver.

OECD (1997b): Proceedings: Market Access Issues in Automobile Sector. Washington.

Otten, Matthijs/Huib van Essen (2010): Why slower is better. Pilot study on the climate gains of motorway speed reduction. CE Delft (NL).

Oesterreich, Daniela (2008): Wohnstandortmobilität älterer Menschen. Unveröffentlichte Diplomarbeit an der Fakultät Raumplanung, TU-Dortmund.

Petersen, Rudolf/Harald Diaz-Bone (1998): Das Drei-Liter-Auto. Birkhäuser Verlag Basel.

Petersen, Rudolf (2002): Land use planning and urban transport: sustainable transport — a sourcebook for policy-makers in developing cities. GTZ Eschborn.

Pohar, Mihael A. (2006): Rechtsbeziehungen zwischen Fahrgast und Eisenbahn. Jena; zugl. Diss. Univ. Münster.

Pohar, Mihael A. (2009): Fahrgastrechte in Deutschland und Europa — ein Überblick und ders: Fahrgastrechte in der Diskussion — Reformvorschläge. In: Schiefelbusch, Martin/Hans-Liudger Dienel (Hrsg.): Kundeninteressen im öffentlichen Verkehr. Berlin, pp. 93-120.

Popp, Reinhold (2009): Partizipative Zukunftsforschung in der Praxisfalle? In: Reinhold Popp/Elmar Schüll (Hrsg.): Zukunftsforschung und Zukunftsgestaltung. Beiträge aus Wissenschaft und Praxis. Berlin Heidelberg, pp. 131-143.

Probst, Gerhard/Thorge Bockholt (2003): Kundengarantien im ÖPNV, Vom innovativen Qualitätsmanagement zur wertsteigernden Leistungsinnovation. In: Der Nahverkehr 5/03, pp. 23-30.

ProgTrans (2007): Abschätzung der langfristigen Entwicklung des Güterverkehrs in. Deutschland bis 2050. Projektnummer 26. 0185/2006. Im Auftrag des BM-VBS Schlussbericht.

Puls, Thomas (2009): Externe Kosten am Beispiel des deutschen Straßenverkehrs. Ökonomisches Konzept, politische Relevanz, praktische Möglichkeiten und Grenzen. Köln.

Rammler, Stephan (2001): Mobilität in der Moderne — Geschichte und Theorie der Verkehrssoziologie. Berlin.

Rammler, Stephan (2003): "So unvermeidlich wie die Käuzchen in Athen" — Anmerkungen zur Soziologie des Automobils. IVP-Schriften. Technische Universität Berlin, Institut für Land-und Seeverkehr, Fachgebiet Integrierte Verkehrsplanung. Berlin.

Rammler, Stephan (2010): Das Ende der Moderne zwischen Apokalypse und Utopie. Gedanken zur kulturellen Transformation in der Weltüberlebensgesellschaft. In: Lerchenfeld, Magazin der Hochschule für Bildende Künste Hamburg, Nr. 05/2010, pp. 19-24.

Reason, James (1994): Menschliches Versagen. Spektrum. Heidelberg.

Rehbein, Elfriede et al. (1969): Einbaum, Dampflok, Düsenklipper: Streifzug durch das deutsche Verkehrswesen in Vergangenheit, Gegenwart und Zukunft. Leipzig.

Reidenbach, Michael/Tilman Bracher et al. (2008): Investitionsrückstand und Investitionsbedarf der Kommunen: Ausmaß, Ursachen, Folgen, Strategien (=Edition Difu-Stadt Forschung Praxis, Bd. 4). Berlin.

Rennspieß, Uwe (2005): Anschluss-Garantie für Fahrgäste im ländlichen Raum. In: Der Nahverkehr 3/05, pp. 62-64.

Røe, Per Gunnar (2000): Qualitative research on intra-urban travel: an alternative approach. In: Journal of Transport Geography 8, p. 102.

Rogall, Holger (2004): Ökonomie der Nachhaltigkeit. Handlungsfelder für Politik und Wirtschaft. Wiesbaden.

Ronellenfitsch, Michael (1992): Mobilität: Vom Grundbedürfnis zum Grundrecht? In: Deutsches Autorecht, Nr. 9, pp. 321-325.

Rüb, Friedbert W. (2009): Multiple-Streams-Ansatz: Grundlagen, Probleme und Kritik. In: Kraus Schubert/Nils C. Bandelow (Hrsg.): Lehrbuch der Politikfeldanalyse 2.0. München, pp. 348-376.

Sager, Fritz/Vincent Kaufmann (2002): Introduction: The Stake of Transport Policy in Social Science Research. German Policy Studies, Vol. 2, pp. 1-7.

Scherer, Milena (2010): Is light rail more attractive to users than bus transit? Arguments based on cognition and rational choice. In: Compendium of Papers presented at the 89th Annual Meeting of the Transportation Research Board. January 10-14 Washington D. C.

Scherhorn, Gerhard (2008): Über Effizienz hinaus. In: Susane Hartard/Axel Schaffer/Jürgen Giedrich (Hrsg.): Ressourceneffizienz im Kontext der Nachhaltigkeitsdebatte. Baden-Baden, pp. 21-30.

Schiefelbusch, Martin (2005): Öffentlicher Verkehr: "Beförderungsfälle" melden sich zu Wort. In: Forschungsjournal Neue Soziale Bewegungen 4/05, pp. 116-120.

Schiefelbusch, Martin (2007): Schlichtungsstellen und Ombudsleute im öffentlichen Verkehr — Schlichten, aber richtig! In: Der Nahverkehr 1 1/07, pp. 50-55.

Schimank, Uwe (2005): Differenzierung und Integration der modernen Gesellschaft. Wiesbaden.

Schmucki, Barbara (2001): Der Traum vom Verkehrsfluss: Städtische Verkehrsplanung seit 1945 im deutsch-deutschen Vergleich. Frankfurt M./New York.

Schöller, Oliver (2007): Verkerspolitik: Ein problemorientierter Überblick. In: Oliver Schöller/Weert Canzler/Andreas Knie (Hrsg.): Handbuch Verkerspolitik, Wiesbaden, pp. 17-42.

Schöller-Schwedes, Oliver (2010): The failure of integrated transport policy in Germany: a historical perspective. In Journal of Transport Geography, Volume 18, Issue 1, pp. 85-96.

Schöller-Schwedes, Oliver/Stephan Rammler (2008): Mobile Cities. Dynamiken weltweiter Stadt-und Verkehrsentwicklung. Münster.

Schrage, Andrea (2005): Straßenmaut und Verkehrsstaus. Univ., Diss.--Regensburg, 2005. Tübingen: Mohr Siebeck (Beiträge zur Finanzwissenschaft, 19).

Schlag, Bernhard (Hrsg.) (2008): Leistungsfähigkeit und Mobilität im Alter. TÜV Media GmbH. Köln.

Schulze, Christoph/Tina Gehlert (2010): Evaluation dynamischer Geschwindigkeitsrück — meldung. Unfallforschung der Versicherer im Gesamtverband der Deutschen Versi-cherungswirtschaft e. V. Berlin.

SenStadt — Senatsverwaltung für Stadtentwicklung (2003): mobil 2010 Stadtentwicklungsplan Verkehr. Berlin.

Shepard, R. W. (1970): Theory of Cost and Production Functions, Princeton, Princeton University Press.

Shirley, Chad/Clifford Winston (2001): An Econometric Model of the Effects of Highway Infrastructure Investment on Inventory Behavior, Project Status Report to FHWA, Washington.

Shope, Jean T. (2006): Influences on youthful driving behavior and their potential for guiding interventions to reduce crashes. In: Injury Prevention, 12 (Suppl I), i9-i14.

Shults, R. A./R. W. Elder/D. A. Sleet/J. L. Nichols/M. O. Alao/V. G. Carande-Kulis/S. Zaza/D. M. Sosin/R. S. Thompson (2001): Reviews of Evidence Regarding Interventions to Reduce Alchohol-Inpaired Driving. In: American Journal of Preventive Medicine, 21, pp. 66-88.

Small, Kenneth A/Erik Teodoor Verhoef (2007): The economics of urban transportation. London.

Spiegel. (1970): Notstand im Verkehr — Sterben die Städte. DER SPIEGEL 27/1970 vom 29.6.1970. Hamburg.

SRU (2002): Umweltgutachten 2002 des Rates von Sachverständigen für Umweltfragen "Für eine neue Vorreiterrolle" Deutscher Bundestag Drucksache 14/8792 14. Wahlperiode 15. 04. 2002.

SRU — Sachverständigenrat für Umweltfragen (2005): Umwelt und Straßenverkehr. Hohe Mobilität — Umweltverträglicher Verkehr. Berlin.

Statistisches Bundesamt (2009): Straßenverkehrsunfälle. Zeitreihen. 2008. Wiesbaden.

Steurer, Reinhard (2002): Der Wachstumsdiskurs in Wissenschaft und Politik, Berlin.

Strauss, Anselm L./Juliet Corbin (1994) Grounded Theory Methodology: An Overview, In: Denzin, Norman K./Lincoln, Y. S. (eds.), Handbook of Qualitative Reserch, pp. 273-285, Sage Publications.

TRAMP/Difu/IWH (2006): Szenarien der Mobilitätsentwicklung unter Berücksichtigung von Mobilitätsstrukturen bis 2050. Magdeburg.

Tremmel, Jörg (2004): Nachhaltigkeit als politische und analytische Kategorie. Der deutsche Diskurs um nachhaltig Entwicklung im Spiegel der Interessen der Akteure. München.

Trimpop, Rüdiger M. (1996): Risk homeostasis theory: Problems of the past and promises for the future. In: Safety Science 22, pp. 119-130.

Tully, Claus J. (1998): Rot, cool und was unter der Haube. Jugendliche und ihr Verhältnis zum Auto. Eine Jugendstudie. München.

Tully, Claus J. (2002): Bewegte Jugend — Kommunikativ und mobil. In: Michael Hunecke/Claus J. Tully/Doris Bäumer (Hrsg.): Mobilität von Jugendlichen. Opladen, pp. 13-38.

Tully, Claus J./Dirk Baier (2006). Mobiler Alltag. Mobilität zwischen Option und

Zwang—Vom Zusammenspiel biographischer Motive und sozialer Vorgaben. Wiesbaden.

Tully, Claus J. (2009): Die Gestaltung von Raumbezügen im modernen Jugendalltag. Eine Einleitung. In: Claus J. Tully (Hrsg.): Multilokalität und Vernetzung. Beiträge zur technikbasierten Gestaltung jugendlicher Sozialräume. Weinheim/München, pp. 9-26.

UBA (Hrsg.) (2010): CO_2-Emissionsminderung im Verkehr in Deutschland. Mögliche Maßnahmen und ihre Minderungspotenziale. Ein Sachstandsbericht des Umwelt-bundesamtes. Dessau-Roßlau.

Uekötter, Frank (2007): Umweltgeschichte im 19. und 20. Jahrhundert. München.

Umweltbundesamt (2010): Risikofaktor nächtlicher Fluglärm, Abschlussbericht über eine Fall-Kontroll-Studie zu kardiovaskulären und psychischen Erkrankungen im Umfeld des Flughafens Köln-Bonn. Schriftenreihe Umwelt und Gesundheit 1/2010. www.umweltdaten.de/publikationen/fpdf-l/3774.pdf (30. März 2010).

Van Houten, Ron/Paul Nau/Zopito Marini (1980): An analysis of public posting in reducing speeding behaviour on an urban highway. In: Journal of Applied Behavior Analysis 13, pp. 383-395.

VDV — Verband Deutscher Verkehrsunternehmen-Förderkreis (2003): Barrierefreier ÖPNV in Deutschland/Barrier-Free Public Transport in Germany. Köln.

VDV/VDB (2010): Finanzierung des Öffentlichen Personennahverkehrs in Deutschland. Gemeinsames Positionspapier von Verband Deutscher Verkehrsunternehmen und Verband der Bahnindustrie in Deutschland. Januar 2010.

Voigt, Fritz (1953): Verkehr und Industrialisierung, In: Zeitschrift für die gesamte Staatswissenschaft, Nr. 109, pp. 193-239.

von Winning, Henning (2009): Auto und autoorientierte Regionen: Einige Reformvorschläge für eine nachhaltige Zukunft. In: Thomas Mager/Johannes Klühspies (Hrsg.): Verkehr in der Forschung, Köln, pp. 85-97. http://www.verkehrsplanung.de/material_winning/autoorientierteregionen.pdf

WBGU — Wissenschaftlicher Beirat Globale Umweltveränderungen (2009): Kassensturz für den Weltklimavertrag — der Budgetansatz. Berlin.

Weber, Max (1980): Wirtschaft und Gesellschaft. Tübingen.

Wengenroth, Ulrich (2007): Welche Autos brauchen wir? Vortrag in der DFG-

Reihe "EXKURS-Einblicke in die Welt der Wissenschaft" in München am 5. 7. 2007.

Wilkinson, Richard/Kate Pickett (2009): Gleichheit ist Glück. Warum gerechte Gesellschaften für alle besser sind. Berlin.

Witte, Kim/Mike Allen (2000): A meta-analysis of fear appeals: Implications for effective public health campaigns. In: Health Education & Behaviour 27, pp. 608-632.

Wolf, Winfried (1986): Eisenbahn und Autowahn. Hamburg.

Wolfram, Marc/Sebastian Bührmann/Siegfried Rupprecht (2009): Europäische Leitlinien zur Nachhaltigen Stadtverkehrsplanung (Sustainable Urban Transport Planning-SUTP), In: Bracher, Tilman, Haag, Martin, u. a.: Handbuch der kommunalen Verkehrsplanung, 55. Ergänzungslieferung. Heidelberg.

Zahariadis, Nikolaos (2003): Ambiguity and Choice in Public Policy. Political Decision Making in Modern Democracies. Washington, D. C.

Zängler, Thomas W. (2000): Mikroanalyse des Mobilitätsverhaltens in Alltag und Freizeit. Berlin.

Zumkeller, Dirk (2009): Demografie, Lebensstile, Mobilität, In: Deutsche Verkehrswissenschaftliche Gesellschaft e. V. (Hrsg.): Stadtverkehr — Mobilität und Lebensqualität: DVWG Jahresverkehrskongress 2009 (CD-ROM), Folie 9.

訳者解説

　本書はドイツの交通政策とその背景、課題について述べた解説書であり、ドイツの交通についてある程度知識があるほうがより的確に理解することができると思われる。そこでここでは、ドイツにおける交通の状況と運営システムについて説明を行うこととする。ただ、本書では航空輸送[1]、水運[2]、長距離バス[3]についてはほとんどふれられていないので、ここでもそれについては省略する。また、鉄道貨物輸送については説明の都合上、公共旅客交通についての項目の中でふれる。

　なお、1949〜1990年までの記述における「ドイツ」とは、特記なきかぎり旧西ドイツをさす。

1　鉄道および公共旅客交通

　ドイツにおける公共旅客交通は、公共旅客長距離交通（ÖPFV）と公共旅客近距離交通（ÖPNV）に分かれる。前者には航空、幹線鉄道、長距離バスを含む。後者にはバス、路面電車（いわゆる LRT を含む）、モノレール、地下鉄などを含む公共路面旅客交通（ÖSPV）と、鉄道旅客近距離交通（SPNV）が含まれる[4]。長距離と近距離の区分は、乗車距離50 km または乗車時間 1 時間以内の運送が過半数である場合、近距離に区分される。

（1）国鉄分割・民営化までの公共旅客交通

　ドイツ統一以前の西ドイツにおいても、もともと航空、水運、タクシー以外の公共旅客交通は大半が公営であった（「社会主義」国であった東ドイツでは、もちろん交通事業者がすべて国・公営であった）。鉄道の大半は国鉄で、都市近郊など一部にあった国鉄以外の鉄道会社もほぼすべて州や自治体の子会社であった。

鉄道を補完する中距離バス路線も多くは国鉄系のバス会社が運行していた。また公共旅客近距離交通はおおむね公営（自治体の直営または完全子会社）によって運行されていた。また、大都市とその衛星都市の旅客近距離交通機関が統合的に運営される仕組みとしての「運輸連合（後述）」が一部で導入されていた。

　公共旅客交通の財源としては、鉄道は東西ドイツとも国鉄であり、政府が財政的な裏付けを与えていた。西ドイツにおける鉄道以外の近距離旅客交通においては、運賃や州、自治体の補助金に加え、1967年から「地域交通財政法」、さらに1971年からは「地域交通改善助成法（GVFG）」施行によって、鉱油税増税によって財源を確保した連邦政府からの補助が行われるようになった。1967年当初は鉱油税増税分から60％が市町村の道路整備、40％が公共旅客近距離交通のインフラ整備に回されることになっていたが、後に公共交通の取り分が増えていき、1992年には配分比率そのものが撤廃された。また、旧西ドイツの都市では、市営電力部門の黒字を交通部門の赤字補填にまわすなどの手法で一般財源からの補助金を削減することも行われていた。

　こうした財政的な裏付けをもとに、公共旅客近距離交通は運賃やサービスの水準を自治体または運輸連合が設定し、運賃収入で運営費用が不足する場合には自治体の一般財政やその他の資金で補填しつつ、インフラや車輛などの整備は連邦や州からの補助金も使って行うという形が確立していった。

（2）国鉄の分割・民営化による変化

　こうした運営と財源のシステムが大きく変化し始めるのは、1994年の国鉄の分割・民営化以降である。東西ドイツ統一の影響もあって、ただでさえ大きな負債を抱えた国鉄の採算がさらに悪化する見通しであったことと、ＥＵが鉄道のオープン・アクセス化を推進していたことなどを理由に実施された国鉄の分割・民営化は、日本とは異なりいわゆる「上下分離」方式で行われた。すなわち、線路、信号、駅といったインフラは国が所有し続けるものの、長距離列車と貨物列車の運行はそれぞれ独立した企業が行うものとし、地域の近距離旅客鉄道の運行については州が主体的に責任をもち、事業者に運行を委託することになった。これに対し、運営と費用の負担が大きくなる各州政府が強く反対したため、連邦政府は1993年に「地域化法（公共近距離旅客輸送の地域化に関する法

律）」を制定し、鉱油税を原資として「近距離旅客鉄道の資金調達のため」の補助金を新たに設けることで、州に分割・民営化を受け入れさせた。同法では、上述の地域交通改善助成法とは異なり、補助金を運営費にも使用できる。法律上は鉄道旅客近距離交通への補助が主な目的としているが、実際には各自治体の公共旅客近距離交通の運営費補助にも用いられているとみられる。

　以上のように、国鉄分割・民営化以降の鉄道と公共旅客輸送については、長距離旅客列車と貨物列車は民営化・参入規制の緩和が行われ、公共旅客近距離交通では連邦からの補助金を原資としたインフラ整備と運営の拡充が行われたのである。このスキームが2010年代初頭まで約20年近く続いていた。以下に具体的にみていく。

鉄道による長距離旅客輸送と貨物輸送

　「上下分離」によって、幹線の長距離旅客列車[6]と貨物列車に関しては参入規制が緩和された。もともと採算の悪い近距離列車と異なり長距離列車や貨物列車の運行は利益を生み出すことが可能と考えられており、競争によって運賃の低減やサービスの向上が期待された。しかし、長距離旅客列車については旧国鉄の長距離列車運行を引き継いだドイツ鉄道株式会社（以下、ＤＢ =Deutche Bahn）のグループ企業が運行のほとんどを独占する状態が続いている。新規参入がないわけではないが、早い段階で撤退した企業もあり、ＤＢ以外による列車運行は１％以下のごく一部にとどまっている[7]。とはいえLCCの拡大、さらには2013年の規制緩和以降急激な成長を見せている民営の長距離バスなどとの競合によって、ＤＢの長距離列車の経営も決して順調とは言えない。

　他方鉄道貨物輸送に関しては2008年にはすでにＤＢ系以外の事業者によるシェアが20％を超えており[8]、今日では30％に達している[9]。一定の競争市場が形成されているとみられるものの、参入している個々の企業の規模は大きくないことから、こちらも依然としてＤＢの市場支配力は大きい[10]。

　つまり、上下分離を通じた参入規制の緩和によって競争を促進しようという当初の構想は、十分に実現しているとはいえない。この原因については次のような見方がある。すなわち、「上下分離」後も国による所有が継続しているインフラ部分について、連邦政府はその維持管理をＤＢグループの企業（DB

Netz社）に委託しているが、この企業が長距離列車や貨物列車を運行する他の
ＤＢグループ企業との関係が深いため、グループ企業に有利な線路使用料設定
や管理オペレーションを行って参入を妨げているというのである。一部の研究
者や、日本の公正取引委員会にあたるドイツの独占委員会は、この点を競争妨
害であり利用者の利益が妨げられているとして強く批判していた[11]。こうした批
判との関係では、2006年にそれまで鉄道の規制当局である鉄道庁が有していた
線路使用料や参入条件などの監督権限を、公正競争の監視機関である連邦ネッ
トワーク庁（Bundesnetzagentur）に移管されているが、その後も問題は解決し
ていないといわれる[12]。

公共旅客近距離交通の整備と運輸連合の広がり

　上述のように、国鉄の分割・民営化に際して従来の地域交通改善助成法に基
づく補助に上乗せされて、地域化法に基づく補助金が連邦から州に供給される
ことになった。こうした資金的な充実をうけて、1996年から公共旅客交通の
「地域化」が行われた。これによって、鉄道旅客近距離交通と公共旅客近距離
交通の全体を州がマネジメントできるようになったのである。具体的には各州
に２種類の旅客近距離交通についての行政実務を担う機関として「課題遂行者
（Aufgabenträger）[13]」をおき、この課題遂行者が策定する「近距離交通計画」に
基づいて地域交通が運営されることになった。これをふまえて各州政府は、新
たな補助金を原資として、地域内を運行する鉄道旅客近距離交通の設備改善投
資や運営費補助を行うほか、州内の市町村に対しても公共交通のインフラや車
輛の整備のための補助金を積極的に支出した[14]。こうした補助金によって自治体
の公共交通への負担は大きく減少し、設備・車輛の更新、路線の新設・延長な
どが行われた。この代表的な事例がフライブルクやカールスルーエなどの事例
が有名な、路面電車へのLRT車輛の大規模な導入である。

　また、こうした公共交通の運営を個別の自治体単位で行うのではなく、一定
の交通圏単位で自治体と交通事業者が協議し一体的な公共交通運営を行う「運
輸連合（Verkehrsverbund）」のシステムも、ごく一部の都市からほぼ全ドイツ
へと拡大した。「運輸連合」はもともと1960年代にハンブルクでゾーン制の均
一運賃制[15]を導入するために行政と事業者が結んだ覚書に始まるもので、一定の

地域内の公共交通について、共通運賃の設定や運行協力を行うための組織である。「運輸連合」の組織形態にもさまざまなものがあるが、典型的には以下のような形態をとる。すなわち、域内のすべての自治体（州政府も含むことがある）による自治体の「連合」組織と、すべての公共交通事業者（全国的交通事業者の地域分社を含む）による事業者の「連合」組織が共同で出資した「運輸連合」事業体（多くは会社形態）が設立され、その「運輸連合」事業体が共通運賃制度・運賃率の決定、交通計画の作成、各交通事業者の調整、プールされた運賃収入の配分、行政からの補助金の配分、広報・集客活動、ゾーン制運賃や割引チケットの設定などを行う。こうした仕組みによって、個々の事業者の経営を維持しつつ、鉄道、地下鉄、路面電車、バスといった多様な交通機関の乗換を便利にし、運賃も割安になるなど乗客の利便も高めることが可能になった。[16]しかし一方では、補助金に依存した行政と事業者のもたれあい構造であるとの批判もあった。[17]

競争の導入

　一方、国鉄の分割・民営化によって州の管轄とされた鉄道旅客近距離交通については、州が事業者を選定することとなった。当初は州が事業に不慣れであることと、鉄道の運行実績の点から、ほとんどの路線でＤＢグループの地域運行事業者が選定された。しかしその後、主にフランス系の民間事業者や、もともと州が所有していたローカル鉄道事業者などがこうした鉄道旅客近距離交通の受託者として名乗りをあげるようになり、2000年代にはいるとそうした事業者が選定されることも増えてきた。2008年には12％であったこうしたＤＢグループ以外の企業のシェアは、2014年には20％になっている。[18]

　そしてさらに、2007年のＥＵ委員会指令1370/2007により、ＥＵ域内の近距離旅客公共交通についても参入の自由化が義務付けられ、これにより公営交通事業者には大きな変化が生じた。同指令では、地域公共交通事業について、原則として、公平で透明性のある競争入札方式によって事業者選定を行うこととされている。例外として、自治体自らが交通サービスを提供する場合、100万ユーロ以下または運行距離30万km以下の小規模案件、緊急的な措置が挙げられている。また、地域鉄道は本規則外とされている。[19]

399

国鉄の分割・民営化後、公営交通が高コストであるとして地域の公営交通事業者にも民営化の動きがでていたが、多くの場合は公営交通事業者を民間事業者に売却し、運行は従来通りというものであった。それが、参入の自由化が義務付けられたことから、公共近距離旅客交通の運行事業者を公募し選定するという競争プロセスの導入が必要となったのである。ここでの参入の自由化とは、同じ路線上を複数の事業者が運行するという長距離鉄道のパターンではなく、自治体が委託するある路線の運行を担当する事業者を複数の事業者から選定するというものである。一定の例外が認められているものの、従来とられてきた価格問合せ（州の担当部局が鉄道事業者にサービス内容と水準を提示し、それに対してどれくらいの費用で実施可能なのかを事業者に答えてもらう）の後、随意契約というやり方[20]から、競争入札の方向への転換が求められる場合も多いとみられる。

財政問題の深刻化と競争状況

　なお原書の記述以後、ドイツの近距離公共交通にはさらに大きな変化の波が押し寄せている。まず、連邦財政の逼迫を背景に、直接的には上述の「地域化」によって州に地域交通についての権限が委譲されたことから、2006年に地域交通改善助成法による補助が廃止された。これについては激変緩和措置としていわゆる「解消法（共同任務および財政補助の解消に関する法律）」が代わりに制定され、その財源も鉱油税から一般財源へと変更された。これにより連邦から州への補助金が段階的に削減されることになったはずだったが、見直しが予定されていた2013年に、解消法としての補助金額自体は2019年までは変更されないことになった。ただしこの補助金の使用目的が単に「投資」となり、地域交通だけに限定されないことになった。おおむね各州とも公共交通の維持自体は必要性を認めており、目的の限定がなくなったからといってただちに他の用途へと大々的に転用することはあまりされていない[21]。しかし、当然州財政も楽ではなく、特に旧東ドイツ各州は厳しい状況にあることから、今後公共交通財源が拡充される見通しは厳しくなっている。

　また、上述のように鉄道旅客近距離交通では民間事業者の導入が進んでいる。ただこれまでは、大事業者であるＤＢグループ企業から他の事業者が委託契約を奪う形であったので比較的問題は少なかった（ＤＢグループ企業が契約を失っ

ても、ＤＢグループ内で他へ車輌や人員を融通することができた）が、今後新規参入事業者との契約期限が来たときに、再度複数の事業者から選定を行い、別な事業者に委託することがうまくいくのかどうか、などの課題がある。さらに、安全問題も浮上している。2016年初頭にバイエルン州南部で起き多数の犠牲者を出した正面衝突事故は、民営化や上下分離、競争の導入といった政策に対する疑問へもつながっている。

2　道路交通の現状

（1）日本以上のモータリゼーション

　ドイツは公共交通が充実しているというイメージがあるが、世界的な自動車メーカーを多数擁する国でもあり、モータリゼーションは進んでいる。

　ドイツのモータリゼーションの起源としては第2次世界大戦以前の、ナチス・ドイツ政府によるアウトバーン（自動車専用道路）の建設とフォルクスワーゲン（国民車）の普及がよく取り上げられる。ただし実際には鉄道を重視し貨物自動車の導入に消極的であったナチス政権のもとでアウトバーンは軍用道路以上には活用されず、フォルクスワーゲンによるマイカーの普及も空手形に終わった。

　しかし、一度は多くの国民がマイカーの夢をもったことは、日本同様自動車産業を経済発展の基幹産業と位置付けたことと相まって、戦後の西ドイツにおけるモータリゼーションの進展を後押しした。経済力がまだ回復していなかった1950年代には日本の軽自動車よりもさらに簡易な小型自動車が人気をよび、その後の「西ドイツの奇跡」とよばれる経済成長期を経て自動車の所有率は拡大した。道路整備も並行して推進され、1930年に創設された鉱油税の税率を1955年に引き上げ、その増税分を使って、1957年に連邦長距離道路建設を策定、1958年から道路整備4カ年計画が実施された。[22] 1963年には鉱油税の税率がさらに引き上げられるとともに、税収の50％を道路建設財源とする原則が確立した。[23]なお、連邦レベルで道路を担当する官庁は連邦道路庁（BaSt）である。

　そして今日では、自動車保有が人口1,000人あたり595台（2012年）となっている。ちなみに日本は593台（2015年）で、ほぼ同水準である。

401

（2）環境対策とその限界

　しかし一方で、ドイツでは早い段階から自動車の排出ガスには強い危機感が持たれていた。すでに1967年に発表された「レーバープラン」によって、都心再生や公共交通重視がうたわれるようになり、同年の地域交通財政法では、鉱油税の税率引上による増収分から公共交通への補助金支出が行われるようになった。また、都心部への自動車流入を抑制するために、通過道路を地下化する、あるいは一定のエリア内で自動車通行を制限してトランジットモールを設定することや、都心部での駐車場規制、制限速度の引き下げなどもさまざまな都市で行われた。しかし、地域交通財政法に基づく補助金は、上述のように当初は60％が市町村レベルの道路整備のために使われることになっており、徐々にその比率が下がっていったとはいえ、モータリゼーションの流れを大きく変えるにはいたらなかった。

　そして80年代には南西ドイツの「シュヴァルツヴァルト（Schwarzwald＝黒い森）」で、酸性雨の影響により大規模に森が枯れていることがわかり、ドイツ社会に大きな衝撃を与えた。こうしたことを背景に、排出ガスの種類や触媒装置に応じたＥＣの自動車区分に対応した自動車税が導入された。また環境問題への関心も高まり、それによるアウトバーン新設計画の頓挫も起こっている。

（3）トラック輸送の増大と通行税問題

　1991年以降、ベルリンの壁崩壊により東西交通が活発化した結果、ドイツ国内を通過する各国のトラックが急増した。ＥＵ拡大によってこの傾向はさらに強まることが予想されたが、ドイツの車両が自動車税や鉱油税によって直接・間接に道路の新設・整備費用の一部を負担しているのに対して、こうした通過車両がほとんどそうした負担をしないことが問題となった。これをうけて1995年１月から、12ｔ以上の大型トラックが有料化され、その料金収入は道路整備にあてられた。連邦長距離道路（アウトバーンと一般長距離道路）の整備財源は、税収からが約４割、トラックの通行料が約６割であったとされる。当初は均一料金で、周辺５カ国との共通利用料徴収システムによるもので、料金支払いはステッカー方式がとられたが、資金不足が深刻化したため2005年からGPSによる距離制料金となった。ただ、そのままでは逆にドイツのトラックにも通行

料がかかって同じことになるので、トラックの自動車税軽減や低公害トラックへの転換助成などの手立てが講じられている。また、有料の高速道路を回避する車両で一般道路が混雑する問題も発生したので、一部では一般道路の有料化も進められ、2015年からはアウトバーンに準じる4車線の連邦道も徴収対象とされた[28][29]。また、7.5トン以上のトラックも対象となった。

さらに、2015年には乗用車にも高速道路通行料金を課すことが計画された。これも出発点はトラックと同じくドイツに税金を払っている車とそうでない車の格差であるため、ドイツの国内車両は自動車税の減額によって追加負担が発生しないようになるはずであった。ところがこれについては、欧州委員会が国による差別でありEU法に違反するとして条約違反手続を開始したため、当初予定されていた2016年1月からの導入は先送りになっている。なお、トラックと異なり乗用車はステッカー方式での導入が予定されていた。

なお、アウトバーンをはじめとする交通網整備のための財源としては、このほかに連邦の一般財源はもちろん、EUの補助金や、官民パートナーシップ（PPP）など、多様な財源が投入されている。

3　交通インフラ投資

（1）従来のインフラ投資の枠組み

ドイツでは1973年以降、おおむね10〜15年スパンの中長期的な全国的な交通インフラ投資プログラム「連邦交通路計画」（Bundesverkehrswegeplan: BVWP）を策定し、「空間計画法」に基づく土地利用計画や都市計画との整合性を図りながらインフラ整備が実施されている。最近では、1992年計画が1991〜2000年、2003年計画が2001〜2015年、そして2015年度からは新たな計画が実施されている。

連邦交通路計画は、鉄道／道路／内航水運を対象としており、交通を担当する省（しばしば改組されている）が起案し、閣議決定されるが、法的拘束力は無い。しかしこの計画をもとに事業を抽出し、州の意見もふまえて5年ごとに「需要計画」が策定され、これが予算配分の基礎にもなる。そして、「需要計画」をもとに毎年度の予算として道路整備計画などが策定される[30]。一方、州で

403

も全国的な計画をうけて、「総合交通計画」を策定するなどしている。

　同時に、ヨーロッパ全域の交通網計画と整合性をとる必要がある。具体的には、「トランス・ヨーロッパ交通網整備のための指針（1996）」が法律上の需要計画と同等の拘束力をもっている。

（2）政策的意思決定と市民参加

　一般的な大規模施設設置に関わる行政手続きとして、計画確定手続き前のアセスメントや意見提出はあるが、計画確定後は計画確定そのものを覆すような仕組みはない。

　しかし、Stuttgart21（シュトゥットガルト21計画）を巡る状況はこうした制度の正統性を大きく揺るがせるものとなった。手続的には「民主的」に進められ、長い年月をかけて利害当事者間の合意を形成し確定されたシュトゥットガルト中央駅の大改築計画 Stuttgart21 に対し、いざ工事開始というになってから反対運動が急速に盛り上がり、デモ隊と警察が衝突する事態になったのである。これをうけて州政府が「和議」を提案し円卓会議が設けられた。最終的には微妙な修正で実施に移されたが、「手続的には正当でも実質的な合意がされていないのではないか」「手続的に正当なプロセスを経て確定されてきたのに、一部の『声の大きな人たち』の反対で実施プロセスが遅れるというのはかえって民主主義に反するのではないか」といった議論がわきおこった[31]。同様の問題はフランクフルト空港の滑走路拡張問題でも生じている。連邦交通路計画2015の策定においては、こうした問題への対応として一般市民からの意見提出を受け付けることになった[32]。

4　その他の交通政策上のトピック

（1）全国自転車計画

　ヨーロッパでは健康増進、利便性、環境負荷の軽減などから自転車がよく利用されてきており、都市レベルではミュンスターにおける駅前の大型駐輪施設など、自転車利用促進の施策をとるところもあった。しかし、国家レベルでの自転車政策の確立ではドイツは北欧などからみるとやや遅れ、2002年に初めて

「全国自転車計画」を策定した。この計画では、自転車利用促進の活動主体を
州政府や自治体であるとし、おのおのの目標を定めることを規定しているほか、
ＥＵからの補助金なども活用した自転車道路の建設などが盛り込まれている。
道路を自転車に解放することも１つの目玉で、一方通行の道路で自転車には逆
走を許可することなどがこれにあたる。また特急インターシティを含む多くの
列車に自転車持ち込みスペースが配置されている。

　これによって例えばデュッセルドルフでは、公共交通の定期券をもつカー・
クラブ（カーシェアリング）加入登録者がレンタル自転車も借りられるようにし
た。カー・クラブやレンタル自転車は民間事業者であるが、それらの協力も得
て、既存サービスを連携することで利便性を向上させている。

　2013年からは、2020年をゴールとした新しい「全国自転車計画2020年」が実
施されている。ここでは自治体を３つのカテゴリーにわけ、自転車利用が25%
以上の自治体を「上級自治体」として、10%以下の「初級自治体」の底上げを
図る方針が示されているほか、具体的な取り組みが列挙されている。同時に、
連邦として自転車政策に充当する財源を拡大しないことも示され、自転車道路
の建設資金は減少されるので、これについては批判もある。

（２）歩行者優先のまちづくり

　ドイツの多くの都市では、住宅地や都心の商店街などにおいて、交通静穏化
やトランジットモールの取り組みがみられ、歩行者優先のまちづくりが行われ
ている。交通静穏化地域では、例えば「ゾーン30」として知られる、自動車の
制限速度が30 km/h で、歩行者に対して自動車が優先権を持たない道路が広が
っており、安全で騒音や排気ガスの少ない地域をつくりだそうとしている。都
心部のトランジットモールでは、商店街などへのアクセスはバスや路面電車で
確保しつつ、そうした公共交通機関のみが通行する歩行者天国にすることで、
回遊性の高いにぎわいのある商店街をつくりだそうとしている。これは、単な
る交通政策ではなく都心活性化策でもある。ドイツにおいても1950年代末頃か
らモータリゼーションが進み、都心の商店街なども通過する自動車によって安
心して歩ける地域ではなくなり、郊外の大型店に客足をとられていた。これら
に対して、徒歩による回遊の価値を再発見してもらうことで活性化につなげよ

うとしたわけであるが、これがいくつかの都市で大きな成果を上げたことから、各都市でもとりくまれるようになっている。[33]

5　ドイツにおける交通行政機構

　ドイツは連邦制国家で各州の権限が大きく、各州は独自の憲法、議会を有し、州法に基づき独自財源をもって行政を行う。主な財源は財産税、自動車税、相続税などで、また連邦税のうち所得税、法人税、付加価値税の一部が州の財源になる。

　連邦政府では、2017年3月時点において交通・デジタルインフラ省（Bundesministerium für Verkehr und digitale Infrastruktur: BMVI）が交通政策を所轄している。[34] 同省は交通関係で航空、水路・水運（海運を含む）、陸上交通（道路と鉄道）および道路建設の各局（Abteilung）を有する。またデジタル社会局も、「交通のデジタル化」、例えば自動運転などに関わっている。

　各局のうち本書に関連が深いのは陸上交通局と道路建設局である。陸上交通局はさらに鉄道下局（Unterabteilung）と道路交通下局にわかれる。鉄道下局は旅客鉄道の制度的枠組みや旅客鉄道網整備投資についての政策的・法的・技術的課題を担当し、道路交通下局は運転免許、道路ユーザーの行動、車両の技術的基準、営業用自動車などを取り扱うとともに、交通安全基準の改訂も行っている。道路建設局は、12,800 km のアウトバーンと40,000 km の連邦国道の維持建設にあたるほか、効率的で適切な公的財源の運用にも責任を負っている。なお道路の計画・建設・維持は各州の機能でもある。[35] そして、同省の執行機関（Geschäftsbereich）が多数存在するが、本書の内容に関わるものとしては、貨物輸送庁（Bundesamt für Güterverkehr: BAG）、鉄道庁（Eisenbahn-Bundesamt: EBA）、自動車庁（Kraftfahrt-Bundesamt: KBA）などがある。[36]

　また、鉄道に関しては他の政府機関から独立した規制機関である電力、ガス、通信、郵便および鉄道に関する連邦ネットワーク庁（Bundesnetzagentur für Elektrizität, Gas, Telekommunikation, Post und Eisenbahnen, BNetzA）があり、鉄道への参入規制など公正な競争条件の設定と、そのためのインフラ管理に関わることを取り扱っている。[37]

406

他方、州政府にも交通を取り扱う省（省の構成は州ごとに異なる）があり、道路、鉄道、航空および水運のインフラ整備や維持管理、道路などの交通コントロール業務、近距離公共旅客交通についての政策決定やそれに基づく近距離公共旅客鉄道の運行の委託などを行っている。空港や幹線道路・鉄道の整備についての大枠の政策や、各種の基準や規制の設定は連邦政府が行うが、規制の実施や基準の監督はもちろん、連邦レベルの政策の執行でも州が主体的に進めることになることが多い。例えば、上述のStuttgart21のように、国レベルの幹線交通路計画の一部を為すものであっても、それぞれの地域でのインフラ（この場合は駅とそれに付随する鉄道インフラ）整備に関する決定と実行は州や市が主体となっている。多くの州では5〜10年程度をスパンとする総合的な交通政策を有している。例えばヘッセン州では "Mobiles Hessen 2020"（ヘッセンのモビリティ2020計画）があり、デジタル社会の活用や自転車・徒歩交通にも焦点をあてた交通政策となっている[38]。

　市町村は、都市の規模にもよるが、一般的にはローカルな道路や水路の建設・維持管理、近距離公共旅客交通の運行または運行の委託が主な役割である。比較的規模の大きい独立市（郡に属さない）は、従来は公共旅客交通を直轄していたことが多い。ただこの場合でも交通事業部門が形式的に株式会社になっているなど相対的に独立した事業体になっており、議会や行政からの委託をうけて自立的に運営されることもあったようである。そのことが、民間事業者の導入の形態にも影響している。他方、郡に属する小規模な市町村では、もともと地域的な公共旅客交通を地元のバスやタクシー会社に委託している場合が多かった。

注

1）　空港建設問題については若干の記載があるので、後にふれる。

2）　ドイツにおいては河川と運河による内陸水運も特に貨物において重要な交通手段である。貨物についての輸送分担率は6％程度で、8％程度の鉄道に匹敵する。

3）　国内の長距離バスは原書刊行後の2013年に規制緩和が行われ、以後急速にそのシェアを伸ばしている。

4）　州の責任で運行される地域内の旅客列車。日本のＪＲでいう普通列車や快速列

車に相当。SPNV には、鉄道を補完する中距離バス路線を含む場合がある。

5）　山崎治「ドイツにおける道路行政と道路建設プロセス」『レファレンス』2009年
12月号、国立国会図書館調査および立法考査局、p. 98。

6）　超特急 ICE、特急ＩＣ、国際超特急 THALYS や、東欧方面に向かう長距離国
際列車など。

7）　Bundesnetzagentur, "Jahresbericht 2015", p. 114.

8）　例えばフランス系の Captrain 社など。

9）　Bundesnetzagentur, op. cit., p. 114.

10）　柳川隆・吉野一郎・播磨谷浩三「自由化後のドイツ旅客鉄道市場への参入と参
入障壁」『国民経済学雑誌』203巻4号、2011年4月、pp. 44-45。なお、2012年
以降は30％を越えている。

11）　Monopolkomission, "Sondergutachten 55, Bahn 2009: Wettbewerb erfordert
Weichenstellung" Bonn, September, 2008.

12）　柳川ほか、前掲論文。

13）　どのような機関が課題遂行者になるのかは、州によって異なる。州政府自身、
州が設立した会社など独立した機関、運輸連合などがある。

14）　土方まりこ「ドイツの地域交通における運輸連合の展開とその意義」『運輸と経
済』第70巻第8号、2010年8月、p. 89。

15）　ゾーン制均一運賃制度とは、市の中心部から同心円状に一定の距離（例えば5
km、10 km）ごとにゾーンを区分し、そのゾーン内部では同一運賃で乗換は自
由という料金制度。1回乗車券では往復や周回は認められないが、一定時間内は
決まったゾーン内が乗り放題になるものなど、各種の割引乗車券も設定されてい
ることが多い。

16）　地域交通改善助成法とそれに基づく公共旅客近距離交通のインフラ整備、およ
び運輸連合やゾーン制運賃の基本的な仕組みについては、青木真美「ドイツにお
ける公共近距離旅客輸送の助成とその成果」『同志社商学』第57巻第5号、2006
年3月。

17）　Monopolkomission, op. cit.

18）　Bundesnetzagentur, op. cit.

19）　「地域公共交通における競争入札制度に関する調査研究、中間報告書――ヨーロ
ッパの事例研究」国土交通省国土政策研究所、2014年8月、p. 3。

20）　青木真美「地域鉄道輸送の地方分権化と入札制度の導入」『運輸政策研究』Vol.
3、No. 2、p. 34。

21) ザクセン州は補助金をほとんど地域公共交通に使っておらず、州独自資金も少ないことが批判されている。齋藤純子「ドイツの交通インフラおよび地域公共交通の財源問題—利用者負担を巡って—」『レファレンス』2015年12月号、国立国会図書館調査および立法考査局、pp. 19-20。

22) ただし、増税分のうち1.2億マルクがアウトバーン、1.5億マルクが連邦鉄道、0.9億マルクが連邦一般道路という配分であり、日本の道路特定財源とは異なる。阿部成治・元福島大学特任教授のウェブサイト（http://abej.sakura.ne.jp/deut/d-index.htm）〈2019年6月20日閲覧〉より。

23) 山崎、前掲論文、pp. 97-98。

24) 国鉄の経営状態悪化と、道路建設の加速、道路整備費用負担のゆがみを是正するためにとられた5カ年計画。増井健一「戦後西ドイツの陸上交通制度について（下）」『三田商学研究』第11巻第4号、pp. 14-15、1968年10月。

25) 路面電車やバスなどの公共交通機関のみが走行する歩行者天国。都心部の商店街などに設定され、自動車流入抑制とともに、都心活性化をめざすもの。

26) 林良嗣「自動車交通関連税制のグリーン化——欧米日における歴史的背景、理論的検討と効果推計」『国際交通安全学会誌』、Vol. 26、No. 3、2001年。

27) 渡辺富久子「ドイツ　乗用車のアウトバーン通行料金の導入」『外国の立法』2015年7月号、国立国会図書館調査および立法考査局。

28) 齋藤、前掲論文、pp. 14-15。

29) 阿部元教授ウェブサイト、前出。

30) 藤井都弥子ほか「欧米主要国の交通関連公共事業における中長期計画と事業評価制度の現状」土木学会第70回年次学術講演会資料、2015年9月。

31) 野田崇「大規模施設設置手続と市民：シュツットガルト21を巡る議論(1)(2)」『法と政治』第65巻2号・3号、2014年8月・11月。

32) 土方まりこ「ドイツにおける次期総合交通整備計画を巡る動向」『運輸と経済』第72巻第11号、2012年11月。

33) この項の内容については、春日井道彦『人と街を大切にするドイツのまちづくり』（学芸出版社、1999年）や、阿部成治『大型店とドイツのまちづくり—中心市街地活性化と広域調整』（学芸出版社、2001年）などで事例が詳しく紹介されている。

34) 2005年までは交通・建設・住宅省（Bundesministerium für Verkehr, Bau-und Wohnungswesen: BMVBW）、その後2013年までは交通・建設・都市開発省（Bundesministerium für Verkehr, Bau und Stadtentwicklung: BMVBS）であ

った。

35) BMVI 公式ウェブサイト "Das Ministerium stellt sich vor"（http://www.bmvi.de/DE/Ministerium/Aufgaben-Struktur/aufgaben-struktur.html）〈2017 年 3 月18日閲覧〉より。

36) 同上サイト、"Geschäftsbereich des BMVI"（http://www.bmvi.de/SharedDocs/DE/Artikel/Z/geschaeftsbereich-des-bmvi.html）〈2017年 3 月18日閲覧〉より。

37) BNetzA 公式サイト "Eisenbahn" 内 "Über unsere Aufgaben"（https://www.bundesnetzagentur.de/DE/Sachgebiete/Eisenbahnen/UeberunsereAufgaben/ueberunsereaufgaben-node.html）〈2017年 3 月18日閲覧〉より。

38) ヘッセン州経済・エネルギー・交通・開発省公式ウェブサイト、"Mobilitat der Zukunft" より（https://wirtschaft.hessen.de/verkehr/verkehr-neu/vernetzt-und-nachhaltig）〈2017年 3 月11日参照〉。

訳者あとがき

　本書は、ベルリン工科大学の Oliver Schwedes 教授が編集した "Verkerspolitik, Eine interdisziplinäre Einführung"（「交通政策――学際的入門」）の翻訳である。タイトル通り、本書はドイツにおける交通政策についての入門テキストである。ただし、本書の狙いは個々の具体的な交通政策を解説することではなく、交通政策を考えるうえで必要な、多様な論点や議論の枠組みを示すことにある。

　ドイツの交通政策についてはこれまでも、主に交通経済学の視点から運輸連合、鉄道などの規制緩和・民営化、LRT の導入、高速道路の通行税導入、自動車の環境対策など多様な政策課題についての取り組みが紹介されてきている。また法学・政治学、さらに都市計画の分野でもいくつかのテーマが注目されている。しかし、個別具体的な政策展開の背後にある考え方について突っ込んだ議論を紹介したものは数少ない。その点で本書は、ドイツにおける具体的な交通政策を包括的に理解するために必要な内容を提供している。

　また、序章で触れられているように、交通政策については従来、交通経済学の枠組みで論じられることが多かったが、本書では多様な枠組み、特に社会学的な視点が導入されていることに特徴がある。これは、ビスマルクに端を発するドイツの社会政策に独特の概念である「生存配慮（Daseinsvorsorge）」という政策枠組みの中に交通が含まれていることなどによるもので、ドイツの交通政策を理解する上では欠かせない視点である。こうした視点は特に第 I 部の第 1、2 章や第 II 部の第 8、9、16章などに顕著であり、「乗客の権利」を論じた第12章を含め、日本ではあまり知られていない論点の設定は興味深いものであるといえる。

　逆に本書では、具体的な交通政策について必ずしもすべてを取り上げているわけではない。たとえば航空や長距離バスの規制緩和は取り上げられていない。また、翻訳作業の遅れにより原書刊行からやや年月がたち、記述には最新の状

況を反映できていない部分もある。しかし、そうした点を勘案しても、本書に示された交通政策の基本的な考え方や理論枠組みは、一読の価値があるものとわれわれは自負している。

　本書は、序章を除き全体が3部に分かれている。第Ⅰ部では、交通とより大きな政策的な枠組みとの関連を示している。第Ⅱ部では、交通が直接関わるさまざまな政策分野の具体的な問題について解説している。そして第Ⅲ部では、今後の交通政策について、その課題や方向性について論じている。各章の概要は次のとおりである。

　序章では、そもそも交通政策論では何を論じるべきかの基本的な視点が示される。第Ⅰ部では、第1章で近代社会におけるモビリティの位置付けと、それが今日どのような転換を迫られているのかが述べられる。第2章は近年各分野で注目されている行動科学的なアプローチをとりあげて、合理的選択論の限界を超えた交通政策の視点が示される。第3章では交通と環境との関係について、そもそも必要なのは交通なのかモビリティなのかという問題設定からのアプローチが示される。第4章では1～3章に対して近代経済学の基礎理論に基づく交通政策の論じ方が示される。そして第5章では、都市計画や地域計画の視点からの統合的な交通政策が論じられる。

　第Ⅱ部では、まず第6～9章で交通政策を検討する前提となる包括的なテーマが示される。第6章では近代以降の歴史的な交通政策の変遷が把握される。第7章では政策学から見た交通政策の論じ方が、Kingdonらの基礎的な理論を参照しながら検討される。第8章では交通政策が所得の再配分や社会的包摂といった具体的な社会政策と密接な関係があることが示される。第9章は前章とも関わりつつ、モビリティを個人に閉じたものではなく社会的に考える視点について示される。

　第10章以下では交通政策の具体的な課題について論じられる。第10章では渋滞を取り上げ、原因と解決策が基本的な経済理論によって検討される。第11章では主に道路の交通安全について、インフラと運転者の両側面から検討される。第12章では公共交通における運送契約が、「乗客の権利」という視点から検討される。第13章では、交通行動という側面から道路交通と公共交通を包括的に

訳者あとがき

見て、また貨物輸送も視野にいれて全体的な都市交通計画について論じられる。第14章では余暇におけるモビリティと交通のあり方について検討される。第15章では公共交通の政策的意思決定と資金供給の仕組みが説明され、あわせて今後の政策課題も紹介される。第16章では自動車がなぜ選好されるのかについて主に文化的視点から検討される。第17章では自転車や徒歩交通を促進するための課題についての検討状況が示される。

　第Ⅲ部では、これからの交通政策を考えるための視点と課題が示される。第18章では、未来学の方法であるシナリオ分析に基づいて今後の交通のあり方について複数の選択肢が検討される。第19章でもシナリオ分析の手法が用いられ、特に持続可能性の視点から今後の交通政策が検討される。

　翻訳にあたっては、まず約3年間にわたってほぼ月1回のペースで研究会を行い、翻訳の相互検討を重ねた。そのうえで各章の担当者が整理した訳文の全体について監訳者の三上が検討し、コメントを担当者に返した。そのコメントをふまえ、担当者が最終的な訳文を完成させたので、各章についてはそれぞれの担当者が責任を負っている。

　なお、基本的には全文訳であるが、日本の事情に合わせて、冗長な箇所については訳者の判断により抄訳となっている部分がある。

　刊行にあたっては、関西鉄道協会都市交通研究所（富永祐治基金）から出版助成を受けた。ここに記して深く感謝の意を表する。また、ミネルヴァ書房編集部の梶谷様、島村様には、訳文について具体的な助言をいただき、あわせて翻訳作業の大幅な遅れからたいへんご迷惑をおかけした。この場をお借りしてお礼とおわびを申し上げたい。

　本書が、ドイツのみならずわが国の交通政策についても深く知ろうとする方々の一助となれば幸いである。

2019年4月

訳者一同

索　引

あ　行

アイスランドにおける火山爆発　144
アイデンティティ　171
アウトバーン・プロジェクト　132
アクセシビリティ計画　161
アジェンダ21　154
アジェンダセッティング　138
アメリカ的生活様式　302
アルコール　48
安全プログラム　198
イギリスの自治省　159
維持管理　97
維持補修の水準低下　104
委　託　245
一般運送条件についての政令（VO AllgBefBed）
　　214, 215, 219
一般鉄道法（AEG）　214, 215
移転領域　257
移　動　254
　　——可能性　158
　　——制約者　91
意図した規則違反　202
イノベーション　28, 36, 123
インフラ政策　117
インフラの整備　110
（最適）インフラ容量　191
ヴァイマル共和国　120
ヴィジョン・ゼロ　197, 207
運　休　211
運休や遅延の責任　212
運賃表義務　272
運輸連合（Verkehrsverbund）　215, 240, 276,
　　393, 396
営業義務　272

エネルギー経済　128
エネルギー政策　128
エレクトロモビリティ　368
欧州乗客連盟　283
大きな技術システム　297
大きな文化システム　298
オンブズパーソン　225

か　行

カーシェアリング　243, 335
解消法　400
外部効果　85
外部費用　70, 85, 187, 188
価格施策　187
価格問合せ　400
可視化　287
化石燃料　23
化石燃料後のモビリティ文化　342
課題遂行者（aufgabenträger）　274, 398
学　校　50
可能性の意識　26
神の見えざる手　16
貨物自動車　120
ガリレオ　147
環　境　63
　　——交通政策　27
　　——ゾーン　148
　　——的な統合　15
　　——問題専門審議会　363
官民パートナーシップ（PPP）　149
関与者の統合　93
危険因子　45
気候変動　25, 341
気候変動に関する国際会議　361
技術政策　117

415

技術的な統合　12, 14
規制緩和　121
規模の経済　83
キャプティブな顧客　154
キャプティブな利用者　285
競争入札と契約　244
業務発注者　220
協力と競合の論理　13
キリスト教社会同盟（CSU）　134
近距離交通オンブズパーソン機関　225
近距離交通計画　277, 398
近距離交通仲裁機関　224
空間構造　192
偶発性　343
クラブ外部性　189
グリーン・テクノロジー　368
くるまへの熱狂　306
くるま文化　303
経済成長　141
経済的統合　13
結節点　293
健康政策　320
健康への影響　91
現状維持効果　21
権力の流れ　151
郊外開発　130
公共近距離旅客交通（ÖPNV）　395
公共近距離旅客輸送　95
公共交通　209, 270
　　——仲裁機関　222
公共サービス　121
公共自転車　292
公共長距離旅客交通（ÖPFV）　271, 395
公共旅客輸送仲裁機関　225
公共旅客輸送の品質攻勢　221
公共レンタサイクル　243
公共路面旅客交通（ÖSPV）　212, 395

航空交通の環境問題　142
厚生損失　193
高速鉄道システム　125
交通・建設・都市開発省（BMVBS）　14
交通・デジタルインフラ省（BMVI）　406
交通安全　38, 44
　　——プログラム　53
交通インフラ　69, 71, 85, 95, 111, 203
　　——ファイナンス会社（VIFG）　149
交通経済協会　118
交通行動　166
　　——の継続調査（Kontiv）　262
交通参加者　199
交通事業者　120, 210
交通事故　44
　　——死者　197
交通手段関係　117
交通省　14
交通静穏化　204
交通政策　1, 3, 38, 57, 116, 134, 150
　　——の歴史的段階　119
交通節約的　101
交通セル　255
交通組織　117
交通の回避　94
交通の転移　94
交通不便地域　95
交通マネジメント　242
交通路　69
交通浪費的　101
行動科学　38, 40, 199
鉱油税　396, 400
効率戦略　10
合理的選択　39
声なきグループ　315
声なき層　316
顧客憲章　215, 227

索　引

顧客保証　227

顧客満足度　210

国営化　118

国鉄分割・民営化　395

国内総生産（GDP）　73

国民経済計算（SNA）　70

国民車貯蓄　305

個人的な規範　41

コミュニケーションツール　331

コミュニティ　52

雇　用　70

混雑料金　189, 193

コンテナ輸送　125

さ　行

サービス保証　226

財　源　104

再生戦略　10

裁　判　135

裁判外紛争解決手段（ADR）　223, 226

左翼党（Die Linke）　134, 161

産出量の弾力性　76, 77

シートベルト　117, 131

シェアドスペース　204

時間費用　195

時限的免許　238

資源配分　79

時刻表義務　272

事故防止　45

持続可能性　9, 10, 97, 362

　　──審議会　362

持続可能な国土計画と交通計画　96

持続可能な都市交通（SUTP）　240

シティロジスティックス　246

自転車　111

　　──交通　242

自動車　1, 21, 31, 69, 90, 117, 141, 156, 167, 199,
　　232, 270, 295, 316, 353, 359

　　──依存　97

　　──産業　303

　　──信仰　295

　　──生産　296

　　──文化　304

　　──保有台数　23

　　──モビリティの文化　172

シナリオ　341

　　──過程　349

　　──技術　347

支払意思　190

社会経済的　188

　　──モデル　256

社会参加　160

社会政策切符　160, 161

社会的限界費用　194

社会的公平の原則　155

社会的弱者　91

社会的統合　12

社会的な差異化　301

社会的な統合　15

社会的排除　94

社会民主党（SPD）　134

社団法人ドイツ交通安全協会　199

自由化　121

集計モデル　254

集積の利益　84

充足戦略　10

渋　滞　184

渋滞費用　184

州　道　247

自由な市民のための自由な自動車移動　121

自由なモビリティの権利　61

住民運行バス　292

自由民主党（FDP）　140

就労領域　257

手段（Instrument）の最適化　186

417

シュツットガルト21 18, 404
シュピーゲル 232
乗客の権利 212, 221, 227
　——の確保 222
乗客連盟 220
上下分離 396, 397
消費者保護 211
初心者リスク 200
処罰 40
白い石炭 128
人口減少 105
新失業保険 Hartz Ⅳ 155
心理的な地図 341
垂直統合 93
水平統合 93
スカイスネーク 35
スプロール化（Stadtflucht）235
生活習慣病 314
生活領域 257
政策概念の3つの次元 7
政策的アジェンダ 143, 145
政策的な統合 12
政治的アクター 135
青少年期リスク 200
生存配慮 185, 210, 244, 277
成長の限界 7, 347
世界リスク社会（危険社会）24
石炭 128
石油 128
　——資源の枯渇（ピークオイル）130
　——燃料の枯渇 23
全国自転車計画 404
全国電気自動車導入計画 353
センサス局 83
全般交通計画 239
騒音削減と騒音アクションプラン 64
総合交通計画 239

総固定資本 70
ゾーン30 405
損害賠償請求 214

た 行

第2の自然 308
大気清浄度 64
第三帝国 120, 125, 127
大衆モータリゼーション 36
対話型標識 206
多元的政策流路モデル（MSA）137, 140
地域化 98, 396
　——法 244, 396, 398
地域組合 240
地域交通改善助成法（GVFG）2, 34, 247, 232, 242, 248, 253, 278, 323, 330, 394, 396
地域交通財政法 396, 402
小さな技術システム 296
小さな文化システム 297
遅延 210, 211
地下鉄 215
地球温暖化 233
地球温暖化ガス 359
秩序政策 117
地方自治体道 247
仲裁 223
駐車場 187
中部近距離交通仲裁機関 225
長期バカンス 252, 254
低所得層 154, 156, 164
鉄道運輸規則（EVO）214, 216, 223
鉄道運輸に関する国際協定（COTIF）214, 216
鉄道改革 221
鉄道の国営化 119
鉄道の優位性 281
鉄道輸送の地域化以降 98
鉄道旅客近距離交通（SPNV）98, 214, 395

索　引

鉄道旅客近距離交通課題遂行者協会　276

デマンドバス　291

デマンド路線タクシー　292

テロリズム　291

電気自動車　111, 147, 353

電気マイクロモビリティ　355

転　出　108

転入増　108

ドア・ツー・ドア　333

ドイツ技術検査協会（TÜV）　199

ドイツ航空研究所　125

ドイツ交通安全推進機構（DVW）　199

ドイツ交通クラブ　225

ドイツ交通事業者連盟（VDV）　225, 270

ドイツ交通連盟（VCD）　7

ドイツ再統一　74

ドイツ自動車検査協会（DEKRA）　199

ドイツ自動車工業会　118

ドイツ自動車連盟（ADAC）　6, 66, 118, 199

ドイツ帝国　120

ドイツ鉄道　220

　　——株式会社　219, 221, 228, 397

　　——顧客憲章　222

　　——顧客連盟　222

　　——連盟　216

ドイツにおけるモビリティ（MiD）　157, 233, 262

ドイツ連邦鉄道　121

ドイツ労働総同盟（VDA）　37

ドイツ連邦共和国　133

ドイツ連邦乗合バス事業者連盟（BDO）　225

統合的交通計画　90, 92

統合的な交通政策　12

到達可能性　94, 97

東部近距離交通仲裁機関　225

同盟90／緑　134

動力化　299

動力の大衆化　299

道路沿線住民の苦情　118

道路課金　249

道路交通令（StVO）　202, 323

都市化　233

都市型電気自動車　369

都市空間　241

都市高速鉄道　129

都市内の業務交通　245

都市におけるモビリティ（SrV）　157, 233

都心回帰　237

土地の利用使途　100

徒　歩　111

徒歩と自転車交通　314

トラバント　302

トランジットモール　402, 405

トリップ　55, 178, 270

取引コスト　190

ドルトムント・エムス運河　126

な　行

二酸化炭素　64, 158, 361

西ドイツ　118, 120

認知地図　290

脳内アメリカ紀行（Amerikafahrern des Kopfes）
　　26

は　行

廃車ボーナス　145

パイプライン　125

馬車鉄道　129

バ　ス　214

発生交通　58

発生者負担　187

発注者　274

パラダイムの転換　315

バリア・モデル　285

バリアフリー　101, 288

反貨物自動車政策　119, 120

バンクーバー原則　155, 164

419

反自動車同盟（環境連合） 292, 293
東ドイツ 74, 120
ピグー税 188
非集計モデル 254
必要な人に自転車を 163
ヒューマンファクター 207
費用回収率 279
平等な中産階級社会 300
費用便益分析（CBA） 80, 192
品質基準 280
品質保証 215
浮上式鉄道 125
普通取引約款（AGB） 215
物流効果 81
物流費用 82
部門間の統合 93
フラッグ・キャリア 125
フランクフルト空港 136
ブルントラント委員会 65
ブルントラント報告 9, 362
プロジェクト・イージー・ゴーイング 289
分　散 99
褒　賞 40
　　──システム 205
歩行交通 111
歩行者交通 242
歩行者交通戦略 319
補償の請求権 217

ま　行

マイカー 61
マイクロモビリティ 31-33
マクロ経済 73
マスメディア 49
マルチモーダル 293
ミクロ経済 79
密度の低下 99
緑の技術 368

緑の党（Die Grünen） 161
未来の認識 344
民営化 118, 121, 149
民主社会党（PDS） 134
民　法 214
メタ分析 47
モータリゼーション 300, 360, 401
モーダル・スプリット 152
モーダルミックス 255
モビリティ 20, 23, 28, 55, 58, 60, 61, 134, 141,
　　154, 158, 160, 166, 232, 238, 248, 294, 341,
　　359
　　──'97 251, 264
　　──社会Ⅰ 181
　　──社会Ⅱ 182
　　──政策 25, 27, 30, 36
　　──の形成 155, 176, 179
　　──の社会化 166, 172, 183
　　──の充足 60
　　──のスタイル 325
　　──のパネルデータ（MOP） 157
　　──文化 331
　　──マネジメント 200, 201, 242

や　行

ユーザーフレンドリー 286
誘発交通 58
輸送義務 272
輸送協会 118
輸送条件 215
ユニバーサル・デザイン 289
ヨーロッパ交通政策白書 197
余暇活動 264, 265
余暇交通 251
余暇トリップ 261, 264
余暇の定義 253

ら　行

ライン・ヘルネ運河 126

索　引

ライン・マイン・ドナウ運河　127, 131
ラストマイル　253
リオデジャネイロ会議　362
リスクホメオスタシス理論　203
立　地　192
流出通勤者率　106
流入出する通勤者　106
流入通勤者率　106
旅客運送法（PBefG）　214, 215
旅行時間の短縮　56
レーバープラン　402
連合協約　140, 149, 152
連合政権　147, 150
連合政党　134
連邦環境局　34
連邦交通・建設・都市省（BMVBS）　154
連邦交通・デジタルインフラ省（BMVI）　18
連邦交通路計画（Bundesverkehrswegeplan）
　　56, 135, 192, 403
連邦道　249
ロジスティックス　32, 33
路線義務　272
路面電車　129, 214

数　字

100―80―30　372
3T　282
68年世代　130
90年連合／緑の党　151

欧　文

Bronfenbrenner の社会―環境モデル　43
Car2go　335
CDU／CSU　140
CDU／CSU の連合　151
CIVITAS　290
CO_2　64, 158, 361
Cooptition　13
EC 規則1191/69　280
EU　136
EU 委員会規則1370/2007　280
EU 規則　214
Hartz Ⅳ　156
MIMOSA　290
Pro Bahn　217, 222
SteP「交通都市発展計画」　155
S バーン　215
UITP ―国際公共交通協会　283
UNITE　86

421

執筆者紹介

（所属［原著刊行時点］、執筆順、＊は編者）

＊オリヴァー・シュヴェーデス（Oliver Schwedes、ベルリン工科大学、序章）

シュテファン・ラムラー（Stephan Rammler、ブラウンシュヴァイク美術専門大学、第1章）

セバスチアン・バンベルク（Sebastian Bamberg、ビーレフェルト応用科学大学、第2章）

ウド・J・ベッカー（Udo J. Becker、ドレスデン工科大学、第3章）

ハイケ・リンク（Heike Link、ドイツ経済調査研究所、第4章）

クリスティアン・ホルツ＝ラウ（Christian Holz-Rau、ドルトムント工科大学、第5章）

ミヒャエル・ハッシャー（Michael Hascher、シュトゥットガルト行政管区庁・州文化財保護局、第6章）

ニルス・C・バンデロウ（Nils C. Bandelow、ブラウンシュヴァイク工科大学、第7章）

シュテファン・クンドルフ（Stefan Kundolf、ブラウンシュヴァイク工科大学、第7章）

シュテファン・ダウビッツ（Stephan Daubiz、ベルリン工科大学、第8章）

クラウス・J・トゥリー（Claus J. Tully、ミュンヘン・ドイツ青年研究所、第9章）

ディルク・バイアー（Dirk Baier、ニーダーザクセン犯罪学研究所、第9章）

レギーネ・ゲーリケ（Regine Gerike、ミュンヘン工科大学、第10章）

ティナ・ゲーレルト（Tina Gehlert、社団法人ドイツ保険協会、第11章）

マーティン・シーフェルブッシュ（Martin Schiefelbusch、ベルリン工科大学、第12章）

ティルマン・ブラッハー（Tilman Bracher、ベルリン・ドイツ都市学研究所、第13章）

トーマス・W・ツェングラー（Thomas W. Zängler、ミュンヘン工科大学経営学、
　第14章）

カトリン・ジーカン（Katrin Dziekan、ベルリン工科大学、第15章）

ゲルト・シュミット（Gert Schmidt.、元エアランゲン大学、第16章）

ユッタ・デフナー（Jutta Deffner、フランクフルト・社会環境研究所、第17章）

インゴ・コロッシェ（Ingo Kollosche、ベルリン工科大学、第18章）

ルドルフ・ペーターゼン（Rudolf Petersen、ヴッパータール気候・環境・エネル
　ギー研究所、第19章）

訳者紹介
（執筆順）

ドイツ交通政策研究会

本研究会は2009年度に、本書監訳者の三上宏美の呼びかけにより形成された日本交通学会における関西の会員を中心とする研究グループである。月1回程度の会合をもち、ドイツの交通に関する文献研究を行ってきた。そのなかには、ドイツの公共交通に関する文献や2009年に発表された独占（監視）委員会の特別報告（鉄道における競争について）などが含まれる。本書は本研究会の活動の集大成といえよう。本研究会のメンバーは、三上および以下の者である。

* * *

青木真美（あおき・まみ）　まえがき、序章、第1、2、5、8、11、13、17、18章

1955年、東京都生。早稲田大学政経学部卒。財団法人運輸調査局（現一般財団法人交通経済研究所）を経て、現在、同志社大学商学部教授。専門は都市交通・交通政策・鉄道政策・高速鉄道計画。『交通と福祉——欧米諸国の経験から』（共著、文眞堂、1996年）。『ドイツにおける鉄道の地域化』（共著、運輸調査局、2000年）、『鉄道改革の国際比較』（共著、日本経済評論社、1999年）、「日本人の旅行行動の変化と駅からのまちあるき」（『都市観光とまちあるき（研究シリーズ48号）』、関西鉄道協会都市交通研究所、2016年）、「公共交通支援はなぜ必要か」（『同志社商学』第69巻第5号、2018年）。

近藤宏一（こんどう・こういち）　序章、第3、7、12、15、16章、訳者解説

1966年、長崎県生。立命館大学経営学部卒。同大学院経営学研究科博士課程後期課程中退。修士（経営学）。現在、立命館大学経営学部教授。専門は交通政策・交通経営・サービス・マネジメント。『LRTが京都を救う——都大路まちづくり大作戦』（共著、つむぎ出版、2003年）。「地域公共交通の今後のあり方について——ドイツの現状もふまえて」（『交通権』第26号、2009年）。「ドイツにおける都市鉄道の変容」（『運輸と経済』第71巻11号、2011年）。

宇都宮浄人（うつのみや・きよひと）　序章、第4、6、10、14章

1960年、兵庫県生。京都大学経済学部卒。マンチェスター大学院修了。修士（経済学）。現在、関西大学経済学部教授。専門は交通経済、経済統計。『路面電車ルネッサンス』（第29回交通図書賞受賞、新潮社、2003年）、『鉄道復権』（第38回交通図書賞受賞、新潮社、2012年）、『地域再生の戦略――「交通まちづくり」というアプローチ』（第41回交通図書賞受賞、筑摩書房、2015年）、『経済統計の活用と論点』（共著、東洋経済新報社、2009年）。

マイヤー，オリバー（MAYER, Oliver）　第6、19章

1968年、ドイツ・エッセン市（Essen）生。ドイツ・ルール大学ボーフム（Ruhr-Universität Bochum）卒。同大学院東アジア研究科日本学専攻。修士（文学）。現在、愛知教育大学教育学部教育ガバナンス講座教授。専門はドイツ語教育・ドイツ現代文学・交通地理学。「Mehr Stagnation als Hoffnung: Ein Überblick über Drittsektor-Bahnen im ländlichen Raum Japans」（『愛知教育大学研究報告（人文・社会科学編）』第66輯、2017年）。「Popular German Crime Fiction: Nele Neuhaus and her Bestselling Novels」（『外国語研究』第50号、2017年）。「Studenten oder Google-Wer hat's übersetzt ? Auswirkungen von Online-Übersetzungen auf den Deutschunterricht」（『教養と教育』第17号、2017年）。「ドイツ語圏における教育ガバナンスの概念、構造、研究方法を概観する」（『教育ガバナンス研究』第1号、2018年）。「PPP in Japan's railway system-a success story」（共著、『International Transportation』第69巻第1号、2017年）。

山本雄吾（やまもと・ゆうご）　第9、14章

1959年、和歌山県生。関西大学商学部卒業。同大学院博士後期課程単位取得。修士（商学）。現在、名城大学経済学部教授。専門は交通経済学。『グローバル化する経済社会』（共著、ミネルヴァ書房、2008年）。「欧州の鉄道車両リース事業――鉄道市場競争の視点から」（『運輸政策研究』第18巻第3号、2015年）。「大分・別府都市圏における乗合バスの課題」（『おおいたの経済と経営』第337号、2018年）。

監訳者紹介

三上宏美（みかみ・ひろみ）　**訳者あとがき**

1936年、岡山県生。大阪外国語大学・大阪市立大学経済学部卒、大阪市立大学大学院
経済学研究科博士課程単位取得退学。経済学修士。現在、関西大学名誉教授。専門は
交通経済学。「都市バスの再生は可能か」（『関西大学商学論集』第31巻第3・4・5
号合併号、1986年）。主著「都市交通労働の発展」（公営交通研究所編『公営交通の諸
問題』公営交通研究所、1991年）。「道路の公共交通」（『交通権』第19号、2002年）。
カール・レルマー『アウトバーン建設1933～1945——その背景と論理』（訳書、関西
大学経済・政治研究所、1983年）。

交通政策
——ドイツにおける新しい潮流——

2019年10月20日　初版第1刷発行　　　　　　　　　　（検印省略）

定価はカバーに
表示しています

監 訳 者　　三　上　宏　美
訳　　者　　ドイツ交通政策研究会
発 行 者　　杉　田　啓　三
印 刷 者　　江　戸　孝　典

発行所　株式会社　ミネルヴァ書房
607-8494 京都市山科区日ノ岡堤谷町1
電話代表　(075)581-5191
振替口座　01020-0-8076

© ドイツ交通政策研究会, 2019　　共同印刷工業・新生製本

ISBN978-4-623-08596-5

Printed in Japan

よくわかる社会政策［第3版］
石畑良太郎・牧野富夫・伍賀一道　編著
B5判　本体二三三〇円

よくわかる都市地理学
藤井正・神谷浩夫　編著
B5判　本体二三六〇円

自治体産業政策の新展開
梅村仁　著
A5判　本体三五〇〇円

新版地域政策入門
家中茂　他編著
A5判　本体三〇〇〇円　三〇四頁

経済地理学再考
加藤和暢　著
A5判　本体六〇〇〇円　三九二頁

北欧型サービス志向のマネジメント
C.グルンルース　著／近藤宏一　監訳／蒲生智哉　訳
A5判　本体四二〇〇円　二二八頁

━━━━ ミネルヴァ書房 ━━━━

https://www.minervashobo.co.jp